Blick nach Wolkenstein

Portal der St.-Annen-Kirche in Annaberg

 Engel und Bergmann, erzgebirgische Weihnacht

Manfred Blechschmidt/Klaus Walther

Silbernes Erzgebirge

Das große Buch vom deutschen Weihnachtsland

Mit Fotos von Christoph Georgi

Chemnitzer Verlag

8. aktualisierte Auflage 2007
Gestaltung: Gerd Gücker / Birgit Eichler

Gesamtherstellung: Westermann Druck GmbH, Zwickau

ISBN 978-3-937025-36-0

Inhalt

Vorwort

Mit diesem Buch setzen die Autoren ihre Bemühungen fort, Geographie und Geschichte, Kultur und Kunst des sächsischen Erzgebirges in Bildern und Texten sichtbar zu machen. Sie haben dabei an mancherlei vorangegangene Arbeiten angeknüpft.

Im ersten Teil des Buches werden einige Texte von Schriftstellern vorgestellt, die sich in den vergangenen Jahrhunderten besondere Verdienste um die Beschreibung ihrer erzgebirgischen Heimat erworben haben. Im zweiten Teil geben die Autoren einen Einblick in viele Bereiche erzgebirgischer Geschichte und Gegenwart. Schließlich folgt als dritter Teil das Erzgebirgslexikon mit Auskünften zu Städten und Gemeinden, Persönlichkeiten und Brauchtum. Die Fotos sind das Werk des Schneeberger Fotografen Christoph Georgi, mit dem die Autoren seit Jahrzehnten zusammenarbeiten.

Ein Buch wie dieses ist nicht denkbar ohne die Forschungsarbeit mehrerer Generationen. Die Autoren möchten deshalb an dieser Stelle summarisch für jedwede Förderung danken. Ein Literaturverzeichnis verweist auf eine Reihe von Publikationen, die zu einzelnen Sachgebieten weiterführende Informationen bieten.

Eine persönliche Bemerkung sei erlaubt: Die beiden Autoren haben vor dreißig Jahren die Arbeit an ihrem ersten gemeinsamen Buch »Bergland-Mosaik. Ein Buch vom Erzgebirge« abgeschlossen, das dann 1969 erstmals erschien und insgesamt eine Auflage von 100.000 Exemplaren erreichte. Mehr als ein Dutzend gemeinschaftlicher Publikationen folgten diesem Band, nun sind die Erfahrungen und Kenntnisse in das »große Buch vom Erzgebirge« eingegangen. Autoren und Fotograf hoffen, dass dieser Band für viele Bewohner, Freunde und Gäste des Erzgebirges eine Quelle der Information und Inspiration wird – und zu eigenen Entdeckungen und Erlebnissen in dieser geschichtsträchtigen deutschen Mittelgebirgslandschaft anregt.

Februar 1998 *Manfred Blechschmidt / Klaus Walther*

Vorwort zur 8. aktualisierten Auflage

Mittlerweile hat das Buch »Silbernes Erzgebirge« acht Auflagen erreicht, es hat viele Leser und Freunde im In- und Ausland gefunden. Die jüngste Auflage bietet ein Dutzend zusätzlicher Kapitel im lexikalischen Teil, viele Kapitel wurden erweitert und ergänzt. Fotos wurden erneuert und die touristischen Angaben zu den einzelnen Orten aktualisiert. Dazu gehören auch Angaben zu E-Mail-Adressen. Auch das Erzgebirge ist längst per Internet erreichbar geworden. Wir hoffen, dass diese neue Ausgabe wiederum interessierte Leser findet; Freunde und Gäste des Erzgebirges, die sich zu allen Jahreszeiten das deutsche Weihnachtsland erschließen.

Mai 2007 *Die Autoren*

I

Unsere Reise ging von Dresden aus südwestlich, immer am Fuße des Erzgebirges entlang, über Freiberg nach Oederan. Die ganze Gegend sieht aus wie ein bewegtes Meer von Erde. Das sind nichts als Wogen, immer die eine kühner als die andern . . .

Heinrich von Kleist

Christian Lehmann

Gefährlichkeit des Gebirges

Ich will vorerst nichts sagen von den reißenden wilden Tieren, erbärmlichen Mordfällen in Bergschächten, Spukereien und Äffungen der Feld- und Waldgeister und tiefem Schnee, dergleichen Exempel anderswo sollen aufgeführt werden: Genug ist's, hier etliche andere Arten der Gefährlichkeit anzuführen, als von vielen Schürfen, Röschen, eingegangenen Pingen, Wasserörtern, Bergkesseln und offenen Grüften und Schächten, darinnen mancher verfallen, auch wunderlich erhalten wurde.

Am Sonnabend, dem 11. Oktober 1578, geht Thomas Schubarts Weib, die hochschwanger ist, von Cunersdorf nach Annaberg zum Markt und am Abend in einem ungestümen Wind und Wetter mit zwei anderen Weibern wieder nach Hause. Als sie zum Himmlischen Heer (einem so genannten Bergwerkszug) kommen, bleibt sie ein wenig dahinter, kommt aber im Sturmwetter vom Wege ab und fällt mit ihrem Marktkorb, Semmeln und Gewand in einen Schacht, 24 Lachter tief. Und weil keine Fahrten darinnen sind, muss sie bis auf den dritten Tag, den 13. Oktober, daselbst verbleiben. Niemand wusste, wo sie hingekommen war. Ihr Mann ließ von etlichen Kanzeln abkünden, man möchte ihm veroffenbaren, wofern sie etwa der Geburt wegen von jemand wäre aufgenommen worden.

Da sie endlich mit Rufen und Schreien um besagte Schächte gesucht wird, gibt sie Antwort und wird durch Gottes Hilfe und Gnadenschutz gesund herausgezogen und gebiert nach zwei Tagen einen lebendigen Sohn.

Den 2. Januar 1664 geht Herr Christian Gensels junge, hochschwangere Hauswirtin, eine geborene Schwandnerin, in ihr Hausgewölbe, um etwas frisches Obst auszulesen. Da sinkt das Ziegelpflaster plötzlich mit ihr ein, und sie verfällt in einen Schacht, 15 Lachter tief, bleibt aber durch Gottes Schutz auf einer Bühne sitzen. Sie ist in Angst und Not wegen des nachgehenden Berges und Pflasters, sonderlich aber wegen des tiefen Schachtes, der unter dem Tagschacht abgesunken war. Da hinein die Verfallene augenblicklich stürzen konnte.

Ein beherzter Bergmann wagte es im Namen Gottes, ließ sich an einem Seil hinab, umschlang und verwahrte die halbtote Mutter, dass sie lebendig und ohne sonderliche Verletzungen herausgebracht werden konnte. Sie hat es aber lange bekreisen müssen. Darauf auch nicht lange gelebt, denn sie ist in Kindesnot darauf geblieben. Die geborene Tochter aber blieb am Leben erhalten und ist hernach an einen Handelsmann verheiratet worden.

Anno 1689 reiste aus Lichtenstein ein böhmischer Spitzenhändler heimwärts. Und weil ihm sein Spürhund entkommt, ruft er ihn mit seinem Jäger-Hörnlein. Weil er aber nicht kommt, noch sich meldet, geht er in den nächsten Wald hinein und fällt unversehens in eine mit Reisig und Schnee bedeckte Wolfsgrube, 11 Ellen tief, kommt auf die Beine zu stehen und findet seinen Hund in eben diesem Quartier. Sein Weib, das auf dem Schlitten wartet, erschrickt und schreit: »Je, wo kommt mein Mann hin, ist's doch, als wenn er mir aus den Augen verschwunden wäre!« Der böhmische Fuhrknecht sagt: »Je Gott, Euer Herr ist gewiss ins Wolfsloch gefallen!« Darauf holen sie eine Leiter, auf der dieser Verfallene nebst seinem Hunde wieder heraussteigt.

Am 3. Osterfeiertag des Jahres 1692 verunglückten in Buchholz eine Braut und ein Bräutigam jämmerlich. Es wurde eine Kaufmannswitwe in Annaberg begraben. Gedachte Verlobte gehen mit anderen Bürgern über die Brücke gegen Annaberg, willens, der Leichenpredigt in der Hospitalkirche beizuwohnen. Der morsche Balken, darauf die Braut versehend tritt, bricht, und sie stürzt samt dem Bräutigam hinunter in den damals stark angewachsenen Strom. Beide schlagen sie aneinander, bis sie durch einen großen hervorragenden Stein voneinander getrennt und auseinandergerissen werden. Der Junggesell kann sich noch retten. Sie aber wird von einem im Strom nachschießenden Balken ergriffen, übers Fluder hinuntergestürzt, dass sie den Hals bricht und jämmerlich ersaufen muss.

Am 31. Juli 1661 geht Rosina, Hans Wägners Tochter auf dem Mückenberg, zu Salomon Liefers in Rittersgrün in die Radstube des Zainhammers und will von denen daselbst beigelegten Käsen ihrer Mutter Käse zum Brot holen. Dabei kommt sie dem mit eisernen Zacken beschlagenen flüchtigen Rad zu nahe, wird ergriffen, vom Rad erbärmlich gequetscht und unten vom Rad bis auf die Sohle des Wasserlaufs, wo kaum eine quere Hand Platz ist, durchgezogen und geradbrecht. Ihr wird das Bein und der rechte Schenkel dreimal zerbrochen, werden die Kleider vom Leib, Stücke Fleisch vom Hinterbacken und Schenkel, wie Nösel- und Kannentöpfe groß, abgerissen, welche hängen bleiben, bis die Frau endlich vom Rad in die Radstube hinüber geschleudert wird. Da man sie herauszieht, sagt sie nichts mehr als: »Ach helft mir!«, stirbt in der nächsten Viertelstunde und hinterlässt drei Söhnlein. Zu Gottesgab wurde sie begraben. (1699)

Johann Traugott Lindner

Wo man Kaffee trinkt ...

Tief, aber immer noch in einer Meereshöhe von 2250 Fuß eingebettet, liegt das Eisenhüttenwerk gleiches Namens in der Umarmung des Auersberges und des Zeisiggesanges. Die Große Bockau durchrauscht das Örtchen, dreht das gangbare Zeug in Hütten und Hochofen, sendet von hier aus seinen halben Wasserschatz mittels des sogenannten Grünergraben für ökonomische Zwecke nach Eibenstock, während die andere Hälfte in seiner engen Wiege über Granitblöcke hinab nach Unterblauenthal in die Mulde strömt.

Gegen Ende des sechzehnten Jahrhunderts besaß dieses Hammerwerk ein Herr von Wildenfels, und es ist wahrscheinlich, dass dasselbe die Hälfte des Namens von ihm erhielt. Im Jahre 1655 kam es in den Besitz des Hammermeisters Michael Gottschalch und blieb in den Händen seiner Nachkommenschaft bis in die neuere Zeit. Die ursprünglichen Besitzer der Eisenhüttenwerke hießen Hammermeister, arbeiteten mit vor den Feuern, und ihre häuslichen Zustände mögen sich wenig von denen der andern Hüttenleute unterschieden haben, bis sich der Absatz von Eisen feste Bahn gebrochen und einen größern Gewinn gesichert hatte. Von nun an kauften sich Geldmenschen aus der Nähe und Ferne Hammerwerke an, wie sich die Gelegenheiten darboten, bauten sich mit großartigen Häusern an, brachten Gerichtsbarkeiten an sich und herrschten als Hammerherrn über die bildungslose und arme, schwarze und rote Schar des Berg- und Hüttenvolkes bald wohltätig, bald vernichtend, je nachdem Herz und Gemüt des Besitzers für den Anblick seiner in Dürftigkeit lebenden Arbeiter empfänglich war oder nicht. Die Neuzeit hat indessen manches Empörende verwischt, was sonst Sitte hieß, und viele Hammerwerke in die Hände von Männer geliefert, die, wie ein guter Genius, über das Familienleben der Hammerschmiede, Bergleute, Köhler usw. wohltätig walten und Gelegenheit geben, ihre Kinder einen zeitgemäßen Unterricht genießen zu lassen, den die Eltern und Großeltern bei den sogenannten Hammerpräceptoren, welche eine Art Knechtlohn erhielten, nicht finden konnten, weil der Lehrer selbst noch Bildung brauchte. Darum aber pflanzen sich die Anekdoten der Hammerschmiede, wie sie sich in frühern Jahren so häufig begegneten und von den drolligen und unbeholfenen Ansichten und Urteilen über Dinge der Außenwelt Zeugnis geben, nur sehr dürftig fort.

Das Herrnhaus in Wildenthal schaut von einer Anhöhe, wie sich's gebührt, überlegen auf eine Schar ärmlicher Hütten hernieder, zwischen welche sich jedoch seit mehrern Jahren ein freundliches Posthaus, welches dermalen die noch freundlichere Familie des Postverwalters Prien besitzt, so wie ein restauriertes Wirtshaus eingeschoben haben.

Man sieht es diesen Gebäuden an, dass sie in Privathänden sind. Überraschend ist das fiskalische Forsthaus, im italienischen Stil vor ohngefähr ein Dutzend Jahren erbaut. Es ist ein verflogener Kakadu unter einer Gesellschaft Dohlen, der vergeblich nach Pommeranzenwäldern und Zypressenhainen umherschaut. Doch wenn es dem Zwecke entspricht – wem geht's was an?

Das Örtchen hat seit etwa 20 Jahren an seiner Wildheit gar sehr verloren: es führt eine Chaussee nach Karlsbad hindurch, die in der Badesaison sehr lebendig wird; der Besitzer des Werks und noch einige andere Einwohner sind teils wissenschaftlich gebildet, teils sonst gut unterrichtet, was zur sittlichen Abrundung der geistesarmen Bevölkerung der Vergangenheit viel beitragen musste und sich auch jetzt schon dadurch kund gibt, dass man gern aus der Nachbarschaft Partien dahin macht und sich von der wildromantischen Natur umarmen lässt, Kaffee trinkt und Forellen speis't. (1848)

Eduard Otto Schmidt

Hirschsprunger Erinnerungen

Besonders stimmungsvoll war die Silvesterfeier. Etwa um 4 Uhr nachmittags begann der Aufstieg zum Gottesdienst nach Altenberg. Das war wegen der Windsbraut, die dort oben über den Höhen toste, keine Kleinigkeit. Hohe Stiefel, Bergstock und Laterne waren unerlässlich. Jeder und jede war bis zur Unkenntlichkeit vermummt. Nur langsam kam die Marschkolonne durch die tiefen Schneewehen vorwärts, den Beschluss machte ein von den Jüngsten gezogener Handschlitten mit gut verpackten heißen Ziegelsteinen, die die damals noch fehlende Heizung der Kirche ersetzten. War es trockenkalt, so flimmerten die Sterne, und der Schnee klang wie springendes Glas, herrschte aber Schneetreiben, so fürchtete man besonders das letzte Stück des Aufstiegs, die Gegend der Pfarrscheunen. Dort fegte der Nordwind quer über die Straße und das offene Feld, dass es einem den Atem benahm. Mit glühenden Gesichtern standen wir schließlich vor der erleuchteten Kirche. Drinnen strahlten rechts und links vom Altar die großen Christbäume. Wie feierlich klang da das Silvesterlied der enggedrängten Gemeinde, wie andächtig lauschte jeder dem Prediger, der Vergangenheit, Gegenwart und Zukunft an dieser Zeitenwende unter Gottes Wort stellte und ineinander verwob. Ganz eigenartig war der Schluss der Feier. Während die Gemeinde das Gotteshaus verließ und sich draußen noch einmal sammelte, schmetterten die Chorjungen hoch vom Turm das alte Schneeberger Bergmannslied in die Nacht hinaus: Glückauf!/ Der Bergfürst ist erschienen,/ Das große Licht der Welt!/ Er heißet Rat, Kraft, Held,/ Auf, eilt ihn zu bedienen,/ Auf, Knappschaft komm zu Hauf,/ Glückauf!

Der Kampf der jungen Stimmen gegen den Wintergraus war so rührend, dass man trotz der Kälte auch nach dem letzten Tone noch ein Weilchen stehen blieb, bis eine helle Stimme von oben herabrief: »Git nar hem, 's kimmt nischt meh!«

Dann zog unsere kleine Schar wieder sorgsam vermummt in die Tiefe des heimatlichen Tales. Noch einmal galt's, den Kampf mit dem Nordsturm an der Pfarrscheune zu bestehen, aber schon vor der Rauschermühle atmete man »in der Geduld« soweit auf, dass man auf das Schellengeläut der Schlitten lauschte, die oben auf der Dresden–Teplitzer Straße vorüberhuschten. Und bald erglänzten die hellen Tupfen der Christbaumlichter aus dem ersten Hirschsprunger Fenster. Mit Behagen steckte man die auftauenden Füße unter den warmen Herdsitz des gastlichen Hauses, das in diesem Jahre die Silvesterbewirtung lieferte. Wie schmeckten da der Heringssalat und der Silvesterpunsch! Um Mitternacht öffnete man auf einen Augenblick die Fenster und erlauschte bei günstigem Wind eine überirdisch dünne Klangwelle der Neujahrsglocken von Schellerhau. Der gemeinsam gesungene Choral: »Nun danket alle Gott« beschloss die ernste Stunde, die uns alle wieder einander um so viel näher gebracht hatte. Ach, es waren ja noch die schönen Zeiten vor dem Weltkrieg, und der Tod hatte noch nicht die schmerzlichsten und unersetzlichsten Lücken in unsern kleinen Kreis gerissen! . . .

So wurde uns allen im Laufe der Jahre der Begriff Hirschsprung gleichbedeutend mit Frieden und Glück, und die oft gedankenlos nachgesprochene Behauptung, der immer wiederholte Besuch ein- und derselben Gegend wirke auf die Dauer langweilig, fand hier ihre Widerlegung. Denn je mehr wir auch in die stilleren und geheimeren Reize unserer Waldheimat eindrangen und mit ihr verwuchsen, um so inniger lernten wir sie lieben. Und die Hirschsprunger Landschaft verdient in der Tat unter den vielen schönen Gegenden des Erzgebirges ihren besonderen Platz. (1922)

Friedrich Hermann Löscher

Das Kantoreibier

Die Gebirger sind ein sangesfreudiges Volk. Schon lange Jahrhunderte, bevor unsere Gesangsvereine entstanden, schlossen sie sich zu Kalandbrüderschaften zusammen, in denen Sangmeister mit stimmbegabten Mitgliedern geistliche und weltliche Lieder übten. Als die Reformation in den Bergen Einzug gehalten und Meister Luther die Bergmannsherzen mit seinen evangelischen Liedern gepackt hatte, da scharten sich singende Männer und Chorknaben zusammen und bildeten die bekannten Kantoreien. Von den 100 Orten Sachsens, in denen solche »collegia musica« bestanden, entfallen gerade die Hälfte auf das Erzgebirge. Nur wenige davon haben sich – leider Gottes – in die Gegenwart herübergerettet.

Eine dieser kleinen Gebirgsstädte – wir wollen ihren Namen nicht verraten – ist stolz darauf, noch heute die weit über 300 Jahre alte Kantorei zu besitzen. Die vergilbten Satzungen sind noch vorhanden; von Zeit zu Zeit wird ein Kantoreischmaus gehalten, bei dem das aus dem Stadtsäckel gespendete Kantoreibier getrunken wird. Bei dieser feierlichen Gelegenheit wird die alte Lade vor den Vorstehern hingesetzt, und aus einem alten Zinnkrug, auf den schon Hunderte von Antiquitätenjägern gespannt haben, wird der »Willkumb« getrunken.

In den alten Akten steht vieles Schöne und Gute zu lesen: wie ernst es unsere Vorfahren mit dem kirchlichen Dienst genommen haben; wie sie auf ihr Ansehen gehalten und an ihre altverbrieften Rechte nicht haben rühren lassen. Weil sie diese Rechte verteidigt haben, so fehlte es an mannigfaltigen Streitigkeiten nicht. Auch davon berichten die alten Blätter weitläufig. Ein Abschnitt aus dem Anfang des 19. Jahrhunderts trägt die Überschrift: Streit gegen den hochw. Rat wegen Fortgewährung des Kantoreibieres. Da wird erzählt, dass der Fleischhauermeister Becker bei der Ablegung der Stadtrechnung den Antrag gestellt habe, künftighin das Kantoreibier, das zum festlichen Convivium (Mahl) aus der Stadtbrauerei gespendet wurde, in Wegfall kommen zu lassen, da der Herr Kantor sich geweigert habe, bei der Hochzeit der Tochter des Antragstellers am Tisch, wo Ratsmitglieder saßen, aufzuwarten. Jahrelang dauerte der Streit, bis endlich die Zähigkeit der Kantoristen siegte und eine Verordnung der Kircheninspektion anwies: die Stadt habe das Kantoreibier auch fernerhin zu gewähren oder ein entsprechendes Äquivalentum dafür zu bezahlen.

Als vor einigen Jahren die Kantorei nach einem Schmaus fröhlich zusammensaß, da brachte eines der Mitglieder ein Heftchen vor, in das sein Urgroßvater mancherlei Vorkommnisse ernster und heiterer Art eingezeichnet hatte. Und darin erfahren wir auch, warum damals der Rat seinen Widerstand gegen das Kantoreibier aufgegeben hatte.

Alljährlich hielt der Rat nach Prüfung der Stadtkassen-Rechnung eine Mahlzeit ab, ähnlich wie sie jetzt noch als »gelbe Suppe« in großen Städten üblich ist. Dabei hatte die Kantorei mit den Stadtpfeifern aufzuwarten und durch musikalische Darbietungen die Freude der Stadtväter über das vollendete Werk zu erhöhen. Es war nun üblich, dass der Kantor für dieses Fest eine Kantate komponierte, deren Text auf städtische Verhältnisse Bezug hatte. Solange sich Kantorei und Rat gut standen, hatte der Kantor meist auch den Text verfasst, wozu er jedoch nicht verpflichtet war.

Als nun der genannte Ratsherr Becker den Kantoreistreit entfacht hatte, um das Wohl der Stadt wieder einmal gründlich zu retten, wagte man nicht, den Kantor, der nur für die Musik zu haften hatte, auch noch um den Text zu bitten. Und so musste man ein Ratsmahl ohne Gesang feiern; und die Lieder, die die Herren Ratsherren in vorgerückter Stunde zu den Weisen der Stadtpfeifer anstimmten, sollen nicht gerade ein Ohrenschmaus gewesen sein. Man beschloss deshalb, im nächsten Jahre unbedingt wieder die Kantorei in ihre alten Verpflichtungen eintreten zu lassen. Aber gerade in diesem Jahr hatte Meister Becker für die Herrichtung und Ausschmückung des Festmahles zu sorgen. Da war guter Rat teuer. Als man ihn nach einer Ratssitzung nach dem Stand der Angelegenheit fragte, da schmunzelte er über sein behäbiges Angesicht, und er bemerkte: »Der Text ist fertig. Da brauchen wir den Herrn Kantor nicht; so etwas macht man einfach selber!«

Und wirklich! Am nächsten Tag sah man den Dichter selbstbewusst zum Kantorhaus schreiten. Es klopfte zwar dem Mutigen das Herz etwas, als er in das Zimmer des Schulmannes trat, mit dem er seit jenem Vorkommnis kein Wort mehr gewechselt hatte. Er brachte sein Anliegen ziemlich stockend vor, holte dann das Manuskript heraus und gab es dem Kantor. Der überflog es und antwortete, ohne sich zu besinnen: »Das Lied wird zum Ratsschmause gesungen werden!« Leichten Herzens empfahl sich der Dichter, der nun mit beiden Füßen auf dem Pfad des Ruhmes stand. Welch Bewusstsein: Dichter, sofort komponiert und alsobald aufgeführt! – Von da an ging Fleischermeister Becker nur noch erhobenen Hauptes durch die Straßen, und böse Zungen munkelten: er habe vor dem Spiegel gestanden und ein Lorbeerreis aus einem Gewürznapf entnommen, der für eine Magenwurst bereitstand, und probiert, wie es sich auf seinem kahlen Scheitel ausnehme.

Die Kantorei kam mit den Stadtmusicis zu den Proben zusammen; alles ging in jener Heimlichkeit vonstatten, die so oft auf große Taten schließen lässt.

Das Ratskonvivium kam. Für Speise und Trank war in Hülle und Fülle gesorgt. Auf eine schmackhafte Suppe folgten blaue Spiegelkarpfen mit Krautsalat, und nun sollte ein saftiger Ochsenbraten aufgetragen werden, auf den Meister Becker nicht minder stolz war als auf sein Festgedicht. Er hatte einen Kapitalochsen geschlachtet, wie er sich sonst selten auf den Markt der kleinen Stadt verirrte. Und gerade vor diesem Ochsenbraten, dem irdischen Höhepunkt der Tafel, sollte der geistige Gipfel des Abends, der Festgesang, steigen.

Der Kantor stand mit seinen Leuten bereit, bis der Herr Stadtrichter das Zeichen gab. Es waren ziemlich viele Verse, die, in ruhiger Weise vertont, langsam an den Ohren der auf den Ochsenbraten harrenden Ratsherren vorüberzogen. Dichter Becker hatte den Text von einem Ratskopisten für jeden Teilnehmer auf einen langen Zettel aufschreiben lassen. Da naht der letzte Vers. Die Musik wird lebendiger, und kräftiger setzt eine Stimme nach der anderen ein. Man wirft einen Blick auf den Text, der den Festgesang schließt, bedeutsam und vielversprechend:

Es müht sich um das Wohl der Stadt/ Zu jeder Zeit der weise Rat./ Und ist die Rechnung wohl geraten,/ Dann essen froh wir Ochsenbraten.

Einer der Viertelsmeister, der gern mit seinen Musikkenntnissen prahlte, rief über den Tisch: »Jetzt wird's lebendig, jetzt beginnt die Fuga!« Ja, die Fuga begann!

Der erste Tenor sang: »Dann essen froh wir Ochsen-«. Der zweite Tenor stimmte nach: »Dann essen froh wir Ochsen-«. Und die Bässe blieben nicht zurück. Eine Stimme nach der anderen sang:

»Dann essen froh wir Ochsen-«.

Das wiederholte sich auf- und absteigend mit einem eindringlichen, melodischen Druck, so oft der Vierfüßler erwähnt wurde. Und erst nachdem alle vier Stimmen diese Weisheit gründlich auf den Rat eingesungen hatten, kam der gemeinsame Schluss: »-braten!«

Die Kantate war aus. Über die Mienen der meisten Ratsherren ging das Leuchten der Schadenfreude, die ja bekanntlich die ehrlichste sein soll. Becker hatte einen roten Kopf bekommen, aber er hielt es für das klügste, zu tun, als merkte er gar nichts. Die Kantorei war abgetreten; sie wurde in einem Nebenraum bewirtet, woher bald fröhliche Weisen schallten. Als Becker auf seinem Teller herumstocherte, fragte ihn der Herr Stadtrichter, der ihn sowieso nicht recht vertragen konnte: »Herr Becker, der oben besungene Ochsenbraten schmeckt ihnen wohl nicht? Ich finde ihn eben so saftig wie ihre Festhymne.« Als etliche Wochen danach die Akten wegen des Kantoreibieres zurückkamen, hatten Becker und sein Anhang den Widerstand aufgegeben. Denn diese dumme »Ochsenbraten«-Geschichte musste sobald wie möglich aus der Welt geschaffen werden. Wo sich nämlich der Dichter Becker zeigte, da summte es in der Fugenweise irgendwo heimlich: ». . . dann essen wir Ochsen!« –, und nach solchem Lorbeer hatte er nicht gegeizt.

So bekam die Kantorei jährlich ihr Bier, und der Friede war wiederhergestellt. Im nächsten Jahr aber bat man den Kantor, dass er wie früher den Text für das Ratsmahl dichte. Und damit war auch Ratsherr Becker einverstanden. (1914)

Edgar Hahnewald

Bergwiesen im Juni

Aus den Tälern, aus Rosendüften, aus sommerlichem Wasserglanz des Stromes steigt der Juni in die leichtere Luft dieser Bergwiesen.

Sie liegen an den Hängen und auf den Höhen des östlichen Erzgebirges. Die Winde wehen hier weniger herb als über den Wäldern und Hochmooren des erzgebirgischen Westens. Die Nähe des Elbtales mildert das Klima. In gehobener Freudigkeit blühen die Wiesen. Hier liegt Floras Schutzgebiet, ein Paradies sommerlicher Blumen.

Ortschaften bleiben ihm fern. Gottleuba und schon böhmische Dörfer in den Tälern, Oelsen auf der Höhe. Noch ein wenig steigen die Wege. Dann breiten die blühenden kurzrasigen Wiesen sich aus, über die hinaus der Sattelberg nur noch als Hügel sich aufkippt.

In diesem Bereich freier, selbst im Hochsommer noch frisch streifender Winde liegen die Flurstücke, die der Heimatschutz erworben oder gepachtet hat und die er als floristische Schutzgebiete hegt. Er hegt sie, indem er sie gedeihen und die Natur ungehindert ihren Gesetzen folgen lässt. Flinte und Axt, Sichel und Pflug hält er ihnen fern, wo er Besitzer ist; und während auf benachbarten Wiesen die Sense klingt und Blumen mit erschrockenem Schwung in die gemähten Schwaden fallen, vergehen auf diesen Matten die Blumen in erfüllendem Verblühen, in der Reife zu Frucht und Samen.

Die Gebiete liegen versteckt, dem Zulauf entzogen.

Ein Gehölz, in einigen Minuten umschritten, eingefügt in genutzten Besitz, fast tropisch üppig in seiner Fülle von Busch und Strauch und Schlinggewächs, ist schützendes und geschütztes Asyl für andernorts längst vertriebene und selten gewordene Pflanzen. Die Feuerlilie hebt ihre roten Fackeln aus verstricktem Gebüsch. Die Türkenbundlilie stellt blühende Schellenbäume in den lockeren Schatten des Waldsaums, wo Salomonssiegel und quirlblättrige Weißwurz zarte Blütengeläute unter lockerem Geblätter aufhängen und die Einbeere ihre bescheidene Blüte im vierblättrigen Blattstern trägt. Die nickenden Blumen des Türkenbundes, trübrosa, purpurnbräunlich gefleckt, vereinen Turban – »Türkenbund«! – und Krone zu einem Gebilde, dem die Volksphantasie vergangener Zeiten zauberhafte Kräfte zutraute; gegen Krankheit und Hexerei schützte die Blüte ebenso sicher wie die Zwiebel, in deren goldgelbem Saft die Alchimisten das Mittel suchten, unedle Metalle in Gold zu verwandeln.

In Gemeinschaft mit Türkenbund und gelbem Fingerhut blüht das violette Silberblatt, die Mondviole, deren Duft so lyrisch ist wie dieser Name.

Ein Eckchen dieses Blumenwinkels heißt »das Jägerfleckel«. Ein gutsherrschaftlicher Jäger ertappte eines Tages einen Wilderer beim Ausweiden seiner Beute. Der Wilderer verfiel dem volkstümlichen Urteil, dem Jäger von seinem Besitz ein Stück abzutreten; der Jäger bekam ein Eckchen dieses Busches, ein Fleckchen – das Jägerfleckel. Jäger und Wilderer sind längst, längst tot, die Anekdote ist schon fast Sage, die Buschecke ging von Hand zu Hand – der Name blieb.

Vor dem Walde liegt, saftig in die Sonne hingebreitet, eine Wiese. Aus den Gräsern leuchtet es blau in schwellenden Beständen: Iris sibirica. Schmal wie Floretts strecken sich die Blätter aus sumpfigem Grund, biegsame Degen, die nie die grobe Sense trifft; der Bauer, dem die Wiese gehört, schont als Freund des Heimatschutzes diese Schwertlilienbestände, die Jahr um Jahr reicher blühen; jede Blüte ein porzellanblauer violettgeäderter Pavillon, auf glattem Stengel hold über Blätter und Gräser erhoben. Das ist so leicht, so graziös, dass neben dieser Iris die Schwertlilie der Gärten mit ihren breiten Blattbajonetten steif und ungeschickt erscheint.

Vom Hammergut Bienhof, wo der Heimatschutz ein Erholungsheim für seine Helfer und einen Stützpunkt für seine Bestrebungen erworben hat, zieht sich längs einem Bachlauf ein schmales Wiesental aufwärts. Auch da betritt der Wandrer geschütztes Gebiet. Einsam schmiegt sich das Tälchen zwischen dunkle Waldhänge. Und auf einmal wird es zum Garten. Aus Gras und Blumen erheben sich gewölbte Sträucher gleich blühenden Hügeln, verschwenderisch überschüttet mit karminroten Rosen. Es ist die sehr seltene Rosa alpina, die stachelige Alpenrose, deren süßer Muskatduft sich mit der Frische der Wiesen und dem harzigen Atem der Wälder mischt. Der Anblick ist so wundervoll, dass man sich nur fragt, wie es denkbar wäre, diese Pracht ungeschützt sinnloser Plünderung zu überlassen. Aber es bedarf keines Wachpostens. Nur eine kleine Tafel sagt dem Wanderer, dass er Naturschutzgebiet beschreitet, und jedem Naturfreund müssen diese blühenden Hecken in ihrer Schönheit von selbst unantastbar sein.

Das größte vom Heimatschutz erworbene Gebiet in diesem Bereich umfasst 26 Scheffel; das ist ein Gelände etwa sechsmal so groß wie der Dresdner Altmarkt; ein schmaler Streifen auf dem Messtischblatt, gerade groß genug für ein Dörfchen. Aber was alles wächst und blüht darauf! Alle Formationen des östlichen Erzgebirges mit der ihnen eigentümlichen Flora sind in diesen engen Grenzen vereint.

Geschlossener Fichtenwald begrenzt es, Birken- und Espengebüsch wechselt mit lockerem Mengwald, in dem alle Laubholzarten des Gebirges vertreten sind und an dessen Rändern Kreuzblume und Wachtelweizen, Schattenblume und Bergplatterbse in bunten Säumen blühen.

Steinrücken, im Laufe der Zeiten aus weggeräumten Gneistrümmern entstanden, bilden die für das östliche Erzgebirge so kennzeichnenden Grenzwälle zwischen den Flurstreifen. Die Pflanzenwelt des noch ungerodeten Geländes hat sich auf diesen

Steinrücken vollständig erhalten. Streifenfarn bettet seine graugrünen, bärtigen Polster ins lose Gestein. Natterkopf und Ginster, Ehrenpreis und Stiefmütterchen, Labkraut und Erdrauch, gelber Hornklee, flauschiger Wundklee und die rosaweißen Dolden der Kronwicke überziehen das graue Gestein mit blühendem Schmuck.

Im kleinen Tälchen rinnt der sprungbreite Bachlauf unter der üppigen Decke der Sträucher und Stauden. Aus den hohen Blätterschichten der Spiräen entfalten sich die federzarten Trugdolden der akeleiblättrigen Wiesenraute. Sumpfblutauge, Fieberklee, Baldrian und Trollblume blühen im nassen Wiesengras.

Ursprung des Baches ist die sumpfige Quellflur, charakterisiert durch die weißen Fähnchen des Wollgrases, dem sich Läusekraut, Bachbunge und das polsterdichte, kleinblütige Quellkraut gesellen. Am Rande stellt das Fettkraut seine verräterischen Blätterfallen auf; es ist neben dem Sonnentau die andere unserer beiden fleischfressenden Pflanzen. Es fängt seine Beute unter den eingerollten Rändern der fettig-klebrigen, mit Fang- und Verdauungsdrüsen besetzten Blätter, in deren Schleimüberzug das Opfer, Ameise oder Mücke, erstickt, um ausgesogen und verzehrt zu werden.

Im östlichen Erzgebirge sind zwei Formationen selten: Moor- und Bergheide. Die Quellflur bildet immerhin den Abklang oder den Beginn eines Moores und viele der im eigentlichen Moor heimischen Pflanzen sind vertreten, vor allem das Torfmoos, die federnde Sphagnetumdecke, auf die der Fuß tritt wie auf feuchten Schwamm. Aber auch die Bergheide ist in diesem kleinen botanischen Garten vertreten: eine kurzrasige, wie geschoren aussehende Borstgrasmatte mit den charakteristischen Pflanzen der Bergheide: Heidelbeere, Heidekraut, Arnika, duftende Bärwurz, im Erzgebirge Köppernickel genannt, Hasenbrot, Katzenpfötchen, einköpfiger Löwenzahn und Fingerkraut.

Über die trockenen Hänge gebreitet, liegt die sich selbst entwässernde Hangwiese, die eigentliche Bergwiese, zu der sich allmählich auch die sich selbst überlassene Brache zurückverwandelt. Sie ist das eigentliche Fundgebiet des Botanikers, der Standort vieler Seltenheiten, die zum Teil nur noch im östlichen Erzgebirge vorkommen. In die Gräser webt der würzige Köppernickel das Schleierwerk seiner feingefiederten Blätter, über die er später die zarten weißen Schirmdolden erheben wird. In dieser kurzrasigen Matte blühen hochstenglig, farbenfreudig Blumen, Blumen, Blumen. Auf einer Elbwiese blühen etwa dreißig Arten, auf einer Bergwiese des östlichen Erzgebirges fast achtzig Arten Blumen und Gräser, darunter die nur im östlichen Erzgebirge vorkommende blaue Teufelskralle neben ihrer häufigeren Schwester, der weißen Teufelskralle, denen beiden man nicht so leicht die Verwandtschaft mit der Glockenblume ansieht. Über das leuchtende Gelb des Sonnenröschens hebt das Ferkelkraut seine zitronengelben Korbblüten auf hohem Stengel über die Rosette braungefleckter Blätter. Zwischen Glockenblume, Klappertopf und Pechnelke, Margeriten und Kuckuckslichtnelken strahlen hundertfach die großen Goldsterne der Arnika. Auf straffem Stengel trägt die Brückenflockenblume ihre aufgeblühten kakteenartig übersponnenen Köpfe, die

»Teufelsköppe« des Erzgebirglers. Die violetten Blüten der hochschäftigen Alantdistel leuchten über grünen, silberweiß gefütterten Blättern.

Der besondere Schmuck dieser Bergwiesen aber sind die in acht Arten vorkommenden Orchideen: drei Arten Knabenkräuter, das ganz exotisch aussehende grünblütige Zweiblatt, die süßduftende Platanthera, die purpurne Händelwurz mit den handförmigen Wurzelknollen, die Sumpfwurz mit grünlichen, braungefleckten Blüten und schöne, nur dem östlichen Erzgebirge eigene Kugelorchis.

Und das alles wächst und blüht auf engbegrenztem Gebiet beieinander wie in einem botanischen Garten, so dass der Stadtmensch, der nur die viel ärmere Talwiese kennt, immer wieder erstaunt fragt, ob das alles wirklich »von selbst« hier blühe und nicht erst angesiedelt worden sei. Nein, alle diese Blumen sind hier heimisch – botanische Fachleute sind noch damit beschäftigt, alle auf diesem Schutzgebiet vorkommenden Pflanzenarten zu zählen. Etwa dreihundert Arten wachsen und blühen hier auf Hangwiese und Bergheide, am Steinrücken und im Mengwald, auf Quellflur und am Bachlauf; das ist der vierte Teil der sächsischen Flora überhaupt – auf 26 Scheffeln. Man begreift, dass die Botaniker dieses kleine Stück Land in ihr Herz geschlossen haben, dass es sie erregt zu hören, dass vermutlich da und da eine noch nicht gefundene sehr seltene Orchis blüht.

Wir saßen am grasigen Rand, reifende Erdbeeren zu unseren Füßen, und hörten die Erläuterungen der botanischen Fachleute. Und während sich das mit einem Blick überschaubare Gebiet vor unseren Augen als ein Paradies der Blumen auftat, während sinnvolle dichterisch-volkstümliche und klingende wissenschaftliche Namen zu engverbundenen Pflanzengesellschaften sich zusammenfanden und Erdgeschichte in Pflanzenschicksalen offenbar ward, stieg drüben ein Baumpieper vom Fichtenwipfel steil in die Höhe und fiel gleitend mit zwitscherndem Lied in den Wipfel zurück, immer von neuem aufschießend wie ein geflügelter Bolzen, immer von neuem sinkend und singend: eine einfache innige Dankesmelodie für die Schutzherren, die in Floras Garten auch den Vögeln eine friedsame Stätte geschenkt haben. (1922)

Siegfried Sieber

Fastnachtsquas

Den Fastnachtsdienstag feierten die erzgebirgischen Bergleute bis ins 20. Jahrhundert hinein als Bergfest. Zum Sitz des Bergmeisters kamen selbst von entlegenen Gruben die Knappen herbei. Mit Musik und Fahnen, in Paradeuniform und mit der eigenartigen uralten Bergbarte als stolzes Abzeichen ihrer alten Bergfreiheit zogen sie auf. Nach einer »Bergpredigt« gab es überall in der Bergstadt Schmaus und abends Tanz. Der Bergmann liebte die Fastnacht, wie Wilds um 1800 entstandenes Verschen sagt: »O du liebe Fosend du, machst mich vun Herzen fruh.« Auch ein alter Bergreihen erwähnt Narrenkappen, Mummerei, Schellen, Trommeln und Pfeifen, Strohfiedeln und kräftigen Trunk: »Die fastnacht bringt uns freuden zwar viel mehr denn sonst ein ganzes halbes jahr.« (Bergreihen)

Das lustige Zeugnis bergmännischen Frohsinns zur Fosend bietet uns der alte treffliche Chronist des Erzgebirges Christian Lehmann, der während des Dreißigjährigen Krieges Pfarrer in Scheibenberg war. In mehreren seiner Schriften schildert er den »Quas« der Annaberger Bergleute. In seinen Episteln schreibt er: »Einen unsöten Quas und seltsame Aufzüge hielten vor Zeiten die Bergleute in der Fastnacht. Sie gingen mit Trommeln und Pfeifen und aus der Bergpredigt, zerteilten sich dann in die Gassen, sammelten Würste, Eier, geräuchertes Fleisch und andere Speisen. Etliche warben eine Magd zur Fastnachtsbraut, baten dabei viele Jungfern zum Tanz, die sich aber mit Geld lösen mussten. Darauf kauften sie ein Fass Bier, aßen, tranken, tanzten und sangen. Dies geschah am Dienstag. Am Aschermittwoch hielten sie neue Aufzüge. Eine Part brachte einen Ochsen, dargestellt von zwei kriechenden und vermummten Männern. Der vordere hatte einen großen Topf auf dem Kopfe. Darauf schlugen sie, bis er niederfiel. Die anderen hatten zwei wilde Männer, einen in Reisig und Moos, den andern mit Stroh verkleidet. Diese führten sie gleichsam als Gefangene in den Gassen umher und schossen nach ihnen, dass sie auf dem Markt herumtaumelten und die Zuschauer mit Blut aus Rindsblasen bespritzten. Endlich trugen Bergleute ihre beiden ›Wilden Männer‹, die sich tot stellten, auf Brettern ins Wirtshaus, pfiffen dabei artig auf ihren zusammengerollten Bergledern und waren lustig, so lange das Bier reichte. Auch sangen sie allerlei Bergreihen. Später ist der Fastnachtsquas verboten worden. Vor allem, weil einmal ein verkappter Ochse mit der Axt wuchtig getroffen worden war, dass er bald erschlagen worden wäre.«

In seinem berühmten Chronikwerk »Historischer Schauplatz derer natürlichen Merkwürdigkeiten im Meißnischen Obererzgebirge« (um 1680 geschrieben und 1699 von seinen Söhnen herausgegeben) nennt Lehmann den Quas auch »Fastnachtsspiel«.

Tatsächlich sind ja Hans Sachsens Fastnachtsspiele aus derlei auch in Nürnberg allgemein beliebten Umzügen und Späßen der jungen Burschen entstanden. Lehmann erzählt ferner, wie die »Wilden Männer« auf dem Markt gejagt wurden. Sie hatten sich blutgefüllte Rindsblasen umgebunden. Wenn nun die »Jäger« hineinstachen, sah das Schauspiel ganz gefährlich aus und war doch ein Jungmannsspaß. Als Musik erwähnt er auch Pechpfeifen neben den Grubenledern. Es war ein Vorrecht der erzgebirgischen Bergmusikanten, ihre Grubenleder zusammenzurollen und durch diese Tute blasen zu dürfen. Dieser Bergmannsscherz wird oft erwähnt.

Demnach stellt sich der Annaberger Quas dar als ein echtes Fest der Jungmannschaft. Wie hier die Bergleute, bildeten anderswo die Handwerksgesellen oder Bauernburschen zu den altherkömmlichen Festzeiten Gruppen junger Leute, die als Träger des Festes galten und auf Tanz und Schmaus ausgingen. Quas, ein slawisches Wort, vgl. russisch kwas = Getränk, war früher in Sachsen häufig zu hören. Es bedeutet Schmaus und Gelage. Außer vom Fastnachtsquas sprach man vom Pfingstquas, Kirmesquas, Abendquas usw. Das Annaberger Spiel der jungen Bergleute endete ja auch mit einem gemeinsamen Essen und Trinken. Es gehört zu den uralten deutschen Frühlingsbräuchen. Der Kampf zwischen Sommer und Winter wird angedeutet mit den zwei wilden Männern. Schon im 8. Jahrhundert wird kirchlicherseits die Maskerade von Maifrau und wildem Mann untersagt, und eine Synode vom Jahre 1366 verbot das Begraben des »Strohtodes«.

Aber noch im 19. Jahrhundert wurde in Münster in Westfalen die Fastnachtspuppe, die von jungen Männern durch die Stadt geführt wurde, zum Schluss feierlich verbrannt. Vielerorts hat sich ähnliches Frühlingsbrauchtum erhalten. Von der Meisterhand Pieter Breughels des Älteren gibt es einen Holzschnitt von 1566, also derselben Zeit entstammend, in der in Annaberg der Quas üblich war; der niederländische Künstler stellt die scherzhafte Tötung des »Wilden Mannes«, also den Sieg über den Winter, drastisch dar. Denselben derben Spaß, einen der Mitspieler scheinbar zu töten und dann durch Lufteinblasen wiederzuerwecken, bringen manche der von Tacitus bis zur Gegenwart aufgeführten Schwerttänze: Der Narr, der mit blanken Schwertern kunstvolle Figuren tanzende junge Männer begleitet, wird erstochen und springt plötzlich vergnügt wieder umher.

Die übrigen beim Annaberger Quas beobachteten Bräuche gehören ebenfalls in den Rahmen, der Frühlingsfeste der deutschen Jungmannschaft. 1. Der von zwei Burschen unter einer Ochsenhaut dargestellte Ochse findet seine Entsprechung in Westfalen in den Ochsenhäuten der Bocholter und Werdener Nachbarschaften (um 1718), in dem Fastnachtsrößlein, d. h. Wotans Schimmel nachbildend, das man in oberbayrischen Dörfern und Städten und vielerorts in Deutschland im Faschingszuge sieht. In steirischen Alpendörfern wurde noch im 20. Jahrhundert der Schimmel, auch hier von zwei Burschen gemimt, zur Fastnacht abgestochen. In anderen deutschen

Gauen lief statt dessen ein Bär, z. B. der württembergische Erbsbär. All diese Tiervermummungen gehen auf urältesten Dämonenglauben zurück und sind im Laufe der Zeit zu Scherzgestalten geworden. 2. Die Fastnachtsbraut, anderswo auch Maibraut genannt, ist gemeindeutsch. Unverheiratete Männer, d. h. Mitglieder der Jungmannschaft, wählen ein Mädchen als Königin des Festes, laden natürlich auch andere Tänzerinnen ein. Dass diese, sich durch eine Zahlung »lösen« müssen, hängt mit dem noch bis in neueste Zeit in vielen Dörfern des Erzgebirges üblichen »Burkert« zusammen: Das war ein Fastnachtstanzfest, zu dem ausnahmsweise die Mädchen die Burschen einluden und für sie den ganzen Abend bezahlten. In vielen deutschen Gegenden gab es auch »Mädchenversteigerungen«, d. h. die Burschen des Dorfes kamen eines Abends zusammen, die Namen der Mädchen wurden ausgerufen, jeder suchte die zu ersteigern, die ihm besonders gefiel. Welche das höchste Gebot erzielte, die galt als Königin des Festes. Übrigens gab es natürlich auch solche, auf die kein einziger Bursche bot. Das ersteigerte Mädchen war dann für den ganzen Sommer die Tanzpartnerin des Burschen, und oft wurden Heiraten daraus.

Schmaus, Trunk, Tanz, Gesang, in diesem Falle Bergreihen, sind selbstverständlich Zubehör zur Knappschaftsfastnacht gewesen. In Annaberg, dieser rein bergmännischen Gründung vom Ende des 15. Jahrhunderts, wohin aus den verschiedensten Teilen Deutschlands Zustrom erfolgt war, fühlten sich die jungen Bergleute als Vertreter für ganz Deutschland, die Schweiz, die Alpenländer und nordgermanischen Gebiete seit alters nachweisbaren Gruppe der jungen Männer, der Jungmannschaft. Sie übten ebenso die den Burschen zustehenden Bräuche aus, wie manche alpenländischen Knappen den Schwerttanz bewahrt haben. (1954)

Stephan Dietrich

Grenzlandleute

Bei unseren Wanderungen durch die Heimatwälder kam es oft vor, dass wir plötzlich vor dem Grenzgraben standen. Dann tauchte ein Zöllner unerwartet aus dem Gehölz auf und fragte uns nach Pass und Wegeziel. Damals trennten noch die schwarzgelben Grenzpfähle Österreich-Ungarn vom deutschen Böhmerland. Wir Grenzgänger hassten den Graben. Unsere Herzen waren immer bei den Brüdern und Schwestern drüben, und sie kamen gerne zu uns herüber. Das ganze Grenzgebiet war ja von jeher ein einheitliches Wirtschaftsgebiet. Die Menschen deutschen Blutes am Südabhang des Erzgebirges waren auf ihre Brüder diesseits der Grenze angewiesen. Ob Sommer oder Winter, schon früh am Tage kamen die Böhmen mit ihren Hundegespannen oder mit kleinen Pferdewagen herüber und brachten uns Milch und Eier. Die wenigen Bauern diesseits der Grenze konnten den Bedarf an diesen notwendigen Lebensgütern bei weitem nicht decken.

Das Leben der Deutschen jenseits der Grenze war wesentlich härter und anstrengender als auf unserer Seite. Die böhmische Marie hat mir manchesmal erzählt, wie schwer das Leben war. Früh um vier schon gingen die Weiber mit ihren vollbepackten Tragkörben los. Gegen acht Uhr kamen sie dann bei uns an. Den ganzen Tag über ging's von Haus zu Haus, treppauf, treppab. Wenn die anderen ihren Feierabend hatten, dann ging die Marie erst heimwärts und hatte den weiten Weg zurück. Nachts kam sie dann heim. Das waren arbeitsreiche Tage. Dabei verdienten die Leute wenig. Aber sie waren auch bescheiden und dankbar! Wenn ich mit dem Vater hinüberkam, der dort Klöppeleien anfertigen ließ, da konnte ich die Not in den ärmlichen Hütten sehen. Bei spärlichem Petroleumlicht saßen die Frauen bis tief in die Nacht hinein und klöppelten. Sie hatten meist nur eine Stube, die war dann Küche, Wohnraum, Schlafgemach und Arbeitsstätte. Diese Menschen waren alle in Armut geboren und kannten das Leben nicht anders. Wie reich und glücklich waren wir doch dagegen! Viele lebten drüben auch vom Paschen, also vom Schmuggel. Echt böhmische Tabake waren hier sehr beliebt, Weine und Oblaten sehr begehrt. Verbotene Früchte schmecken gut, sagt ein altes Sprichwort. Das Paschen brachte Verdienst und Gewinn. Die Grenzer hatten viel zu tun, und ihre Arbeit in Wind und Wetter war oft gefahrvoll, weil manche der Pascher auch nicht vor Gewalttätigkeiten zurückschreckten.

Da erzählte mir der Vater von einem Fuhrmann, der wöchentlich einmal Holz von drüben brachte und dabei natürlich auch Tabak schmuggelte. Der Landtabak war in Rollen zu fünfzig oder hundert Stück gepackt. Der Fuhrmann versteckte die Tabakrollen an der Unterseite des Wagens. Einmal hatte er sogar auf dem Heimweg einen

Zöllner mit, der vergnügt und dankbar auf dem Wagen Platz nahm. Als der Wagen in einer Kurve umkippte, hob der Zöllner das Wägelchen mit auf. Den darunterhängenden Tabak hatte er nicht gesehen. – Oft wurde in den Wirtshäusern Lustiges von Paschern und Zöllnern erzählt. Der »Lu«, so hieß einer, der beim Paschen noch nie gefasst worden war, wurde eines Abends mit einem vollen Rucksack gepaschter Ware erwischt.

»Halt!« rief der Beamte. »Sie kommen von der Grenze? Was haben Sie denn in ihrem Rucksack?«

Der Lu antwortete: »Ach, Herr Inspektor, ich ho doch e paar Ziegn derhamm, do ho ich an der Grenz e wing Waldgros gehult!«

»Machen Sie mal den Rucksack auf!« forderte der Grenzer.

»Nu gucken se när salberscht nei!« antwortete der Lu.

Der Beamte öffnete den Rucksack. 200 Zigaretten, 50 Zigarren, 1 Flasche Rum, Kaffee, Schokolade und 20 Päckchen Tabak traten zu Tage.

»Das nennen Sie Ziegenfutter!« brüllte der Zöllner.

»Nu, wenn dos de Zieg nett frisst, noochert kriegt se gar nischt!« antwortete der Lu.

Unter den Bewohnern von drüben gab es ausgezeichnete Musikanten. Das ist auch heute noch so. Wir wissen ja, dass die Musikinstrumentenbauerei der klingenden Täler und Markneukirchens durch eingewanderte Böhmen begründet wurde. Einen von diesen böhmischen »Fatzern«, wie wir sie nannten, kann ich nicht vergessen, weil er mir und vielen anderen ein guter Freund wurde. Er hieß bei uns nur der Musikantengulius. Wir kannten nur seinen Vornamen Julius. Der Familienname war uns unbekannt. Er war ein Einzelgänger und der erste, der zu Frühlingsanfang zu uns herüberkam. Er mochte damals schon an die sechzig Jahre alt gewesen sein. Manche nannten ihn einen Bettelmusikanten oder gar Vagabunden. Aber damit taten sie ihm Unrecht. Wenn der Kalender Frühlingsanfang zeigte, da tauchte auch der Gulius bei uns auf und spielte auf seiner Ziehharmonika.

Das ging so: Erst stellte er sich vor der Häuserreihe auf, verneigte sich nach allen Seiten, wenn auch noch niemand aus dem Fenster sah und nur eine Schar Kinder um ihn herumtanzte. Dann zog er den Kasten auf und entlockte ihm einen vollen Akkord. Das hieß soviel wie: Achtung! Gleich darauf spielte er den Egerländer Marsch.

Ja, das war was, wenn der Gulius spielte! Er marschierte dazu auf der Stelle, wahrscheinlich, um den Takt genau einzuhalten. Wir halfen mit marschieren und sangen den Kehrreim schmetternd mit. Da gingen auch bald überall die Fenster auf. Die Leute lachten und riefen: »Der Gulius is wieder do, nu gieht's aah auf 'n Sommer zu!« Jeder warf einen Fünfer oder Zweier auf die Straße. Der Gulius verneigte sich dankbar nach allen Seiten und lächelte. Wir Kinder sammelten das Geld für ihn ein, das er in eine Geldkatze steckte, die er an einem Riemen um den Leib trug. Dann lehnte er sich an den Holunderbaum vor unserem Hause, zog den Balg aus und sang und spielte: »Mein Herz, das ist ein Bienenhaus, die Mädchen sind darin die Bienen . . .« Zum Schluss erklang wehmütig sein Lieblingslied: »Es war im Böhmerland, wo meine Wiege stand . . .« Ich sah, wie ihm über die bärtigen Backen dabei die Tränen rollten. Sein Blick ging in die Ferne, in seine Heimat. Hatte er denn noch eine Heimat, der wandernde Musikant? Ich dachte an die Schimpfworte der Leute. Nein, einer, dem das Lied der Heimat so zu Herzen ging, der kann kein Vagabund sein!

Ich rannte ins Haus und brachte dem Gulius noch ein Butterbrot von der Mutter, das er in seine Wandertasche steckte. Dafür durfte ich ihm die Ziehharmonika bis an die nächste Straßenecke tragen. Ach, hätte ich doch so spielen können wie er, das wäre mir die größte Freude gewesen!

Manchmal blieb er ein wenig bei uns im Hof auf der alten Bank sitzen. Dann erzählte er uns Buben von seiner langen Reise, die er alljährlich im Frühjahr begann und im Herbst beendete. Er kannte alle Landschaften des deutschen Vaterlandes, das Rheinland, Bayern, Norddeutschland und Schlesien. »När in Preißen, do war ich noch nett!« sagte er uns. Er meinte aber damit Ostpreußen. In jungen Jahren war er als Musikant bis nach Wien gekommen. Damals war er noch in seinem Berufe als Musikinstrumentenbauer tätig gewesen. Wir fragten ihn, warum er nicht mehr als Musikinstrumentenbauer lebte. Da schwieg er still und wehrte mit der Hand ab, als wollte er etwas Unangenehmes auf die Seite schieben. Dann erhob er sich, verneigte sich wieder nach allen Seiten und ging langsam den Weg hinab.

Die Mutter erzählte uns später mehr von ihm. Er war früher in Wien gewesen und hatte dort gutes Geld verdient. Um eines schönen Mädchens willen war er auf dem Tanzboden mit einem Burschen in Streit geraten. Ein Wort gab das andere. Der Fremde beleidigte das Mädchen übel. Es kam zwischen beiden Burschen zu Tätlichkeiten. Der Fremde brach schwerverletzt zusammen. Der arme Gulius hatte wohl in Notwehr gehandelt, weil ihn der andere an der Kehle hatte. So sagten alle Zeugen aus. Aber Gulius musste eine lange Zeit absitzen. Die Jahre im Gefängnis zerstörten sein Inneres völlig und warfen ihn aus der geregelten Lebensbahn. Wenn er schon Arbeit fand, nirgends hielt er es aus.

Als ich das von der Mutter erfuhr, da schloss ich ihn noch mehr ins Herz. Uns allen war er der erste Frühlingsbote, der die Herzen neu aufjubeln ließ in Freude über das Erwachen der Natur. War diese schöne Aufgabe nicht ein Leben wert?

Wieder einmal kam der Frühling in die Berge. Die Stare kehrten zurück. Märzbecher standen in weißer Pracht. Aber einer kam nicht mehr, der uns den Frühling kündete, unser lieber Julius. Die Frau Lill erzählte mir, dass unser Freund im Herbst vorigen Jahres gestorben sei. Es war eigentlich die Zeit, in der er noch unterwegs war. Er musste also seine Reise abgekürzt haben. Hatte er gefühlt, dass es mit ihm zu Ende ging? Ich glaube wohl. Die Melodie der Heimat erklang in seinem müden Herzen noch einmal auf und rief ihn zurück. Am Wegrand fanden sie ihn, nicht weit von seinem Heimatdorfe entfernt. Die Harmonika hielt er noch in den Händen. Er hat gewiss seiner lieben Heimat das letzte Lied gespielt und war dann glücklich gestorben. Glücklich, weil er in seiner letzten Stunde daheim war.

Der Musikantengulius

Geds Frühgahr mit dr erschtn Lerch,
do taachet aah dr Gulius auf.
Stund mit senn Blosbalgn of der Stroß
Un spielet uns e Liedl nauf.
Do hieß: Der Gulius is do,
nu gieht's aah ofn Sommer zu.
Nu wern de Wiesn wieder grü.
un ümmedüm blüht allis schie.
Do gunge alle Fanster auf.
E geder hot sei Lied gekennt.
»Dr Musikantengulius spielt!«
Un gruß un klaa kam agerennt.
Do hieß: Dr Gulius is do.
Nu gieht's aah ofn Sommer zu.
Nu wern de Wiesn wieder grü.
Un ümmedüm blüht allis schie.
Un wie sich rundüm allis freit,
do laachelt still daar alte Maa,
un nickt zefrieden, doß sei Lied
aah annre glücklich machen kaa.
Er singt: Nu bie ich wieder do,
Nu gieht's aah ofn Sommer zu.
Nu wern de Wiesn wieder grü.
Un ümmedüm blüht allis schie.
Aah dies Gahr singt de erschte Lerch
ihr Lied vun Frühgarsch Auferstieh.
Un aus'n Gulius senn Grob
ruft's über unner Dörfel hie:
Dr Gulius – daar is schu do,
nu gieht's aah ofn Sommer zu.
's muss allis blühe und vergieh,
wie gäb's dä sinst e Auferstieh!

Karl Hans Pollmer

Was der Wald erzählt

In raschem Tempo, um ein Vielfaches schneller, als es die Karrenwagen der Gründerzeit vermochten, trägt uns der Wagen über die Zschopaubrücke aus Zschopau hinaus. Scharfenstein ist das nächste Ziel unserer Fahrt durch »Wald und Wacken«. Nicht nur »an der Saale hellem Strande stehen Burgen stolz und kühn«, auch das Zschopautal im Erzgebirge ist reich daran. Nach Schloss Wildeck in Zschopau sehen wir nun das Scharfensteiner aus der Landschaft herausragen. 1895 sprach ein Berichterstatter von einem »besonderen Zauber«, den »das Schloss, auf stolzer Höhe« dieser Gegend verleiht. Er hatte gut beobachtet. Die ersten Besitzer Scharfensteins waren die Herren von Waldenburg. Die Burg dürfte im 13. Jahrhundert entstanden und ursprünglich Witwensitz gewesen sein. Noch heute findet sich die Bezeichnung »Witwenflügel«. Es ist nicht wichtig, die wechselvolle Geschichte des alten Bauwerks zu kennen, das mehrfach seine Besitzer wechselte und schließlich 1921 zu zwei Dritteln niederbrannte, danach jedoch mit großer Sorgfalt wieder hergerichtet wurde.

So klein der Ort zu Füßen des alten Schlosses ist, er ist, wie Zschopau durch sein Motorradwerk, weit bekannt geworden durch seine DKK-Werke: Deutsche Kühl- und Kraftmaschinenwerke. In der engeren Heimat hat Scharfenstein durch noch etwas anderes Geschichte gemacht und unvergänglichen Ruhm erlangt: Im sogenannten »Gänsewinkel« unterhalb des Schlosses wurde am 30. September 1762 der unvergessene Volksheld des Erzgebirges, Karl Stülpner, geboren. Als er am 24. September 1841 gestorben war und auf dem Friedhof in Großolbersdorf, wohin Scharfenstein kirchlich gehört, begraben wurde, gaben ihm 15 Dorfgemeinden das letzte Geleit. Wer war der Mann, der so geehrt wurde?

Stülpners Eltern waren arme Leute. Der Vater, Mühlenknappe, starb, als Karl acht Jahre alt war. Frühzeitig schon lernte der Junge mit der Jägerei umzugehen. Jedoch wurde sein Traum und Herzenswunsch, Jäger zu werden, durch Widersacher und allerlei missliche Zeitverhältnisse vereitelt. Ein Jäger wurde der Stülpner-Karl aber doch. Als »freier Schütz«, das heißt wider bestehendes Recht und Gesetz, ging er in den Wäldern des Erzgebirges auf die Pirsch. Das arme Volk, namentlich die Bauern, liebten ihn; denn er erlegte das Wild, das die Äcker und Wiesen der Dorffluren niedertrat und dessen sie sich nicht erwehren durften. Die Förster und Amtsleute hassten und verfolgten ihn; denn er maßte sich nach ihrer Meinung an, was ihm nicht zustand. Man hat ihn »Räuber« und »Wegelagerer« geheißen, gehetzt, gejagt und bestraft, wenn man seiner habhaft werden konnte. Den Nimbus eines Volkshelden vermochte ihm nichts und niemand zu nehmen. Was ging und geht noch heute nicht alles an Geschichten über ihn im Volke um!

So rettete er einmal ein armes Weib aus den Händen des Försters. Die Frau las an einem hierfür nicht freigegebenen Holztag dürres Reisig im Walde auf. Als der Förster sie dabei überraschte, beteuerte sie, den Holztag nicht gewusst zu haben, fand jedoch kein Erbarmen. Der Förster schlug auf sie ein und zertrat ihren Holzkorb. Da erschien plötzlich Stülpner aus dem Dickicht, bedrohte mit gespannter Büchse den übereifrigen Hüter der »Ordnung« und zwang ihn, der Frau zehn Groschen als Schadenersatz für den zertretenen Korb zu zahlen.

Ein andermal trieb er einen Schwarm bewaffneter Männer, die sich für eine Belohnung seiner bemächtigen wollten, in die Flucht, und als einer der fliehenden Häscher nicht wagte, den anderen durch die Zschopau zu folgen, trug ihn Stülpner, der Verfolgte seinen Verfolger, durch den Fluss. Freilich standen währenddessen drei seiner Freunde, die zuweilen mit ihm das Schicksal der Wildnis teilten, mit ihren Gewehren in Anschlag, um zu verhindern, dass die Ausreißer Stülpners großherzige Tat mit Undank lohnten.

Einmal hatte eine Lausitzer Leinwandhändlerin auf dem Stollberger Jahrmarkt ihre Ware verkauft und Stollberg kaum verlassen, als sich auf der Landstraße zwei Wanderer zu ihr gesellten, denen sie unvorsichtig von ihrem Markterlös von 300 Talern erzählte. Im Wald stürzten sich die Männer auf die wehrlose Frau und beraubten sie ihres Geldes. Da pfiff eine Büchsenkugel an den Ohren der Räuber vorbei, und danach trat Stülpner, von zwei großen Hunden begleitet, mit gespannter Flinte aus dem Unterholz und zwang die Schurken zur Herausgabe des Raubes.

Auch jener Postillion, den er gleichfalls aus Räuberhand rettete, wusste ihm zeitlebens Dank. Es war an der »Heinzebank«, der Straßenkreuzung bei Marienberg, wo Stülpner eines Tages auf dem Anstand saß. Er hörte auf der nahen Chaussee den Postillion blasen sein lustig Lied und das Rollen der Räder plötzlich verstummen und ahnte nichts Gutes. Hinzueilend, sah er den Postillion auf der Straße liegen und drei Räuber auf ihn einschlagen. Er schickte seinen gefürchteten Schreckschuss über ihre Köpfe hinweg und vertrieb die Banditen. Dann brachte er die Post sicher durch den Wald bis nach Marienberg. Stülpner hatte dem Postillion das Leben und der Postmeisterei ein Fass voll Geld gerettet.

Nimmt es da wunder, dass das Volk den mutigen Jäger liebte und verehrte!? Und wer wollte nicht verstehen, dass er immer wieder aufs neue zum Helden heimatlicher Literatur wurde! Was ist nicht alles über ihn geschrieben worden! Aus der Fülle der Publikationen über Stülpner nur einiges:

Bereits 1834, als Stülpner noch lebte, beschrieb sein früherer Lehrer Karl Heinrich Wilhelm Schönberg nach Stülpners eigenen Angaben dessen Taten und Jägerstückchen. Daraus haben alle späteren Bearbeiter geschöpft. Hermann Lungwitz in Geyer veröffentlichte 1887 »Altes und Neues über Karl Stülpner«, Kurt Arnold Findeisen trug mit seinem vielgelesenen Stülpner-Roman »Der Sohn der Wälder« nicht wenig zu Stülpners

Popularität bei. 1956 erschienen gleich zwei Stülpner-Bücher: »Der Stülpner-Karl« von Dr. Siegfried Sieber und »Der grüne Rebell« von Hermann Heinz Wille. 1963 kam Johannes Pietzonkas bedeutsames Buch »Carl Stülpner, Legende und Wirklichkeit« heraus, das den Versuch unternimmt, das im Volk gewachsene Stülpnerbild seiner romantischen Züge zu entkleiden, dem Leser den Stülpner, wie er wirklich war, zu vermitteln – ein ebenso rühmliches, lobens- und dankenswertes wie vergebliches Unterfangen, denn den Kranz der Liebe und Verehrung, den die Heimat in gewiss allzu bunt gemischten Farben um einen ihrer sympathischsten Söhne gewunden hat, nimmt ihm nichts vom Haupt, auch die Wahrheit nicht. Nicht nur Bücher erzählen Stülpners bewegtes Leben, auch auf der Bühne werden sein Schicksal und seine Taten gezeigt. Eines der modernen Stülpner-Spiele, das fast auf jedem Sommerspielprogramm der Naturbühne auf den Greifensteinen bei Ehrenfriedersdorf steht, stammt aus der Feder von Klaus Pastowsky. Die Greifensteinbühne ist der geeignete Ort für die Geschichte Karl Stülpners; denn in den Wäldern dieser Gegend war der Wildschütz »zu Hause«; eine Höhle, in der er zuweilen Zuflucht gesucht haben soll, trägt noch heute seinen Namen.

Immer mag dem »grünen Rebellen«, wie Hermann Heinz Wille Karl Stülpner genannt hat, das Leben in den Wäldern auch nicht eitel Freude gewesen sein. Eines Tages suchte er Pfarrer Schönherr in Thum auf, um zu beichten und Absolution zu erbitten. Der Pfarrer sprach dem reumütigen, wie es das Evangelium gebietet, den Frieden Gottes zu, ermahnte ihn aber auch, sich den bestehenden Landesgesetzen zu unterwerfen und die Gnade des Königs zu erbitten. Stülpner war bereit dazu. Doch da machten erneut Intrigen seinen guten Willen zunichte. Das Alter brachte dem Wildschützen ruhigere Jahre. Unangefochten, freilich verarmt und fast erblindet, verbrachte er, zuletzt wieder in Scharfenstein wohnend, seinen Lebensabend.

Es ist nur eine kurze Wegestrecke von Scharfenstein bis Großolbersdorf, wo Stülpner begraben liegt. Sein Bild schmückt den Grabstein. Immer wieder kommen Menschen und legen Blumen an Stülpners letzter Ruhestätte nieder. (1973)

Besucherbergwerk »Molchner Stolln« in Pobershau

 Fachwerkhäuser in Sosa

Alte Bergwerkslandschaft: Am Floßgraben

Aussterbendes Handwerk: die Köhlerei

Der Türkschacht bei Zschorlau

 So zwitschern auch die Jungen: Schnitzschule in Schneeberg

Barocke Schönheit: Dreifaltigkeitskirche in Carlsfeld

Hier lässt sich's gut rasten: Fürstenbrunn

II

Nun ist mir das sächsische Hochland oder Erzgebirge vorzüglich wert, teils durch seinen eigentümlichen Charakter, vorzüglich durch den frommen, tüchtigen Geist des Volkes, das dort lebt. Leicht kann ich ja jährlich ein- und mehrmal Ausflüge dahin machen und so recht mit jenen Gegenden bekannt und vertraut werden.

Ludwig Richter

Landschaften des Gebirges

Unsere Reise ging von Dresden aus südwestlich, immer am Fuße des Erzgebirges entlang, über Freiberg nach Oederan. Die ganze Gegend sieht aus wie ein bewegtes Meer von Erde. Das sind nichts als Wogen, immer die eine kühner als die andern . . .«. Schöner, poetischer als Heinrich von Kleist in diesem Brief kann man es nicht sagen. Das Erzgebirge – ein bewegtes Meer von Erde. Wo man auch reist, wohin man auch geht, welche Flussläufe, Täler und Berge uns begegnen, es ist nicht nur eine Landschaft der Natur, sondern auch eine Landschaft des Menschen.

Über Jahrhunderte waren diese Gegenden nicht besiedelt, »Ferguna« (Föhren- oder Fichtenwald) und »Miriquidi« (Dunkelwald) werden sie genannt. In der Chronik des Magdeburger Bischofs Thietmar wird der Name »Miriquidi« erstmals im Zusammenhang mit dem Übergang des deutschen Heeres unter König Heinrich III. 1004 gegen den Widerstand des Polenkönigs Boleslav Chrobry verwendet. Im 12. Jahrhundert dann setzte die Besiedlung ein.

Aber ehe die Menschen kamen, bewegten sich Lande. Geologische Bilder stehen am Anfang: Vor mehr als 320 Millionen Jahre wölbte sich ein breiter Hochlandbogen quer durch Europa, vom französischen Zentralplateau bis nach Polen. Im saxothüringischen Raum hatten sich dabei drei Faltenketten gebildet, die südlichste formte den Verlauf des heutigen Erzgebirgskamms. Uralte Gesteine, vor allem Gneis, bildeten ihr Fundament. Später entstanden dann Granite, und in deren Randzonen füllten sich Risse und Spalten mit Schmelzen und Minerallösungen. Hier wuchsen die Erze, die dem Gebirge seinen Namen gaben. Verwitterungen folgten und Abtragungen. Vulkane brachen das Hügelland auf, Basalte ergossen sich zu Kegeln und Decken. In der jüngeren Erdgeschichte dann riss der Gebirgsabbruch gegen das böhmische Becken auf, und die Bruchscholle des heutigen Erzgebirges entstand.

Was hier in geologischer Skizzierung benannt wurde, man kann es bei der Begegnung mit dem Erzgebirge noch immer erleben: Jeder Reisende, der nach Böhmen hinüberfährt, er wird das sanfte Ansteigen des Gebirges auf deutscher Seite erfahren und den steilen Abbruch auf der böhmischen Südseite. Gneis bestimmt das Osterzgebirge, Porphyrdecken und die Granite von Altenberg und Zinnwald. Das Erzgebirge hat ähnliche geologischen Strukturen auch im westlichen Teil, der an den Graniten des Vogtlandes endet. Hier im Westen finden wir auch die drei markanten Basaltkegel: Scheibenberg, Pöhlberg und Bärenstein. Und hier nun im mittleren Teil des Gebirges hebt sich die Kammlandschaft im Fichtelberg-Keilberg-Massiv auf seine höchsten Erhebungen bis auf 1244 Meter. Im Osterzgebirge steigen die Gipfel nicht so hoch, der Kahleberg, aus dem böhmischen Quarzporphyr von Teplitz wachsend, ist nur 901 Meter hoch.

Reisen im Erzgebirge, dies heißt aber wohl auch Begegnungen mit den Flüssen, die von den Bergen herabkommend die Täler geformt haben. Im Osten begegnen wir der Freiberger Mulde, der Roten und Wilden Weißeritz, der Müglitz und Gottleuba, die oftmals in den vergangenen Jahrhunderten als Hochwasserfluten die Täler verwüsteten. Hier hat man mittlerweile Staubecken errichtet, die das Wasser zähmen. Im Westerzgebirge bestimmen Zschopau, Zwönitz und Schwarzwasser die Tallandschaften.

Aber das Naturgegebene ist nur die eine Seite der Erzgebirgslandschaft: Menschliches Wirken seit gut einem Jahrtausend hat die Landschaft geprägt, bestimmt heute wesentlich ihr Bild.

Das Erzgebirge ist eine dicht besiedelte Mittelgebirgslandschaft, dabei sind die Mehrzahl der größeren Ansiedlungen im Westerzgebirge, das Osterzgebirge hat auch in den industriellen Entwicklungen der vergangenen zwei Jahrhunderte seinen Charakter als weitläufige Waldlandschaft behalten.

Aber gerade diese Waldlandschaft Erzgebirge hat in den letzten fünf Jahrzehnten für Aufmerksamkeit gesorgt: Überall sah man die Bilder der sterbenden Kammwälder, vor allem aus der Region von Oberwiesenthal. Die Ursachen sind bekannt: Der Erzgebirgswald war ursprünglich ein Mischwald, von dem nur noch geringe Reste zu finden sind. Die Forstwirtschaft des 19. Jahrhunderts hatte die Gebirgswälder in reine Fichtenwälder verwandelt. Und der saure Regen, der aus den Chemiebetrieben auf böhmischer Seite aufstieg und die Monokulturen zerstörte, ließ die Kammlandschaft zu einem Quartier der kahlen Stämme, der toten Bäume werden. Heute ist davon nicht mehr viel zu sehen, rauchresistente Anpflanzungen stehen auf den Kahlflächen, aber die Gefahr des Waldsterbens ist längst nicht gebannt: Nun sind es die Autokolonnen, die Lastzüge und Touristenströme, die den Kamm täglich übersteigen, denn das Erzgebirge ist ja eben eine Grenzlandschaft. Diese Nachbarschaft war oft gestört in den Zeitläufen dieses Jahrhunderts: Aus der vertraulichen Nachbarschaft, die über Jahrhunderte existierte, wie sie in der Erzgebirgsliteratur in Geschichten und Liedern über Pascher, Wilddiebe und Fuhrleute beschrieben ist, wurde ein Landstrich, in welchem Hitlers Expansionspolitik begann. Heim ins Reich, so belog und betrog man die Sudetendeutschen, die Menschen, die in den Siedlungen auf tschechischer Seite lebten. Und anders als sie es gedacht, wurden sie 1945 heim ins Reich vertrieben, die Nationalisten auf der anderen Seite setzten das Unrecht fort. Später dann blieb das Erzgebirge für die Menschen in der DDR der Weg in ein Stück andere Welt. Von hier aus fuhr man nach Prag, und man fuhr nach Ungarn, wo sich auf unterschiedliche Weise mit dem Frühling von 1968 und der Grenzöffnung 1989 eine Wende vollzog, die das Erzgebirge wieder in die Mitte Deutschlands und eines neuen Europas rückte.

Ach ja, Landschaften sind nicht nur die Bergeshöhen, die Täler, die Blumen auf den Wiesen und die belebten Plätze und Straßen der Dörfer und Städte. Aber das sind sie natürlich auch: Es gibt die Inseln der Einsamkeit, die Wiesen, da man mit Eichendorff denken kann. Es gibt Wanderrouten durch Wälder, die uns an jenen Reisenden erinnern, mit dem wir unseren Text begonnen haben: »Jetzt habe ich das Schönste auf meiner bisherigen Reise gesehen, und ich will es Dir beschreiben. Es war das Schloss Lichtenstein. Wir sahen von einem hohen Berg herab, rechts und links dunkle Tannen, ganz wie ein gewählter Vordergrund; dazwischendurch eine ganze Gegend, ganz wie ein geschlossnes Gemälde. In der Tiefe lag zur Rechten am Wasser das Gebirgsstädtchen; hinter ihm, ebenfalls zur Rechten, auf der Hälfte eines ganz buschichten Felsens, das alte Schloss Lichtenstein; hinter diesem, immer noch zur Rechten, ein höchster Felsen, auf welchem ein Tempel steht. Aber zur Linken öffnet sich ein weites Feld, wie ein Teppich, von Dörfern, Gärten und Wäldern gewebt. Ganz im Hintergrund ahndet das Auge blasses Gebirge, und drüber hin, über die höchste matteste Linie der Berge, schimmert der bläuliche Himmel . . .«

Können wir mit Heinrich von Kleist denken und empfinden? Der Augenblick ist noch immer ein möglicher Augenblick der romantischen Schwärmerei. Aber ansonsten leben wir im Gebirge mit der Last der Geschichte und mit ihren Hoffnungen.

Die Landschaften des Erzgebirges sind Felder, auf denen sich die Jahrhunderte niedergelassen haben, unversehens verwandelt sich da Vergangenheit, und die Gegenwart ist nur ein Augenblick.

Was in Wäldern und Grubenbauen wispert . . .

Zu den schönsten Zeugnissen deutscher Volksdichtung gehören die Sagen. Sie sind eine seltsame Mischung von Wirklichkeit und Phantasie, Boden und Menschenart, Geschichte und Gegenwart. Aus der Wirklichkeit erheben sie sich in das Reich der Phantasie.

In ihrer Unverbürgtheit unterscheidet sich die Sage von der Geschichte, durch ihre Bezogenheit auf Ort und Zeit, vom Märchen. Die Sage will für wahr genommen werden, ohne selbst den Beweis der Wahrheit antreten zu können. Dort, wo das Märchen abschließt mit: »Und wenn sie nicht gestorben sind, dann leben sie noch heute . . .!« entzieht sich jeder Sagenerzähler einer Nachprüfung seiner Aussage mit einem »Weil . . .« – »deshalb«. Denn immer wird durch Unvorhergesehenes der gute oder böse Ausgang verhindert.

Was die Geschichte weiß, ist zumeist wahr, die Sage hingegen verlangt Glauben. Es liegt in der Natur der Sache, dass von Interesse nur dasjenige für das Volk sein kann, was ihm bedeutungsvoll, merkwürdig ist. Das Gewöhnliche, Tagtägliche, wird von ihm vergessen. Hierin hat die Sage ihren Nährboden über die Zeiten hinweg.

Wo, wann und auf welche Weise Sagen entstehen, lässt sich bestenfalls nur ahnen. Irgendwo kamen sie auf, wurden mündlich weitergegeben und machten über Zeit und Ort hinweg viele Veränderungen durch, wurden erweitert, verkürzt, umgeformt oder der jeweiligen Gegebenheit angepasst.

Als die Brüder Grimm ihre großen Sagensammlungen herausgaben, bemerkten sie dazu: »Die Sage hat das Besondere, dass sie an etwas Bekanntes haftet, an einen Ort oder einem durch Geschichte gesicherten Namen. Aus dieser Gebundenheit folgt, dass sie nicht gleich dem Märchen, überall zu Hause sein kann, sondern irgendeine Bildung voraussetzt, ohne welche sie bald gar nicht da, bald nur unvollkommen vorhanden sein würde.«

Der Volkskundler weiß die Sagen in verschiedene Kategorien einzuteilen, spricht von Götter- und Heldensagen, von Orts-, Personen-, Dämonen-, Geister- und Gespenstersagen, von Teufels-, Zauber-, Wunder-, Berufs- und Schatzsagen.

Das Erzgebirge ist besonders reich an Berufs-, Wunder- und Schatzsagen, die vor allem aus der Welt des Bergmanns kommen. Das ist nicht verwunderlich. Sie erklären häufig, da des Bergmanns spärliche wissenschaftliche Kenntnisse nicht ausreichen, das für ihn Unerklärliche. Belohnt wird der Bescheidene, Ehrliche, Tapfere und Fromme, bestraft der Habsüchtige, Betrüger, Dieb und Gotteslästerer.

Im Mittelpunkt der erzgebirgischen Bergsagen stehen Berggeister, wie Bergmännlein und Bergmönch, die unter Tage Gutes und Böses dem Bergmann prophezeien oder antun. Andere Sagen handeln von raffgierigen Bergherrn oder plötzlich fündig gewordenen und zu Reichtum gelangten Bergleuten.

Einen breiten Bereich nehmen Schatzsucher ein, meist sind es Venediger, auch Walen genannt, die das Gebirge geheimnisvoll durchstreifen und zu ungeahntem Reichtum kommen. Der Volksglaube will wissen, ihre Heimat sei Venedig, sie besäßen als Wohnstätten prunkvolle Paläste und verfügten über des »Teufels Lehrstuhl«. An ihm werde die »schwarze Kunst« eigens vom Leibhaftigen gelehrt. In einem dreijährigen Kurs unterrichtete er zehn Schüler. Am Ende nehme er einen davon mit in die Hölle, die anderen gebe er frei. Fortan zögen sie als Venediger durch die Welt. Auch von zufälligen Funden ist immer wieder die Rede. Meist legen Pferde durch Scharren Silbergänge frei. Auf diese Weise seien viele erzgebirgische Lagerstätten entdeckt und fündig geworden.

In den erzgebirgischen Bauernhäusern lebt als guter Hausgeist das Heugütel, ein kleines Männlein, das immer zur Stelle ist, wenn es gilt behilflich zu sein. Es hat seine Wohnung im finsteren Winkel des Heubodens, ist scheu und wird erst in der Dunkelheit rege. Anders der Bilmesschnitter. Er geht mit Sicheln an den Füßen durch die Getreidefelder, schneidet die Ähren ab und schädigt die Bauern.

Zu den erzgebirgischen Waldgeistern gehören die wilden Jäger. Sie brausen bei Sturmwind mit ihrem Gefolge durch die Bestände. Besonders während der zwölf Innernächte sind sie unterwegs. Die Hehmänner sind Geister, die Waldgeher schrecken, im Nebel führen oder verführen, sich Holzfuhrleuten auf den Wagen setzen oder sich auf dem Rucksack eines Wanderers ins Dorf tragen lassen. Sie sind ganz in Grau gekleidet und halten sich tagsüber verborgen. Nur bei einbrechender Dunkelheit kommen sie aus ihren Verstecken, um ihre nächtliche Wanderung zu beginnen. Irrlichter verführen Ortsfremde, Wassermänner ziehen sie zu sich in die Tümpel oder Teiche.

Gerne wird von armen Holzlesern berichtet, die daheim statt Leseholz, Schätze in ihrem Tragkorb vorfinden, oder von Moosmännlein, die an ihnen verübte Guttat mit Moos belohnen, das die Beschenkten meist achtlos fortwerfen, indessen sich in der Tasche verbliebene Reste zu Gold verwandeln. Sie leben weit draußen im Wald im Moos. Ihre Feinde sind die wilden Jäger. Vor ihnen sind sie nur sicher, wenn sie sich unter einen Stubben oder Stamm retten können, in denen die Holzfäller drei Kreuze schlugen.

Auch von wundersamen Schätzen wird erzählt, bei deren Entdeckung und Hebung man nicht sprechen darf. So lassen sich mit Wunderblumen, die oft nur alle hundert Jahre einmal blühen, im Fels eingeschlossene Schätze erschließen, vorausgesetzt, man vergisst bei der Rückkehr die Wunderblume nicht.

Viele Sagen des Erzgebirges befassen sich mit den Orten und ihrem Entstehen. Oftmals wird der Ortsname, das Siegel oder Wappen dafür zum Anlass genommen.

Hierher gehören auch die Sagen, die sich mit den wüsten Dörfern befassen. Andere ranken sich um Steinkreuze, von denen man wissen will, was der Anlass ihrer Errichtung war. Nicht geheuer sind Kreuzwege um Mitternacht. In alten Gemäuern und Ruinen hausen weiße Frauen oder die Geister Verstorbener. An bestimmten Orten sollen auch Zwerge anzutreffen sein. Und wo sich nachts Klopfgeister oder die Winselmutter hören lässt, kommt Unheil ins Haus.

Zu den bekanntesten Sagen des Erzgebirges gehören die von Harras, dem kühnen Springer, der Langen Schicht von Ehrenfriedersdorf, der Dudelskirche bei Waschleithe, vom Traum des Daniel Knappe oder von der Wunderblume auf dem Spitzberge bei Gottesgab.

Drechseln, Schnitzen und Klöppeln

Holzbearbeitung und Spitzenklöppeln sind typische Volkskünste des Erzgebirges. Ihr Ursprung und ihre Entwicklung sind eng mit dem Bergbau verbunden, der das wirtschaftliche Leben des Erzgebirges zwischen dem 14. Jahrhundert bis Ende des 17. Jahrhunderts prägte.

Selbst als der Bergbau noch florierte, mussten die Bergleute einen zweiten Beruf ausüben, um sich und der Familie den Lebensunterhalt zu sichern. Als im 17. Jahrhundert die fußgetriebene Drechselbank aufkam, wurde aus manchem Bergmann ein Drechsler. Auf der Drechselbank entstanden Dosen, Teller, Knöpfe, Leuchter und Kleinzeug, vermutlich für die eigenen Kinder auch Spieldocken, die man noch mit dem Messer bearbeitete.

Aus Seiffen wird 1644 erstmals ein solcher Drechsler genannt. Wenige Jahre danach verdienen sich mit Drechseln und Schnitzen schon mehrere Familien ihren Lebensunterhalt. Um 1700 werden »eitel bemaltes Puppenwerk, Kinderspiele und andere geschnitzte Sachen« aus Seiffen auf dem Dresdner Christmarkt angeboten. 1700 gab es in Seiffen bereits 100 Drechsler, 1804 schätzt man, in und um Seiffen 2000 bis 3000 Holzdrechsler. 1868 stellen 43 Orte Holzwaren, vor allem aber Spielzeug her. Händler aus der Seiffner Gegend bringen ihre Ware bis nach Nürnberg, zum Umschlageplatz für oberbayrisches, Tiroler und Nürnberger Spielzeug.

Die Spielzeugherstellung blieb im Wesentlichen ein Hausgewerbe. Das führte zur Herausbildung von Familientraditionen und zur Spezialisierung. Die einen befassten sich mit Kleinfiguren, Lichterbergmännern und -engeln, Nussknackern und Räuchermännern. Andere stellten Spielzeugpferde, Pyramiden, Spanbäume oder Puppenhäuser her. Als Besonderheit des Seiffener Holzdrechselns gilt das auch heute noch ausgeübte Reifendrehen, das Drechseln profilierter Fichtenholzreifen. Durch das Abspalten können leicht und billig Tiere aller Art hergestellt werden, das sogenannte »Pfengviehch«. In Spanziehmühlen zog man Späne aus gut gewachsenem Holz durch große Hobel. Der vom Wasserrad bewegte Hebelarm zog und schob den Hobel hin und her. In Lehren wurden dann Spanholzschachteln zusammengeleimt oder geheftet. In ihnen verpackte man Seiffener Spielzeug.

Im Westerzgebirge, um Schneeberg und Annaberg dominiert als Feierabendbeschäftigung das Holzschnitzen. Es blieb über Generationen hinweg Feierabendkunst und wurde erst im 20. Jahrhundert zu einem Broterwerb.

Der Bergmann, sobald er die Grube hinter sich wusste, erzählte, reimte und sang vom Bergwerk, seinen Freuden und Nöten. So war es vor allem Gestaltungsfreude, die ihn zum Schnitzmesser greifen ließ. Er schnitzt seine Umwelt, schafft Abbilder von ihr und erfreut sich daran. Bereits 1800 heißt es von Johanngeorgenstadt: »Hier wird auch (jetzt von wenigen Personen) verschiedenes Spielzeug, das auf den Bergbau sich bezieht, gefertigt und von den sogenannten Landreisenden . . . vertrieben.«

Das Spitzenklöppeln ist ein Kind der Renaissance. Woher es ursprünglich stammt, ist ungeklärt. Bereits in der Antike gibt es Klöppelerzeugnisse, wie dies Funde in koptischen Gräbern bestätigen. In Flandern, Venedig, Genua kannte man die Handklöppelspitze früher als im Erzgebirge. Da es sich beim Klöppeln um eine Flechttechnik handelt, könnten Beziehungen bestehen zum Knüpfen von Netzen für den Fischfang.

Fahrende Händler, »Bortenschotten«, brachten zwischen 1550 und 1560 erste Klöppelspitzen in das damals durch seine Silbererzfunde für reich gehaltene Erzgebirge, vor allem nach Annaberg. Zwischen Renaissance und Rokoko kamen Spitzen für den Hofstaat und das wohlhabende Bürgertum zu hoher Geltung und waren als Schmuckelemente der Festtagskleidung nicht fortzudenken. Spitzen wurden zum Symbol für Reichtum, Schönheit und Würde.

Der Rückgang des Bergbaus zwang die Gebirgsbevölkerung, neuem Broterwerb nachzugehen. Einer davon war das Spitzenklöppeln. Barbara Uthmann (1514–1575) und andere ihrer Zeitgenossen haben sich um die Einführung und Verbreitung des Spitzenklöppelns im Erzgebirge Verdienste erworben. Sie entwickelten Verlegergeschäfte und betrieben sie in großem Maße. Barbara Uthmann soll allein 900 Frauen beschäftigt haben.

Die Zahl der Klöpplerinnen im Erzgebirge schwankte, sie ist bis heute abhängig von den sozialen Verhältnissen und der Modeströmung. Im 16. Jahrhundert klöppelten etwa 10.000, 1743 waren es 14.000 und Mitte des vorigen Jahrhunderts, nach Beseitigung der Kleiderordnung, gab es 32.000 Klöpplerinnen.

Erzgebirgische Klöppelspitzen werden vor allem durch die Verleger gehandelt. Von ihnen kamen die Klöppelvorlagen, das zu verklöppelnde Material, wie Garn, Zwirn, Seide, selbst Silberdraht. Seit 1817 gab es Klöppelschulen, in ihnen wurde den Mädchen neben ihrem eigentlichen Schulbesuch, das Klöppeln gelehrt.

Seit 400 Jahren änderte sich das Handwerkszeug einer Klöpplerin kaum: Klöppelsack, Ständer, Klöppelbrief (Vorlage), 40 und mehr Paar Klöppeln, Nadeln, Zwirn und Schere. Ohne handwerkliche Fertigkeit der Klöpplerin käme freilich keine Spitze zustande. Man klöppelt gern in Gemeinschaft, besucht sich gegenseitig zur »Rix« (= Reihe) oder »Klippelsteig«, im Sommer im Schatten eines Baumes, im Winter, um Heizung zu sparen, im Wohnraum einer Klöpplerin.

Klöppelspitzen entstehen durch ein systematisches Wechseln, Drehen, Kreuzen und Verknüpfen der Fäden. Das geschieht gleichzeitig und in ununterbrochenem Fluss, entsprechend der auf das Klöppelkissen aufgesteckten Vorlage. Die Klöpplerinnen kennen viele Verbindungen, für die sie lustige Namen haben, wie Himmelswägele, Ochsenauge, Bratwurst, Katzenbuckel, Kuchenschieber, Erbsengrund u. a.

Handklöppelspitzen verwendet man zu Decken, Läufern, Platzdeckchen, Kleidereinsätzen, Kragen, Manschetten, Stolen oder Ponchos. Die Handklöppelspitze hat bis heute ihren guten Ruf bewahren können und gilt als eines der schönsten Volkskunst-Erzeugnisse des Erzgebirges.

Silbernes Erzgebirge

»Alles kommt vom Bergwerk her!« heißt es im Erzgebirge. Das Gebirge, ursprünglich Miriquidi geheißen, hat seinen Namen von ihm: »Erzgebirge«, Gebirge, in dem große Mengen unterschiedlicher Erze gefunden werden. Da unter ihnen reichlich Silber war, gab man ihm später die Beifügung »Silbernes Erzgebirge«.

Frühester Bergbau wurde vermutlich seit 922 unter Heinrich dem Vogler bei Mittweida betrieben. Der Ort entstand erst 90 Jahre später. Bergbau gab es auch bei Siebenlehn, Rochlitz, Munzig, Dippoldiswalde und Wolkenstein. Erstes Silber wurde im 12. Jahrhundert entdeckt. Nachweislich sind es jedoch jene Funde in einem Hohlweg des Bauerndorfes Christiansdorf, das um 1156 mit den Waldhufendörfern Bertholdisdorf und Tuttendorf gegründet worden war. Der Sage nach sollen es Harzer Salzfuhrleute in einem Wagengleis entdeckt haben. Die Silberfunde veranlassten Markgraf Otto von Meißen dazu, den Urwald zurückzukaufen, den er vordem dem Kloster Altzella geschenkt hatte. Er ließ 1168 Bergleute aus Goslar kommen und von ihnen am Münzbach einschlagen.

Die Kunde von der reichen Ausbeute ging durch die Lande und lockte viele Bergbauwillige heran. Dadurch entstand drei Jahre später die Stadt Freiberg. Markgraf Otto hieß durch seine hohen Einkünfte aus dem Bergwerk bald Otto der Reiche. Freiberg und seine Umgebung erblühten rasch. So gab es um 1350 zwischen Erbisdorf und Berthelsdorf über 1000 Bergleute, die sich auf 50 Zechen verteilten. Nach Freiberg folgte bald auch an anderen Orten Bergbau, so u. a. in Siebenlehn und Scharfenberg bei Meißen.

Der Bergbau gewann entscheidenden Einfluss auf die Besiedlung des Landes. Siedler, die sich aus anderen Gründen im Waldland niedergelassen hatten, begannen nach Erzen zu suchen, und wurden sie fündig, betrieben sie statt der Landwirtschaft Bergbau, zumindest nebenher. Oftmals durchsuchten man mit der Wünschelrute das Land. Dort, wo sie fündig wurde, entstanden Niederlassungen und schließlich Siedlungen.

Mit dem Tod von Heinrich dem Erlauchten im Jahre 1288 endet die erste Glanzzeit des sächsischen Bergbaus. Die Erzvorkommen waren noch nicht versiegt. Sie lagen in Tiefen, die mit der damaligen Technik nicht zu meistern waren. Vor allem das einbrechende Wasser bereitete den Bergleuten Schwierigkeiten.

Ein bescheidener Aufschwung setzte 1316 wieder ein mit Silberfunden auf dem Hohen Forst bei Kirchberg. 1335 gab es auch Bergbau bei Frauenstein, 1377 in Ehrenfriedersdorf, dem 1407 Thum und 1429 Geyer folgten. 1411 wurde auf Gruben bei Annaberg gefördert. 1445 folgte Altenberg. Das war aber lediglich ein Intermezzo in der erzgebirgischen Bergbaugeschichte. Im Allgemeinen blieb das Gebirge in jener Zeit bergbaulich unerschlossen.

Später suchte man in Schneeberg nach Eisenerz. Als aber dann 1470 mächtige Silberlager erschürft wurden, kam neues Leben in das Bergbaugeschehen. Eine zweite Blütezeit des erzgebirgischen Bergbaus begann. Durch das Land hallte das »Bergkgeschrey« und lockte Bergleute herzu. Fortan entstanden überall im Gebirge Bergwerke. Der Gewinn an Silbererz stieg bei den Schneeberger Gruben so schnell, dass es nach drei Jahren nicht mehr vermünzt werden konnte und statt dessen Silberbarren an die Gewerkschaften verteilt wurden. Auf der Fundgrube St. Georg fanden Bergleute einen Silberbarren, der 200 Doppelzentner Silber erbracht haben soll.

An den Hängen des Pöhlbergs hatte man schon 1422 Silber gefunden. Jedoch erst später, 1483, setzte der ergiebigere Bergbau am Schreckenberg ein. Am 28. Oktober 1497 erhielt die dadurch entstandene Siedlung Stadt- und Bergrecht und am 22. März 1501 den Namen St. Annaberg. In der Zeit zwischen 1496 und 1499 gab es hier 51 Zechen, in der Zeit von 1499 bis 1530 waren es 380. Daneben werden auch die Bergwerke vom benachbarten Buchholz als sehr fündig genannt. Seit Mitte des 15. Jahrhunderts florierte der Bergbau auf Zinn in der Gegend von Geising, Altenberg, Zinnwald, Lauenstein und Glashütte. In der zweiten Hälfte blühte auch der Eisenerzbergbau, und der Kohlenbergbau kam auf, so im Gemeindewald von Bockwa bei Zwickau.

Erzfunde im mittleren Gebirge veranlassten 1521 Heinrich den Frommen, Marienberg zu gründen. In der ersten Hälfte des 16. Jahrhunderts entstanden meist planmäßig weitere Bergorte wie Scheibenberg und Eibenstock. Bis Mitte des Jahrhunderts wurden 716 Gruben und 46 Schmelzhütten betrieben.

1613 schoss man erstmals mit Pulver, das war ein wesentlicher Fortschritt in der Bergarbeit und begünstigte wesentlich den Abbau. Jedoch hielt sich die Ausbringung, gemessen an vorangegangenen Zeiten, in Grenzen. Vor allem die Wirren des Dreißigjährigen Krieges ließen den Bergbau versinken. Nur langsam erholten sich die Bergbauorte.

1789 hatte Freiberg 4874 Bergleute, Marienberg 357, Annaberg 479, Johanngeorgenstadt und Schwarzenberg 760, Eibenstock 245, Schneeberg 948. 1830 wird die Ausbringung, nach Kostenabzug, auf 2 Millionen Taler geschätzt.

Im Freiberger Revier wurde Silber und Blei abgebaut, in Altenberg Zinn und Eisen, in Marienberg Silber, Arsenik und Zinn, in Ehrenfriedersdorf Zinn, Vitriol und Arsenik, in Annaberg Silber und Kobalt, in Johanngeorgenstadt Silber, Eisen, Zinn, Vitriol, Schwefel, in Schneeberg Silber, Kobalt, Wismut, Eisen, Vitriol, Schwefel und Arsenik. Zu Beginn des 19. Jahrhunderts gab es im Erzgebirge noch etwa 700 Gruben, auf denen 12.000 Bergleute anfuhren. Weitere 50.000 Menschen lebten auf andere Weise vom Bergbau.

Der Bergbau hatte im Gefolge u. a. Hütten und Hämmer, Münzen, Amalgamierwerke, Blaufarbenwerke. Fuhrleute, Holzfäller und Köhler lebten vom Bergbau.

Gut organisiert war seine Verwaltung. Im 19. Jahrhundert stand sie unter der Leitung von Oberberghauptmann Freiherr von Herder. Ihr unterstanden Oberzehnter- und Austeilerämter, die Bergakademie und zahlreiche Bergämter.

Obwohl im 19. Jahrhundert viele technische Verbesserungen, wie der Einsatz der Dampfmaschine, die Arbeit rationalisierten, wurde das Ende des alten erzgebirgischen Bergbaus eingeleitet. Immer mehr Gruben gingen ein. Der Abbau heimischer Erze wurde zunehmend schwieriger, die Ausbringung geringer. Durch verbesserte Transportmöglichkeiten kam billigeres ausländisches Erz ins Land. Auch das war ein Grund, der den Bergbau zum Erliegen brachten. Die letzten Gruben wurden, von einigen Ausnahmen abgesehen, im ersten Viertel unseres Jahrhunderts geschlossen.

Noch einmal lebte der Bergbau auf. Nach 1945 durch die SDAG Wismut, die Zehntausende von Bergleuten beschäftigte, um Uranerz zu gewinnen. Neben vielen neuen Gruben wurden auch die Stollen und Schächte des alten Erzbergbaus aufgefahren. Dieser Bergbau erlosch jedoch nach wenigen Jahrzehnten in Ermanglung an Erzen und durch veränderte gesellschaftliche Verhältnisse. Gegenwärtig sind Nachfolgebetriebe dabei, die Halden zu sanieren, die Gebäude abzutragen und die Grubenbaue zu verfüllen oder zu fluten.

»Heit is dr Heilige Obnd, ihr Maad . . .«

Weihnachten ist das große Fest des Erzgebirges. Wenn die Herbstnebel über die abgeernteten Felder ziehen, beginnen schon die Vorbereitungen. Häufiger treffen nun die Schnitzer in ihren Heimen zusammen, häufiger schnurren die Drechselbänke in den Kellern. Weihnachten steht vor der Tür.

Ist der Totensonntag vorüber, zieht Emsigkeit in die Straßen, auf die Plätze und in die Häuser: Fichten werden vom Wald geholt und vor dem Rathaus an der Straße aufgestellt, selbst die Nadelbäume in den Vorgärten erhalten Lichterketten. Überdimensionale Schwibbogen an den Ortseingängen werden gerichtet, meterhohe Pyramiden bekommen ihren angestammten Platz auf dem gemauerten Sockel, Schmuckstücke heimischer Volkskunst.

Der alte Brauch, am Andreastag die Zukunft zu befragen, ist erloschen. Vor allem Unverheiratete machten davon Gebrauch. Mädchen klopften abends gegen den Hühnerstall: »Maldt sich dr Hah, krieg ich enn Ma, gackert de Henn, krieg ich kenn!«

Am Sonnabend vor dem 1. Advent geht das helle Leuchten über das Gebirge. Alle Kerzen leuchten hinaus in die Nacht, und die Ortspyramiden drehen ihre Runden, bestückt mit fast lebensgroßen Schnitz- und Drechselfiguren. Die Schnitz- und Bastelgemeinschaften der Orte wetteifern um die größte und schönste Pyramide. An die 200 solcher Ortspyramiden mag es im Gebirge geben, und jährlich kommen neue hinzu. Die von Chemnitz, mit 13 Metern Höhe, wird seit 1997 lediglich mit ein, zwei Metern von der in Dresden übertroffen. Nach wie vor die schönste und älteste steht am Schwarzenberger Unteren Tor.

Tausend und abertausend Lichter flimmern zwischen dem Sonnabend vor dem 1. Advent bis Hohneujahr Abend für Abend aus den Häusern hinaus in die Nacht. Das ist ein alter Brauch. Früher wollten die Familien damit dem Bergmann, der bei Nacht einfuhr, im Finstern in der Tiefe arbeitete und bei Nacht wieder ausfuhr, ein wenig Hoffnung, ein Fünkchen Sonne entgegenschicken. Jedes Kind hatte seinen Lichtträger, der Junge seinen gedrechselten Bergmann, das Mädchen einen Engel. Und so war es leicht, aus dem am Fenster stehenden Lichtträger abzulesen, wieviel Jungen und Mädchen im Hause lebten.

Sobald das Leuchten im Gebirge beginnt, rollen die Reisebusse, aus anderen deutschen Landen kommend, durch das nächtliche Gebirge, um am Einmaligen dieses Brauches teilzuhaben. Hotels und Pensionen sind ausgebucht, Spielzeugmacherorte wie Seiffen werden zum Mekka Weihnachtssuchender. Über das Jahr hinweg haben die Volkskunstmuseen nicht derartigen Zulauf wie in der Weihnachtszeit, voran die von Seiffen, Olbernhau, Annaberg und Schneeberg. Staunend drängen sich die Besucher vor den Weihnachtsbergen, oft durch Mechanismen angetrieben, vor Krippen und Pyramiden.

Noch vor wenigen Jahren gehörte es zum Weihnachtsbrauch, dass die Mutter die Backzutaten in Schüsseln, Töpfen und Krügen dem Bäcker brachte, der daraus den Weihnachtsstollen bereitete. Und da er erst am oder nach Heiligabend angeschnitten werden durfte, buk er dazu, gewissermaßen als Vorgeschmack auf die Feiertage, ein, zwei Kartoffelkuchen für den Sofortverzehr.

Der Schnitzverein baut seine Weihnachtsausstellung auf. In den Städten werden die Weihnachtsmärkte eröffnet. Abgeschlossen wird er mit einem Bergaufzug im Fackelschein. Beiderseits der Straßen drängen sich die Menschen. Sehnsüchtig schauen die Gebirgler gegen den Himmel.

Der Kinder großes Erlebnis ist es, wenn an diesem Sonnabend vor dem 1. Advent die in Kisten, Kartons und Behältern verpackten Weihnachtssachen vom Spitzboden geholt, ausgepackt und aufgestellt werden: Räuchermänner, Schwibbogen, Krippenfiguren. Schwebeengel und Laufleuchter werden an die Decke gehängt, die Pyramide erhält einen Fensterplatz, damit sie hinaus in die Nacht leuchten kann. Traditionsbewusste Familien bauen ihren ererbten Weihnachtsberg im Winkel auf, eine Miniaturlandschaft mit der Krippe im Mittelpunkt. Oft hört man: »Dos hot dr Grußvoter geschnitzt!« Es duftet nach Weihrauchkerzen. Dieser Duft gehört zur Weihnachtszeit im Gebirge. Man erträgt es gern und schränkt sich ein. Den Weihnachtsbaum holt man sich erst kurz vor dem Fest ins Haus, denn er soll wenigstens bis Hohneujahr grün bleiben.

Der Heiligabend ist der Höhepunkt im Weihnachtsgeschehen des Erzgebirges. Das altüberlieferte »Heit is dr Heilige Obnd, ihr Maad . . .« erzählt in einer Vielzahl von Strophen von den Weihnachtssitten und -bräuchen. Sammler können davon 130 und mehr Strophen nachweisen. Nachmittags zieht die Kurrende von Haus zu Haus, Weihnachtslieder singend, der Posaunenchor bläst die Weihnacht ein. Die Mutter hat die Fenster geöffnet, um »Den Weihnachtssegen ins Haus zu lassen!«

Glockenschlag sechs wird zu Abend gegessen. Tagsüber ist bei den Familien Schmalhans Küchenmeister, sie müssen sich dem Abendessen entgegenhungern. Alle Kerzen im Zimmer sind angezündet, wenn man sich zum gemeinsamen Abendessen, dem »Neunerlei«, am Tisch versammelt. Jede Familie weiß von ihrem traditionellen Essen: Bratwurst, Klöße mit Gänsebraten, Schweinsbein, andere essen Kaninchenbraten. Wichtig ist: Es müssen neun verschiedene Speisen sein. Und jeder muss von jeder Speise wenigstens einen Löffel genommen haben. Lediglich die Mutter ist davon ausgenommen. Jede hat ihre Bedeutung: Klöße, Linsen, Hirse bringen Geld ins Haus, Sauerkraut langes Stroh auf dem Acker, Preiselbeeren machen rote Wangen. Ein Gedeck mehr als nötig, steht auf dem Tisch, gedacht für einen Hungernden, der draußen vorübergeht. Unter jedem Teller findet sich ein Geldstück, das helfe, dass es nie ausgehe. Indessen die Mutter den Abwasch besorgt, geht der Vater mit den Kindern in den Stall, den Tieren zu bescheren. An diesem Abend bekommen sie Nüsse, Eicheln, Äpfel und reichlich vom besonders gut geratenen Heu, Hund und Katze ein Stück vom

Braten oder eine Wurst. Auch die Bäume im Garten werden bedacht, erhalten einen Strohkranz oder ein Geldstück unter die Rinde gesteckt, denn man meint, dadurch fruchten sie besser im kommenden Jahr. Alles das sind Bräuche, die nur in wenigen Familien noch lebendig sind.

Dann poltert Hans Rupperich, der erzgebirgische Gabenbringer, ins Haus. Er lebt das ganze Jahr im Wald, fertigt den Kindern die Spielsachen und kommt dann mit schweren Stiefeln die Treppe herauf. Seinen Gabensack schüttet er erst dann aus, wenn ihm die Kinder ein Sprüchlein aufsagen:

»Rupprich, Rupprich, guter Ma,
saah mich net su finster a.
Steck fort deinen Baasen,
bi e artig Kind gewaasen!«

In manchen Familien ist es noch üblich, im Ofen verflüssigtes Blei in ein mit Wasser gefülltes Gefäß zu gießen. Aus den Figuren wird mit Augenzwinkern die Zukunft gedeutet.

Zeitig geht man dann ins Bett, wenn man am nächsten Morgen um 5 Uhr zur Christmetten will. Dort wird dann das altüberlieferte Christspiel aufgeführt. Auf dem Heimweg leuchten den Kirchgängern aus den Häusern Engel und Bergmann entgegen. Auch in ihnen leben christliches Gedankengut und bergmännische Überlieferung, das ist erzgebirgische Weihnacht.

Griene Kließ un alter Korn

Soll man Georg Forster glauben, der 1784 aus Dresden an Sömmering schreibt: »Was der reisende Franzose von Sachsen sagt, nämlich, dass man sparsam speist, ist doch nur zum Teil wahr, ich versichere es Dich, ich habe mir noch nirgend durch Essen und Trinken den Magen verdorben.« Mag sein, dass die Kost der erzgebirgischen Hausmütter mit der an Raritäten reichen französischen Küche nicht mithalten konnte. Eines ist aber gewiss: Sparsam an Zutaten war sie allemal und sättigend obendrein! Das brachte sie als gute Hausmannskost landesweit zu Lob und hohem Ansehen.

Wer sich auf die erzgebirgische Küche einlässt, kommt um Kartoffeln nicht herum, jene wunderbare Frucht, die bis in die Höhenlagen auf den Feldern und in den Hausgärten gedeiht. Weil man Franz Drake zuschreibt, er habe die Erdäpfel aus Amerika zu uns gebracht, hing noch im vorigen Jahrhundert sein Bild in den Erzgebirgsstuben wie das eines Heiligen. Die Kinder lernten in der Schule das Loblied: »Freunde, sammelt mit Gesang der Kartoffel Überschwang . . .«, in dem es in der 7. Strophe heißt:

»Was ist nun für Sorge noch?
Klar im irdnen Napf und hoch
dampft Kartoffelschmaus für alle!
Unsre Milchkuh auch im Stalle
nimmt ihr Teil und brummt am Trog . . .«

Bauern, die ihrem Gesinde Kartoffeln vorsetzten, genossen hohes Ansehen. Dabei war die Kartoffel anfangs als giftig verschrien. Nur, so hieß es, wenn man mehrmals das Kochwasser fortschütte, entgifte man sie und mache sie genießbar. Jahr für Jahr kellerten die Familien mehrere Doppelzentner ein, um über den Winter damit versorgt zu sein. Die größten davon wurden zur Seite gelegt, die »Reiber«, gedacht für Kartoffelklöße, aus den mittleren wurden Salzkartoffeln, die kleineren kamen als Pellkartoffeln auf den Tisch und die ganz kleinen dienten als Viehfutter.

Berlet schreibt im Jahre 1904: »Der Erzgebirger hat dem Niederländer voraus, dass er aus Kartoffeln allerhand verschiedene schmackhafte Gerichte zu bereiten versteht. Er kann alltäglich in der Woche Kartoffeln essen und isst doch an keinem Tage das gleiche Gericht.«

Am beliebtesten sind nach wie vor die grünen Klöße, Kartoffelklöße, auch »Toppkließ« genannt. So sehr sich auch Vogtländer und Thüringer um das richtige Rezept ihrer Herstellung streiten, die erzgebirgische Hausmutter weiß das ihrige zu hüten und gibt es zu gegebener Zeit der Schwiegertochter oder Tochter weiter. Grüne

Klöße sind das »Staatsessen«, kommen Weihnachten und an Sonn- und Feiertagen auf den Tisch, zu Rinder- oder Schweinebraten, Hammel, Gans, Kaninchen, bei manchen Familien selbst zu Karpfen. Welch eine Sünde, sie zu schwefeln, damit sie schneeweiß aussehen! Arme Leute machten dazu lediglich eine Tunke aus Milch und Mehl, »Grüne Kließ in Millichsud« genannt. Kamen sie früher an Wochentagen auf den Tisch, dann als gebratene, aus den Resten des Vortages bereitet, getreu dem Satz: »Nichts darf umkommen!«

Ungeachtet der »Feinheiten«, die Hausmütter für ihre Klöße anzuwenden wissen, das beginnt bereits bei der Auswahl der Kartoffelsorte, mehlige haben den Vorzug, sei hier, zum allgemeinen Gebrauch, das Rezept wiedergegeben: Man nimmt 1 kg rohe, ½ kg gekochte Kartoffeln, etwas Salz, Kartoffelmehl und eine Semmel für die Semmelwürfel. Die geschälten rohen Kartoffeln werden gerieben, die Masse anschließend in einem Säckchen ausgedrückt, bis kein Wasser mehr austritt. Dieser Teig wird mit Salz und 2 bis 3 Esslöffel Kartoffelmehl bestreut. Danach überbrüht man ihn mit einer Schöpfkelle siedendem Wasser. Nun werden die gekochten durchgedrückten Kartoffeln dazugegeben. Den Teig knetet man gut durch und formt apfelgroße Klöße daraus. In sie kommen die gerösteten Semmelwürfel. Die Klöße, nach dem Aufkochen, lässt man etwa 20 Minuten in leicht gesalzenem Wasser köcheln.

Auch in der Pfanne gebackene Klöße, wie Getzen, Klitscher, Fratzen oder eben gebackene Klöße, haben ihren Zuspruch, sie alle sind Verwandte der Kartoffelpuffer. Beliebtes Alltagsessen sind Pellkartoffeln, »Schöleraardäppeln«, »Runde Aardäppeln« wie sie im Gebirge heißen, zu denen Hering, Butter, schwarze Wurst (Blutwurst), Bratwurst oder Quark gegessen wird, besonders gern Leinöl. Nicht zu vergessen sind die Bratkartoffeln! Dazu isst man Bratwurst, Spiegeleier oder Sülze. Zu den meisten Speisen gehört das Sauerkraut, welches bei traditionsbewussten Familien in den Herbstmonaten selbst »eingeschnitten« wird. Stampfkartoffeln, Kartoffelbrei, Kartoffelstücke sind beliebte Alltagsmahlzeiten, auch Graupen, hausgemachte Nudeln, Linsen mit Backpflaumen und verschieden zubereiteter Reis.

Ein typisches Arme-Leute-Essen ist »Rauchemad«, lediglich hergestellt aus Kartoffeln und Mehl, mit wenig oder gar keinem Fett in einem Tiegel gebacken und vor dem Verzehr mit Marmelade, Sirup oder Kunsthonig bestrichen. Hier ist auch die Kartoffelsuppe und ihre Abart, die »Zudelsuppe«, zu nennen. Mit ihr hat sich manche Familie in der Hungerzeit nach dem Krieg über Wasser gehalten. Wie überhaupt die Palette der Suppen groß ist. Zur Suppe kommen u. a. Gemüse, Knoblauch, Brot, Kümmel, Brennnessel und Kraut. Dem Einfallsreichtum sind keine Grenzen gesetzt! Pilzsucher stellen freilich über alles gebratene oder »saure Schwamme«. Als Festessen gilt »Schwammebrüh«, bereitet aus einer Handvoll getrockneter Waldpilze.

Moritz Spieß nennt 1862 als Wochentagsessen: Sauerkraut, Wurst mit Kartoffelbrei, Erbsen oder Linsen, Hering mit Kartoffelsalat, Reis-, Grieß-, Milchbrei und

Hafergrütze. Als häufiges Gebäck kommt aus geriebenen Kartoffeln, Mehl und Milch auf den Tisch: Bröselgetzen, Pfannenzudel, Rauchemad, Röhrenkloß, Lockerkloß, Bambes, Stamper, Post oder Stopper.

Große Sorgfalt verwendet die erzgebirgische Hausfrau auf die Zubereitung des Heiligabendessens und des Weihnachtsstollens. Berühmt sind ihre »nassen« und »trockenen« Kirmeskuchen. Als eine Spezialität gilt der Kartoffel-, Schwarzbeer- und Pflaumenkuchen. Den Original-Käsekuchen gibt es nur in Bernsbach. Bauern, die den Belag, den Käse dafür liefern, hüten das Geheimnis der Zubereitung.

Ausgesprochene Fleischgerichte waren in der Woche selten. Da hatten wohl saure Flecke, Rippchen, Geflügelklein den Vorzug. Sonntags gibt es zu den obligatorischen grünen Klößen Bratenfleisch, gelegentlich auch Karpfen oder Forelle. Beliebt sind Rouladen und Gulasch, gefolgt vom Pökelfleisch und Kaninchenbraten, oft im eigenen Stall herangezogen. Heute gibt es in vielen erzgebirgischen Gaststätten regionale Gerichte und oft auch eine Speisekarte in mehr oder weniger Mundart.

Bratwurst mit Sauerkraut gehört zu den typischen Abendessen. Traditionsbewusste Gaststätten halten auch heute noch eine besonders deftige Mahlzeit bereit, den »Schiebböcker«, das ist ein meist selbst hergestellter Magerkäse, der zum Brot gegessen wird. Es war früher die Mahlzeit landfahrender Händler, daher sein Name.

Zu allen möglichen Zeiten wird im Erzgebirge Kaffee getrunken. Bier als Getränk hat im Erzgebirge eine lange Tradition, heute findet man in einigen Gaststätten Hausbrauereien. Wein gibt es bestenfalls bei festlichen Anlässen.

Freilich ist die Traditionsküche des Erzgebirges das eine, mittlerweile ist der Italiener hier ebenso beliebt wie der Grieche. Und auch die Gourmetküche hat ihre erzgebirgischen Küchenmeister.

Postdistanzsäule in Oberwiesenthal

Die Bergstadt Schneeberg im Licht der Weihnacht

Die höchstgelegene Gemeinde Sachsens: Tellerhäuser

 Erzgebirgische Streusiedlung: Rittersgrün

Zweimal Bergparade in Annaberg: im Museum und am Rathaus

Der berühmte Bergaltar von Hans Hesse in der St.-Annen-Kirche

 Der Basaltkegel des Pöhlbergs über Annaberg

Märchenlandschaft: Blick zum Fichtelberg

Talsperre bei Cranzahl mit Pöhlberg und Bärenstein (rechts)

Klösterle und Goldene Pforte

Nicht weit von den ausgedehnten Anlagen des Bahnhofs der westerzgebirgischen Stadt Aue steht ein kleines Kirchlein, es ist der letzte Bauzeuge des vermutlich ältesten erzgebirgischen Klosters. Lehnsleute von Kaiser Barbarossa stifteten das kleine Chorherrenstift der Augustiner. 1173 wird als Gründung angenommen, das Klösterlein versank im Bauernkrieg und Reformation, »die Mönche flohen, indes der letzte Propst am Zipperlein zu Bett lag und zusehen musste, wie Bauern und Bergburschen seine Vorräte plünderten«, schreibt Siegfried Sieber.

Größer und bedeutender war die Zisterzienser-Gründung in Grünhain, wo noch heute eine Mauer ein ganzes Stück jener weitläufigen Klosteranlage zeigt. 1232 gegründet, von Burggraf Meinhardt II. von Meißen gestiftet, reichen seine Besitzungen in den besten Zeiten bis nach Altenburg in Thüringen und ins böhmische Kaaden. Drei Städte und sechsundfünfzig Dörfer gehörten zum Kloster. 1429 stürmten Hussiten die Klosteranlage, und weitere hundert Jahre später vertrieben aufsässige Bauern den Abt.

Auch die drei Klöster in Freiberg sind in Reformationszeiten aufgelöst worden. Geblieben sind die Leistungen der Klöster im Siedlungsgeschehen, in der Entwicklung von Landwirtschaft und Gewerken und in den Schulstiftungen.

Ganz anders dagegen die Kirchenlandschaft des Erzgebirges. Neben den dörflichen Wehrkirchen sind es großartige Bauwerke der Gotik, die vom Reichtum, Ruhm und Glauben der Bergstädte noch heute künden. Vielleicht ist eine der ältesten gotischen Bauten das kleine Marienkirchlein in Stollberg mit zwei Schiffen und einem angebauten Chor mit Dachreiter, in den vergangenen Jahren restauriert. Wenn wir hier auf die Spätgotik verweisen, so sind die großartigen Bauwerke in den alten Bergstädten Freiberg, Schneeberg, Annaberg und Marienberg zu finden, das Erzgebirge ist belebt vom Geist der Gotik.

Freibergs berühmter Dom kommt freilich schon aus romanischen Fundamenten, auf ihnen gründet die spätgotische Hallenkirche, die in diesem Zeitraum ihre entscheidende Formung erfahren hat: Langhaus und Seitenschiffe sind kaum mehr getrennt, schlanke Säulen heben sich fast ohne Übergang in die Rippen des Dachgewölbes. Zu dieser zwischen 1484 und 1501 entstandenen Kirche gehört die legendäre Goldene Pforte, die einst als Südportal die romanische Basilika schmückte. Um 1230 entstanden, zeigt sich in der Verbindung der Elemente von Plastik und Architektur französischer Einfluss, er verknüpft sich mit den Leistungen sächsischer und bayrisch-fränkischer Portalkunst zu einer neuen, originären Leistung. Aber auch im Inneren wunderbare Werke: Bergmannskultur wird sichtbar an der Tulpenkanzel, die Hans Witten schuf, wie an der später entstandenen »Bergmannskanzel«. Und die Silbermannorgeln: Die große Orgel mit 45 Registern und 2674 Pfeifen gehört zu den berühmtesten Instrumenten des großen Orgelbaumeisters.

Bergmannskultur lebt auch in den anderen spätgotischen Hallenkirchen. Jakob Heilmann von Schweinfurth kam aus Prag nach Annaberg, um dort den Bau zu vollenden, den Baustreit zu schlichten. Hier gab es eine Weiterentwicklung der Kunst des Prager Baumeisters Benedict Rieth: Das Kreuzgewölbe löste sich, die konstruktiven Elemente wurden verschleiert und zu Schmuckformen umgebildet. So wurde auch das bisherige Rippengerüst überflüssig, die Rippen begannen zu schweifen und zu schwingen, der Raum weitete sich.

In Annaberg erlebt man den Kontrast zwischen der schlichten Einfachheit des Äußeren mit dem unverputzten Bruchsteinwerk (ursprünglich war es verputzt und getüncht) und dem Reichtum des Innenraums. Das Werk, das in der St.-Annen-Kirche am eindringlichsten die Verbindung von Bergbau und Kunst demonstriert, ist der Bergaltar des Hans Hesse, der vier Gemälde schuf, die den Bergbau in vielen lebendigen Szenen zeigen. Von jener Sage, die vom Beginn des Bergbaus in Annaberg erzählt, bis zur Zeit der reichen Fundgrübner, da zeitweilig 380 Zechen in Betrieb waren und Annaberg die zweitgrößte Stadt des Meißnischen Landes wurde.

Auch Schneeberg hatte seine großen Zeiten im frühen Silberbergbau. Berühmt ist die Geschichte von Herzog Albrecht, der 1477 nach Schneeberg kam und dort in die Grube St. Georg einfuhr. Er speiste an einer Erzstufe, der man die Form eines Tisches gegeben hatte, später wurden daraus fast vierhundert Zentner Silber gewonnen. St. Wolfgang, die Schneeberger Hallenkirche, entstand zwischen 1516 und 1540 unter Verwendung älterer Teile. Dreiundsiebzig Meter hoch überragt der Turm Kirche und Stadt. Das bedeutendste Kunstwerk des Inneren ist der Flügelaltar, den Lucas Cranach der Ältere schuf. Als am 19. April 1945, am Ende des Zweiten Weltkrieges, die Kirche in einem Angriff amerikanischer Tiefflieger und Artillerie versank, konnte der Altar gerettet werden. Nach mehr als fünfzig Jahren, so lange dauerte es, ehe der Wiederaufbau vollendet werden konnte, kam der Altar 1996 wieder an seinen angestammten Platz.

Auch die Kirchen von Glashütte, Oederan und Marienberg leben aus gotischem Geist, und in Marienberg finden sich schon Renaissancedetails.

Aber nicht nur die altehrwürdigen Meisterwerke der Bergstädte verdienen unsere Aufmerksamkeit: Da ist das schöne Dorfkirchlein in Seiffen, 1779 entstanden und mehrfach erneuert, ein regelmäßiges Achteck mit hohem Zeltdach und Glockentürmchen, wie aus einem Seiffener Spielzeugkasten an den Berg gesetzt, aber umgekehrt wird ein Schuh draus: Ein schönes Mitbringsel für die Besucher des Spielzeugdorfs im Osterzgebirge ist diese Kirche en miniature, mit den Kurrende-Sängern. Ein bisschen jünger noch ist die Kirche in Carlsfeld, und hier haben wir erstmals in Sachsen den später von George Bähr bevorzugten Zentralbau, wie er dann in der Dresdener Frauenkirche verwirklicht wurde. Entstanden zwischen 1684 und 1688 als Stiftung des reichen Hammerherrn Veit Hans Schnorr, aus dessen Familie auch der romantische Maler kommt. George Bähr soll hier als Zimmergeselle mitgewirkt haben. Ein großes gestrecktes Rechteck mit einer sanft geschweiften Kuppel in Holzkonstruktion mit Dachgauben und einer ebenfalls achteckigen Lampe gekrönt, erbaut von Johann Georg Roth, angeblich nach einem Plan eines Italieners, und ein bisschen italienische Luft weht hier ins Erzgebirge.

Dann vielleicht noch ein Ausflug nach Lauenstein bei Dippoldiswalde, da hat sich die spätgotische Hallenkirche mit einem Renaissancebau verbunden, der Bünau-Kapelle, da sind wir schon fast im Barock. Und dies ist nun gewiss keine Zeit der Kirchenbauten im Erzgebirge, im Sächsischen. Aber es ist die Zeit der großen Musiker, der Komponisten, und da erinnern wir nur an Johann Hermann Schein, den späteren Thomaskantor, der in Grünhain geboren wurde, wo wir unsere Kloster- und Kirchenreise begannen.

Burgen über der Waldlandschaft

Das Erzgebirge ist eine Landschaft der Burgen und Schlösser. Manches davon existiert aus fernen Zeiten, anderes ist längst zur Ruine zerfallen. Die Burgen, als Sicherungsbauten der Besiedlung des Gebirges entstanden, siedelten an Flussläufen und Furten, an Wegkreuzungen und Berghöhen. Abgelöst wurden mit den Steinburgen auch die frühgermanischen Volksburgen.

Im Tal der Zwickauer Mulde reihen sich die Bauten: Wiesenburg und Wildenfels, Stein und die Ruine Hartenstein, die Mauerreste der legendären Isenburg bestücken den Flusslauf. Hier begegnen wir auch einer berühmten Geschichte, dem sächsischen Prinzenraub. Kunz von Kauffungen besaß einst die Burg Stein, vielleicht auch die Isenburg, und hier nun in den dichten Wäldern verbargen seine Mannen einen der geraubten Prinzen aus dem Altenburger Schloss. Oft genug wurden die Ritter zu Räubern und die Burgen zu Raubnestern.

Romanischen Ursprungs sind die Bergfriede der Burgen von Schwarzenberg, Zschopau, Scharfenstein und Weida. In Frauenstein lesen wir ein Stück Geschichte aus den Bauwerken: Schon von weitem können wir die beiden Türme sehen. Der Nordturm, den man den »dicken Merten« nennt, begrenzte einst den Palas, den mittleren Wohnbau, an den sich der Südturm anschließt. Gegen den Zwinger deckt diesen Baukomplex und den Zisternenhof die innere Mauer. Vom inneren Hof aus führt eine Brücke zum Wehrgang der Ringmauer, die auch heute noch in ihrer Gesamtlänge von fast zweihundert Metern erhalten ist. So gab es in der Burg zwei geschlossene Verteidigungssysteme, und die Wohngebäude im inneren Ring waren nochmals gegen Angreifer gesichert, da sich in Bodennähe keine Fensteröffnungen befinden. Frauenstein war die typische Höhenburg des Erzgebirges. Meist entstand um den Wohnturm ein enger Ring von Mauern, Höfen und Vorburgen. So finden wir auch in den Wohntürmen vielfach die ältesten Teile der Anlage.

Auch im Zschopautal findet sich eine bemerkenswerte Burgenlandschaft, sie reicht von Schlettau bis hinunter nach Kriebstein. Manches Bauwerk hier verknüpft sich dabei mit der wohl bekanntesten Geschichte aus dem Erzgebirge, der Geschichte vom Wildschütz Karl Stülpner. In Scharfenstein unterhalb der Burg, die in den vergangenen Jahren renoviert wurde, hier im sogenannten »Gänsewinkel« wurde Stülpner 1762 geboren. Und am Burgberg soll er auch sein berühmtes Husarenstück vollführt haben: Hier hielt der Wildschütz das gesamte Fangkommando gefangen, der Gejagte wurde wie oftmals zum Jäger. Auch das benachbarte Schloss Wildeck in Zschopau ist eine alte Burgenlandschaft. Schon 1174 existiert hier der Flussübergang am alten Böhmischen Steig, und damals wird auch der Rundturm, der »Dicke Heinrich«, erstmals erwähnt. Auf diesen Mauern gründet auch das spätere Jagdschloss des Kurfürsten.

Stülpner stand unten am Rathaus als Soldat Wache, und hierher wurde er auch als »Wilderer« aus Chemnitz strafversetzt. Eine andere merkwürdige Geschichte siedelt im Umkreis dieser Burg: Cornelius von Rüxleben wirkte hier als Oberforstmeister und wurde nach einer zwielichtigen Denunziation zu dreizehnjähriger Haft in die Pleißenburg zu Leipzig verbracht.

Burggeschichten, Schlossgeschichten. Je mehr die ritterliche Macht zurückging, um so weniger Burgen wurden erbaut. In den Gemächern war es feucht und kalt, die Fensternischen wurden im Winter mit Holz verschlossen oder mit Häuten bespannt. Kienfackeln erleuchteten nur notdürftig die kahlen Räume. Solche Wohnverhältnisse entsprachen nicht mehr den Anforderungen der groß gewordenen Herrn und Fürsten. Die Schutzfunktion verlor an Bedeutung. So begann im 15. Jahrhundert der Umbau der Burgen zu wohnlichen Schlössern, oder neben den Burgen wurden neue Schlossanlagen errichtet. Die Land- und Stadtschlösser lösten die unwirtlichen Burganlagen ab.

So verwandelte sich Zwickaus Stadtburg in ein Schloss, das zeitweilig herzogliche Residenz wurde, aber schon 1770 wurde es zum Zuchthaus umgebaut. Hier, auf Schloss Osterstein, war der Sozialdemokrat August Bebel mehrfach Gefangener.

Eine der schönsten und weiträumigsten Schlossbauten des Erzgebirges ist die Augustusburg. In früher Vorzeit entstand hier über den Flusstälern von Zschopau und Flöha die alte Schellenburg. Die mittelalterliche Anlage wurde 1528 und 1547 durch Brände zerstört. 1567 beschloss Kurfürst August I. von Sachsen den Bau eines großen Jagd- und Lustschlosses. Er beauftragte Hieronymus Lotter mit der Bauleitung. Lotter, der in Nürnberg geboren wurde, kaufte sich im erzgebirgischen Geyer den Frei- und Lehnhof Geyersberg. Nach dem Bau des Alten Rathauses in Leipzig wurde die Augustusburg das zweite große Werk des Baumeisters, auch wenn der Kurfürst nach Streitigkeiten Lotter kurz vor der Vollendung des Bauwerks, 1572, entließ.

Im Gegensatz zu den Umbauten von Burgen zu Schlössern entstand dieses großzügig entworfene Renaissanceschloss aus einer einheitlichen Konzeption. Die Gesamtanlage ist symmetrisch angeordnet. Im Äußeren dominieren festungsartige Fronten, im Hof dann die vier quadratischen Eckhäuser: Sommer-, Linden-, Hasen- und Küchenhaus. Im Norden führt eine steinerne Brücke über einen Graben zum Torhaus. Im Süden liegen die Stallungen und Wirtschaftsgebäude. Zwischen dem Küchen- und Lindenhaus liegend, findet sich die Schlosskapelle mit einem Altargemälde, das Lucas Cranach der Jüngere schuf.

Heute finden sich hier mehrere Museen, ja der Bau selbst ist ein museales Ensemble geworden und eines der beliebtesten Ausflugsziele der benachbarten Großstadt Chemnitz.

Manches Bauwerk müsste genannt werden, die Burg Schwarzenberg, die sich in luftiger Höhe auf steilem Fels über das enge Tal erhebt. Oder vielleicht noch eleganter und lieblicher: Schloss Wolkenstein, auf Felsen über der Zschopau errichtet. Seine hell gekalkten Mauern leuchten weit über die Silberstraße, die hier ins Gebirge hinaufzieht. Und die Burgen und Schlösser des Osterzgebirges wollen wir nicht vergessen: Purschenstein und Pfaffroda. Im Pockautal liegt die Ruine Niederlauterstein, und bei Zöblitz weist ein alter Belagerungsgraben am Löwenkopffelsen auf die vergangene Feste Neidberg hin.

Haben wir schon auf Kunz von Kauffungen verwiesen, manches andere Rittergeschlecht war Burgherr im Erzgebirge: Den Burggrafen von Leisnig gehörten Schwarzenberg, Lauterstein, Wolkenstein und Lauenstein. Vor allem aber waren die Herren von Waldenburg ein mächtiges Rittergeschlecht des Erzgebirges, die einst das Ehrenfriedersdorfer Silber besaßen, auch Zschopau und Scharfenstein. Die Schönbergs waren ein anderes bekanntes Geschlecht, nicht zu verwechseln mit den Schönburgern, die in Hartenstein saßen.

Wer die Burgen und Schlösser des Erzgebirges besichtigt, der erlebt Geschichte in Geschichten.

Wo die Hüttenfeuer loderten

Überall in den weiten Gebirgstälern dröhnten und pochten die Hämmer. Flammen schlugen aus dem Schmelzfeuer der Hütten und erhellten die Dunkelheit der Wälder. Der Bergbach stürzte tosend in die Wasserräder und trieb die Holzwelle, die die Hämmer bewegten. Unter dem hohen Dach der Hütte standen die Gesellen am Feuer, nur mit Hemd und Schurz bekleidet. Die Luft erzitterte unter den Schlägen. Der Hammer pochte sie in den Schlaf, der Hammer weckte sie in der Morgenfrühe, wenn das Wehr geöffnet wurde und das Wasser die Wellen wieder zu drehen begann. Die Gesellen schliefen oben im Hammerhaus oder in den niedrigen, einstöckigen Hütten. Hammerleute wurden sie genannt, die Aufgießer und Schmelzer, die Pochknechte und Schmiede. Nicht weit von der Hütte entfernt kohlte der Meiler im Wald, denn zum Schmelzen des Erzes brauchte man Holzkohle. Oft wurde das Erz in der Nähe der Werke abgebaut. Auch Köhler und Fuhrknechte waren Arbeiter des Hammerherrn.

Im Erzgebirge sind seit dem 14. Jahrhundert ca. 100 Hammerwerke nachweisbar, darunter eine Reihe von Werken, deren Entwicklung bis in die Gegenwart reicht. Eines der ältesten wird schon 1380 in Erla bei Schwarzenberg erwähnt, und über die Zeiten hinweg blieb das Erlaer Eisenwerk bestehen. Heute ist die Unternehmensgruppe Schubert & Salzer Besitzer des traditionsreichen Betriebes.

Aber davor liegt ein langer, oftmals auch schwieriger Weg der industriellen Entwicklung: Zunächst arbeitete man in primitiven Anlagen, so genannten »Waldworchten«. Auf offenem Feuer wurde hier das Erz geschmolzen. Die Gesellen klopften mit Holzhämmern die Luppe, ehe das Eisen unter dem Wasserhammer geschmiedet werden konnte. Bald aber dehnten sich die Hütten aus. Über ein kunstvolles System von Wasserrädern trieb man mehrere Blasebälge und Hämmer. Anschaulich ist dies im Museum Frohnauer Hammer zu erleben. Produzierten anfangs die Hütten vor allem Eisengerät, so setzte bald eine Spezialisierung ein.

Schon im 16. Jahrhundert gab es Schaufelhämmer, Drahthämmer, Nagel- und Kugelhämmer. In Olbernhau entstand 1493 ein Kupferhammer, mit dessen Produkten viele Dächer bedeutender Bauten gedeckt wurden, so die Dome in Berlin, Naumburg, Magdeburg, Wien und Krakau; auch das Olbernhauer Werk ist heute als Museum zu besichtigen. In Blauenthal, einem Ort, der nach den Gebrüdern Blau benannt wurde, errichteten diese Hammerherren ein Werk, in welchem Bleche gehämmert und verzinnt wurden. Reichte in der Entstehungszeit der Hütten meist Erz und Holz aus den nahe liegenden Gebieten, so forderten die gewachsenen Werke größere Mengen dieser Rohstoffe. Das Erz wurde oft über besondere Wege und Furten zu den Hütten transportiert. Die Städte Nürnberg und Schneeberg zahlten Beiträge zum Bau einer

Brücke über die Schlemaer Eisenfurth. Flößer trieben nun das Holz aus den Kammwäldern in die Täler. Auch die Produktion wuchs, bis zu fünfhundert Blatt verzinntes Eisenblech lieferte ein Werk mit zwei Hämmern. Hammerherren waren eine Art Industrieadel im Erzgebirge. Aber zu Beginn des 19. Jahrhunderts kamen die meisten Werke zum Erliegen. Die Wasserkraft reichte nicht mehr aus, die Holzkohlenfeuerung wurde zu kostspielig, vor allem aber konnte man mit der englischen Erfindung der gewalzten Bleche nicht konkurrieren. Nur wenige Eisenwerke lebten weiter, so in Erla, Schönheiderhammer, Pöhla und Wittigsthal.

Neben den Hammerwerken existierten Hüttenwerke, die vor allem die Trennung einzelner Erze vornahmen. Es gab Silberschmelzhütten vor allem in Freiberg, Schneeberg, auch in Marienberg und Wolkenstein. »In der Reihe der Kontrakte des 17. Jahrhundert, womit Bergbau, Hüttenwesen, Metallhandel gestützt oder für Arsen Rauschgelb und Kupfer Monopole geschaffen wurden, gehört das Privileg, das 1647 Balthasar Böttger mit dem Schneeberger Schmelzer Städterath zusammen auf alle Silber-, Blei- und Kupfererze im oberen Erzgebirge und Vogtland erhielt«, schreibt Siegfried Sieber, der in einer Reihe von Arbeiten Hammer- und Hüttenwerksgeschichte des Erzgebirges erforscht hat. 1710 gab es eine Generalschmelzadministration, wobei alle wesentlichen Privathütten in Staatshand vereinigt wurden. In Freiberg, aber auch in Halsbrücke und in Auerhammer arbeiteten Hüttenwerke bis in unsere Zeit.

Ohne die Grundlagen der Hammer- und Hüttenwerke ist auch die erzgebirgische Metall- und Maschinenindustrie, die im 19. Jahrhundert ihren Beginn hatte, undenkbar. So war Dr. Ernst Geitners Wiederentdeckung des Argentan die Grundlage der Besteckindustrie in Aue und Umgebung. Blechwarenfabrikationen entstanden, so die Sturmlaternenfabriken in Beierfeld, Schneider und Korb in Bernsbach stellten Kotflügel her, und in Schwarzenberg gründete Louis Krauß seine Badewannenfabrik.

Auch der erzgebirgische Maschinenbau in und um Aue resultiert aus dieser Tradition. Erdmann Kircheis war es seit 1861, der Maschinen für Blechbearbeitung produzierte.

Vieles hat sich über die Jahrhunderte hinweg verändert, geblieben ist einerseits die Erinnerung an berühmte Hammerherrenfamilien, wie Schnorr von Carolsfeld oder die Herren von Elterlein, die viele Hämmer im Obererzgebirge besaßen, die Siegels in Pöhla oder Kaspar Klinger. In des Volkes Gedächtnis ist aber auch die Erinnerung an die Hammergesellen geblieben, die trotz geringer Entlohnung und schwerer Arbeit ein lustiges Völkchen waren, wie es in Geschichten und Gedichten heißt, die gern einen ordentlichen Schluck tranken, »Krienerts« (Kreuzschnäbel) fingen und »Krumbaa« (Schweineschlachten) feierten.

Hinab in die Tiefen der Erde

Nun sind auch die letzten Gruben geschlossen, in Freiberg und Ehrenfriedersdorf sind alte Bergbaugebiete Museumslandschaften. Auch die Zeit des Uranerzbergbaus ist vorüber. Konnte man zwischen Hartenstein und Schneeberg im Zeitraum 1992/1996 in den tiefsten Uranbergbauschacht einfahren, bis auf die 504-Meter-Sohle des 1800-Meter-Schachtes, diese Zeit ist vorüber. Aus Sicherheits- und Kostengründen endete die Zeit dieses Besucherbergwerkes nach nur fünf Jahren.

Doch es mangelt nicht an Schaubergwerken, ehemaligen Gruben, die heute von Besuchern »befahren« werden, wie es in der Sprache der Bergleute heißt. Immer neue Gruben werden für Touristen geöffnet, und die seit langem existierenden Bergwerke können über Besucherinteresse nicht klagen: Es ist nicht das alte »Berggeschrey«, das durchs Gebirge klingt, sondern ein helles Bergglöcklein, das ein Stück Vergangenheit des Erzgebirges erlebbar macht.

Wer die Geschichte des erzgebirgischen Bergbaus erleben und erwandern will, im Bereich des Bergbaulehrpfades »Schneeberg-Neustädtler Bergbaulandschaft« sind viele alte Gruben zu sehen. Da gibt es das alte Huthaus der Fundgrube »Gesellschaft« und nicht weit davon ist der Filzteich, auch er eine Bergbauanlage. Wer aber nun partout unter Tage will, im Johanngeorgenstädter Raum finden sich zwei Schauanlagen. Das ehemalige Zechenhaus der Grube »Frisch Glück« trägt auf hölzernem Turm ein »Glöckel«, das mit dem Pumpen im Schacht verbunden war und die Sicherheit signalisierte. Rund 220 Meter des Frisch-Glück-Stollens kann man befahren, Radstube und Ausstellungsraum unter Tage besichtigen. Die Anlage wurde von 1671 bis 1958 mit Unterbrechungen betrieben. Jüngeren Datums ist das Besucherbergwerk Pöhla, das aus einem Stollen mit fast neun Kilometer Länge entstand. Heute kann man ihn in Schutzkleidung dreitausend Meter bis zur Lagerstätte Hämmerlein befahren, eine dreistündige Lektion in Bergbaugeschichte.

Eine der ältesten Anlagen ist das Lehr- und Schaubergwerk »Herkules Frisch-Glück« bei Waschleithe im Oswaldtal, sie existiert seit 1922. Seit 1705 hat man hier nach Erzen geschürft, von 216 Jahren ihrer Existenz stand die Grube 141 Jahre still, nur 72 Jahre wurde hier wirklich gefördert. Auch die SDAG Wismut suchte nach Erzen, aber seit 1966 ist sie nun wieder ein Museum. Übrigens, nicht weit vom Schaubergwerk entfernt, liegt die Miniaturlandschaft »Heimateck«, eine Attraktion des mittleren Erzgebirges. Hier am Seifenbach haben Bastler und Schnitzer unter den alten Fichten am Hang das Erzgebirge mit seinen charakteristischen Gebäuden, Burgen, Schlössern, Kirchen im Maßstab 1:40 nachgebaut. Vieles davon ist mit mechanischen, beweglichen Elementen verbunden, und selbstverständlich gibt es hier auch Bergwerksgeschichte.

In Ehrenfriedersdorf und im »Molchner Stolln« in Pobershau zeigen Schaubergwerke die Geschichte des Zinnbergbaus. Und natürlich gibt es in Freiberg ein ganzes Feld von Schauanlagen. Neben der bekannten Grube »Alte Elisabeth«, die seit 70 Jahren Lehrgrube der Bergakademie ist, der »Reichen Zeche«, die auch für nichtstudentische Besucher geöffnet ist, ist es wohl das Besucherbergwerk »Himmelfahrt-Fundgrube« am Fuchsweg, das den anschaulichsten Überblick über die Freiberger Bergbaugeschichte bietet. Hier wird auch der Übergang zur Förderung mit Dampftechnik demonstriert: Ein blitzblankes Maschinenhaus, Scheidebank und Betstube, Gebläsehaus und Bergschmiede zeigen, wie sich der Bergbau über die Zeiten veränderte. Im benachbarten Brand-Erbisdorf gibt es einen weiteren Bergbaulehrpfad, der sich bis Zug bewegt, mit seinen Huthäusern und Bergschmieden, mit dem Wassergöpel-Treibhaus, mit Halden und Pulverhäusern, lässt sich hier die große Zeit des Silberbergbaus erleben.

Das jüngste Schaubergwerk lebt zugleich aus einer Besonderheit: Mitten im Erzgebirgsmuseum von Annaberg-Buchholz hat man alte Anlagen freigelegt. Eine Treppe im Hof führt in 24 Meter Tiefe, und dort kann man während einer Führung nicht nur alles über den »Gößner« erfahren, sondern vom Geologischen bis zum Bergbautechnischen die Museumsanschauung hier unter tropfenden Wänden vertiefen.

Freilich, dies ist sicher nicht das Ende von Entdeckungen unter der Erde, in manchem Erzgebirgsort wird gebuddelt, in manchen alten Aktenstücken wird nach Bergbaugeschichte gesucht, denn wenn auch die Zeiten des Silbersegens vorüber sind, mancher Stadtvater ist auch dankbar für die Euro, die Besucher solcher Anlagen hinterlassen. Und ein Bergwerk ist doch noch in Betrieb: In Lengefeld baut die Firma Geomin Kalkstein ab.

Die Museenlandschaft des Erzgebirges

Kaum eine andere deutsche Landschaft ist so reich an kleinen und größeren Museen wie das Erzgebirge. Und sie alle, die Heimatstuben in manchen Städtchen, die Gedenkstätten und Regionalmuseen – und auch die zugänglichen privaten Sammlungen, sie sind zumeist mit Leben und Kultur der Bergbaulandschaft verknüpft. Die schönsten und bedeutendsten Museen zur Geschichte des Erzgebirges und seiner Bergbaukultur sind das »Museum für bergmännische Volkskunst« in Schneeberg, das »Erzgebirgsmuseum« in Annaberg und die Museen der alten Bergstadt Freiberg. Aber auch andere alte Gewerke dieses Landschaftsraumes sind in Museen erlebbar: Im Kalkwerk Lengenfeld erfahren die Besucher etwas über die Geschichte der Kalkbrennerei, aber hier wurden auch am Ende des Zweiten Weltkrieges die Gemälde und Kunstschätze der Dresdener Galerie eingelagert und gerettet. Die Strumpfwirkerei, noch im vergangenen Jahrhundert weit verbreitet, im Dorfmuseum zu Herold findet sich altes Gerät. Dass Schwarzenberg einst das Zentrum der Eisen- und Blechbearbeitung war, man sieht es an den kunstvollen Exponaten und schönen Gebrauchsgegenständen des täglichen Lebens im Schlossmuseum. Ein Glashüttenmuseum hat sich in Schloss Purschenstein angesiedelt, und seit langem kommen Uhren aus Glashütte, die Wiederbelebung dieser Handwerkskunst in den vergangenen Jahren führt die Besucher auch ins Uhrenmuseum des osterzgebirgischen Städtchens.

In Frauenstein wird des großen Sohnes der Stadt gedacht: Gottfried Silbermann, der Orgelbaumeister, verbrachte hier Kinderjahre, und am Rande des Erzgebirges, in Hohenstein-Ernstthal steht das kleine Geburtshaus des »erfolg- und folgenreichsten« Schriftstellers des 19. Jahrhunderts: Karl May. Das alte Leipziger Rathaus und die Augustusburg, sie sind Werke des Baumeisters Hieronymus Lotter, der in Geyer im Erzgebirge gestorben ist. Im Turmmuseum wird an ihn erinnert. Natürlich gibt es manches Zeugnis vom vielbeschriebenem Leben des Volkshelden Karl Stülpner. In Marienberg bewahrt man im Heimatmuseum Gegenstände aus seinem persönlichen Besitz, in Scharfenstein, wo er geboren wurde und starb, zeigt das neugestaltete Burgmuseum, das sich mit seinen mutigen Taten am alten Burgberg verknüpft, auch Stülpner-Geschichte.

Ein Wort noch zur Bergbaugeschichte: Im alten Borthenreutherhaus in Schneeberg wird nicht nur die Entwicklung des Bergbaus in ausgewählten Exponaten sichtbar, sondern ein Anziehungspunkt für Besucher sind die mechanischen Heimat- und Weihnachtsberge, die historischen Pyramiden, ein Stück Weihnachtsland Erzgebirge. Und diese Jahreszeit mit ihren Bräuchen und Sitten wird in vielen Sammlungen sichtbar: Da ist der schöne Weihnachtsberg des Strumpfwirkers Friedrich Nötzel in Brünlos. Ein naiv-fröhliches Gesamtkunstwerk: Das Mitspielen der Vorführer, Musik aus der

Spieldose, heitere Bewegungsabläufe, ein bewegtes Bild erzgebirgischer Frömmigkeit. Auch des Kreuzkantors Rudolf Mauersberger über die Jahrzehnte gewachsener Weihnachtsberg ist im Museum in Mauersberg zugänglich als Bild der Dorflandschaft, die der Schöpfer als Kind erlebte. Wie hier in Brünlos oder Mauersberg, ist es oft die Sammelleidenschaft des Einzelnen, die beträchtliche Ergebnisse zeitigt: Räuchermänner zu Hunderten und Nussknacker in vielerlei Gestalt stehen in etlichen privaten Sammlungen. Rund um die ganze Welt in Natur und Geschichte führt die Sammlung des Dekorationsmalers Bruno Gebhardt, der im kleinen Erzgebirgsdorf Kühnhaide lebte. Heute sind seine ausschweifenden und ausgreifenden Sammlungen von exotischem Getier und hiesigen Handwerkskünsten, von Briefmarken und Münzen, von Steinen und Käfern in der Austelvilla in Zwönitz zu sehen.

Man müsste viele der kleinen Heimatmuseen nennen, die Sammlung im Schloss Wolkenstein mit einer schönen Exposition »Land der Amethyste«, das Heimatmuseum Zöblitz, das an den Serpentin, den Stein dieser Landschaft erinnert oder die Geschichte des Steinkohlenbergs, die in einem der größten Bergbaumuseen unseres Landes in Oelsnitz im Erzgebirge vorgeführt wird.

Kunst und Malerei: Hier beginnt man am besten an der Silberstraße in Zwickau, wo sich Beispiele der Holzplastiken des Peter Breuer finden, übrigens Zwickaus bekanntestes Museum ist dem Komponisten Robert Schumann gewidmet, der hier geboren wurde. In Chemnitz, dem »Tor zum Erzgebirge«, existiert die wichtigste Kunstsammlung im südsächsischen Raum: Hier, im Ortsteil Rottluff, wurde der Maler Karl Schmidt-Rottluff geboren, und die Bestände der »Brücke«-Künstler gehören zu den wertvollsten Exponaten wie auch Bilder von Caspar David Friedrich, Plastiken von Maillol und Rodin. Zur Museumslandschaft von Chemnitz ist das Sächsische Industriemuseum hinzugekommen. Mit ihm in einem Zweckverband verknüpft sind u.a. das Westsächsische Textilmuseum Crimmitschau und das Kalkwerk Lengefeld.

Das Spielzeugdorf Seiffen ist eine lebendige Museumslandschaft. Nicht nur im neu gestalteten Freilichtmuseum und in den weiten Räumen des Spielzeugmuseums erleben wir die Geschichte der Spielzeugherstellung. Wie aus einer Spielzeugschachtel haben sich die Dorfhäuser im Tal des Seiffenbaches verstreut. Unter den oftmals tief heruntergezogenen Schieferdächern blinken aus kleinen Fenstern die Lichter der Werkstätten und Arbeitsstuben. Und die Nussknacker, Räuchermänner, Pyramiden, die vielen verschiedenen Drechselspielzeuge, die Bergmänner und Lichterengel drängen sich in den Schaukästen und Fenstern. Zutritt zu den Werkstätten ist erwünscht, denn man soll erleben, wie das Seiffener Spielzeug entsteht, dessen schönste und älteste Stücke in den Museen bewahrt werden.

Und auf andere Weise erleben wir auch in den Sammlungen und Museen der alten Bergstadt Freiberg Bräuche und Geschichte dieser Landschaft: Da ist das Stadt- und Bergbaumuseum im ehemaligen Domherrenhaus von 1484. Hier begegnen wir wieder Werken von Peter Breuer, aber auch Kunsthandwerk und Exponaten zur Stadt- und Bergbaugeschichte. Denn in Freiberg stand die Wiege des erzgebirgischen Bergbaus, hier wurde die erste montanwissenschaftliche Hochschule der Welt gegründet, die Bergakademie, deren mineralogische Sammlung im Clemens-Winkler-Bau rund 55 000 Mineralstufen umfasst. Ein Naturkundemuseum gibt es in Freiberg und die berühmte Bibliothek der alten Lateinschule (heute Gymnasium) mit mehr als 500 Inkunabeln.

Museen sind Spiegel von Geschichte und Lebenswelt, wer durch das Erzgebirge reist, wird in ihnen solcher Vergangenheit im Diskurs mit der Gegenwart begegnen.

Die Silberstraße – Geschichtsweg und Ferienlandschaft

Im Gegensatz zu manch anderer Tourismusstraße hat die Silberstraße im sächsischen Erzgebirge nicht nur als Erlebnis- und Ferienstraße einen landschaftlich historischen Hintergrund, sondern hier auf den ehemals schmalen Gebirgsstraßen wurde einst das Silbererz tatsächlich auf den hochbeladenen Pferdewagen transportiert. Es ist eine Straße, die Geschichten und Geschichte trägt, hier erfahren wir aus den vergangenen Jahrhunderten Wirtschafts- und Kulturgeschichte, hier erleben wir in historischen Zeugnissen die Vergangenheit dieses Landschaftsraumes.

Ein Ort zwischen Zwickau und Schneeberg trägt den Namen Silberstraße. Die kleine Gemeinde, einst als bäuerliches Vorwerk gegründet, an dem die Pferde gewechselt wurden, entstand als Ort 1536. Damals dominierte der Bergbau schon, und die Wagen, vollbeladen mit Erz, rollten aus Schneeberg hinunter nach Zwickau.

In der Stadt an der Mulde, deren Bergbaugeschichte bis in unser Jahrhundert reicht, beginnt die heutige Ferienstraße. Sie buckelt über die Hügel, dreht sich auf der Bundesstraße 93 bis in die alte Bergstadt Schneeberg. Gegründet am 6. Februar 1471, kam sechs Jahre später Herzog Albrecht nach Schneeberg und fuhr in die Grube St. Georg ein. Dort speiste er an einer Erzstufe, der man die Form eines Tisches gegeben hatte, später wurden daraus fast vierhundert Zentner Silber gewonnen. Wenn auch der Silbersegen nach wenigen Jahrhunderten versiegte, so blieb Schneeberg doch ein Bergwerksort bis in unsere Zeit. Fast übergangslos führt die Silberstraße von Schneeberg nach Aue, Häuserzeilen reihen sich und fassen auch die Ausläufer der Gemeinde Schlema, die sich im Tal des Schlemabaches ins Muldental hinabzieht. Hier hat der Fremdenverkehrsverband »Ferienstraße Silberstraße e. V.« seinen Sitz und nicht zu Unrecht. Es wird alte Bergbauszenerie sichtbar, nach 1945 war Schlema eines der Zentren des sowjetischen Uranbergbaus in Ostdeutschland, aber schon vorher war man auf die strahlenden Elemente aufmerksam geworden, Radiumbad Oberschlema entwickelte sich zu einem interessanten Kurort, und diese Entwicklung will man heute mit dem Bau neuer Kuranlagen fortsetzen.

Unversehens ist die Silberstraße nun in Aue angekommen, und über Jahrhunderte war dies eine Werkstatt im Gebirge: Maschinenindustrie, Textilgewebe, Bestecke. Aue hat es nicht leicht, nach dem Zusammenbruch fast aller Industriestrukturen nach der Wiedervereinigung, eine neue Identität zu finden. Immerhin spielt hier die bekannteste Fußballmannschaft Sachsens, der FC Erzgebirge Aue, in der Zweiten Bundesliga.

Auch Schwarzenberg lebte aus der Metallverarbeitung, der Blechbearbeitung, und hier agierte auch eine der herausragenden Persönlichkeiten im Erzgebirgsverein, der Unternehmer Friedrich Emil Krauß. In Schwarzenberg, dieses Faktum ist nicht allzu bekannt, war Ernst Jünger Schulanfänger, mit seiner Familie lebte er fünf Jahre hier. Die Stadt Schwarzenberg war am Ende des Zweiten Weltkrieges für sechs Wochen unbesetztes Gebiet. Bücher von Stefan Heym und Volker Braun haben dies als historischen Hintergrund.

Weiter zieht die Silberstraße, über Scheibenberg, wo die »Orgelpfeifen« des Basaltkegels grüßen, nach Schlettau und Annaberg-Buchholz, wie Schneeberg eine der berühmten alten Bergstädte des Gebirges, die auch heute aus solcher Tradition lebt.

Dann geht es über Zwönitz, Ehrenfriedersdorf nach Marienberg, und auch auf dieser Wegstrecke gibt es viel Sehenswertes: Am Ziegenberg von Zwönitz die Holzplastik des »Reiters ohne Kopf«, nach einer der bekanntesten Sagen des Gebirges gestaltet. In Ehrenfriedersdorf Erinnerungen an die Jahrhunderte des Zinnerzabbaus und auch an eine berühmte Sage, die viele europäische Varianten hat, hier heißt sie, die Sage von der langen Schicht. Nach Marienberg kommen wir über Wolkenstein, dessen Schloss mit heller Fassade hoch über der Zschopau thront. Und Marienberg selbst ist noch die geschäftige Kreisstadt des Mittleren Erzgebirgskreis. Da sind wir fast an der Grenze zu Böhmen und wenden uns ostwärts, ins Osterzgebirge. Nun öffnen sich die Türen zum Spielzeugland Erzgebirge.

Über Zöblitz, wo das Mineral Serpentin wächst und abgebaut wird, führt die Silberstraße nach Olbernhau und Seiffen. Hier und in den umliegenden Dörfern ist die Schauwerkstatt des Gebirges. Spielzeuge und Weihnachtsfiguren, vom Bergmann und Engel bis zur Pyramide und zum Räuchermännchen, alles wird in guter Handwerksarbeit hergestellt. Wer zur Adventszeit die Dörfer besichtigt, die gefüllten Läden und Lädchen sieht, der weiß, dass dieses Wegstück der Silberstraße manches Silberstück abwirft.

Nun zieht die Straße über Berg und Tal, durch ein Teilstück der schönen osterzgebirgischen Ferienlandschaft in die Stadt, da der erzgebirgische Silberbergbau geboren wurde. Um 1168 wurden auf den Fluren der Klosterdörfer Tutendorf und Christiansdorf zum ersten Mal Silbererze geschürft, 1185 hieß die Stadt Freiberg und war lange die größte Siedlung der Mark Meißen. Freiberg hat etliche Sehenswürdigkeiten zu bieten, den Dom mit der Goldenen Pforte, Altstadt und Bergbaumuseum, aber auch die lebendige Gegenwart einer Universitätsstadt: Europas älteste montanwissenschaftliche Hochschule, die Bergakademie, hat ihre Anziehungskraft nicht verloren.

Noch warten Tharandt und Freital auf uns, ehe wir in die Landeshauptstadt kommen. In Tharandt lebt forstwissenschaftliche Tradition, in Freital steht das romantische Schloss Burgk, und dann endet die Silberstraße in Dresden. Hier in den weltberühmten Sammlungen des Grünen Gewölbes, aber auch im Museum für sächsische Volkskunst, im Museum für Kunsthandwerk und im Münzkabinett ist manches Kunst-Stück aus dem Silber des Erzgebirges zu sehen, verwandelt in Kannen und Leuchter, in Taler und Gulden.

Wer die Silberstraße bereist, erlebt in den Landschaften auch die Wunden, die der Mensch ihr zugefügt hat. Doch man lebt im Bewusstsein der Last der Geschichte mit den Hoffnungen der Geschichte. Die Silberstraße ist nicht nur ein Ensemble musealer Erinnerungen, sondern ein Kreuzweg zwischen Geschichte und Gegenwart.

Wie uns dr Schnobel gewachsen is

Goethe schrieb einmal: »Jede Landschaft liebt ihren Dialekt; denn er ist das eigentliche Element, in dem die Seele ihren Atem schöpft.« Damit erkennt er in ihm den volkskulturellen Wert, betrachtet den Dialekt nicht als heruntergekommenes Hochdeutsch! Sicher kam Goethe bei seinen Studien des erzgebirgischen Bergbaus auch mit der hiesigen Mundart in Berührung.

In den sächsischen Gebirgsregionen ist die Mundart noch lebendig. Sie wird im täglichen Umgang im Vogtland, in der Oberlausitz und im Erzgebirge gesprochen, in den Dörfern häufiger als in den Städten. Die Mundarten haben Untermundarten und an den Grenzen Übergangsmundarten.

Der Raum des Erzgebirgischen wird im Westen von dem Dialekt des Vogtländischen berührt. Entlang der Zwota mischen sich beide Mundarten. Im Süden wird heute der Raum von der Staatsgrenze zu Tschechien, im Osten von der Wilden Weißeritz und im Norden von der Linie bestimmt, die südlich von Dippoldiswalde – Freiberg – Chemnitz und nördlich von Zwickau – Werdau verläuft.

Das Erzgebirgisch ist also keine in sich geschlossene, einheitliche Mundart. Die Gesamtlandschaft gliedert sich in zwei Räume, in den weitaus größeren des Westerzgebirgisch und in den kleineren des Osterzgebirgisch. Die Grenze zwischen dem West- und dem Osterzgebirgisch verläuft westlich von Flöha und wird durch die Orte Zschopau – Lengefeld – Zöblitz – Rübenau gekennzeichnet. Im Süden bildet heute die Staatsgrenze den Abschluss, nach Norden zu verliert sie sich in einem breiten Übergangsgürtel. Diese Grenzen lassen sich hier wie da nur mit Hilfe der Sprachwissenschaft ermitteln.

Die Kernlandschaft der westerzgebirgischen Mundart bilden die Gebiete um den Auersberg, Fichtelberg und Pöhlberg. Typische Merkmale für das Westerzgebirgisch sind zum Beispiel solche Formen wie »Gelöckel« (Glöckchen), »Gelück« (Glück), »Genad« (Gnade).

Das Osterzgebirgisch löste sich aus dem Gesamtrahmen des Erzgebirgischen, als es unter den starken Einfluss des Meißnischen geriet. Dadurch wurde Osterzgebirgisch zur Übergangsmundart zwischen dem Westerzgebirgischen und dem Meißnischen. Im Gegensatz zum Westerzgebirgischen oder Vogtländischen ist sie keine aktive Mundart. Kontaminationsformen, Mischformen, die sich aus dem Erzgebirgischen und Meißnischen gebildet haben, sind Hauptmerkmale osterzgebirgischer Mundart. Es gibt auch keine Geschlossenheit im Sprachraum. So nehmen die im Süden liegenden Spielzeugmacherdörfer um Seiffen eine Sonderstellung ein. Neben dem typisch osterzgebirgischen Wort »Klääd« (Kleid) erklingt anstelle des zu erwartenden »Bahm« (Baum) die alte Form »Baam«, indessen der in den Sprachgebrauch eingegangene Begriff »Knödel« böhmischen Ursprungs ist.

Die Mundart ist eine Erscheinungsform der gesprochenen Sprache. Ihre Herausbildung ist eng verbunden mit der geschichtlichen und sozialen Entwicklung größerer Bevölkerungsschichten einer Landschaft. Sie ist demnach die traditionelle Form der Volkssprache innerhalb dieser Landschaft.

Die zwischen der erzgebirgischen und vogtländischen Mundart erkennbaren Gemeinsamkeiten leiten sich von den Siedlungszusammenhängen ab. In drei Siedlungsströmen drangen im 12. und 13. Jahrhundert vom Westen her Siedler in das von Slawen erschlossene Land vor. Der eine Strom führte von der Oberpfalz über das Egerland bis in das südliche Vogtland. Nördlich davon verlief die aus Thüringen kommende mitteldeutsche Siedlungsbahn, die in bestimmte Gebiete des Vogtlandes und Erzgebirges einfloss. Jedoch war der mainfränkische Siedlungszug der bedeutendste für beide Landschaften. Die Siedlungsströme formten die Sprachlandschaften und gaben ihnen das besondere Gepräge. Dabei verlieren sich die fränkischen Sprachelemente vom Westen her zum Osten zu.

Das Vogtland hat sich unter den Vögten verhältnismäßig rasch zu einer geschlossenen politischen Einheit entwickelt, das Erzgebirge stand unter anderen Einflüssen. Denn als im 14. und 15. Jahrhundert im unwegsamen Waldgebiet reichhaltige Erzlagerstätten entdeckt wurden und das »Bergkgeschrey« durch die deutschen Lande hallte, setzte eine zweite Siedlungsepoche ein. Der Zustrom erfolgte abermals aus dem Westen, kam aus dem Fichtelgebirge, aus Ober- und Mittelfranken und aus dem Harz. Die Fundorte hatten dabei eine stark siedlungsbildende Kraft. So war bald das Land um Schneeberg durch die Silberfunde um 1470 dicht besiedelt, und im Schmelztiegel dieser Bergwerke formte sich der Mischdialekt in einem Nebeneinander von ober- und mitteldeutschen Bestandteilen.

Für diesen Prozess war die Bergarbeit besonders förderlich. Sie führte auf engem Raum viele Menschen zusammen mit gleicher Verrichtung, sozialer Stellung und mit gleichen Interessen. Sie zwang aber auch zu kollektiver Arbeit, zum gegenseitigen Verstehen. So wurde dieser Mischdialekt bald ein besonders bergmännisch beeinflusstes Verständigungsmittel, kennzeichnete den Bergmann und alle diejenigen, die sich mit ihm verbunden fühlten.

Die Mundart lebt vom gesprochenen Wort. Selten wurde sie schriftlich festgehalten. Dadurch blieb sie über die Jahrhunderte hinweg frisch, lebendig, anschaulich und anpassungsfähig. So kommt es auch, dass viele Dörfer ihre besonderen Dialekte haben.

Seit jeher wird in Mundart gereimt, gedichtet und gesungen. Ursprüngliche Mundartdichtung ist Volksdichtung. Die Klöpplerin reimte während ihrer Arbeit Verse, sprach oder sang sie und beflügelte damit ihre Verrichtung. Der Bauer hatte seine Verse beim Dreschen, hatte Wetterregeln, Sprichwörter. Die Kinder sangen Abzählreime.

Vor allem mit Christian Gottlob Wild (1785–1839) und seinen Zeitgenossen begann zu Beginn des 19. Jahrhundert die erzgebirgische Mundartliteratur. Um diese

Zeit wurde Mundart erstmals gedruckt. Die Hauptschwierigkeit der Mundartschreibung besteht darin, das Lautbild in ein Wortbild zu formen, aus dem wiederum das ursprüngliche Lautbild nachvollziehbar sein muss, ohne zusätzliche, etwa phonetische Zeichen verwenden zu müssen. Eine Übertragung von Mundartlichem in die Hochsprache oder umgekehrt ist nicht ohne weiteres möglich. Wesentlich ist nicht nur der Gebrauch der Mundart als sprachliches Ausdrucksmittel, sondern auch das Denken in Mundart.

Breiten Raum in der erzgebirgischen Mundartliteratur nehmen die Schnorken ein, heitere, kurze, anekdotenhafte Erzählungen, und die Liedtexte. Bedeutende Mundartautoren des 20. Jahrhunderts sind Anton Günther, Fritz Körner, Friedrich Krauß, Stephan Dietrich, Manfred Blechschmidt u. a.

Zwei Stunden sind eine Meile

Unsere Nachricht über die sächsischen Postmeilensäulen, sie beginnt mit dem ersten Buchstaben des Alphabets, also mit A wie Adam und sie endet mit einem Z wie Zürner. Und so reden wir zunächst von Adam Friedrich Zürner. Geboren am 15. August 1679 als eines von zehn Kindern des Ortspfarrers von Marieney im Vogtland, folgte er dem Vater und wurde ebenfalls Pfarrer. Aber schon in der Studienzeit hatte er sein Herz für die Kartographie, für das Vermessen und Zeichnen von Karten entdeckt, und Kurfürst August der Starke wiederum entdeckte den Geographen, setzte das Attribut königlich davor, und beauftragte ihn, doch die kursächsischen Lande neu zu vermessen. 1721 gab Zürner seine Pfarrstelle auf und wurde Kursächsischer Land- und Grenzkommissar. Mit einem eigens konstruierten Wagen berechnete er die Entfernung von Ort zu Ort. Da aber nicht jeder Reisende mit einer Landkarte versehen war, regte Zürner an, doch überall Meilensteine aufzustellen, die solche Auskunft über Entfernungen gaben. Es war also ein Meilenstein in der Postgeschichte, die bereits vorhandenen, ungenauen hölzernen Wegweiser mit kurfürstlichem Dekret vom 19. September 1721 durch steinerne Säulen zu ersetzen.

Und noch heute stehen in vielen Orten des Erzgebirges kursächsische Postmeilensäulen. Vielleicht ist ein Beispiel über den Werdegang der Postmeilensäulen hier angebracht: Nehmen wir uns der Geschichte der Postdistanzsäule in Zwönitz an. Deren Werdegang hat einer der verdienstvollen Forscher, Hans-Heinrich Stölzel, aus der Forschungsgruppe »Kursächsische Postmeilensäulen«, die seit mehr als drei Jahrzehnten den Bestand und die Geschichte dieser Denkmale untersuchen, beschrieben.

Da die Orte für die Kosten der Säulen aufzukommen hatten, saß man also auch im Zwönitzer Rat beisammen und stellte sich die Frage: Was soll die Säule kosten, und da war man sich einig, die Sache durfte nicht mehr als 50 Taler kosten. Ein Steinmetzmeister, der sinnigerweise tatsächlich Daniel Stein hieß, wurde beauftragt. Doch nachdem der Freiberger Stein genau 16 Taler, 21 Groschen und 6 Pfennige bekommen hatte, warf der Herr Stein den Stein oder das Handtuch, wie man es nennen will, und der Scheibenberger Steinmetz Johann Kauffmann trat in den Kontrakt ein, was heißt, er schuf die Säule. Nun war es erst einmal an der Zeit, dem kurfürstlichen Kommissar Zürner über den Vorgang zu berichten und in Erfahrung zu bringen, wie es denn weitergehen sollte. Das schrieb man damals so: »So haben Deroselbst wir von vorberührten Contracten dienstschuldigst Notification zu thun und Dero weitere gütigste Nach- und Anweisung, wohin die quastitionierte Säule, wenn sie fertig seyn dürffte, zu stehen kommen?« Heute schriebe ein Amtsmensch: »Werte Kollegen, wir erwarten nunmehr Ihre Mitteilung, wie nach Fertigstellung der oben genannten Säule ihre Aufstellung gewährleistet werden soll?« Und in jedem Fall meinte man damit: Wohin sollen wir die

Säule stellen? So einfach also, wenn es auch umständlich geht. Herr Zürner schickte gleich einen Mitarbeiter nach Zwönitz – Lokaltermin nennt man solche Sachen, weil man sie meist in einem Lokal bespricht. Dieser Mitarbeiter nun namens Zschornicke wollte gleich zwei Säulen, aber diese Idee fanden die Zwönitzer Räte gar nicht gut. Und so musste er sich mit einer Säule zufrieden geben. Der Standort wurde abgesteckt, und im Sommer 1728 wurde die Säule aufgestellt. Mittlerweile ist sie etliche Male restauriert worden, sonst stünde sie nicht mehr. Dass man dabei auch ein falsches Wappen anbrachte, weil die Herren Räte aus Kostengründen auf Granit bestanden und so eine lediglich stilisierte Darstellung auf die Säule kam, bis, ja bis endlich 1970 wieder das richtige Wappen an den richtigen Platz kam. Nun steht sie zur Freude der Einwohner und Gäste an ihrem angestammten Platz, und hier wie anderswo liest man nun von den Stunden, die man von einem Ort zum anderen braucht.

Aber hier ist eine Zwischennachricht angebracht: Wer etwa glaubt, mit den Stunden seien Pferdepoststunden gemeint, der irrt, denn die hier notierte Stunde ist ein Längenmaß. Eine sächsische Post- oder Polizeimeile hatte 2000 Ruten, das sind 16.000 Ellen. Eine Meile war ein Längenmaß von 9062 Metern oder von zwei Stunden, also könnte man sagen, eine Postmeilenstunde meint eine Entfernung von ca. 4,5 Kilometern. Wenn man da vielleicht an der Postdistanzsäule in Aue liest, dass es nach Chemnitz sieben Stunden dauert, dann heißt dies eben, die Distanz beträgt 34,3 Kilometer, und dies dürfte auch heute noch richtig sein.

Übrigens sind die Postdistanzsäulen nur ein Ergebnis der Zürnerschen Tätigkeit, es gibt außerdem Ganzmeilen- und Halbmeilensäulen und schließlich Viertelmeilensteine.

Die bekannteren und heute zumeist erfreulich restaurierten Distanzsäulen finden sich in vielen erzgebirgischen Städten, beispielsweise in Annaberg-Buchholz, Aue, Bärenstein, Berggießhübel, Jöhstadt, Marienberg, Oberwiesenthal, Thum, Wolkenstein, Zschopau und Zwönitz.

Eine Ganzmeilensäule findet sich u. a. in Burkhardtsdorf, in Crandorf und Erlabrunn. Halbmeilensäulen existieren noch in Marienberg, Steinbach bei Johanngeorgenstadt, Viertelmeilensteine u. a. in Klaffenbach, Chemnitz und Wolkenstein.

Spätgotischer Altar von Hans Witten in St. Nikolai zu Ehrenfriedersdorf

 »Orgelpfeifen«, Basaltsäulen am Scheibenberg

Schlossanlage hoch über dem Tal: Wolkenstein

 Großrückerswalde mit der Wehrkirche

 Renaissanceportal am Marienberger Rathaus

Kapelle in Mauersberg

Wehrkirche in Lauterbach

 Blick auf die Augustusburg

Bewehrt und bedacht: Wehrkirchen

Schon immer galt die Kirche als Ort der Zuflucht in geistiger oder körperlicher Not. Jedoch wähnte man sich in ihr nur sicher, wenn sie auch verteidigungsfähig war. So verbreiteten sich im Mittelalter Wehrkirchen über ganz Europa. Manche, wuchtig und nur aus Stein gefügt, glichen kleinen Festungen, wie etwa die in Siebenbürgen, die nicht zu Unrecht Bauernburgen genannt werden.

Wehrkirchen sind heute ein Symbol des Glaubens und der Wehrhaftigkeit. Die wenigen des Erzgebirges stammen aus der Zeit des 14. und Anfang des 15. Jahrhunderts, aus der Zeit, in der die Hussiten Sachsen verwüsteten und umherstreunendes Kriegsvolk, das über die Passstraßen ins Land schwappte, große Unsicherheit bei der Bevölkerung verursachte. Dadurch wurde die Kirche, ursprünglich erbaut als Haus der Andacht, zur schützenden Burg. Sie nahm Hilfesuchende auf und entließ Gerettete. Das Dorf und seine Kirche wuchsen zur Einheit.

Erzgebirgische Wehrkirchen entstanden dort, wo es an festen Häusern fehlte. Es wäre gegenstandslos gewesen, nahe einer Burg eine Kirche wehrhaft zu gestalten. Man denke nur an den Aufwand unter den damaligen Verhältnissen, den ein solcher Kirchenbau mit sich brachte, an die vielen Steine, die mit Ochsen- oder Pferdegespannen heranzukarren waren, an das Holz, das dabei verbaut wurde und an die unzähligen Tagewerke für Mensch und Tier.

Die im Erzgebirge erhalten gebliebenen Wehrkirchen gruppieren sich um Marienberg und Sayda. Hier stehen die von Großrückerswalde, Lauterbach, Dörnthal, Mittelsaida und die rekonstruierte von Mauersberg. Sie gehören zu den schönsten und interessantesten Kirchenbauten Sachsens, stehen unter Denkmalschutz und sind auch international bedeutsam.

Die erzgebirgischen Wehrkirchen wurden nach einem eigenständigen Grundprinzip errichtet. Dabei waren vor allem die hier vorkommenden Baustoffe Holz und Stein entscheidend. Dadurch und durch ihre typische Konstruktion lassen sie sich von denen anderer Landschaften unterscheiden. Am auffälligsten dabei ist der um das Gebäude führende Wehrgang. Deshalb sprechen die Fachleute von Wehrgangkirchen.

Auf einer oft über 1,50 Meter starken, aus Bruchsteinen hochgeführten Mauer ist wie ein Kopf das Oberteil der Kirche aufgesetzt. Die Deckenbalken des Kirchenschiffs ragen über die Grundmauern hinaus und tragen den mit Holz verschlagenen Wehrgang. Dieser besteht aus aufeinander gelegten und zugehauenen Nadelholzbalken, die mit Seh- und Schießluken versehen sind. Hinter diesem Schutz verbargen sich die Verteidiger. Von hier aus schossen sie mit Bogen oder Armbrust dem angreifenden Feind entgegen, wohl die wichtigsten Waffen jener Zeit. Öffnungen im Fußboden, sonst durch Falltüren verschlossen, dienten dazu, siedendes Pech auf die Angreifer zu gießen. Das hochgewalmte Dach überragt ein Dachreiter, in dem die Glocken untergebracht sind. Häufig haben die Wehrkirchen Vorburgen, Gräben, Wälle oder Mauern mit Tortürmen. Weit stärker und höher als bei anderen Kirchen ist bei ihnen die Kirchhofsmauer ausgeführt. Sie besaß die Funktion der Ringmauer und galt als äußerer Teil der Befestigungsanlage.

Die erzgebirgischen Wehrgangkirchen haben über den Zeitverlauf hinweg ein unterschiedliches Schicksal. Nachdem das Pulver erfunden war und die Feuerwaffen aufkamen, verloren sie ihre Bedeutung. Vor allem nach dem Dreißigjährigen Krieg wurden viele umgebaut, die Wehrgänge teilweise oder ganz beseitigt. Manche Kirche erwies sich als zu klein, erhielt An- und Aufbauten und verlor immer mehr den ursprünglichen Charakter, so dass man bei ihr heute bestenfalls sagen kann, sie sei aus einer Wehrkirche hervorgegangen. Dazu gehören u. a. die Kirchen von Kleinrückerswalde, Crottendorf, Cämmerswalde und Königswalde.

Oftmals wurden baufällige und zu klein gewordene Kirchen abgerissen, wie 1889 die Wehrgangkirche von Mauersberg, eine ehemalige Franziskanerkapelle. Der Kirchgemeinde von Lippersdorf gefiel die ursprünglich fensterlose oder nur mit engen Schlitzen versehene Wand der Westseite nicht, so brach man um 1700 Fensteröffnungen hinein. Die Orgel aus dem Jahre 1670 und die spätgotische Schablonenmalerei, 1970 freigelegt, gehören zu den Besonderheiten dieses Gotteshauses.

Als die alte Wehrgangkirche von Lauterbach abgerissen werden sollte, weil die Gemeinde eine größere und modernere Kirche haben wollte, konnte der Sächsische Heimatschutz 16.000 Mark aufbringen und sie 1906 als Friedhofskapelle an der Marienberger Straße wieder errichten. Für die damaligen Verhältnisse war diese Umsetzung eine große denkmalpflegerische Leistung, durch die eine der schönsten Dorfkirchen Sachsens erhalten blieb. Der Heimatforscher Sieber schwärmt: »Kinderfromm bemalte Decken und Emporen, uralte Blumenkästen als Bauerngabe, Schnitzaltar und bunte Grabsteine, der zinnerne Taufstein und der altertümliche Klingelbeutel verkörpern und würdigen Wesen vom grauen Stamme der Vorzeit . . .« Lediglich an Stelle des alten Schindeldaches trat ein durch Schiefer beschlagenes.

Wohl die interessanteste Anlage ist die inmitten des Dorfes auf einem Hügel liegende spätgotische Wehrkirche von Großrückerswalde. Die alte Kirche wurde von den Hussiten verwüstet und 1470 von Dorfbewohnern als Wehrgangkirche wieder aufgebaut. Bei ihr ist die ursprüngliche Bauweise, ungeachtet mancher Veränderungen, am besten erhalten. Die Zeit hat das Gebälk dunkel gefärbt, Wind und Wetter hat es zerrissen. Jedoch hat sie die Jahrhunderte überdauert und sich bis heute erhalten. Allerdings, so muss man hinzufügen, nur deshalb, weil ein geplanter Abriss und Neubau aus Geldmangel scheiterte. Die Kirche ist einschiffig, hat eine Kassettendecke und bemalte Emporenbrüstungen. Sie birgt wertvolle Kunstschätze, unter anderem zwei Gemälde aus der Zeit um 1538 mit der Darstellung der Pest in Rückerswalde. Sie ist die einzige Wehrgangkirche Sachsens mit einem Schindeldach.

Die Dörnthaler Wehrgangkirche liegt wie eine kleine Festung am Hang. Dieser Eindruck kommt durch die sich im Bogen hinziehende Umfassungsmauer mit einem wuchtigen Torhaus. Der Kern der Kirche stammt vermutlich aus dem 13. oder 14. Jahrhundert, der Chor aus der Zeit zwischen 1520 und 1539. Sie hat unter dem Dachansatz einen vorragenden hölzernen Wehrgang mit Schießscharten und Gießluken. Einzigartig ist die bemalte Kassettendecke mit figürlichen Darstellungen aus der Vorreformation. Das ursprüngliche Aussehen der Wehrgangkirche in Mittelsaida wurde durch die Verschieferung des Wehrgangs und Entfernung der Kopfbänder stark verändert. Obwohl man die ehemalige Ost- und später auch die Nordmauer versetzte, blieb der Wehrgang vollständig erhalten. Schon 1859 hatte man die Schindeln vom Dach entfernt und dafür Schiefer aufgebracht.

Dem Kreuzkantor Mauersberg ist es zu verdanken, dass Mauersberg seit 1953 über ein Kirchlein als Friedhofskapelle mit Kreuzchor verfügt, das dem Äußeren nach ganz der alten, abgerissenen Wehrgangkirche entspricht.

Wu de Walder haamlich rauschen . . .

Seit jeher übt der Wald bestimmenden Einfluss auf das Leben der Menschen aus. Ohne seine Produkte, vor allem ohne Holz, ist ein Dasein schlecht denkbar. Der Wald ist die »grüne Lunge« der Landschaft, speichert das Wasser und gibt es allmählich wieder ab und hemmt die Wucht des Windes. Er bewahrt die Landschaft vor Bodenabtragung, sorgt für das biologische Gleichgewicht und dient dem Menschen zur Erholung. Nicht zu unrecht heißt es deshalb: »Wo der Wald grünt, blüht das Land, wo der Wald stirbt, verödet es!«

Unseren Vorfahren war der Wald nicht weniger heilig als die Sonne und das Feuer. In den heiligen Hainen glaubten sie, den Göttern nahe zu sein. Baumfrevel kam dem Mord gleich und wurde hart bestraft. Dabei war der Wald das große Hindernis der Siedler. An ihm zermürbten sich Generationen, an ihm brandeten die großen Züge der Völkerwanderung zurück. Aber vielleicht erzitterten sie gerade deswegen vor ihm.

Goethe lässt zornig seinen jungen Werther ausrufen, als er davon hörte, die neue Pfarrherrin habe die beiden Nussbäume fällen lassen: »Abgehauen! Ich möchte toll werden, ich könnte den Hund ermorden, der den ersten Hieb daran tat . . .« Und Friedrich Rückert schwärmt: »In diesem Walde möchte ich wohnen, der freie Jäger möchte ich sein!«

Schon zur Römerzeit war die große Landnahme im Gange. Das deutsche Land besiedelte sich und nur ein Viertel davon war waldfrei. In der Zeit zwischen dem 7. und 13. Jahrhundert erreichte die Waldrodung ihren Höhepunkt. Dabei drangen die Menschen auch in den Miriquidi ein, den schwarzen Wald, wie das Erzgebirge damals hieß, den Fluss- und Bachläufen folgend. Dort, wo sie sich ansiedelten, erhielt der Wald freie Stellen. Diese vermehrten sich mit jeder Siedlung und wurden größer. Und doch blieb der Wald wohl an die hundert Kilometer ohne Unterbrechung, ein großer, breiter Gürtel, langgestreckt zwischen Sachsen und Böhmen.

Sahen es am Anfang die Feudalherren gern, wenn sich nutzloses Waldland bevölkerte, so kamen sie immer mehr in Sorge, ihre Jagdgebiete zu verlieren. Rodeverbote im 15. und 16. Jahrhundert waren die Folge. Selbst der Bau von Blockhäusern wurde durch die Holzordnung von 1560 und 1697 unterbunden.

Bereits im Mittelalter beaufsichtigten holzgerechte Jäger Wild und Wald. Im Erzgebirge waren Wäldner eingesetzt, die den Wald- und Wildbestand vor allem vor menschlichen Eingriffen zu bewahren hatten. So beschweren sich im 16. Jahrhundert die Bewohner des Dorfes Bockau bei der Herrschaft in Schwarzenberg über ihren Förster, weil er fortwährend mit Spieß und Gewaff im Wirtshaus erschiene, was die Bewohner ärgere.

Der Dreißigjährige Krieg vernichtete viele gute Ansätze einer geregelten Waldwirtschaft. Die Bevölkerung, durch die Wirrnisse des Krieges, durch Hunger und Pest um die Hälfte verringert, konnte sich dem Vorrücken des Waldes nicht widersetzen. Ganze Siedlungen starben aus, Dörfer wie Westerfelde oder Holtzenhain sind für uns heute unauffindbar. Birken, Erlen, Espen und Eschen wachsen dort, wo einst das Getreide wogte.

Und der Wald blieb voll Gefahren. In ihm hausten Bären, Luchse und Wölfe. Wolfsjagden gehörten zur Fronpflicht der Bauern. In langen Ketten, einer neben dem anderen, mussten sie die Waldschläge durchkämmen und die Tiere »locker machen«. Es waren Spähdienste eingerichtet, und bei frischem Schnee durfte niemand den Wald betreten, um die Wolfsfährten nicht zu verwischen. Nahe der Dörfer legte man Wolfsgruben an. Für jedes lebendig gefangene Tier gab es eine Scheffel Korn als Belohnung. Auch mit Netzen ging man ihnen zu Leibe. Und hatte man Erfolg, stiftete der Grundherr ein halbes Fass Bier.

Für den Adel war die Jagd ein vornehmes Vergnügen. Auf dem Fichtelberg stand schon 1682 das Waldhaus »Der grüne Hirsch«. Die Burg Schwarzenberg musste auf kurfürstliches Geheiß Jagdschloss werden, und am Dorfausgang von Breitenbrunn steht noch heute die Ruine eines Jagdschlösschens.

Als nach dem Dreißigjährigen Krieg die Bevölkerung wieder zunahm, stieg auch der Bedarf an Holz und Ackerland. Wohl dämmte die Holzordnung blinde Holznutzung ein, doch die besten Stämme des ursprünglichen Waldes fielen unter den Hieben der Axt. Zurück blieben kurze, krumme, grobästige Bäume. »Wüst und wölfisch« war der Wald. Und doch brachte er vielen Broterwerb. Da arbeiteten Pecher, Rußbrenner, Flößer, Wolfsfänger und Vogelsteller. Bei Blumenau und Göhrsdorf schwelten dreißig Meiler und bereiteten Holzkohle. Zwischen Crottendorf und Auerbach wirkten die Harzer und Pecher. Die Schwarzenberger Pechgewerke brachten jährlich rund 300 Zentner ihres Produktes auf den Markt.

Ob begründet oder nicht: Die Furcht vor einer Holznot machte sich breit. Das hatte ein Gutes zur Folge: Anfang des 19. Jahrhunderts wurde das sächsische Waldwesen reformiert und damit die Grundlage zu einer geregelten Forstwirtschaft geschaffen. Besonders der Begründer der Tharandter Forstakademie, Heinrich Cotta (1763–1844), war es, der die noch junge Wirtschaft und Wissenschaft durch seine Gedanken befruchtete. Die Wälder Sachsens wurden erstmals vermessen, kartiert und taxiert, die minderwertigen Bestände kahlgeschlagen, die Blößen bestockt.

Die Fichte sollte wenigstens eine Generation lang der Brotbaum der heimischen Wälder werden. Tannen und Buchen verschwanden, die vorher im Verein mit Fichte den wesentlichsten Teil des Erzgebirgswaldes ausmachten. Eine strenge, planmäßige Bewirtschaftung sah vor, nicht mehr Holz einzuschlagen als zuwächst.

So ideal sich die Fichte als bestandsbildende Holzart auch anließ, so stellten sich im Zeitverlauf Probleme heraus. Ungeachtet der Warnung vor der Wiederholung der Monokulturen, bauten auch die folgenden Generationen Fichte an. Der Boden verarmte immer mehr, da die reine Nadelstreu nur schwerlich Humus nachlieferte, der Zuwachs sank, die Flora verarmte, noch mehr die Fauna. Lediglich das jagdbare Wild konnte durch Hege und Fütterung erhalten werden. Insektenschäden traten auf, Wind und Sturm brachten Bruch und noch mehr die Luftverschmutzung.

Wir haben in den vergangenen Jahren gerade im Erzgebirge erlebt, wie Umweltverschmutzung und Monokulturen die Kammwälder sterben ließen. Und trotz Aufforstung sind die Gefahren nicht gebannt. Eine Erkenntnis heißt freilich: Der Wald der Zukunft muss aus verschiedenen und ungleichartigen Holzarten bestehen! Der Wald des Erzgebirges ist dabei, sein Gesicht zu verändern. Damit hat ein neues waldgeschichtliches Zeitalter begonnen! Die gleichaltrigen Fichtenreinbestände werden allmählich zu einem gemischten ungleichaltrigen Wald umgewandelt. Das wird freilich Jahrzehnte dauern, getreu dem alten forstwirtschaftlichen Grundsatz: »Soviel Tage ein Halm Roggen zur Reife braucht, soviel braucht ein Baum an Jahren!«

Der erzgebirgische Jahreslauf

Nach alter Überlieferung soll man zum Jahreswechsel die Fenster öffnen, damit das alte Jahr hinaus und das neue Jahr herein kann. Mit Glockenschlag zwölf springt man vom Stuhl oder wenigstens von der Fußbank und damit ins neue Jahr. Noch befindet man sich in den zwölf Nächten, deren Träume Kommendes andeuten sollen. Umgänge der Heiligen Drei Könige, ein Brauch, der früher üblich war, sind selten geworden.

Mit Hohneujahr endet die Weihnachtszeit. Nochmals wird an diesem Heiligabend pünktlich 18 Uhr warm gegessen, werden alle Kerzen angezündet, es brennen die Lichter des Christbaums, der Weihnachtsilluminationen in den Fenstern, der Ortspyramide und der Bäume im Freien. Dann verpackt man die Weihnachtsutensilien und räumt sie fort.

Lichtmess, im Kalender am 2. Februar ausgewiesen, hat kaum noch Bedeutung. Die Bauern überprüfen ihre Vorräte. Nach alter Regel, soll wenigsten die Hälfte noch vorhanden sein. Lichtmess gilt als Termin für den Wechsel des Dienstpersonals. Nach wie vor heißt es: »Zu Lichtmess, bei Tag ess!«, auf die länger werdenden Tage bezogen. Als Wetterregel gilt: »Wenn's zu Lichtmess stürmt und schneit, ist das Frühjahr nicht mehr weit!« Trotzdem wird Lichtmess wieder als Volksfest in einigen erzgebirgischen Städten wie Zwönitz oder Stollberg gefeiert.

Über Jahrhunderte hinweg war Fastnacht, im Erzgebirge »Fosend« geheißen, die große Lustbarkeit der Bergleute, abgehalten mit Umzügen, Bergbier und abendlichem Quas. Heute haben vor allem die Kinder ihr Vergnügen, verkleiden sich und gehen Gaben erbittend als »Fosendknacker« von Haus zu Haus, eines der vielen überlieferten Verslein herzusagen:

»Ich bi dr klaane Günther,
hob elfeneinzig Kinder.
Un wenn se mir nischt gaabn,
do namm ich mir is Laabn!«

Jemand am 1. April anzuführen, »in den April zu schicken«, ist legitim. Schüler sagen: »Herr Lehrer, es klopft!« und haben mit »April! April!« ihren Heidenspaß, wenn er darauf hereinfällt. Gesellen oder Meister schicken ihre Lehrlinge nach den Gewichten der Wasserwaage, nach Ambossfett oder Kettenleim.

»Palmarum« sagen auch heute noch die Erzgebirger zum Palmsonntag. Er ist der Tag der Konfirmation. Ursprünglich hatte die Kar- oder Marterwoche eine ähnliche Bedeutung wie die zwölf Internächte. Unsere Vorfahren meinten mit allerlei Verrichtung oder deren Unterlassung, das Schicksal beeinflussen oder in die Zukunft sehen zu können.

In diese Woche ist der Gründonnerstag eingebettet. An ihm werden gekochte Eier gegessen, die man vorher bunt färbt. Undenkbar wäre, sie im Tiegel zu braten. Bevorzugt isst man Grünzeug in Anlehnung an Gründonnerstag. Die größte Lust haben die Kinder. Denn an diesem Tag kommt der Osterhase. Er versteckt im Garten und Haus Eier und Süßigkeiten. Die Mütter haben tags zuvor einen Baum mit bunten Ostereiern behängt.

In aller Stille wird hierzulande der Karfreitag begangen. Es gibt keinen Tanz, keine Lustbarkeiten, niemand heiratet oder lässt taufen. Ein alter Brauch ist, »Karfreitagwasser« zu holen, von dem man annimmt, dass es der Gesundheit dient. Das muss noch vor Sonnenaufgang geschehen. Soll es seine Wirkung behalten, darf man beim Holen nicht sprechen. Zum Frühstück werden Brezeln, »Karfreitagbrötchen« oder »Semmelgeräusch« gegessen, dazu trinkt man schwarzen Kaffee. Kräuter, am Karfreitag geholt, sollen eine besonders günstige Wirkung haben.

Osterwasser holt man am Ostermorgen. Von ihm verspricht man sich die gleiche Wirkung wie vom Karfreitagwasser. Früher wurden langschlafende Mädchen von den Burschen durch den Schlag mit der »Lebensrute« geweckt und aus dem Bett gejagt. Zu aller Erstaunen waren sie bereits angezogen, und der Kaffee stand auch schon bereit. Die Bräuche von Gründonnerstag bis Ostermontag verknüpfen sich mit der Passionsgeschichte der christlichen Religionen.

Am Abend vor dem 1. Mai, hierzulande »Walpert-« oder »Haxenobnd« genannt, brennen auf den Höhen weithin die Feuer. Seit Wochen trugen Jungen des Dorfes Brennbares zusammen, in der Hoffnung, das größte Feuer weit und breit zu haben. In einigen Orten ist es üblich, an diesem Tag oder am Morgen des 1. Mai den Maibaum einzuholen und aufzustellen.

Im Zeitverlauf ging mancher Brauch verloren, den Himmelfahrtstag als »Vatertag« begeht man noch immer. Zu Fuß oder im Pferdegeschirr, ulkig gekleidet, ziehen Männer aus, meist von einem Wirtshaus zum anderen, um dem Bierdurst zu stillen.

Pfingsten gehört im Erzgebirge nicht zu den großen Festen. Früher holte man sich aus dem Wald eine Pfingstbirke heim und stellte sie ins Zimmer oder vor die Haustür. Mit Birkenreisern schmückt man auch heute noch die Zimmer. Der Volksglaube will wissen, wer das nicht tut, kann nachts vor zwei Uhr nicht einschlafen. Pfingsten ist der Tag der Frühaufsteher. Wer als letzter aus dem Bett kommt, ist der »Pfingstlümmel« und muss sich tagsüber ausspotten lassen. Auch Pfingsten hat seinen Ursprung im Christentum, der Ausgießung des heiligen Geistes.

»Gohanne« sagen die Erzgebirger zum Johannistag. An diesem Tag schmücken sie die Gräber der Verstorbenen. Früher behängten die Kinder einen Baum mit Bändern und Kränzen und umtanzten ihn. Bis 1913 gab es in Schneeberg am Johannistag ein Fest der ärmeren Bevölkerung, den »Rosenstrauchtanz«.

Kein Fest wird mit Putzen und Scheuern so gründlich vorbereitet wie die Kirmes. Für den Besuch, den man aus den Nachbardörfern erwartet, wird gebacken und geschlachtet. Gern verbindet man die Kirmes mit dem Erntefest. Denn um diese Zeit ist gewöhnlich die Ernte eingebracht und Anlass zum Feiern. Am Kirmessonnabend und Kirmessonntag gibt es Tanz im Gasthof. Früher wurde auch der Kirmesmontag gefeiert mit schul- und arbeitsfrei und Predigtgottesdienst. In manchen Orten beging man am Abend den Burkert. Das war ein Tanz, zu dem die Mädchen aufführten. Wer es bezahlte, konnte sich danach von der Kapelle heimblasen lassen.

Der »Stuppelhah« war in den Bauernfamilien früher ein Essen am Ende der Kartoffelernte mit Klößen in Milchsud und Pflaumenkuchen.

Der 30. November galt früher als besonders wichtiger Lostag. Er ist dem heiligen Andreas gewidmet, dem Heiratsvermittler, Förderer und Beschützer der Liebesleute. Vor allem die jungen Mädchen glaubten, durch besondere Bräuche einiges über ihr künftiges Liebesleben erfahren zu können.

Mit dem Sonnabend vor dem 1. Advent beginnt die eigentliche Weihnachtszeit, die Vorbereitung auf der Erzgebirger schönstes Fest, auf Weihnachten.

III

O welch ein herrliches Geschenk des Himmels ist ein schönes Vaterland! Wir sind durch ein einziges Tal gefahren, romantisch schön. Da ist Dorf an Dorf, Garten an Garten, herrlich bewässert, schöne Gruppen von Bäumen an den Ufern, alles wie eine englische Anlage. Jeder Bauernhof ist eine Landschaft . . . Jetzt habe ich das Schönste auf meiner ganzen bisherigen Reise gesehen, und ich will es Dir beschreiben. Es war das Schloss Lichtenstein. Wir sahen von einem hohen Berge herab, rechts und links dunkle Tannen, ganz wie ein gewählter Vordergrund; zwischendurch eine Gegend, ganz wie ein geschlossnes Gemälde. In der Tiefe lag zur Rechten am Wasser das Gebirgsstädtchen; hinter ihm, ebenfalls zur Rechten, auf der Hälfte eines ganz buschichten Felsens, das alte Schloss Lichtenstein; hinter diesem, immer noch zur Rechten, ein höchster Felsen, auf welchem ein Tempel steht. Aber zur Linken öffnet sich ein weites Feld, wie ein Teppich, von Dörfern, Gärten und Wäldern gewebt. Ganz im Hintergrunde ahndet das Auge blasse Gebirge, und drüber hin, über die höchste matteste Linie der Berge, schimmert der bläuliche Himmel . . .

Heinrich von Kleist

Das Erzgebirge von A bis Z
Ein Lexikon der Städte, Gemeinden, Landschaften, Persönlichkeiten, des Brauchtums und der Volkskunde

Affalter, Ortsteil von Lößnitz. Die 5 km langgestreckte Dorfgemeinde schließt sich nordostwärts unmittelbar an die Stadt Lößnitz an. Ortsnahe ist die höchste Erhebung, der Katzenstein mit 628 m ü. NN.

Der Ort wurde im 12. Jahrhundert von fränkischen Bauern als Nieder- und Oberaffalter gegründet, seit 1925 zu Affalter vereinigt. Zu ihm kam 1939 die Spätsiedlung Streitwald hinzu. Der Name Affalter wird abgeleitet von »apfalter«, auch »apohltra«, was soviel wie »Apfelbaum« heißt. Nur wenige Häuser rücken von der Dorfstraße fort, so dass der Charakter eines Reihen- oder Straßendorfes erkennbar blieb. Hinter den Gebäuden erstrecken sich die vom Grundherrn zugewiesenen Lehen. Als 1497 Niederaffalter erstmals urkundlich genannt wurde, hatte es 20 Bauernhöfe und zwei Mühlen, »Obiraffalter« 17 Höfe und eine Mühle. Im Niederdorf gab es eine Ölmühle und eine Garnbleiche. Ortsnahe wurde Schiefer gebrochen.

Ursprünglich bestand Niederaffalter aus zwei Teilen, der rechts vom Bach liegende Teil und Oberaffalter unterstanden den Herren von Schönburg auf Schloss Hartenstein, die acht Höfe, links des Bachs gelegen, gehörten zum Besitz des Edelhofes von Alberoda, der allerdings wiederum den Hartensteinern untertan war. Jeder Teil hatte bis zum Erlass der Sächsischen Gemeindeordnung im Jahre 1839 seinen eigenen Ortsrichter und zwei Schöffen. Affalter blieb bis heute ohne nennenswerte Industrie und hat seinen bäuerlichen Charakter bewahren können.
Stadtverwaltung, Marktplatz 1, 08294 Lößnitz,
Tel. 0 37 71/55 75 0, Fax 0 37 71/55 75 68
E-Mail: mail@stadt-loessnitz.de,
Internet: www.loessnitz.de

Agricola, Georgius, Arzt, Naturforscher, Bergbauwissenschaftler. Er wird »Vater der Mineralogie« genannt. Geboren wurde er am 24. März 1494 in Glauchau. Er studierte Medizin und Naturwissenschaften an der Universität Leipzig. Nach einer Tätigkeit als Rektor an der so genannten Großen Schule in Zwickau setzte er sein Medizinstudium in Italien fort und erwarb den Doktorgrad. 1527 trat er eine Stelle als Stadtarzt im böhmischen Joachimsthal an. Sein großes Interesse für den Bergbau und das Hüttenwesen führten ihn

Georgius Agricola

1530 zur Veröffentlichung seines Werkes »Bermannus sive de re metallica dialogus«, einem Dialog über den Bergbau auf Erze. 1531 oder 1533 siedelte er nach Chemnitz über und wurde hier 1534 Stadtphysikus, Ratsherr und viermal, 1546, 1547, 1551 und 1553, Bürgermeister. 1546 erschien sein grundlegendes Buch »De natura fossilium« (»Die Minerale«). – Agricola gilt als Begründer der wissenschaftlichen Darstellung der Minerale, Bergbaukunde und Metallerzeugung. Von ihm stammen Veröffentlichungen über die Mineralogie, Geologie, das Hüttenwesen und die Markscheidekunde, die Montangeschichte und Medizin. Berühmt wurde er durch sein Hauptwerk »De re metallica, libris XII«, Basel, 1556. In diesem zwölfbändigen Werk behandelt Agricola das gesamte Berg- und Hüttenwesen. Über 200 Jahre lang galt es als das grundlegende Lehrbuch der Montanwissenschaft. Bereits vorher hatte sein Verfasser geschrieben: ». . . Sie werden (gemeint sind die zwölf Bücher), wenn mich nicht täuscht, . . . sowohl bei den auswärtigen Völkern wie bei der Nachwelt zu noch reicherem Ansehen und Segen verhelfen.« Am 21. November 1555 starb Georgius Agricola in Chemnitz.

Albernau, Dorfgemeinde, etwa 6 km südwestlich von Aue auf hängigem Gelände am Fuße des Steinberges (733 m ü. NN). Sie liegt im Bereich des Kontaktschiefers am Nordrand des Eibenstocker Granitmassivs.

Die erste Nachricht über Albernau gibt es aus dem Jahre 1524, da verkaufte ein Wolfgang Hirschlein aus Schneeberg das Freigut, das er von der Schwarzenberger Herrschaft zu Lehen hatte. Zu dieser Zeit ist von »Albern Haw« die Rede. 1536 heißt die Siedlung »Alberhawe« und 1555 »Olberhau«. Man leitet den Namen ab von »Alber« (Silberpappel, Popolus alba) oder von dem Personennamen »Albero« bzw. »Adalbero«, was dann bedeutet, »Siedlung eines Albero, Adalbero«. Der Ort entwickelte sich aus einer Gruppe von Häusleranwesen, die wahrscheinlich in einem bestimmten Verhältnis zum Freigut standen. 1533 heißt es: »Ein neu Dorf von zwölf Mann. Ist ein abgelegenes Gut gewesen mit Büschen, Äckern und Wiesen«. Häuserzuwachs erhielt das Dorf nach dem Stadtbrand von Schneeberg im Jahre 1719. Mitte des 19. Jahrhunderts gab es im Ort 20 Bergleute, 26 Steinmetzen, zwölf Blaufarbenarbeiter, dazu Handwerker und Beschäftigte einer 1834 gegründeten Wollkämmerei, die, nachdem sie 1856 abbrannte, einging. Die sich in Auerhammer und Aue entwickelnde Industrie zog zunehmend Arbeitskräfte an sich. Neben der im Ort betriebenen Landwirtschaft wurde er immer mehr zu einer Arbeiterwohnsiedlung.

Wesentlich für Albernau war das 1649 von Erasmus Schindler auf ehemaligem Seifengrund an der Mulde angelegte Blaufarbenwerk, das fünfte des Erzgebirges. In ihm wurde aus Kobalt die Schmalte (Kobaltblau) gewonnen. Durch die enge Zusammenarbeit mit den anderen Blaufarbenwerken besaß der »Kontrakt« bis Mitte des 19. Jahrhunderts Monopolstellung auf diesem Gebiet. Der Werksweiler war bis dahin stattlich gewachsen, hatte Herrenhaus, Schmelzhütte, Wohn- und Mühlgebäude, Faktorei, Labor, Schuppen, Lagerhallen, Ställe und Nebengebäude. Nach 1854 ging man dazu über, statt der Metallfarben Ultramarin auf chemischem Wege zu gewinnen.

Das an der Mulde liegende »Rechenhaus« diente seit 1539 einem Floß- und Rechenmeister als Wohnung. Die Mulde hatte hier ein Wehr, um den Flößereibetrieb auf der Mulde zu regeln. Von hier führte der Floßgraben nach Schlema. Das Gebäude hat ein schieferbeschlagenes Walmdach, auf dem ein Dachreiter sitzt. Über der Tür ist die Jahreszahl 1556 zu lesen. Der in südwestlicher Richtung liegende Steinberg ist völlig mit Fichtenwald bewachsen. Er tritt aus der Umgebung auffällig hervor. Der hier anstehende Granit ist fast glimmerfrei.

Floßgraben Albernau – Schlema, Bergbauliche Wasserführung
Am Rechenhaus beginnt der 15,3 km lange, unter Denkmalschutz stehende Graben, der zum Flößen von Holz zwischen der Mulde bei Albernau, an Aue vorüber, und Schlema diente. Entlang dem Graben führt ein romantischer Wanderweg, der früher den Floßknechten zur Überwachung des Flößereibetriebes diente. Der Graben überwindet 70 m Höhenunterschied mit einem gleichmäßigen Fluss des Wassers. Ein Stück Kork, in den Floßgraben geworfen, benötigt 5 ½ Stunden, um ihn zu durchschwimmen. Gebaut wurde der Graben zwischen 1556 und 1559 von einem Genossenschaftsunternehmen unter T. Popel mit einem Kostenaufwand von 3787 Groschen und zwei Pfennig.

Kanzel, auch Hoher Fels, Naturdenkmal
Südlich des Ortes, südwestlich von Aue, liegt die »Kanzel«. Von dem Aussichtsfelsen, 140 m über der Zwickauer Mulde gelegen, hat man einen schönen Blick in das Muldental und eine Fernsicht bis zum Spiegelwald, Katzenstein und Auersberg. Auf dem Felsen Stein mit der Inschrift: »Allen Verehrern der Natur gewidmet.«

Altenberg, Bergstadt des oberen Osterzgebirges in 700 bis 800 m Höhenlage, mit den Ortsteilen Rehefeld-Zaunhaus, Zinnwald-Georgenfeld, Schellerhau, Bärenburg, Hirschsprung und Kipsdorf. Die Stadt liegt zwischen den höchsten Erhebungen des Osterzgebirges, dem Kahleberg (905 m ü. NN) und dem Geisingberg (824 m ü. NN).

Altenberg ist eine Bergbaugründung aus der Zeit um 1400, als hier reiche Zinnerzvorkommen am »alden Berg« (Geisingberg) entdeckt wurden. Schon 1451 wurde der Siedlung das Stadtrecht verliehen, 1502 wurde es Amtsstadt mit dem Sitz eines kurfürstlichen Bergamtes. Das Altenberger Zinnerz ist bekannt unter dem Namen »Zwitter«, dabei handelt es sich um ein mit Zinnerz durchsetztes Gestein des Granitstockes. Durch die sehr unregelmäßigen Abbaumethoden, kam es zu schweren Bergbrüchen, so entstand 1620 bei einem Bruch die Altenberger Binge. Förderung und Aufbereitung des Zinnerzes waren langwierig und schwierig (s. Zinnerzbergbau). Goethe besuchte 1813 das Altenberg-Zinnwalder Bergbaugebiet. Gedenktafel am Gasthof »Zum Sächsischen Reiter« und Gedenkstein am Aschergraben.

Die Stadt wurde im Mittelalter mehrfach von großen Bränden heimgesucht (1531, 1576, 1639, 1675). Mit dem Rückgang des Bergbaus im 19. Jahrhundert mussten die Bewohner neue Erwerbsmöglichkeiten suchen, Anfertigung von Kunstblumen und Strohflechterei.

Seit der Verlängerung der Müglitzbahn 1923 von Geising nach Altenberg entwickelte sich vor allem der Wintersport am Kahleberg und Geisingberg. Bereits 1905 wurde die erste Sprungschanze am Geisingberg errichtet, auch Austragung nationaler und internationaler Langläufe (Skiläuferdenkmal am Bahnhof). Am Platz des Bergmanns Kursächsische Distanzsäule.

Die Stadt mit ihrer Umgebung ist ein beliebtes Wandergebiet, 60 km markierter Wanderwege, Radwanderwege. Altenberg hat eine Sommerrodelbahn. Grenzübergänge nach Tschechien in Zinnwald und Rehenfeld. Dem Wintersportler stehen vier Skilifte, Rodelhänge und ca. 60 km gespurte Loipen zur Verfügung. Im Kohlgrund befindet sich die weltbekannte Rennschlitten- und Bobbahn. Hier fanden Weltmeisterschaften 1991, 1994 und 1996 statt. Jährlich gibt es Weltcuprennen. Beliebt sind für Wagemutige die Gästebobfahrten. Altenberg hat eine Jugendherberge.
Touristinfobüro Bergstadt Altenberg,
Am Bahnhof 1, 01773 Altenberg,
Tel. 03 50 56/2 39 93, Fax 03 50 56/2 39 94
E-Mail: infoaltenberg@t-online.de,
Internet: www.altenberg.de

Zinn- und Pochwäsche, Technisches Denkmal, Pinge, Bergeinbruch
100 m tief. 1620 durch einen Bergeinbruch entstanden. Von Goethe bei seinem Besuch von Altenberg beschrieben.

Geisingberg, Naturschutzgebiet
Im 24,57 ha großen Naturschutzgebiet nordöstlich von Altenberg liegt der Geisingberg (824 m ü. NN), ein isolierter Kegelberg jungvulkanischen Ursprungs. Er überragt die Altenberger Hochfläche um 100 m. Bewachsen ist das Gebiet mit Laubholzarten und Fichte und einer subkontinentalen Bodenflora.

Geisingbergwiesen, Naturschutzgebiet
Das Reservat von 19,75 ha umfasst ein Wiesengelände unterhalb der bewaldeten Kuppe des Geisingberges. Es wird durch mit Sträuchern und Bäumen dicht bewachsene Steinrücken unterbrochen. Auf den Wiesen seltene Pflanzen wie Feuerlilie, Gelbes Sonnenröschen oder Aufrechte Trespe. In den Steinrücken Kreuzottern und Waldeidechsen.

Annaberg-Buchholz. Die bis 1945 selbstständigen Städte Annaberg und Buchholz bilden heute die Stadt Annaberg-Buchholz. Sie entstanden vom Tal der Sehma aus in entgegengesetzte Richtungen. Im Stadtgebiet liegt der Basaltgipfel des 832 m hohen Pöhlbergs. Mittlere Höhenlage des Ortes ca. 600 m über NN.

Die Entstehung von Annaberg und Buchholz ist eng mit der Bergbaugeschichte des Erzgebirges verknüpft. So erzählt die Chronik, dass 1492 der Frohnauer Bergmann Kaspar Nitzel einen Silberfund am Schreckenberg machte, der viele Menschen ins Gebirge lockte. Eine Kommission unter Herzog Georg dem Bärtigen von Sachsen begann 1495 mit der Planung der neuen Siedlung. Als Gründungstag gilt der 21. September 1496 für die »Neustadt am Schreckenberg«, die 1501 durch kaiserlichen Wappenbrief den Namen St. Annaberg erhielt. An der Stadtanlage war Ulrich Rülein von Calw beteiligt. Die neue Stadt entstand direkt an der Grenze des albertinischen Landes (1485 war das Meißnische Land durch die Herzöge Ernst und Albrecht geteilt worden). So kam es 1501 im ernestischen Land im Sehmatal durch Silberfunde zur Gründung von Buchholz. Dabei blieb bis zur Vereinigung Annaberg der dominierende Ort, 1510 war es die zweitgrößte Stadt im Meißnischen Land und mit Freiberg und Schneeberg der bedeutendste Bergwerksort im Erzgebirge. So gab es in Annaberg schon um 1500 rund 380 Zechen mit mehr als 2000 Bergarbeitern. Als reiche Annaberger Fundgrübner werden u. a. genannt Wolf von Elterlein, Christoph Uttmann und Markus Röhling. Dem sächsischen Herzog brachte der Annaberger Bergbau große Einnahmen, so erhielt er allein zwischen 1496 und 1500 etwa 125.000 Gulden. Auch das Wirken von Adam Ries (s. d.) ist mit dem Bergbau verbunden. Er wirkte zwischen 1523 und 1559 als Gegen- und Rezessschreiber. Mit der ersten gedruckten Bergordnung in Deutschland (1509) in Annaberg wurde das bisherige mittelalterliche Bergwerksrecht verändert. Fast zwei Jahrhunderte gab es in den Annaberger Fundgruben reiche Ausbeute, im 18. Jahrhundert betrug die

Annaberg, Blick auf Stadt und Kirche St. Annen

Ausbeute dann nur noch 170 Mark Feinsilber und 18 Zentner Kupfer jährlich. Neue Gewerbe wurden deshalb notwendig: Barbara Uthmann (s. d.) führte die Klöppelei ein, schon 1571 beschäftigte sie als Spitzenverlegerin rund 800 Klöpplerinnen. Auch die Bortenmacherei und das Posamentengewerbe hielten Einzug in die Bergstadt. Die Posamentenherstellung reicht bis in die gewerbliche Gegenwart.

Noch heute ist im Stadtbild die ursprüngliche Anlage sichtbar, Teile der einstigen Stadtbefestigung sind erhalten. Vor allem aber sind es der Marktplatz und die St.-Annen-Kirche, die auf die Bergbaugeschichte der Stadt verweisen.

Das bedeutendste Baudenkmal der Stadt ist die St.-Annen-Kirche. Sie ist die größte spätgotische Hallenkirche Sachsens. Der Schöpfer des Gesamtplanes ist unbekannt, wahrscheinlich ist er das gemeinsame Werk der daran beteiligten Baumeister. So war bis 1513 Peter Ulrich, der Baumeister der Pirnaer Marienkirche, Bauleiter. Lorenz Löffler aus Berlin soll die Dachkonstruktion geschaffen haben, der Innenraum ist das Werk Jakob Haylmanns von Schweinfurt. Das Äußere in rohem, unverputzten Bruchsteinmauerwerk aus Gneis steht im Gegensatz zur reichen Innenraumgestaltung. So kam es zu einem Hüttenstreit, ob Tragfähigkeit und Festigkeit des Gewölbes ausreichen. Jakob Haylmann von Schweinfurt entwickelte nämlich in dem »Schleifenstern- und Schlingrippengewölbe« die Art des böhmischen Baumeisters Benedikt Rieth weiter: Das Kreuzgewölbe löst sich auf, die konstruktiven Elemente werden verschleiert und zu Schmuckformen umgebildet. So wird auch das starre Rippengerüst überflüssig. Die Rippen beginnen frei zu schweifen und zu schwingen. So weitet sich der Raum. Die Trennung zwischen den Seitenschiffen und dem Hauptraum durch schlanke, in weiten Abständen gesetzte Pfeiler erzeugt eine vollständige, harmonische Raumeinheit. Bedeutsam der zugleich mit der Architektur entstandene plastische Schmuck des Innenraums: »Schöne Tür« am nördlichen Seitenschiff von Hans Witten, 1512 entstanden, ursprünglich an der Franziskanerkirche, erst 1577 in die St.-Annen-Kirche überführt. Entgegen früheren Portalgestaltungen sind hier Architekturformen und figürlicher Schmuck miteinander verbunden. Erzählt wird in den Figuren die Portiuncula-Legende des heiligen Franz von Assisi. Später wurden andere Figuren hinzugefügt, um den ursprünglich katholischen Inhalt der Darstellung zurückzudrängen (Figuren von Adam und Eva, von Moses und Johannes dem Täufer auf der oberen Abschlussplatte). Franz Maidburg schuf zwischen 1520 und 1522 für die Emporenbrüstung die 100 steinernen Reliefs, eine in Stein gehauene »Biblia pauperum«, die nach Dehio »ausführlichste Illustration des Neuen Testaments, die je in monumentaler Form versucht wurde«. Diesem Meister wird auch das Portal zur alten Sakristei zugeschrieben, es ist das erste Werk der deutschen Renaissance in Sachsen. Der Hauptaltar von Adolf Daucher, in Augsburg 1522 gefertigt, ist ein Werk des Übergangs von der Gotik zur Renaissance. Von besonderer Schönheit Bergaltar im nördlichen Nebenchor, ein Schnitzaltar mit vier Flügeln und Gesprenge, der in den Innenseiten der äußeren Flügel Darstellungen aus dem Marienleben (Cranachschule) zeigt, auf der Rückseite die bekannten Szenen aus dem Bergmannsleben von Hans Hesse. Weitere wichtige Werke: Münzeraltar von Christoph Walther im südlichen Nebenchor, ebenfalls von diesem Meister der Bäckeraltar von 1515. Kanzel 1516 von Franz Maidburg geschaffen, Taufstein von Hans Witten um 1515 entstanden.

Sehenswert die Sammlungen des Erzgebirgsmuseums (Große Kirchgasse 16, Telefon 0 37 33/2 34 97) zur Geschichte des Annaberger Bergbaus und der volkskünstlerischen Traditionen des Erzgebirges. Im Museum seit 1995 Besucherbergwerk »Zum Gößner«. In der Johannisgasse 23 befindet sich das Adam-Ries-Museum, das über Leben und Werk des Rechenmeisters informiert.

Ortsteil Buchholz: 1509 Marktrecht, 1539 als Städtlein bezeichnet. Bevölkerungszuwachs durch Protestanten, 1524 wurde von Martin Luther der Prediger Hartmann Ibach nach Buchholz entsandt, während Annaberg katholisch blieb. Bergbau auf Silber erschöpfte sich schon nach 1570, es wurden Zinnerze und Kupfer geschürft. Nach 1945 nochmals Bergbau durch die SDAG Wismut auf Uranerze. Ähnliche wirtschaftliche Entwicklung wie in Annaberg, nur in der Bedeutung immer zweitrangig. Sehenswert Stadtkirche St. Katharinen, Baubeginn 1504 als dreischiffige Hallenkirche, Abschluss erst zwischen 1872 und 1877, Zerstörung 1945 durch Kriegseinwirkung. Erhalten blieben die Tafelbilder aus dem ursprünglich sechsflügeligen Hochaltar von Hans Hesse (heute im Pfarramt zu besichtigen). In der 1933 errichteten Begräbnis-Kapelle gemalter Flügelaltar von Hans Hesse (um 1515) mit Darstellung des heiligen Wolfgang in bergbaulicher Umgebung.

Im Ortsteil Kleinrückerswalde Lutherkirche, bereits 1414 als Basilika erbaut, seit 1897 in heutiger Gestalt. Im Inneren Schnitzaltar Ende des 15. Jahrhunderts.

Der Pöhlberg (832 m über NN) beherrscht die Hochfläche über der Stadt. Er ist neben dem Scheibenberg und dem Bärenstein einer der drei Basalttafelrestgipfel im umgebenden Gneis, der während des Tertiär abgetragen wurde. Verwit-

ternde Basaltsäulen im Steinbruch am Westhang des Berges. Vom Turm des Pöhlberghauses (1897 eingeweiht) hat man einen weiten Blick in nördliche Richtung über das Zschopautal, Augustusburg bis zum Rochlitzer Berg. Nach Westen sind die Morgenleithe bei Bockau (807 m) und der Auersberg (1019 m) erkennbar, in südlicher Richtung Fichtelberg und Keilberg (Klinovec 1244 m). Der Pöhlberg ist Landschaftsschutzgebiet, mit interessanter Flora (Alpen-Frauenhaar), andere Pflanzenarten stark rückgängig. Am Pöhlberg auch Sprungschanze und Rodelbahn. Unterhalb des Pöhlberges im Stadtgebiet befindet sich der Kätplatz, wo noch heute jährlich das größte Volksfest des Erzgebirges abgehalten wird. Die »Annaberger Kät« entstand im Zusammenhang mit Weihe der Hospitalkirche und des heutigen alten Friedhofes 1519. Seither gab es jeweils am Trinitatisfest (l. Sonntag nach Pfingsten) eine Wallfahrt, die sich im Laufe der Jahre in ein Volksfest verwandelte. Der Name resultiert aus einer mundartlichen Abwandlung und Verkürzung von »Dreieinigkeit« – (mundartlich) Dreiaanigkät – Kät. Heute wird die »Kät« zwei Wochen nach Trinitatis begangen.
Touristinformation, Markt 1, 09456 Annaberg-Buchholz
Tel. 0 37 33/1 94 33, Fax 0 37 33/42 51 85
E-Mail: tourist-info@annaberg-buchholz.de,
Internet: www.annaberg-buchholz.de

Anacker, August Ferdinand, Lehrer, Kantor, Komponist. Verdienstvoller Förderer des erzgebirgischen Bergmusikwesens. Geboren wurde er am 17. Oktober 1790 als zehntes Kind eines Schuhmacherehepaares in Freiberg. Überdurchschnittlich musikalisch begabt, kam er 1813 auf die Universität nach Leipzig. Er verdiente nebenher seinen Lebensunterhalt als Sänger am Leipziger Gewandhaus. 1813 schloss er erfolgreich sein Studium ab und promovierte zum Doktor der Philosophie und Magister der freien Künste. 1822 wurde er in Freiberg Stadtkantor und Seminarlehrer. Hier gründete er ein Jahr später die Freiberger Singakademie. Er reformierte unter Oberberghauptmann Freiherr von Herder das sächsische Bergmusikwesen. Dabei führte er die Russischen Hörner in die Bergmusik ein und leitete das mit diesen Instrumenten ausgerüstete Bergmusikkorps. Er komponierte Lieder, Kantaten und Chorwerke, u. a. die Musik zu Dörings Drama »Markgraf Friedrich oder Bergmannstreue«, die Ouvertüre zu »Götz von Berlichingen«, das Chorwerk »Umstand und Lebens Blume« und Lieder nach Texten von Goethe. Nach Texten von Döring schuf er 1832 das Melodram »Bergmannsgruß«, ein Zyklus aus sechs eigenständigen Liedern, der eingeleitet wird mit »Glückauf, du holdes Sonnenlicht . . .« Die einzelnen Lieder werden durch Zwischentexte zum Melodram verbunden. In Depression, ausgelöst durch den frühen Tod eines Jungen, starb Anacker am 21. August 1854 in Freiberg.

Andreastag, 30. November, dieser Tag stand früher am Beginn eines Kirchenjahres, das mit dem 1. Advent einsetzte. Er war ein Feiertag. Am Andreastag sollen vielerlei Gebräuche den Blick in die Zukunft gewähren. Die heute üblichen Neujahrsbräuche haben hier ihren Ursprung, wie Wettervorhersagen, vor allem Liebesorakel heiratslustiger Leute. Üblich war in allen sächsischen Mittelgebirgen das Schuhwerfen, Baum- und Zaunrütteln, Lichtelsetzen, Scheiteziehen oder Legen von Buchstabenzetteln. Die am Andreastag geschnittenen Kirschzweige sollen zu Weihnachten blühen.

Angermann, Clara. Sie brachte die Technik des Tambourierstickens nach Eibenstock und wurde damit zur Begründerin des erzgebirgischen und vogtländischen Stickereiwesens. Geboren wurde sie 1754 in Bialystok. Hier war ihr Vater im Dienst von Kurfürst August II. und König August III. von Polen zur Beaufsichtigung der Wälder eingesetzt. Die politisch verworrenen Verhältnisse zerrissen bald die Familie. Clara wurde durch den Tod der Eltern Vollwaise und verbrachte die Zeit von 1764 bis zur Volljährigkeit, 1775, in einem Kloster bei Thorn. Hier lernte sie viele Handarbeitstechniken kennen, auch das Sticken auf dem Tambourierrahmen. Als Reisebegleiterin einer polnischen Gräfin kam sie nach Sachsen und siedelte zu ihrem Onkel, dem Förster Georg Heinrich Angermann, nach Eibenstock über. In dem Ort fand sie durch den niedergehenden Bergbau und vorangegangene Missernten notleidende Bevölkerung. Mit Hilfe des Tambourierstickens versprach sie sich Hilfe. Gemeinsam mit einer Freundin begann sie den Frauen und Mädchen von Eibenstock die Kunst des Stickens zu lehren. Und da sie mit Eifer die Sache betrieben, entwickelte sich bald daraus ein allgemeiner Broterwerb. Fortan wurde Clara Angermann »Engel aus dem Forsthaus« genannt. Ab 1780/81 lebte sie in Dresden und Wermsdorf, wo ihr 1780 angetrauter Mann Hofjäger war. Nach dessen Tod im Jahre 1809 zog sie zu einem ihrer zehn Kinder nach Dresden, wo sie verstarb. Von Eibenstock aus verbreitete sich das Stickereiwesen über das Westerzgebirge und Teile des Vogtlandes.

Antonsthal, Ortsteil der Gemeinde Breitenbrunn. Antonsthal liegt auf halbem Wege zwischen Schwarzenberg und Johanngeorgenstadt in 520 m ü. NN in einer durch die Einmündung des Halsbachs in das Schwarzwasser geschaffenen Talweitung.

Antonsthal war die jüngste Gemeinde des Landkreises Aue-Schwarzenberg. Aus den um 1820 am Halsbach gelegenen Gruben ging durch die Förderung von Oberberghauptmann Freiherr von Herder die 1831 am Schwarzwasser gegründete »Königliche Antonshütte« hervor, die wesentlichen Einfluss auf die Ortsentstehung hatte. Zu Ehren des damaligen sächsischen Königs Anton erhielt nicht nur die Hütte, auch der Ort seinen Namen. Das gering silberhaltige Erz, vordem nach Muldenhütten bei Freiberg gebracht, sollte in der neuen Hütte rentabler verarbeitet werden. Die Hoffnung auf eine günstige Verhüttung erfüllte sich nicht. 1859 wurde der Betrieb eingestellt. Nutzlos geworden, verkaufte der Staat die Anlage. Aus ihr wurde eine Holzschleiferei und danach eine Papierfabrik, die nach der Wende abgerissen wurde. Hier arbeiteten bis dahin die meisten Ortsbewohner. Die Umgebung von Antonsthal hat sich wesentlich durch den 1946 bis etwa 1956 betriebenen Uranerzbergbau verändert.

Als Wohnsiedlung für Bergarbeiter entstand mitten im Wald der heutige Ortsteil Antonshöhe. Hier bieten Ferien-Pensionen gute Übernachtungsmöglichkeiten zu günstigen Preisen. Aus dem 1951 für Bergarbeiter erbauten Nachtsanatorium entstand 1959 ein Kneipp-Sanatorium, das nach der Wende geschlossen wurde. Am Breitenplatz in Antonshöhe steht ein Viertelmeilenstein aus dem Jahre 1724. Das technische Denkmal »Silberwäsche« liegt am Halsbach und ist als Museum der Öffentlichkeit zugängig. Unmittelbar daneben das Freibad des Ortes.

Fremdenverkehrsamt Breitenbrunn,
Dorfberg 14, 08359 Breitenbrunn
Tel. 03 77 56/1504, Fax 03 77 56/7 99 20
E-Mail: gemeinde@breitenbrunn-erzgebirge.de,
Internet: www.breitenbrunn-erzgebirge.de

Pochwerk und Erzwäsche »Unverhofft Glück«, auch »Silberwäsche« genannt, Bergbautechnisches Museum, Jägerhäuser Straße

Die 1828 entstandene Anlage am Nordwesthang des Ortes nutzt die Wasserkraft des Halsbachs, um Wäsche und Pochwerk der einstigen Silbererzgrube »Unverhofft Glück« zu betreiben. Zu sehen sind ein wasserradgetriebenes Pochwerk und Langstoßherde. Sie sind typisch für die seit dem 16. Jahrhundert üblichen Aufbereitungsmethoden im erzgebirgischen Silbererzbergbau. Die Ausstellung informiert über den benachbarten Erzbergbau und die 1828 unter Einfluss des Oberberghauptmanns von Herder gegründete Antonshütte und die Silberhütte.
Tel. 0 37 74/2 52 22

Arzneilaboranten. Durch den Rückgang des erzgebirgischen Bergwesens im 15. und 16. Jahrhundert wurde für die Gebirgsbevölkerung das Sammeln, Trocknen, Zubereiten und Verkaufen wildwachsender und später kulturmäßig angebauter Heilkräuter eine wichtige Erwerbsquelle. In Bockau, Sosa und Eibenstock baute man besonders die aus dem Norden stammende Engelwurz- oder Angelikapflanze an, daneben Baldrian, Melisse, Alant, Pfefferminze, Kamille. Daraus stellten die Bewohner eigene Arzneimittel her, wie Räucherpulver, Pflaster, Pillen, Zahnpulver, Tropfen, Liköre, Tinkturen, Elixiere. Der heimische Bergbau lieferte Vitriol, einen Grundstoff für Tinkturen und Elixiere, die Gärten und Felder Kräuter, der Wald Wildkräuter und Holz für die Destillieröfen und zur Herstellung der Spanschachteln, Behältnisse für Schmieren und Salben. Für die einzelnen Arzneimittel gab es festgelegte Rezepturen. Vertrieben wurden die Erzeugnisse durch die Hersteller selbst. Sie bereisten Messen und Märkte oder betrieben Wanderhandel. Dabei kamen sie nach Böhmen, Polen, Schweden, Ungarn, in die Schweiz und Türkei. Sie trugen ein Berghabit, um sich schon äußerlich als Erzgebirger auszuweisen. Ihre Ware führten sie mit in der »Buckelapotheke«, einem speziellen Tragegestell. Da die Olitätenhändler jeden Käufer zum Selbstarzt erklärten, forderten sie den Widerspruch der studierten Ärzte und Apotheker heraus. Eine gesetzliche Regelung von 1767 verbot den Wanderhandel. Aus dieser Zeit blieb der feldmäßige Anbau von Angelika in Bockau für Arzneizwecke und zur Herstellung von Likören.

Aue, Industrie-, Verkehrs- und Kulturzentrum des Westerzgebirges. Zur Stadt gehören Alberoda, Auerhammer, Brünlasberg, Eichert, Neudörfel, Niederpfannenstiel und Zelle. Eingebettet ist sie in einen Talkessel am Zusammenfluss von Schwarzwasser und Zwickauer Mulde. Die von der Industrie geprägte Stadt liegt 350 m ü. NN. Umlagert wird sie vom Brünlasberg, (512 m ü. NN), Hirschknochen (514 m ü. NN), Heidelsberg (512 m ü. NN) und Gemauertem Stein (601 m ü. NN).

Aus den Waldhufendörfern »Ave« und »Zelle«, dem 1173 durch Kaiser Friedrich I. gegründeten Augustiner-Chorherren-Stift »Klösterlein Zelle« und dem Hammerwerk Auerhammer ging der Ort hervor. Mit Hilfe des Klösterleins sollte ein weiterer Teil des unwegsamen Waldlandes durch deutsche Bauern erschlossen werden. Es konnte sich aber nicht behaupten gegenüber dem 1230 aufstrebenden Zisterzienserkloster Grünhain. Aus der Auer Niederlassung wurde während der Reformationszeit ein Rittergut. Vom

Chorherrenstift ist aus der Zeit um 1200 nur noch eine kleine Kirche erhalten, ein rechteckiger Saalbau mit Walmdach und barockem Dachreiterturm. Das an der Ostseite lange Zeit überdeckte Putzritzgemälde, Maria mit dem Kinde zwischen Sankt Nikolaus und einer Herrscherfigur, stammt aus der Zeit um 1236. Es wurde 1933 aus der Wand herausgelöst und vor weiterem Verfall bewahrt. Unterschrieben ist es mit »Martinus me fecit«. Heute befindet es sich in der Sankt-Annen-Kapelle in Freiberg, eine Kopie davon in der Kirche Aue – Zelle. Das Herrenhaus des Gutes Klösterlein, nach dem Brand von 1816 durch J T. Lohse neu errichtet, ist zweigeschossig und hat Mansarden und Gaupen im Walmdach.

Der im Stadtteil Alberoda liegende Edelhof entstand um 1200, er ist eine Bauern- oder Walburg, ein auf einer Insel liegendes befestigtes Gut. An ihm führte früher der wichtige Handelsweg zwischen Zwickau – Hartenstein – Lößnitz vorüber.

Stadtrecht erhielt Aue 1626. Seit 1661 entwickelte sich der Zinnerzbergbau vor allem am Heidelsberg. Dadurch wurde Aue zur Bergstadt erhoben. Die am Fuße des Berges entstehende Bergmannssiedlung, die der Berg- und nicht der Stadtgerichtsamkeit unterstand, führt noch heute die Bezeichnung »Bergfreiheit«. Die erhaltenen Bergmannshäuser haben nicht mehr die ursprüngliche Form. Unter ihnen ist das Hergertsche Haus, ein Umgebindehaus aus dem Jahre 1663 mit einem Fachwerkobergeschoss und Schiefersatteldach. Aus einem Huthaus hervorgegangen, steht an der Bergfreiheit das Museum. Im Untergeschoss befindet sich ein Schaustollen.

Aue, Marktplatz

Von der 1660 errichteten und bis zum Beginn des 19. Jahrhunderts betriebenen Silberschmelzhütte, in der neben Silber auch Zinn geschmolzen und eine Zeitlang Rauschgelb hergestellt wurde, ist das Huthaus in der alten Form erhalten (Auerhammerstraße 23). Das Obergeschoss des stattlichen Gebäudes ruht auf einem schweren Balkensims. Der Abbau von Kaolinerde setzte 1711 in der Weißerdenzeche »St. Andreas« oberhalb der Lauterer Straße am Lumpicht ein. Veit Hans Schnorr besaß das Monopol, die Meißener Porzellanmanufaktur allein beliefern zu dürfen. In Fässer verpackt, schickte die Weißerdenzeche bis 1854 den Grundstoff für die Porzellanherstellung nach Meißen. Das Huthaus »St. Andreas«, 1705 erbaut, befindet sich heute in Privatbesitz. In der Umgebung des Hauses gibt es verfallene Stollen, Schürfe, überwachsene Halden. 1635 gründete Veit Hans Schnorr d. Ä. die erste Farbenmühle Sachsens in Niederpfannenstiel, um aus Kobalterzen Schmalte, Kobaltblau, herzustellen.

Der verstärkte Abbau von Eisenerzgängen führte 1537 zur Gründung des Auerhammers. Im 17. Jahrhundert war er die führende Schmiede von Blechen und eines der bedeutendsten Hammerwerke das Erzgebirges. Das in der zweiten Hälfte des 17. Jahrhunderts errichtete zweigeschossige und mit steilem Dach versehene Herrenhaus steht im Gelände des Halbzeugwerkes Auerhammer und wird zu betrieblichen Zwecken genutzt. Am Westhang, auf halber Höhe, führt der in Albernau beginnende Floßgraben vorüber.

Die an der Straßengabel Schneeberger Straße – Niederschlemaer Weg stehende Postsäule wurde 1959 restauriert. Sie hatte ursprünglich einen anderen Standort außerhalb der Stadt.

Nach 1945 war Aue das Zentrum des inzwischen eingestellten Uranerzbergbaus. Aus dieser Zeit stammen die sich um die Stadt herum begrünenden Spitz- und Hanghalden.

In Aue wurde 1470 Melchior Lotter geboren, Luthers erster Bibeldrucker. In der Stadt wirkten der Entdecker des Germaniums, Clemens Winkler (1838–1904) und der Geschichts- und Heimatforscher Dr. Siegfried Sieber (1885–1977).

Aue verfügt über ein Kulturhaus mit einem Theater- und einem Konzertsaal. Hier haben das Sinfonieorchester und das Erzgebirgsensemble Aue seinen Sitz. Es gibt ein großes

Fußballstadion, einen Tiergarten, ein Hallenbad, im Stadion und in Auerhammer Freibäder, ferner Tennisplätze und Kegelbahnen, am Heidelsberg eine große Parkanlage. Aue verfügt über ein modernes Klinikum, ein Stadtmuseum und die Galerie »Art Alt Aue«. Aue hat eine der ältesten Ortspyramiden des Erzgebirges.
Stadtinformation Aue, Goethestraße 2, 08280 Aue
Tel. 0 37 71/2 81125, Fax 0 37 71/2 81-234.
Email: stadtaue@aue.de, Internet: www.aue.de
Museum der Stadt Aue, Heimat- und Bergbaumuseum
Das Museum ging aus der Traditionsstätte Erzbergbau hervor. Untergebracht ist es in einem durch Ausbau erweiterten Huthaus. Es verfügt über einen Ausstellungssaal, einen darunterliegenden Stolleneingang und über die Stube eines Hutmannes im Stile des 19. Jahrhunderts. Das Museum informiert über die Geschichte des Auer Erzbergbaus, der um 1616 durch die Entdeckung von Zinnvorkommen zur Blüte gelangte. Ausgestellt sind u. a. heimische Mineralien, Erze aus dem Raum Schneeberg-Aue, Zinngegenstände, bergmännisches Gezäh.
Tel. 0 37 71/2 36 54

Auerbach, Gemeinde im Landkreis Stollberg. Höhenlage zwischen 471 m und 642 m über NN.

Erste urkundliche Nennung 1446 (Ort am Bach, wo Auerochsen weiden). Kirche, 1756 entstanden auf Mauern eines älteren Vorgängerbaus, Schnitzfiguren aus 15. und 16. Jahrhundert im Inneren. Prägung durch Strumpfindustrie, 1862 erste Strumpffabrik durch Gotthilf Kurth gegründet. 1939 waren rund 2000 Menschen in der Auerbacher Strumpfindustrie beschäftigt. Nach dem Krieg wurde aus der Firma Arwa der Stammbetrieb des Strumpfkombinates ESDA. Heute nur noch kleinere Betriebe.
Wintersportgebiet am Andreasberg mit Skilift, Höhenrundweg von 13,5 km mit guten Fernsichten, Heimatstube.
Auskünfte: Gemeindeverwaltung Auerbach/Erzgebirge, Hauptstraße 83, 09392 Auerbach
Tel. 0 37 21/2 20 59 oder 2 24 90, Fax 0 37 21/2 36 64
E-Mail: info@auerbach-erzgebirge.de,
Internet: www.auerbach-erzgebirge.de

Auersberg, mit 1020 m ü. NN der zweithöchste Berg Sachsens, nahe der Gemeinde Wildenthal. Die Kuppe trägt einen 18 m hohen steinernen Aussichtsturm und eine Berggaststätte, sowie eine Radaranlage der Flugsicherung.

Der Berg ist ein Massiv, vor allem aus mittelkörnigem Turmalingranit, der an der Ostseite durch einen Schieferhelm überdeckt wird, vorwiegend bestehend aus einem schieferigen Andalusitglimmerfels, der an vielen Stellen in ein Quarz-Turmalinschiefer übergeht. In der Gipfellage gibt es regelrechte Gänge aus Quarz und Turmalin, einem schwarzen Bormineral. Turmalinschiefer und Turmalinquarzfelse sind am Auersberg besonders schön entwickelt.

Der Berg ist mit Fichtenwald bewachsen. An den Hängen gibt es Zeugnisse der ehemals 300 Bergwerke, die hier bestanden. Den ersten Turm auf der Kuppe ließ Kurfürst Johann Georg I. aus jagdlichen Gründen errichten. 1869 baute die Forstverwaltung einen neuen Turm, der 1907 durch den steinernen ersetzt wurde. Im gleichen Jahr errichtete der Erzgebirgsverein das Unterkunftshaus, das 1914 vergrößert werden musste. Es ist heute das höchstgelegene Berghotel Sachsens. Vom Aussichtsturm hat man einen Rundblick über das gesamte Erzgebirge.

Auersberg, Landschaftsschutzgebiet 1962, 1025 Hektar groß. Im Wesentlichen Wassereinzugsgebiet für die Talsperre Sosa und wichtige Erholungslandschaft des oberen Westerzgebirges. Durch seine Höhenlage von 590 m ü. NN ist es in der Kammregion schneesicher. Die einzigen Häuser im Landschaftsschutzgebiet sind Teile von Wildenthal, die Gebäude von Sauschwemme, an der Talsperre Sosa und auf dem Auersberg. Im Gebiet gibt es keine Industrie. Der Auersberg mit 1020 m ü. NN bildet sein Zentrum. Vom Westen gesehen, verläuft seine Begrenzung wie das Gebilde einer springenden Katze, wobei die Sosaer Talsperre mit ihrem Umfeld den Kopf darstellt, die Straßenführung von Eibenstock nach Johanngeorgenstadt den Unterleib. Wichtigster Verkehrsweg innerhalb des Gebietes ist die Auffahrtsstraße zum Gipfel des Auersberges. Auf ihm befinden sich ein Aussichtsturm und eine Gaststätte. Die beistehende Radarstation dient seit 2001 der Luftüberwachung.

Für das Gebiet sind charakteristisch die gerundeten Formen der Rumpflandschaft mit einem ausgeprägten Granitrelief. Steile Hänge sind selten und nur bei stark eingeschnittenen Gewässern anzutreffen. Als Teil des Eibenstocker Granitmassivs wird das Gebiet durch emporgequollene magmatische Gesteinsmassen gekennzeichnet. Der aufgetragene Phyllit ist verwittert und legt den mittelkörnigen Turmalingranit frei, der auf der Oberfläche häufig als Grus anzutreffen ist. Seit dem 15. Jahrhundert wurde im Gebiet rege Bergbau betrieben, seit dem 17. Jahrhundert Zinnseifen. Ein Hammerwerk in Wildenthal ist seit 1598 bekannt. Überwachsene Halden, verfallene Schürfe sind überall im Gebiet zu finden.

Westlich wird das Landschaftsschutzgebiet durch den Verlauf der Großen Bockau begrenzt, die zahlreiche rechtsseitige Zuflüsse hat. Ein kleiner Teil der ostwärtigen Grenze wird von der Kleinen Bockau gebildet, die durch die Talsperre gestaut wird. Einen weiteren Zufluss erhält sie durch den Neudecker Bach. Die Wasserfläche der Talsperre liegt 638 m ü. NN, ist 36 Hektar groß und staut sechs Millionen Kubikmeter Wasser.

Etwa 1000 Hektar des Landschaftsschutzgebietes sind mit Wald bewachsen, der oberhalb von 900 m Höhenlage in einen montanen Fichtenwald übergeht. Die forstwirtschaftliche Nutzung innerhalb des Gebietes erstreckt sich lediglich auf Pflegemaßnahmen. Verhältnismäßig artenarm ist seine Fauna. Rot- und Rehwild kommen vor. Nordwestlich befindet sich das Naturschutzgebiet »Bockautal«. Die gesamte Landschaft bietet gute Wandermöglichkeiten. Das Gebiet ist ideal für Skiwanderer.

August von Sachsen, Sächsischer Kurfürst. Geboren am 31. Juli 1526 in Freiberg, gestorben am 11. Februar 1586 in Dresden. Sohn von Herzog dem Frommen von Sachsen. Verwaltungsorganisator und Wirtschaftspolitiker. Schuf vorbildliche Landesverfassung, verbesserte das Straßenwesen. 1559 gründete er das Appellationsgericht und andere Landesbehörden. 1572 erließ er die Konstitution zur Entwicklung der Landesverwaltung, 1554 die Bergordnung, 1555 die Polizeiordnung, 1558 die Münzordnung und 1580 die Kirchenordnung. Hob den Ackerbau und Gewerbefleiß. Erbaute die Festung Königsstein. Führte allgemein den Beinamen »Vater August«.

Augustusburg. Die Stadt Augustusburg liegt, begrenzt von den Flusstälern der Zschopau und Flöha, am 516 m hohen Schellenberg, der das bekannte Renaissanceschloss Augustusburg trägt.

Von Chemnitz aus erreicht der Kraftfahrer Stadt und Schloss nach 13 km in südöstlicher Richtung über Erdmannsdorf. Erdmannsdorf-Augustusburg ist auch Bahnstation, von hier führt eine Drahtseilbahn (gebaut 1911) über eine Strecke von 1247 m und mit einem Höhenunterschied von 169 m zur Augustusburg.

Die Stadt, die bis 1899 den Namen Schellenberg trug, entstand in der 2. Hälfte des 12. Jahrhunderts im Zusammenhang mit dem Bau der Burg Schellenburg durch den Reichsministerialen von Schellenberg. Erste urkundliche Erwähnung 1206 als Shellenberc. Später entwickelte sich hier die Handweberei. 1866 gab es hier rund 200 Weber. Heute ist die Stadt vor allem als Ausflugsziel aus dem nahen Chemnitz und als Ferienort bekannt.

Sehenswürdigkeiten sind die Renaissanceportale an den Häusern Schlossstraße Nr. 7, an der Hofseite Markt 1. Fachwerkbauten aus dem 17. Jahrhundert sind die Apotheke Schlossstraße 6 und das Haus Enge Gasse Nr. 10 mit einfachen und geschweiften Andreaskreuzen.

Eine städtebauliche Eigenheit sind die sogenannten Heisten, dabei handelt es sich um geböschte Geländestufen oder Mauern, die terrassenartig vor den Häusern liegen. Die Stadtkirche St. Petri wurde zwischen 1840 und 1845 von Christian Friedrich Uhlig errichtet. Der Vorgängerbau aus dem Mittelalter fiel 1831 einem Brand zum Opfer. St. Petri ist ein klassizistischer Bau mit Dreiecksgiebeln an den Schmalseiten, an den Langseiten Mittelrisalite, die mit Dreiecksgiebeln abgeschlossen werden, rundbogige Fenster in zwei Geschossen. Nach erneutem Brand, Wiederaufbau 1896, Ausbau und architektonische Elemente des Neubarock. Sehenswert auch das Lehngericht genannte Gebäude am Markt, zeitweilig als Rathaus genutzt, der Lotterhof (Kirchplatz 2), den 1568 Hieronymus Lotter errichtete, ursprüngliche Form seit 1709 nicht mehr vorhanden. Bärengartenhaus unterhalb des Schlosses von 1794, wurde auf den Fundamenten des ehemaligen Bärenzwingers, der zum Schloss gehörte, errichtet. Am Schlossberg ein Steinblock mit Halseisen, Pranger, der auf die Gerichtsbarkeit hindeutet.

Wichtigstes Bauwerk ist das Schloss Augustusburg. Ursprünglich stand auf dem Porphyrkegel des Schellenberges die mittelalterliche Burg Schellenburg. Es gibt die Vermutung, dass es hier einen noch früher zu datierenden Burgbau gab. 1528 und 1547 zerstörten Brände die Schellenburg. 1567 beschloss Kurfürst August von Sachsen (1526–1586) den Bau eines monumentalen Jagd- und Lustschlosses. Er beauftragte Hieronymus Lotter (s. d.) mit der Bauleitung. Nach anhaltenden Streitigkeiten zwischen August und Lotter wurde der Baumeister 1572, kurz vor der Vollendung des Baus, entlassen. Einweihung am 30. Januar 1572. Unter August dem Starken (1694 bis 1733) verlor das Schloss immer mehr seine Bedeutung, um 1800 starke Baufälligkeit, Veränderung des gesamten Dachgeschosses.

Das Besondere der Augustusburg liegt darin, dass hier ein Renaissancebau nicht als Erweiterung oder Umbau einer alten Schloss- oder Burganlage entstand, sondern aus einer einheitlichen Konzeption entwickelt wurde. Die Gesamtanlage ist symmetrisch konzipiert. Im Äußeren dominieren festungsartige Fronten, im Hof die vier quadratischen Eckhäuser: Sommer-, Linden-, Hasen- und Küchenhaus.

Im Norden führt eine steinerne Brücke über einen Graben zum Torhaus, im Süden liegen die Stallungen und Wirtschaftsgebäude. Hier befindet sich auch im Hof das Brunnenhaus. Lindenhaus: neben 1492 gepflanzter Linde, früher Wohnbereich der kurfürstlichen Familie, seit dem Umbau um 1800 kostbare Ausgestaltung nicht mehr sichtbar, heute innerhalb der Schlossführung wieder teilweise zu besichtigen. Sommerhaus heute mit Gaststätte. Wappentor an der Südseite des Schlosshofes, darüber Glockenturm mit Glocke von 1734. Hasenhaus heute Museum für Jagdtier- und Vogelkunde des Erzgebirges. Hasensaal und Venussaal mit Bildern des Dresdner Hofmalers Heinrich Göding von 1572 heute restauriert, von den ursprünglich 94 Bildern sind nur noch 25 erhalten. Im Küchenhaus befindet sich jetzt das erste Motorradmuseum, Europas umfangreichste Zweiradsammlung. Zwischen Küchen- und Lindenhaus: Schlosskirche, mit Altar (1571) von Schreckenfuchs aus Salzburg. Altargemälde mit kurfürstlicher Stifterfamilie in Anbetung des Gekreuzigten von Lucas Cranach dem Jüngeren. Im Stallhof Kutschenmuseum aus Beständen des Dresdner Hofes. Brunnenhaus mit 130 m tiefem Brunnen, der in zehnjähriger Arbeit geschaffen wurde. Heutiger Brunnenhausbau von 1831 mit Göpelwerk.
Weitere Informationen (auch Zimmervermittlung):
Fremdenverkehrsamt Augustusburg,
Marienberger Str. 24, 09573 Augustusburg
Tel. 03 72 91/3 95 50, Fax 03 72 91/3 95 55.
E-Mail: augustusburg@t-online.de,
Internet: www.augustusburg.de

Augustusburg-Sternmühlental, Landschaftsschutzgebiet seit 1968, 1487,2 Hektar groß. Im Wesentlichen Erholungsgebiet für die Bevölkerung von Chemnitz und Flöha, ostwärts von Chemnitz. Es umfasst eine reizvolle Wald-, Fluss- und Bachlandschaft, überwiegend mit Nadelholz bestockt. In 300 bis 516 m Höhenlage herrscht gemäßigtes Mittelgebirgsklima vor. Die höchste Erhebung des Gebietes sind die Augustusburg mit 516 m ü. NN und der Adelsberg, 508 m hoch. Umschlossen wird es von der vor 1206 gegründeten Burgsiedlung Augustusburg und von den als Waldhufendörfer gegründeten Siedlungen Erdmannsdorf, Hennersdorf und Kunnersdorf, ferner berührt es die Fluren Kleinolbersdorf und Euba.

Zu erreichen ist das Landschaftsschutzgebiet auf der Ortsverbindungsstraße Chemnitz oder Flöha – Erdmannsdorf. Mit der Eisenbahn befährt man die Linie Flöha – Bärenstein und verlässt in Erdmannsdorf – Augustusburg den Zug. Durch das Landschaftsschutzgebiet führt der Hauptwanderweg Heringsdorf–Ziegenrück, gekennzeichnet durch ein blaues Dreieck. Zu den Orten am Gebiet gibt es Busverbindungen.

Der Charakter der Landschaft wird geprägt durch das tief in den weiten Gebirgsrumpf eingesägte Zschopautal. Dabei entstanden unterschiedlich steile Gehänge mit teilweise ansehnlichen Felspartien. Die Zschopau ist das wichtigste fließende Gewässer. Sie hat als rechten Nebenfluss den Goldbach, Tiefen Graben u. a. Von links wird sie gespeist vom Dittmannsdorfer Bach und dem Schwarzbach des Sternmühlentales.

Die Höhen treten kaum auffällig hervor, ausgenommen der Vulkankegel der Augustusburg. Im Wesentlichen liegt das Gebiet im Bereich des erzgebirgischen Schiefermantels. In den Nadelwäldern lebt vorwiegend Niederwild. Es gibt in ihnen eine artenreiche Vogelwelt.

Wichtigste Naturschutzdenkmale innerhalb des Landschaftsschutzgebietes sind die Augustusburger Schlosslinde, die 1421 gepflanzt worden sein soll, und die Lotterlinde bei der Stadtkirche von 1567. Bedeutendstes Kulturdenkmal ist das Schloss Augustusburg aus den Jahren von 1568–1573.

Auskunft über das Landschaftsschutzgebiet erteilen die Stadtverwaltung Augustusburg oder die jeweiligen Gemeindeverwaltungen.

Bach, Carl von, Maschinenbauer, Hochschullehrer, Erfinder. Geboren wurde er am 8. März 1847 in Stollberg als Sohn eines Sattlers und Wagenbaumeisters. Nach der Lehre als Schlosser arbeitete er als Geselle in der Maschinenbaufirma Hartmann in Chemnitz. Nebenher studierte er an der Chemnitzer Höheren Gewerbeschule, musste aber aus finanziellen Gründen in die Werkmeisterklasse überwechseln. Dieses Studium schloss er mit hervorragenden Ergebnissen ab. Ein Darlehen ermöglichte ihm das Studium am Dresdener Polytechnikum. Danach war er Assistent an der Technischen Hochschule Stuttgart, bevor er in Betrieben in der Schweiz, in England und Österreich arbeitete. An der Technischen Hochschule Karlsruhe erwarb er das Diplom.

Carl Bach wurde 1878 ordentlicher Professor für Maschineningenieurwesen an der Technischen Hochschule Stuttgart. Er widmete sich vor allem Maschinenelementen und Dampfanlagen, setzte sich für eine strenge Wissenschaftlichkeit des Maschinenwesens ein und wirkte bahnbrechend auf dem Gebiet der Materialprüfung. Hier schuf er wissenschaftlich gesicherte Grundlagen für die Elastizitäts- und Festigkeitslehre als Erfahrungswissenschaft. Von ihm stammt die Bachsche Belastungstafel für die zuverlässige Beanspruchung des Materials. Seine wissenschaftlichen Erkenntnisse legte er in 337 Publikationen dar. Er war mit Graf Zeppelin befreundet und gilt als Förderer von dessen Vorhaben.

Für sein wissenschaftliches Werk erhielt er hohe Auszeichnungen, wurde zum württembergischen Staatsrat ernannt und geadelt. Er wurde Ehrenbürger von Stollberg. Am 10. Oktober 1931 starb er hochbetagt in Stuttgart. – Am Geburtshaus in Stollberg Gedenktafel.

Bähr (Baehr), George, Ratszimmermeister und Baumeister. Geboren am 15. März 1666 in Fürstenwalde. Er wurde 1705 Ratszimmermann von Dresden und 1726 »Architekt«. Von 1726 bis 1738 erbaute er nach eigenen Plänen die Frauenkirche zu Dresden. Sie ist der erste monumentale Kirchenbau des Protestantismus in Deutschland und gehört zu den bedeutendsten Schöpfungen des deutschen Barock. Die Kirche wurde 1945 bei Bombenangriffen auf Dresden zerstört. Wiederaufbau beendet 2005. Von George Bähr stammen auch Adelspaläste, kleinere Kirchen und das 1720 erbaute Palais de Saxe in Dresden. Er starb am 16. März 1738 in Dresden.

Bärenburg, idyllischer Kurort, 18 km südostwärts von Dippoldiswalde, mit seinen Ortsteilen Oberbärenburg in 750 m Höhenlage und Waldbärenburg, 660 m hoch gelegen am Talrand der Weißeritz. Beide Ortsteile sind völlig mit Wald umgeben. Sie liegen zwischen der 755 m hohen Tellkoppe und der 787 m hohen Klinge.

Die beiden Siedlungen gehören zu den Spätgründungen des Osterzgebirges. Sie haben ihren Ursprung in dem von Christoph von Bärenstein gegründeten Vorwerk »Neubau«, aus dem 1597 ein Rittergut wurde. Die sich nahe dem Gut ansiedelnden Guts- und Waldarbeiter gründeten die Dörfer. Neben der Beschäftigung im Gut und Wald lebten die Bewohner bescheiden von der Landwirtschaft. Aufschwung kam, als die Eisenbahnlinie bis Kipsdorf entstand. Dadurch wurde der Ort für den Fremdenverkehr erschlossen. 1911 entstand, gewissermaßen als Keimzelle, das Hotel »Friedrichshöhe«, Villen und Pensionen folgten. Aus den abgeschiedenen Waldsiedlungen wurde ein vielbesuchter Kurort. Ortsnahe gibt es ideales Skigelände für Anfänger und Fortgeschrittene, eine Rodelbahn, Slalom- und Abfahrtsstrecke. Vom Kurort aus lassen sich interessante Wanderungen und Skitouren unternehmen.

Touristinfobüro Bergstadt Altenberg,
Am Bahnhof 1, 01773 Altenberg
Tel. 03 50 56/2 39 93, Fax 03 50 56/2 39 94
E-Mail: infoaltenberg@t-online.de,
Internet: www.altenberg.de

Bärenfels, einer der drei osterzgebirgischen Kurorte, 16 km südlich von Dippoldiswalde entfernt, von Wald umschlossen auf einer Hochfläche 700 m ü. NN. Flankiert wird der Ort von der Tellkoppe, 757 m, und der Stephanshöhe, 804 m hoch.

Bärenfels ist eine der vielen Spätgründungen im Osterzgebirge. Sie ging aus einem 1509 auf Rodeland gebauten Gutshof hervor. Der Ort wurde nach dem Wappentier des Gutsherren von Bernstein auf Schloss Bärenstein bezeichnet. 1617 wurde das »Jagdhaus Bärenfels« als Sitz eines Oberforstmeisters erwähnt, zu dem zehn Feuerstellen gehörten, bewohnt von Waldleuten. Aufschwung kam in den Ort nach der Fertigstellung der Eisenbahnlinie bis Kipsdorf. Durch die Waldlage und das ausgeprägte Mittelgebirgsklima wurde der Ort für den Fremdenverkehr entdeckt und avancierte zum Kurort.

Bärenfels war die Wirkungsstätte des Oberforstmeisters Hermann Krutzsch, des Begründers der vorratspfleglichen Waldwirtschaft. An der Böhmischen Straße wurde ihm ein Denkmal gesetzt. Im Bärenfelser Kurpark befindet sich ein Glockenspiel mit Meißener Porzellanglocken, ein Geschenk der Porzellanmanufaktur Meißen an den Ort aus dem Jahre 1947. Ortsnahe hat Bärenfels ideales Skigelände.

Bärenstein, mit den Ortsteilen Kühberg, Stahlberg und Niederschlag. Der Ort liegt 705 m ü. NN am Fuße des gleichnamigen Berges, eingebettet in das Tal des Pöhlabaches, der hier die Grenze zu Tschechien bildet. Unmittelbar jenseits der Grenze befindet sich die Stadt Weipert (Vejprty). Nahezu drei Kilometer streckt sich Bärenstein an der Bundesstraße 95 hin. Bis Annaberg-Buchholz sind es neun Kilometer, bis zum Kurort Oberwiesenthal zehn Kilometer.

Wahrscheinlich liegt der Ursprung des Ortes in einer Ansiedlung von Bergleuten und Waldarbeitern um 1500, die lange der Stadt Annaberg unterstand. 1551 wird sie als »ahm Bernsteyn« bezeichnet. Nach 1627 kamen böhmische Exulanten, die auch die Orte Stahlberg und Niederschlag gründeten. Mit dem Nachlassen des Bergbaus entwickelten sich Gewerbe wie Spitzenklöppelei, Bortenwirkerei, Posamentenherstellung und später Textilindustrie. Beherrscht wird die Landschaft durch den 898 m hohen Bärenstein.

Zu den Sehenswürdigkeiten gehört die 1655 geweihte Erlöserkirche. Schmale Fenster gliedern den mit einem schiefergedeckten Walmdach auf starken Mauern gegründeten Bau, der sich über dem Tal in der Südostecke des Friedhofes befindet. Den Dachreiter krönt eine Barocklaterne. Das Innere: Saal mit flacher Decke und doppelten Emporen. Klassizistischer Kanzelaltar. Großes barockes Deckengemälde. – Sehenswert sind auch der Basaltbruch am Bärenstein, der Postmeilenstein an der Alten Annaberger Straße zwischen Kühberg und Bärenstein. – In der Nähe Talsperre Cranzahl, erbaut 1948/51, dient der Trinkwasserversorgung.

Ortsteil Kühberg steigt vom Pöhlbach bis nach Königslust auf einer Strecke von 1000 Metern um 100 Meter an. Ursprünglich Siedlung von Bergleuten und Waldarbeitern, Abbau von Eisenerz schon im 15. Jahrhundert. Die Bahnlinie Annaberg–Bärenstein durchquert die Siedlung.

Stahlberg, seit 1896 Ortsteil von Bärenstein, alter Waldort, der 1557 im Zusammenhang mit der Pechnutzung genannt wird. 1622 wurde am Stahlberg auf Zinnerz geschürft. Der Stahlberg lieferte Brenn- und Bauholz, Grubenholz für Bergwerke.

Bärenstein ist ein traditioneller Erholungs- und Wintersportort. Der Ort verfügt über einen Skilift und einen Rodelhang am Bärensteiner Berg und gespurte Skiwanderwege. Hotels, Pensionen, Gasthäuser, Ferienwohnungen und Privatzimmer stehen ausreichend zur Verfügung.
Grenzübergang (Kfz) nach Vejprty (Tschechien).
Fremdenverkehrsamt Bärenstein,
Oberwiesenthaler Straße 14, 09471 Bärenstein,
Tel. 03 73 47/8 09 50, Fax 8 09 52
E-Mail: rc-gaestebuero-baerenstein@t-online.de,
Internet: www.baerenstein-erzgebirge.de

Bärenstein, mit 898 m ü. NN ist er der höchste der drei Basaltberge des mittleren Erzgebirges. Der Tafelberg aus Nephelinbasalt beherrscht das Landschaftsbild. Seine Absonderungen bilden plumpe Säulen. Vorspringende Aussichtsfelsen und der auf der Höhe 1913 nach Plänen von Architekt John aus Glauchau errichtete Aussichtsturm gestatten weiten Rundblick.

Der Bärenstein ist von Buchen-, Fichten- und Tannenmischwald bewachsen und gilt als Biotop seltener Pflanzen.

Bärenstein, Landschaftsschutzgebiet, Landkreis Annaberg. Landschaftsschutzgebiet seit 1962, 259 Hektar groß, westlich vom Ort Bärenstein in 700–898 m Höhenlage. Mittelpunkt des Gebietes ist einer der charakteristischen Basaltberge, die dem hohen westlichen Erzgebirge vorgelagert sind. Der Berg wurde als Härtling durch die Reliefumkehrung aus der Abtragungsfläche herausmodelliert. Seine Kuppe ist abgeflacht, die Flanken steigen steil an.

Das Gebiet ist mit geschlossenem Nadelwald bewachsen. In ihm leben Hoch-, Reh-, Schwarz- und Niederwild, zahlreiche Sing- und Greifvögel. Westlich von Bärenstein befindet sich die von 1948/51 erbaute Trinkwassertalsperre, die durch Erdaufschüttungen den Lampertusbach staut.

Im Gebiet herrscht ein niederschlagsreiches Mittelgebirgsklima. Das Landschaftsschutzgebiet eignet sich vorzüglich zum Wandern und Skilaufen. Am Westrand befindet sich eine Abfahrtspiste mit Skilift, auf dem Bergplateau kann man in einer Gaststätte rasten. Vom Aussichtsturm bietet sich ein schöner Weitblick. Der in den Wald eingebettete Stausee mit dem hochaufragenden Bärenstein gilt als landschaftliche Schönheit.

Baumgarten, Georg, Forstmann, Erfinder des ersten lenkbaren Luftschiffs. Geboren wurde er am 21. Januar 1837 in Johanngeorgenstadt als Sohn eines Zollgrenzaufsehers. Auf der Dreikönigsschule in Dresden erwarb er die Voraussetzungen, um von 1857 bis 1859 die Forstakademie Tharandt besuchen zu können. Erfolgreich das Studium beendet, wurde er Forstgehilfe auf dem Augustusburger Revier. 1866 war er Förster in Borstendorf und dann in Rossau. Die Oberförsterei Pleißa übernahm er 1869, und nach dem Krieg von 1870/71 die von Grüna. In geistiger Umnachtung starb er am 23. Juni 1884 in Colditz. – Ein Leben lang verfolgte Baumgarten die Idee, ein lenkbares Luftschiff zu bauen und zu betreiben. Dazu hatte er im Verlauf der Jahre acht Patente angemeldet. Bereits in seinen ersten beiden Anmeldungen von 1879 und 1881 nennt er seinen Versuchsballon »Flügelluftschiff mit Lenkvorrichtung«. Die weiteren Patente befassen sich mit Neuerungen an diesen Luftschiffen und an den Wendeflügeln. Obwohl finanziell dazu kaum in der Lage, baute er die Luftschiffe nach eigenen Plänen. Flugversuche damit machte er 1879 in Grüna, 1880 in Leipzig, 1881 in Chemnitz und 1882 in Berlin. Diese erfolgreichen Unternehmungen führten 1881 in Berlin zur Gründung des »Vereins zur Förderung der Luftschifffahrt«. Von den drei Luftschifftypen, die Baumgarten entwickelte, glich der zweite dem späteren Zeppelin-Typ.

Georg Baumgarten

Beierfeld, von der Blechwarenindustrie geprägte Gemeinde in unmittelbarem Anschluss an Schwarzenberg, am Fuße des 728 m hohen Spiegelwaldes. Der Ort liegt am Südhang an einem angrenzenden Landschaftsschutzgebiet.

Gegründet wurde die Siedlung um 1200. Der Name erinnert daran, dass die Siedler möglicherweise aus Nordbayern kamen. 1233 schenkte der Burggraf Meinher II. zu Hartenstein das Dorf dem entstehenden Kloster Grünhain. Aus dieser Zeit stammt das Gemeindesiegel, das eine Weintraube zeigt. Durch die Aufhebung des Klosters wurde Beierfeld ein Amtsdorf des Kurfürsten von Sachsen. Nach dem Dreißigjährigen Krieg erwarb es der Inhaber des Rittergutes Sachsenfeld als grundherrlichen Besitz. Von 1491 bis 1876 wurde auf der Beierfelder Flur Bergbau betrieben. Eine Verhüttung ist seit 1576 bekannt. 1710 beginnt mit der Herstellung verzinnter Löffel, die einem Hammerarbeiter zugeschrieben wird, eine neue Phase der Beschäftigung der Bevölkerung. Daneben fertigte man seit dem 18. Jahrhundert auch unterschiedliche Blechwaren. Nach 1870 kamen Blechbearbeitungsmaschinen in den Ort, die Fabrikgründungen nach sich zogen. – Die rechteckige Dorfkirche mit Dachreiter ist ein Renaissancebau aus dem Jahre 1607. Er hat an der Nordostseite einen 1768 ausgeführten zweigeschossigen Anbau. 1606 wurde der Altaraufsatz, der zum Kanzelaltar umgebaut wurde, errichtet. Auf drei Epitaphien aus dem 17. Jahrhundert Darstellung der Stifterfamilien. Drei gusseiserne Grabplatten stammen von 1627 und 1630. Das Pfarrhaus von 1712 hat eine schöne Balkendecke. In Beierfeld lebte der erzgebirgische Mundarterzähler Fritz Körner. An seinem Wohnhaus ist eine Gedenktafel angebracht.
Stadtverwaltung Grünhain-Beierfeld,
August-Bebel-Straße 79, 08344 Grünhain-Beierfeld
Tel. 0 37 74/1 53 20, Tel 0 37 74/15 32 50
E-Mail: kontakt@beierfeld.de, Internet: www.beierfeld.de

Bergmannshaus, Bergleute, die nicht wie Steiger oder Hutmänner im Huthaus wohnten, bauten sich ihr Haus selbst. Das Erdgeschoss besteht aus Bruch- oder Lesesteinen, zuweilen auch mit Umgebinde versehen. Darauf sitzt ein steiles, hohes Dach, das auffällig ein Stück vorragt. Zum Schutz gegen Wind und Wetter ist der Fachwerkgiebel mit Brettern, Schiefer oder Schindeln beschlagen. Unter dem Dach befinden sich die Schlafstätten und das Lager für Heu und Stroh, das durch die Heuluke über der Haustür beschickt wird. Als Bedeckung des Dachs dienen Schiefer, Schindeln oder Bleche. Der Haustür vorgelagert ist als Windfang das Vorhäuschen. Der Hausflur, mit Schieferplatten ausgelegt, dient zugleich als Wasch- oder Futterküche. Das Kellerloch wird durch eine Falltüre verwahrt. Über die Hintertür gelangt man zum Wasserhaus, Holzplatz und Schuppen. Durch eine Seitentür erreicht man vom Flur aus die »Große Stube« mit vier Fenstern. In ihr steht ein mehrstöckiger gusseiserner Ofen. An der Giebelseite des Hauses befindet sich die Dungstätte. Sie ist durch ein Mistloch mit dem

Bergparade in Schneeberg

Stall verbunden. Darüber befindet sich in einem kleinen Anbau der Abort, »Freischwinger« genannt. Die Fenster des Bergmannshauses werden bei anbrechender Dunkelheit mit Läden verschlossen. Nahe dem Haus steht meist ein Vogelbeerbaum. Unter dem Schleppdach des Bergmannshauses befindet sich der Stall.

Bermsgrün, mit dem Ortsteil Jägerhaus. Die bäuerliche Landgemeinde und Wohnsiedlung liegt am Westhang des Schwarzwassertales und auf der geneigten Hochfläche zwischen Rockelmann (581 m ü. NN) und Hohe Henne (732 m ü. NN) in etwa 550 m Höhenlage.

Wann Bermsgrün gegründet wurde, bleibt unbestimmt. Der Ort gehört von Anfang an zur Herrschaft Schwarzenberg. Er wurde als doppelseitiges Waldhufendorf gegründet. 1448 heißt er »Bermeßgrün« und 1536 »Bermaßgrün«. Abgeleitet ist der Name von »Bermann«, einem Locator, dem die vor allem im Vogtland übliche Beifügung »grün« angehängt wurde, die für »Rodung« steht. Typisch für die Siedlung sind die »Räume«, in den Wald getriebene Rodeflächen. 1568 gab es davon neun, die oft weit entfernt vom Dorf lagen. Da viele Bewohner Holzfäller, Hammerschmiede, Bergleute waren, Landwirtschaft nur nebenbei betrieben, bildeten sich Halbbauern heraus. Lindner bemerkt 1848: »Die ganze Bevölkerung besteht aus Bauern, welche den Hammerwerken Eisenstein, Flöße, Kohlen und andere Bedürfnisse zuführen und nebenbei ihre Felder bestellen . . .« Bis heute haben sich viele der kleinen Dreiseitenhöfe erhalten.

Auf der 1642 begonnen Bergwerksanlage »Himmelfahrt Tiefer Erbstollen« wurde über 150 Jahre lang gefördert, um 1791 hauptsächlich Roteisenstein und Roter Glaskopf. Abgesehen vom kurzfristigen Aufleben des Uranerzbergbaus nach 1945, betrieb man auf Bermsgrüner Flur den Bergbau bis 1864. Über die Zeiten hinweg arbeiteten viele Bewohner im nahen Erlahammer und Walzwerk und heute im Erlaer Eisenwerk.

Der Ortsteil Jägerhaus, auf einer großen Waldlichtung in 780 m ü. NN, liegt fünf Kilometer westlich der Hauptgemeinde. Er besteht aus wenigen Häusern, einer Gaststätte und ist völlig von Wald umschlossen. Das erste Haus entstand vermutlich nach dem Erlass der Holzordnung von 1560 als Wohnung für einen Forstknecht. Seit 1694 ist Bierausschank gestattet. An der Straße nach Jägerhaus steht ein rekonstruierter Stein, sagenumwittert, »Weiße Frau« geheißen, der an die Forstvermessung von 1786–1794 erinnert.

Bermsgrün wurde bekannt durch seine Traditionen im Klöppeln und Schnitzen. Um die Weihnachtszeit sind im Ort mehrere Ortspyramiden aufgestellt. Die Hänge eignen sich gut für den Wintersport. Ein Lift u. a. Freizeitanlagen können von der Öffentlichkeit genutzt werden.
Touristinformation Schwarzenberg,
Oberes Tor 5, 08340 Schwarzenberg
Tel. und Fax 0 37 74/2 25 40
E-Mail: stadtverwaltung@schwarzenberg.de,
Internet: www.schwarzenberg.de
Privatsammlung des Schnitzmeisters Harry Schmidt
Die kleine Ausstellung birgt in einem eigens dafür hergerichteten Gebäude das Lebenswerk des Bermsgrüner Schnitzmeisters Harry Schmidt. Die Palette des Ausgestellten reicht von Minischnitzereien in einer Nussschale, Astschnitzereien, geschnitzten Bergaufzügen bis zu Krippen, Leuchtern und Pyramiden. Tel. 0 37 74/2 22 40

Bernsbach, Dorfgemeinde, 5 km ostwärts von Aue, am Südhang des Spiegelwaldes gelegen. Wegen der durch die Ortslage sich ergebenden weiten Aussicht oft mit der Beifügung versehen »Balkon des Erzgebirges«.

Gegründet wurde Bernsbach um 1200. Angenommen wird, dass 15 deutsche Bauern den Ort anlegten. Der Name weist auf den Siedlungsgründer Bernhard hin. Die ersten Schreibungen des Ortes heißen »Bernhardsbach« und »Wemhardisbach«. Die Bauern bauten ihre Anwesen rechts und links des Dorfbaches. Hinter den Häusern erstreckten sich handtuchartig die Felder bis hin zu den ungerodeten Höhen, die dem Wald vorbehalten blieben. Unter den Dörfern, die 1240 zum Kloster Grünhain gehörten, wird auch Bernsbach genannt. In einer alten Urkunde heißt es: »Als sich aber das Volk vermehret, hat ihnen der Abt zu Grünhain einen Richter und den Bär zum Gerichts-Insiegel gegeben«. Wenn auch um 1500 in und um Bernsbach ein reger Bergbau auf Erzen florierte, so gab es 1538 einen echten Einschnitt in der Geschichte Bernsbachs als Bauerndorf. In diesem Jahr siedelten sich Blechfacharbeiter aus Wunsiedel in der Oberpfalz im Dorf an. Sie waren Gefolgsleute des Andreas Blau, dem Gründer von Blauenthal, der die Weißblechherstellung ins Gebirge brachte und eine solche Produktion im nahen Hammerwerk Sachsenfeld aufnahm. Sie wurden zu den Stammvätern der Bernsbacher Blechindustrie. Als man statt der bislang geschmiedeten, 1710 in Beierfeld ein neues Verfahren verzinnter Löffel erfunden hatte, wurde endgültig aus dem Bauern- ein Industriedorf. Wie Lindner in seinen »Wanderungen durch das Sächsische Obererzgebirge« im Jahre 1848 berichtet, verdienten sich andere Bernsbacher ihren Lebensunterhalt mit dem Herrichten und dem

Hausierhandel von Feuerschwämmen. Heute Produktion von Karosserieteilen für Kraftfahrzeuge. – Beachtenswert ist Bernsbachs Dorfkirche, ein achteckiger barocker Saalbau mit einem achteckigen Dachreiter. Die Kirche wurde zwischen 1682 und 1686 von M. Beyer aus Cunnersdorf ausgeführt. Die reiche Ausstattung wird J. C. Sandtmann aus Leipzig zugeschrieben. Die hölzernen Wandepitaphe aus dem 17./18. Jahrhundert stammen von Poickau. Die Kirche besitzt zahlreiches Kirchengerät aus der Zeit zwischen Ende des 17. und Mitte des 19. Jahrhunderts. – Der Ort verfügt über ein solarbeheiztes Freizeitbad.
Fremdenverkehrsamt Bernsbach,
Straße der Einheit 5, 08315 Bernsbach,
Tel. 0 37 74/1 52 20, Fax 0 37 74/15 22 30
E-Mail: info@bernsbach.de,
Internet: www.bernsbach.de

Bleigießen, ein über ganz Deutschland verbreiteter, jedoch im Erzgebirge und Vogtland besonders bodenständiger Weihnachts- und Silvesterbrauch. Das alterzgebirgische Heiligabendlied beginnt mit:
»Heit is der Heil'ge Obnd, ihr Maad
kummt rei, mer gießen Blei . . .«

Man gießt geschmolzenes Zinn oder Blei in eine mit Wasser gefüllte Schüssel, um aus den sich daraus ergebenden Gebilden die Zukunft ausdeuten zu können. Die Wirkungsweise wird erhöht, wenn dies durch den Kamm eines Kreuzschlüssels, Griff eines Erbschlüssels oder aus einem Erblöffel durch einen Erbschlüssel in eine Erbschüssel erfolgt. So bedeuten Sterne Glück, Kreuze Leiden, Blätter reiche Früchte, Männchen- oder Sackformen Reichtum. Aus Buchstaben will man den Vornamen des künftigen Freiers erraten oder aus anderen Figuren seinen Beruf. Nägel deuten auf einen Schmied hin oder Zimmermann, Gabel oder Sense auf einen Bauern, Hund auf einen Fleischer oder Jäger, Federn auf einen Schulmeister. Das Bleigießen spielte im Mittelalter eine verhängnisvolle Rolle als Mittel der Hexenerkennung. Kirchlicherseits wurde es den Christen als böse Zauberei untersagt. Heute ist das Bleigießen eine scherzhafte Unterhaltung am Weihnachtsheiligabend oder Silvester.

Blauenthal, Stadtteil von Eibenstock, am Ausgang des Tales der Großen Bockau ins Muldental, 470 m hoch gelegen. Der Ortsname stammt von Andreas Blau aus Nürnberg, der 1533 die hier gelegene Mahl- und Brettmühle kaufte und ein Hammerwerk errichtete. Blau war ein bedeutender Zinnverleger, der im Erzgebirge mehrere Hammerwerke anlegte und Gründer der »Neuen Gesellschaft des Blechhandels« war. Von seinen Nachkommen wurden Hammerwerk und Mühlen verkauft. 1677 entstand das Herrenhaus Blauenthal mit frühbarockem Hofportal. Nach Erlöschen der Hammerwerkstätigkeit entwickelte sich im Ort die Holz- und Papierindustrie. Als der Ort 1875 Bahnanschluss bekam, setzte Fremdenverkehr ein.

Wolfsgrün, 1937 nach Blauenthal eingemeindet, wurde ebenfalls durch Andreas Blau gegründet. Das Wolfsgrüner Hammerherrenhaus stammt aus dem Jahre 1654. Der Ortsteil Neidhardtsthal wurde 1939 teilweise eingemeindet (der andere Teil kam zu Hundshübel). Hier arbeiteten zwei Hammerwerke »Schwefelhütten« genannt, da aus Pyrit neben Eisen auch Schwefel gewonnen wurde.
Tourist-Information Eibenstock,
Postplatz 4, 08309 Eibenstock
Tel. 03 77 52/22 44, Fax 03 77 52/30 04
E-Mail: touristinformation@eibenstock.de,
Internet: www.eibenstock.de

Bockau, Ferienort, ca. zehn Kilometer südlich von Aue, in einer Mulde des Dorfbachs eingebettet. Die Ortsmitte liegt etwa 500 m ü. NN. Den Ort umgebende Höhen steigen bis 800 m an.

Angelegt wurde Bockau als Waldhufendorf um 1200 von fränkischen Bauern. Der Ortsname lässt sich vom slawischen »buk« herleiten, was »Rotbuche« heißt, »bukowy« also »Buchenwasser«. Auch könnte er vom Gründer der Siedlung stammen, also »Aue des Bucco«. Der Bock im Gemeindewappen ist irreführend. Er geht auf die Sage zurück, dass ein entlaufener Ziegenbock wertvolle Arzneikräuter auf der Weide entdeckte, die dem Ort einigen Wohlstand brachten. 1470 heißt der Ort »Bockaw«, 1534 »Von der Buckaw«, 1820 noch »Buckau«. Im 16. Jahrhundert hatte der Ort 25 Güter. Die Bauern waren fronpflichtig der Herrschaft in Schwarzenberg. 50 Männer arbeiteten im Bergbau, der sich immer mehr entwickelte. Geschürft wurde auf Blei, Silber, Wismut und Kobalt. 1730 gab es an der Morgenleithe Abbau von Schmirgel. Die Fundgrube »Gelbe Birke« am Ochsenkopf lieferte Gelberde (Ocker). Von 1725 bis 1732 brachte die Fundgrube »Käsebarbara« Weiße Erde (Kaolin) für die Meißener Porzellanmanufaktur zu Tage. Topase fanden sich in der Fundgrube »Weinstock«. Der allmählich untergegangene Bergbau wurde nach 1945 mit der Suche nach Uranpechblende nochmals für kurze Zeit aufgenommen.

Frühzeitig begannen die Bockauer Bauern Arzneipflanzen anzubauen. Seit dem 16. Jahrhundert ist der feldmäßige Anbau von Angelika bekannt. In Laboratorien bereiteten

Laienapotheker Arzneimittel, die vor allem Wanderhändler vertrieben, bis im vorigen Jahrhundert der Wanderhandel mit Olitäten endgültig verboten wurde.

Das Ensemble von Kirche und Pfarrhaus stammt aus dem Jahre 1700. Der 41 m hohe Kirchturm wurde 1719 bis 1722 errichtet. Nach etwa 3 km steilem Aufstieg erreicht man das Naturschutzgebiet Conradswiese. Hier findet sich der Restbestand eines Tannen-, Fichten-, Laubholz-Altbestandes. Als Geologisches Denkmal bekannt ist die Kontaktzone 100 m oberhalb des letzten Auer Granitbruchs. Hier haben sich Phyllit und Granit im Felsblock verbunden. An einem an der Straße liegenden Felsen ist eine Tafel angebracht mit der Aufschrift: »Hier ruhen Vulkan und Neptun im Granit als Hammerschmied«. In Bockau lebte der Bergmannsdichter Michael Bauer (1662–1745).

Von Bockau aus führen gutmarkierte Wanderwege durch Fichtenwälder, die sich auch zum Skiwandern eignen. Der Ort ist von idealem Skigelände umgeben. Am oberen Ortsausgang befindet sich ein kleines Spirituosenmuseum mit einem Kräutergarten. Bockau begeht jedes Jahr im späten Sommer sein »Angelikafest«.
Fremdenverkehrsamt,
Schneeberger Straße 49, 08324 Bockau
Tel. 0 37 71/43 01 00, Fax 0 37 71/4 30 10 21
E-Mail: info@bockau.de, Internet: www.bockau.de
»Bockauer Wurzelstube«, Spirituosenmuseum
In einer kleinen Ausstellung wird der Besucher mit der Herstellung erzgebirgischer Spirituosen, mit der Ortsgeschichte und der des Bockauer Laborantenwesens vertraut gemacht. Zum Museumsbesuch gehört der Besuch eines kleinen Kräutergartens und eine Verkostung Bockauer Spezialitäten.
Tel. 0 37 71/45 41 21
»Vitriolhütte«, Technisches Museum,
Tel. 0 37 71/45 79 82

Bönhoff, Leo, Geschichts- und Siedlungsforscher, der sich besonders mit dem Leben und Werk des Scheibenberger Pastors und Chronisten Christian Lehmann befasste. Geboren wurde Bönhoff am 2. Oktober 1872 in Halle-Trotha. Von 1903 bis 1912 war er Geistlicher an der Sankt-Annen-Kirche in Annaberg und beschäftigte sich mit der Erforschung der sächsischen Geschichte. Seit 1899 publizierte er beachtliche Arbeiten auf dem Gebiet der erzgebirgischen Siedlungs- und Kirchengeschichte, über Ämter und Burgen. 1910 gab er Lehmanns »Deutsche Kriegschronik« neu heraus.

Lic. Dr. Bönhoff verbrachte die letzten Jahre seines Lebens in Radebeul und starb dort 1937.

Börnichen, Das Dorf liegt etwa zehn Kilometer ostwärts von Marienberg in 480 bis 540 m Höhe im Einzugsgebiet der Flöha. Es wird nahezu von Wald umschlossen. Der Ort gilt als Tor zum Ausflugsgebiet Bornwald.

Börnichen ging aus einem Radialwaldhufendorf hervor. Urkundlich wird der Ort erstmals 1350 als »Burnichin« erwähnt, was soviel heißt, wie »Ort an einem kleinen Quellbach, einem Born«. Das Dorf gehörte zum Herrschaftsbereich der Burg Schellenberg, später der Augustusburg. Kirchlich wurde es 1900 von Waldkirchen losgelöst und erhielt eine eigene Pfarrstelle. Um diese Zeit wurde nach den Plänen von Baumeister Duderstädt die Kirche erbaut. In Börnichen werden seit 1835 Kisten hergestellt, später kamen andere Holzerzeugnisse hinzu.
Sehenswert ist die Schwarzmühle und die Formtischlerei und Drechslerei mit durch Wasserkraft angetriebenen Maschinen.
Gemeindeverwaltung Börnichen,
Rathausstraße 6, 09437 Börnichen,
Tel. 03 72 94/12 25, Fax 03 72 94/16 19
E-Mail: wildenstein@t-online.de,
Internet: www.wildenstein.de

Bornkindel. Der Name wurde früher als »geborenes Kindlein« gedeutet, heute neigt man zur Auffassung, er kommt von »Bare« (Krippe) her. Es ist eine zur Weihnachtszeit bis Hohneujahr, besonders aber zur Christmette in bestimmten Kirchen des Westerzgebirges aufgestellte Figur, wie in Bärenwalde, Zwönitz, Zschorlau, Thierfeld, Schneeberg, um nur einige Orte zu nennen. Die Figur ist kindesgroß, holzgeschnitzt, bemalt und stellt das Jesuskind dar. Sie ist immer bekleidet. Die Kleider sind oft Modeströmungen der Zeit unterworfen. Das Bornkindel steht auf einem Sockel, in der einen Hand die Weltkugel mit Kreuz, die andere Hand segnend erhoben. Der Platz des Bornkindels ist auf dem Altar. Die Figuren stammen aus der Zeit der Nachreformation. Einige entstanden Ende des 16. Jahrhunderts, die meisten in der ersten Hälfte des 17. Jahrhunderts. Gelegentlich bringt man die Figur in Beziehung zum »Prager Jesulein«. – Als »Bornkindel« wird aber auch die Figur verstanden, die Hans Rupperich begleitet, wenn er umgeht, um die Kinder zu bescheren. – »Es ist ja heit Bornkinnel!« heißt es in einem alten erzgebirgischen Weihnachtsgedicht. – Aber auch die Weihnachtsgeschenke werden »Bornkinnel« genannt.

Brand-Erbisdorf, besteht aus den einstmals selbstständigen Orten Brand und Erbisdorf, die 1912 vereint wurden. Heute gehören Linda, Himmelsfürst, St. Michaelis, Langenau, Oberreichenbach und Gränitz zu den Stadtteilen von Brand-Erbisdorf.

Vermutlich erste Erwähnung 1209 in einem Kaufvertrag des Klosters Altenzella als »Erlwinesberc«, später Erlewinstorph (1250), Erwinsdorff (1404), dann Erbisdorff (1428).

Mit dem Namen verbindet sich die Legende von einem Erlewin, der fränkische Bauern hier am oberen Ende des zur Striegis hinfließenden Baches, Erbisdorfer Wasser, ansiedelte. Ursprüngliche Anlage als Waldhufendorf, 1532 von Herzog Georg dem Bärtigen vom Kloster Altenzella erworben. Bedeutendes Bergbaurevier – gemeinsam mit Brand – seit 1200. Hier existierte der Bergbau bis zu Beginn des 20. Jahrhunderts, nach 1945 wurden durch die SDAG Wismut einzelne Schächte wieder eröffnet, später auch Bergbau durch die Freiberger Bleierzgruben. 1969 wurde der Erzbergbau aufgegeben. Im gesamten Stadtgebiet heute noch Zeugnisse des Bergbaus, Reußenhalde und Sonnenwirbelhalde, das sogenannte Röschenhaus, ehemaliges Wohnhaus des Grabensteigers.

Brand selbst ist eine Bergbaugründung, vermutlich nach 1500. Auf Erbisdorfer Flur siedelten sich hier Bergleute »uffm Brande« (1538) an. Die Ortsbezeichnung resultiert aus einem Flurnamen. Obwohl schon 1590 Brand als Stadt bezeichnet wurde, erhielt es das volle Stadtrecht erst 1834. Im Stadtwappen Schlägel und Eisen mit Bienenkorb.

Sehenswert die Erbisdorfer Kirche mit mittelalterlichem, rechteckigem Westturm, aus ursprünglich gotischem Bau entstanden. Mehrfache Umbauten. Portalgewände zur Sakristei aus der Mitte des 16. Jahrhunderts. Reste eines Schnitzaltars von Franz Ditterich d. Ä. von 1603, Statue eines steinernen Bergmanns, vermutlich von Samuel Lorentz um 1585. Schönes zinnernes Taufbecken mit Gravierungen (aus St. Michaelis) von 1516. Das alte Pfarrhaus mit großem Walmdach wurde 1708/10 erbaut, 1881 verändert. In Brand am Markt findet sich das einstige Erbgericht, ein frühklassizistischer Bau vom Ende des 18. Jahrhunderts. Wahrscheinlich aus dem bereits 1526 erwähnten »Schenkhauß uff Brand« entstanden. – Bergbaudenkmale in Brand-Erbisdorf: Hörningschacht (Jahnstraße 14) mit Huthaus, Pulverhaus und Halde. Kohlhäuslerschacht (westlich des Brander Marktes) mit Kunstgrabenbrücke und ehemaligem Wassergöpel-Treibehaus, Teile der Neuglück- und Drei-Eichen-Fundgrube (Kirchweg und Fabrikstraße), Gelobt-Land-Fundgrube mit alter Bergschmiede (Langenauer Straße 9) und Gelobt-Land-Teich. Einzelne Huthäuser: Sonnenwirbel und Brüllender Löwe (Brüllender Löwe 1 und 2), Junger Schönberg, Grube Strauß (Ernst-Thälmann-Straße 31 und 72) u. a.

Die höchste Erhebung des Stadtgebietes ist der Kuhberg mit 516 m ü. NN. Von hier aus Wanderweg zum Landschaftsschutzgebiet »Unterer Freiwald«.
Regional- und Stadtinformation »Silbernes Erzgebirge«
Stadthaus, Albertstraße 4, 09618 Brand-Erbisdorf
Tel.: 03 73 22/25 50
Internet: www.silbernes-erzgebirge.de und
www.brand-erbisdorf.de

Breitenbrunn, die ländliche Dorfgemeinde liegt auf wenig geneigten Fluren in etwa 680 m Höhenlage am Großen und Kleinen Ortsbach, 7 km südostwärts von Schwarzenberg, am Osthang des Schwarzwassertales. Der Ort ist von Wald umgeben. Die nächste Höhe ist der Rabenberg (913 m ü. NN). Bis zum ostwärts liegenden Fichtelberg (1214 m ü. NN) sind es zwölf Kilometer, bis zum westlich liegenden Auersberg (1019 m ü. NN) sechs Kilometer. Im Ort gibt es kaum Industrie. Einige kleine Betriebe liegen am Schwarzwasser. Der Ortsteil Halbemeile befindet sich unmittelbar an der Staatsgrenze nach Tschechien.

Erstmals wird Breitenbrunn 1380 durch die Verleihung eines Bergwerks »zum breitinprun« erwähnt. Der Name des Ortes stammt vom Wallgraben, dem »breiten Brunnen«. 1464 heißt der Ort »Breytenborn«, 1531 »Bretenbrun« und 1587 »Zum Breitenbrun«. Im Ort wurde von Anfang an Landwirtschaft und Bergbau betrieben. Die bäuerliche Erstbesiedlung und bergmännische Nachbesiedlung bestimmen bis zur Gegenwart das Ortsbild. Rodeflächen, »Räume«, von Siedlern in den Wald getrieben, sind auch heute noch vorhanden. Der Bergbau galt Gold, Silber, Zinn, Schwefel, Kupferkies und Eisen. 1413 wurde durch Besitzerwechsel auch der Zinnseifenbetrieb und das Zinnschmelzwerk bekannt. 1534 gibt es am Lerchenberg neun Bergwerke, zwei am Kegelsberg. Von 1558 bis 1827 arbeitete im Ortsteil Breitenhof, die Wasserkraft nutzend, ein Hammerwerk. Im Tal gab es eine Brettmühle, ein Pochwerk und von 1642 bis 1893 eine Papiermühle, in der man Lumpenpapier herstellte. Auf Breitenhofer Papier soll Johann Sebastian Bach seine Noten geschrieben haben. Bis 1893 war »Sankt Christoph« eines der wichtigsten Bergwerke im Ort. Der nach 1945 einsetzende Bergbau auf Uranpechblende veränderte das Ortsbild wesentlich.

Auffälligstes Detail im Oberdorf ist die Ruine eines Jagdschlosses, ein turmartiger, quadratischer Bau, von einem Graben umgeben. Im 12. Jahrhundert war es der Wachtturm einer Wegebefestigung, auch »Vorwerk mit steinernem Stock« genannt, bevor Kurfürst Johann Georg von Sachsen

Breitenbrunn, Kirche mit Blick zum Gebirgskamm

die Anlage 1610 zu einem Jagdschloss umbauen ließ. Nach 1700 verfiel es.

Die Kirche des Ortes stammt aus dem Jahre 1559, wurde mehrfach restauriert, zuletzt 1959, und hat ein 1740 gestiftetes Deckengemälde. Von einigem Wert ist die Schnitzfigur der heiligen Barbara aus dem 16. Jahrhundert. Auf dem Friedhof Grabmal für den Hammerherrn Müller von Berneck aus dem Jahre 1619 und ein Gedenkstein an den Pestpfarrer Wolfgang Uhle. Im unteren Ortsteil steht ein schönes Umgebindehaus, dessen Ursprung auf das 16. Jahrhundert zurückgeht. Am Mühlanger ist ein Haus mit Andreaskreuzen zu sehen. Im Tal des Kleinen Ortsbaches befindet sich das Naturdenkmal »Arnikawiesen«. Im Ortsteil Halbmeile ein Naturschutzgebiet mit seltenen Pflanzen. Geologisch interessant ist der Hefenkloßfelsen, im Volksmund »Hefeklöße« genannt. Im Tal des Schwarzwassers gelegen, an der Einmündung des Steinbachs, türmen sich 12 m hoch fünf übereinanderliegende Wülste aus Turmalingranit. Sie gelten als Lehrbeispiel der Granitverwitterung. Der im »Entenschnabel«, einer auffälligen Grenzausstülpung, liegende Ortsteil Halbmeile wurde 1592 aufgeführt als »zwey Häuslein vfm Finkenfloch sonst vf der halben Meile«. Der Ortsname rührt von der Entfernung zum Mutterdorf her. In Halbmeile befindet sich das kleinste Besucherbergwerk des Erzgebirges. Breitenbrunn ist der Wirkungsort von Christian Gottlob Wild (1785–1839), dem Begründer der erzgebirgischen Mundartliteratur. Ortsnahe gibt es ideales Skigelände mit Skilift und eine Kindersprungschanze.

Fremdenverkehrsamt Breitenbrunn,
Dorfberg 14, 08359 Breitenbrunn
Tel. 03 77 56/1504, Fax 03 77 56/7 99 20
E-Mail: gemeinde@breitenbrunn-erzgebirge.de,
Internet: www.breitenbrunn-erzgebirge.de

Brendel, Christian Friedrich, Maschineningenieur, Bergrat. Er wurde am 26. Dezember 1776 im Huthaus der Fundgrube »Peter und Paul« in Neustädtel als Sohn eines Bergmanns geboren. Nach sechs Jahren Schulbesuch wurde er Bergmann, knapp dreizehnjährig Bergzimmerling. Durch seine Geschicklichkeit und sein technisches Verständnis wurde der Geschworene Baldauf auf ihn aufmerksam, der sich Modelle von Bergmaschinen fertigen ließ. Beim Bergwardein Gerber nahm der Heranwachsende Unterricht in Mathematik und Zeichnen. Von seinen Ersparnissen kaufte er Bücher. Auf Empfehlung Baldaufs kam er 21-jährig zur Bergakademie Freiberg. Hier lebte er kärglich von einem Stipendium. Durch seine Leistungen gewann er das Wohlwollen von Bergrat Werner. Nachdem Baldauf nach Freiberg versetzt worden war, fertigte Brendel für ihn wieder Modelle. Nach einem dreijährigen Arbeitskurs auf der Grube »Himmelfürst« wurde er Obersteiger auf dem »Thelersberger Stollen«. Hier machte Werner den Oberberghauptmann von Trebra auf ihn aufmerksam. Er erhielt eine Ausbildung im Maschinenwesen und ein Stipendium für eine Studienreise ins Mansfeldische, in den Harz und nach England. 1805 wurde er Baumeister auf der Saline Dürrenberg und 1811 Kunstmeister. Durch viele Neuerungen und Erfindungen verbesserte er auch den Salinenbetrieb in Artern, Kösen und Kötschau. Nach dem Tode von Oberkunstmeister Baldauf im Jahre 1805 wurde Brendel Leiter des Bergmaschinenwesens. Fortan stand er dem gesamten Maschinen- und Bauwesen im Bergbau vor. 1817 wurde er Maschinendirektor und 1846 Bergrat. Hochgeehrt trat er 1851 in den Ruhestand, den er bis zu seinem Tode, am 20. November 1861, in Freiberg verlebte.

Breuer, Peter, bedeutender spätgotischer Zwickauer Bildschnitzer. Geboren wahrscheinlich um 1472, gestorben am 12. September 1541 in Zwickau. Die Fakten aus Peter Breuers Leben sind spärlich, sie beschränken sich auf Eintragungen in Ratsakten und Kirchenbüchern: So nimmt man an, dass er sich als Geselle um 1492 auf Wanderschaft in Würzburg befand, sein Vater war vermutlich der Messerschmied Hans Breuer. Das Bildschnitzerhandwerk erlernte er wahrscheinlich in einer Zwickauer Werkstatt. 1498 wird Peter Breuer erstmals in Zwickau erwähnt, das Bürgerrecht erwirbt er

1504, in diese Zeit fällt auch seine Heirat mit Barbara Rudel. Breuer, der eine eigene Werkstatt führte, brachte es zu bescheidenem Wohlstand. Das letzte bekannte Werk, ein Kruzifix für die Zwickauer Ratsstube, entstand 1539. Sein Tod wird im Kirchenbuch der Katharinenkirche von Zwickau dokumentiert: »Peter Breuer ist vorschieden Montag nach natiuzatis marie 41«.

Sein heute noch erhaltenes Werk umfasst 26 Altäre mit 146 Figuren, sieben Altarteile mit 41 Figuren und 21 Einzelfiguren. Altäre von Breuer finden sich in der Kirche zu Steinsdorf, Katharinenkirche Zwickau, Annenkirche Annaberg, Schloss Gnandstein u. a. Eine Reihe Bildwerke sind heute in Museen, so im Museum für Kunsthandwerk Leipzig, im Städtischen Museum Gera, im Städtischen Museum Zwickau, Stadt- und Bergbaumuseum Freiberg. (Werkverzeichnis Hentschel, Peter Breuer, eine spätgotische Bildschnitzwerkstatt, 2. Aufl. Berlin 1952). Die künstlerische Bedeutung der Werke Breuers liegt einerseits in ihren Zusammenhängen mit der Zwickauer Plastik, den Impulsen, die er aus Werken Tilman Riemenschneiders aus Würzburg und Gregor Erharts aus Ulm empfing, wie in der eigenständigen, schöpferischen Fähigkeit, mit der seine Formen sich in kunstvoller Weise mit der Körperlichkeit seiner Figuren auseinandersetzen, »der Widerstreit zwischen Körper und Gewand gewinnt an Bedeutung« (W.-D. Röber). Breuers umfangreiches Werk gehört zu den Glanzpunkten der spätgotischen Bildschnitzerei Westsachsens.

Buckelbergwerk, auch »Guckkasten« oder »Bergwerkshucke« genannt. Das ist ein auf dem Rücken (Buckel) in einem hölzernen Kasten untergebrachtes tragbares Bergwerksmodell. Nach Absetzen auf eine Bank oder einen Tisch lassen sich die beiden Kastentüren öffnen und geben das geschnitzte Modell einer oberirdischen und im Schnitt dargestellten unterirdischen Bergwerksanlage frei, mit Schächten, Stollen, Fahrten, Seilzügen, Haspeldrehern, Pochwerken und arbeitenden Bergleuten. Beim Drehen einer seitlich eingeführten Kurbel wird ein hinter der Szene versteckter Mechanismus, bestehend aus Wellen, Rädern, Exzentern, in Bewegung gesetzt, der durch verschiedene Vorrichtungen den sichtbaren Teil des Modells verlebendigt. Buckelbergwerke wurden meist von Berginvaliden angefertigt, die damit Messen und Märkte bereisten und gegen eine kleine Gabe das Modell vorführten und erklärten. Erste Bergwerksmodelle dieser Art gibt es seit Anfang des 18. Jahrhunderts. Heute gehören sie zu den Raritäten erzgebirgischer Museen.

Burkhardtsdorf, Gemeinde im Zwönitztal nahe Chemnitz. Langgezogene Dorfanlage mit beiderseitiger Bebauung im Flusstal, ca. 4,5 Kilometer. Durchschnittliche Höhenlage von 400 m, nördlich des Dorfes Niclasberg (481 m).

Um 1200 Nennung eines Klosterdorfes von Chemnitz »abtatis«, möglicherweise identisch mit Burkhardtsdorf. 1331 wird »Burckersdorff« erstmals als Klosterort von Chemnitz urkundlich erwähnt. Name vermutlich nach dem Abt Burkhardt des Benediktinerklosters Chemnitz. Der Ort ist fränkisches Siedlungsgebiet. Nach der Einführung der Reformation kam Burkhardtsdorf mit anderen Klosterorten in den Besitz des Annaberger Münzmeisters Wolf Hühnerkopf, der Herr auf Neukirchen wurde. Seit 1673 hat die Gemeinde Marktrecht. Neben der Landwirtschaft seit 1600 Leinweberei, seit der Mitte des 17. Jahrhunderts Strumpfwirkerei wie im gesamten Zwönitztal. Strumpfwirkerinnung von Burkhardtsdorf, Neukirchen und Klaffenbach bestand bis 1899. 1875 Bau der Bahnlinie Chemnitz–Aue, begünstigte industrielle Strumpf- und Wirkwarenproduktion. Heute ist ein Chemieunternehmen der bedeutendste Betrieb des Ortes.

Sehenswert sind zwei Fachwerkhäuser im Zentrum des Ortes: Gegenüber der Apotheke und das Haus mit Sonnenuhr und Bienenfluglöchern am Markt. Mittelalterliches Steinkreuz nahe der Schule. Postmeilenstein an der alten Poststraße.

Cämmerswalde, Ortsteil der Gemeinde Neuhausen. Der Ort liegt am Oberlauf der Flöha, von Wäldern eingerahmt, in 600 bis 700 m Höhe, nahe der Landesgrenze zu Tschechien. Flankiert wird der Ort von der Friedebacher Höhe mit 735 m ü. NN und dem Hinteren Stangenberg, 797 m hoch. Unmittelbar am Ort erhebt sich der 625 m hohe Steinberg.

Cämmerswalde wurde im Zuge der Gebirgsbesiedlung 1207 von durch Zisterziensermönche angeworbenen Bauern gegründet. Der Ortsname wird abgeleitet von »Dorf, nahe des Waldes eines Kämmerers«. Im Gebrauch ist er seit 1213. Über die Jahrhunderte hinweg lebten die Bewohner vor allem von der Landwirtschaft. Seit Beginn des 19. Jahrhunderts kam die Holzverarbeitung hinzu. – Bekannt wurde Cämmerswalde wegen seiner schindelbeschlagenen Häuser. Die schlichte Dorfkirche von 1409/22 auf einer Anhöhe wird von einer Mauer und einem Torhäuschen umgeben. Sie hat eine sehenswerte barocke Holzdecke. Die Orgel baute 1763 A. G. Oehme. Im Ortsteil Rauschenbach befindet sich eine Talsperre.

Fremdenverkehrsamt Neuhausen,
Bahnhofstraße 8, 09542 Neuhausen
Tel. 03 73 61/4 18, Fax 03 73 61/41 85
E-Mail: fremdenverkehrsamt-neuhausen@t-online.de,
Internet: www.neuhausen-erzgebirge.de

I L 14, Schauflugzeug
Das seit 1973 in Cämmerswalde stationierte Schauflugzeug, durch die Gemeinde von der Interflug Berlin erworben, ist eine jener Maschinen, die von 1957 bis 1960 in Dresden gebaut wurden. Seit 2002 steht ein Jagdflugzeug MIG 21 ebenfalls zur Besichtigung bereit. Der Besucher kann sich über die Ausstattung und die technischen Einzelheiten der Flugzeuge informieren.

Talsperre Rauschenbach
Nahe dem Ortsteil Rauschenbach entstand von 1963 bis 1967 eine Talsperre zur Versorgung der Stadt Freiberg mit Trinkwasser. Die Sperrmauer ist 346 Meter lang und 46 Meter hoch. Sie staut auf 100 Hektar Fläche 15,2 Millionen Kubikmeter Wasser. Über das obere Ende des Stausees führt eine Spannbetonbrücke.

Carlsfeld, Stadtteil von Eibenstock. Die ländliche Gemeinde liegt, von Wäldern eingeschlossen, in einer zur Kammlandschaft des westlichen Erzgebirges auslaufenden Mulde zwischen 840 bis 920 m hoch. Den Ort umgibt der Schneehübel mit 978 m, der Steinberg (916 m ü. NN) und der Ottenberg (916 m ü. NN).

Carlsfeld entstand 1678 als eine Bergbausiedlung. Veit Hans Schnorr ließ hier ein Eisenhütten- und Hammerwerk errichten. Der Name wurde vermutlich abgeleitet von dem Amtmann Carl von Carlowitz. Im 19. Jahrhundert endete die Bergbau- und Hüttentätigkeit. In Carlsfeld stellte man eine Zeit lang Uhren, Musikinstrumente und Glaserzeugnisse her. Der Ort gilt als eine der Geburtsstätten des Bandonions.

Sehenswert ist die Dreifaltigkeitskirche, die 1684/88 von dem Zimmermeister Johann Georg Roth erbaut wurde. Sie ist der älteste sakrale Zentralbau Sachsens. Später folgte die von Georg Baehr mit dem Bau der Dresdener Frauenkirche. Die Carlsfelder Kirche hat eine sanft geschweifte, achteckige Kuppel in Holzkonstruktion. Der Kanzelaltar stammt von Johann Heinrich Böhme und entstand 1688. Im Ort gibt es Umgebindehäuser aus dem 17. und 18. Jahrhundert. In Ortsnähe befindet sich das Naturschutzgebiet »Hochmoor Weiters Glashütte«, der »Große Kranichsee« und die Talsperre Weiterswiese, 1927/29 erbaut, die das Wasser der Wiltzsch staut. Carlsfeld gilt als einer der schneesichersten Orte des Erzgebirges und bietet ideales Skigelände. – Jedes Jahr findet im Herbst das »Treffen der Bandonionspieler« mit internationaler Beteiligung statt.

Touristinformation, Postplatz 4, 08309 Eibenstock,
Tel. 03 77 52/22 44, Fax 03 77 52/6 98 44
E-Mail: touristinformation@eibenstock.de,
Internet: www.eibenstock.de

Chemnitz, Großstadt, im erzgebirgischen Becken gelegen, »Tor zum Erzgebirge« genannt. Sitz des gleichnamigen Regierungsbezirkes im Freistaat Sachsen. Bedeutender Industriestandort, Zentrum von Wissenschaft und Kultur in Westsachsen.

Chemnitz hat Anschlussstellen zur Bundesautobahn Hof–Dresden–Berlin und einen Anschluss zur Bundesautobahn in Richtung Gera–Eisenach. Neue Autobahn nach Leipzig im Bau. Der Hauptbahnhof ist Knotenpunkt einer Reihe von Fernlinien und im Streckennetz des Erzgebirges. Vom Zentralen Busbahnhof (Schillerplatz) führen Verbindungen in alle Kreisstädte des Regierungsbezirkes.

Chemnitz liegt in einem Kessel, der von dem gleichnamigen Fluss durchzogen wird (Quellflüsse Zwönitz und Würschnitz vereinigen sich bei Altchemnitz zur Chemnitz). Begrenzt wird das Territorium im Norden vom Totensteinzug und der Röhrsdorf-Bornaer Höhe, im Osten vom Beuthenberg (428 m), im Süden vom Adelsberg (508 m) und Pfarrhübel (432 m) und im Westen vom Landgraben zwischen Mittelbach und Grüna.

Das Chemnitzer Gebiet, eine weitläufige Waldgegend, ist vermutlich bis ins 11. Jahrhundert unbesiedelt geblieben. Die slawischen Flussnamen Chemnitz, Würschnitz, Gablenz verweisen eher darauf, dass sie von deutschen Siedlern bei gemeinsamer Rodetätigkeit mit Slawen übernommen wurden. Erschlossen wurde das Chemnitzer Becken im Wesentlichen im 12./13. Jahrhundert durch deutsche Siedler. Kaiser Lothar hatte 1136 das Benediktinerkloster Chemnitz begründet. Die Stadt entstand um 1165 an einer Stelle, wo mehrere nach Böhmen führende Fernstraßen sich trafen. Chemnitz hatte so von Anfang an eine Funktion als Fernhandelsmarkt. Seit der Gründung war es Reichsstadt, in der die Waldenburger als Vögte fungierten. Durch das Bleichprivileg von 1356 entwickelten sich hier die Leineweberei und der Leinenhandel. Seit 1470 gab es einen Kupferhammer und eine Saigerhütte, Chemnitzer Handelsherren waren an Bergwerken in Annaberg und Joachimsthal beteiligt. Georgius Agricola (s. d.), Begründer der Montanwissenschaften, war seit 1531 Einwohner, seit 1546 Bürger und Bürgermeister der Stadt. Nach 1600 wurde Chemnitz zum bedeutendsten Ort der Textilfabrikation in Sachsen.

Mit der beginnenden Industrialisierung entstanden in Chemnitz vor allem im 19. Jahrhundert große Betriebe des Maschinenbaus. Der Unternehmer Schönherr produzierte schon 1856 den 1000. Webstuhl, in Richard Hartmanns Maschinenbaufabrik feierte man zwei Jahre später den Bau der 100. Lokomotive. Chemnitz erhielt den Beinamen »sächsisches Manchester«. Industriestandorte siedelten sich auch in den benachbarten Orten (später in die Stadt eingemeindet) an. Hermann und Alfred Escher begründeten 1890 in Siegmar eine Werkzeugfabrik, Carl Hamel verlegte 1896 seine Zwirnereimaschinenfabrik nach Schönau. Hier entstanden auch aus einer kleinen Mechanikerwerkstatt um 1885 die späteren Wanderer-Werke. Dies führte zu einem sprunghaften Anstieg der Bevölkerungszahlen: Lebten 1850 hier ca. 30.000 Menschen, waren es 1883 schon 100.000, Chemnitz wurde Großstadt, 1935 zählte man 350.000 Einwohner. Am 5. März 1945 wurde die Stadt durch Bombenangriffe schwer getroffen. Fast völlige Zerstörung des Stadtzentrums, von 1500 kleinen und mittleren Betrieben, Beschädigung von mehr als 230 Großbetrieben, die Hälfte des Wohnungsbestandes wurde zerstört, 4000 Menschen fanden den Tod.

Der Wiederaufbau begann unmittelbar nach Kriegsende, das Stadtzentrum wurde mit einer Reihe von Gesellschaftsbauten erneuert, einige Altstadtbereiche (Brühl, Sonnenberg) erfuhren eine grundlegende Sanierung, während andere Stadtviertel verfielen. In den Außenbezirken entstanden neue Wohngebiete. Chemnitz, seit 1952 Bezirksstadt in der DDR, wurde 1953 in »Karl-Marx-Stadt« umbenannt. Aus diesem Grund wurde im Zentrum eine monumentale Karl-Marx-Büste aufgestellt, deren künstlerische Bedeutung ebenso umstritten ist wie die Frage, ob sie an diesem Standort belassen werden soll. Auf Initiative von Bürgerkomitees erhielt nach einer Einwohnerbefragung Chemnitz 1990 wieder seinen alten Namen.

Eng mit der Wirtschaftsgeschichte des Territoriums verbunden ist die Entwicklung des Schul- und Hochschulwesens: 1831 entstand in der Nähe des heutigen Schauspielhauses die erste Chemnitzer Bürgerschule. 1836 wurde die Königliche Gewerbeschule begründet, seit 1900 Gewerbe-Akademie, seit 1928 Staatliche Akademie für Technik. Aus mehreren technischen Fachschulen wurde 1953 die Hochschule für Maschinenbau gebildet, seit 1963 Technische Hochschule, jetzt Technische Universität Chemnitz.

Sehenswürdigkeiten: Der Rote Turm im Stadtzentrum, dessen Fundamente noch aus dem 12. Jahrhundert stammen, ist das älteste erhaltene städtische Baudenkmal. Er wurde als Wohnturm des Stadtvogtes errichtet und dann in die Stadtbefestigung einbezogen. Den Namen erhielt er wahrscheinlich nach der rötlichen Farbe des Porphyrgesteins. – Rathaus: Altes und Neues Rathaus. Das alte Rathaus wurde 1496/98 erbaut, mit Turm in barocker Gestalt von 1746, nach 1945 erneuert. In der ehemaligen Ratsherrnstube von 1557 ist heute der Trausaal des Standesamtes. Beim Wiederaufbau des Alten Rathauses nach der Kriegszerstörung zwischen 1946/1951 wurde das Renaissanceportal von 1559 – das Judith-Lukretia-Portal – an der Vorderseite angebracht, das einstmals ein Bürgerhaus am Markt geschmückt hatte. – Nach Plänen des Architekten Richard Möbius entstand zwischen 1907/11 direkt im Anschluss und im Verbund mit dem Alten Rathaus das Neue Rathaus in einem Neorenaissancestil mit deutlichen Jugendstileinflüssen. Vor allem im Inneren dominiert der Jugendstil: In der Eingangshalle ein Brunnen von Richard König, im 2. Stock Deckenbilder von Paul Perks, im Saal der Stadtverordneten ein Gemälde von Max Klinger »Arbeit – Wohlstand – Schönheit.«

Angeschlossen an das Rathaus die Pfarrkirche St. Jakob, ein rechteckiger Saalbau mit eingezogenem Chor und Apsis. Vermutlich schon um 1165 begründet, später mehrfach umgebaut. Nach Kriegszerstörung Chor und Langhaus wieder aufgebaut, Innenausbau noch nicht beendet. Aus der Johanniskirche kam 1945 der Flügelaltar von Peter Breuer (s. d.) hierher. – Am Marktplatz findet sich auch das 1953/54 rekonstruierte ehemalige Siegertsche Haus, ein viergeschossiger Bau mit barocker Schmuckfassade von 1737/41. Neben dem Siegertschen Haus Neubau an der Stelle, wo vermutlich das Wohnhaus Georgius Agricolas stand. Mit Büste und Gedenktafel: »Er diente dem Fortschritt der Menschheit als Begründer der neuzeitlichen Mineralogie, Geologie, Bergbau- und Hüttenkunde, als Arzt und Apotheker, Lehrer und Sprachwissenschaftler, Diplomat und Geschichtsschreiber. Hier lebte er von 1531 bis 1555«.

Bereich Theaterplatz: Die heutige Gestalt des Theaterplatzes entstand auch nach Plänen von Richard Möbius zwischen 1909/1928. 1909 wurde das neue Opernhaus eröffnet, nach Kriegszerstörung Wiederaufbau, seit 1989 völlige Rekonstruktion. An der Südwestseite Museumsbau von Richard Möbius mit Städtischer Kunstsammlung, Graphikkabinett, Textil- und Kunstgewerbesammlung. An der Nordseite des Platzes wurde 1928 das Hotel »Chemnitzer Hof« errichtet, daneben Petrikirche (1885/88) mit 82 m hohem Turm. – In den Siebzigerjahren entstand im Zentrum das Stadthallenensemble mit dem Hotel »Kongress«, heute Mercure Kongress. Orgel im Großen Saal der Stadthalle mit 5531 Pfeifen und 67 Registern. Bettenhaus des Hotels 92 m hoch. – Im Zentrum auch das nach Entwürfen von Erich Mendelssohn zwischen 1929/30 errichtete ehemalige Kaufhaus Schocken. Ehemaliges Kaufhaus Tietz (s. d.) heute Kulturzentrum. – Schlosskirche auf einem Höhenzug über dem Tal der Chemnitz entstand aus der ursprünglichen Kirche des Benediktinerklosters. Dreischiffige Hallenkirche anstelle des romanischen Bauwerkes vermutlich zu Beginn des 16. Jahrhunderts entstanden. Chor mit romanischen Nebenchören. Hauptportal von Hans Witten begonnen, beendet von Franz Maidenburg (zwischen 1505 und 1525). Geißelsäule von 1515 von Hans Witten, zwei Gemälde von Lukas Cranach d. Ä. – Das ehemalige Klostergebäude (heute Schlossbergmuseum) ist nur in Teilen der Klausur enthalten. Nach 1546 Umbau der Klausur in ein kurfürstliches Schloss, Umbau und Umgestaltung. Museum mit interessanten Sammlungen zur Kunst-, Kultur- und Wirtschaftsgeschichte.

Im Stadtteil Ebersdorf, 1919 eingemeindet, ist der spätgotische Bau der Stiftskirche »Unser Lieben Frauen« zu besichtigen. Eine zweigeschossige Hallenkirche mit Kreuzrippengewölbe, deren Entstehung auf das 15. Jahrhundert datiert wird, mit zwei erhaltenen Türmen einer ehemaligen Wehranlage, ist im Zusammenhang mit der Wallfahrt des sächsischen Kurfürstenpaars nach der glücklichen Auffindung ihrer beiden Söhne beim sogenannten »Prinzenraub« 1455 zu sehen. Im Inneren ein dreiflügeliger Hochaltar mit Gemälde von Hans Hesse 1513. Kruzifix von 1515 von Hans Witten, von dem auch der Grabstein des Dietrich von Harras stammt. – Sehenswert auch Burg in Rabenstein mit Bergfried und zweigeschossigem Wohngebäude mit Museum. Rabensteiner Felsendome, Schaubergwerk im ehemaligen Kalkwerk Niederrabenstein seit 1936.

Stadtnahe Erholungswälder Zeisigwald (491 Hektar), Küchwald (94 Hektar) und Crimmitschauer Wald (88 Hektar). In unmittelbarer Umgebung liegen die Landschaftsschutzgebiete »Augustusburg-Sternmühlental«, »Talsperre Einsiedel« und »Rabensteiner Wald« sowie »Lichtenwalde«.

Die Städtischen Kunstsammlungen verfügen über reiche Bestände, vor allem der Malerei des 19. und 20. Jahrhunderts: Carus, Kersting, Spitzweg, Rayski, Liebermann, Slevogt, Hofer, Schmidt-Rottluff, auch bedeutender Plastik: Rodin, Degas, Lehmbruck, Barlach, Kolbe u. a. Im Graphikkabinett ca. 8000 Blätter Druckgraphik u. a. Daumier und Kollwitz. Bedeutende Wechselausstellungen mit Leihgaben.
Hotel- und Restauranthinweise in: Freie Presse-Stadtführer »Chemnitz«, Chemnitzer Verlag 1997.
Tourist-Information Chemnitz, Markt 1, 09111 Chemnitz
Tel. 03 71/69 06 80 oder 1 94 33, Fax 0371/6 90 68 30
E-Mail: touristinformation@chemnitz-tourismus.de,
Internet: www.chemnitz-tourismus.de

Cotta, Bernhard von, Montanwissenschaftler, Geologe und Paläontologe. Geboren als Sohn Heinrich von Cottas im Jagdhaus auf der Kleinen Zillbach am 24. Oktober 1808. Er verbrachte seine Kindheit in Tharandt, besuchte die Kreuzschule in Dresden und studierte von 1827 bis 1831 in Freiberg Geologie und Mineralogie. 1832 ging er für ein Jahr nach Heidelberg und promovierte bei dem Vulkanisten C. C. von Leonhardt. Danach war er Sekretär der Tharandter Forstakademie, später in der sächsischen Regierung für die geologische Kartierung Sachsens tätig und wurde 1842 Professor für Geognosie und Versteinerungslehre an der Bergakademie Freiberg. Schrieb u. a. »Geognostische Wanderungen« (1836/38), »Anleitung zum Studium der Geologie und Geognosie« (1839), »Geologie der Gegenwart« (1865). Cotta unternahm viele wissenschaftliche Reisen u. a. nach Ungarn, dem Banat und nach Serbien. Eine seiner Hauptleistungen lag auf dem Gebiet der Erforschung von Erzlagerstätten. 1862 zum Bergrat ernannt. Er starb am 14. September 1879 in Freiberg und wurde auf dem Donatsfriedhof beigesetzt.

Cotta, Heinrich von, bedeutender sächsischer Forstwissenschaftler, Gründer der Forstakademie Tharandt. Er wurde am 30. Oktober 1763 im Jagdhaus auf der Kleinen Zillbach bei Schmalkalden geboren. Er hatte in Zillbach eine private Forstlehranstalt gegründet. 1810 wurde er Direktor der Tharandter Forstvermessungsanstalt, ein Jahr später gründete er sein privates Forstlehrinstitut. Sein Konzept bestand darin, die bisher einseitig jagdbetonte Ausbildung der Forstleute zu verändern. Er orientierte mit seinen Schriften auf eine waldbauliche Praxis. Der Begriff »Waldbau« wurde von ihm geprägt. Sein Bestreben war, die wirtschaftlichen Erfordernisse ebenso zu berücksichtigen wie die Notwendigkeit, wissenschaftliche Erkenntnisse in die Forstpraxis umzusetzen. 1816 wurde die »Königliche Sächsische Forstakademie« in Tharandt unter seinem Direktorat eröffnet, der er bis zu seinem Tode vorstand. Er reformierte das sächsische Forstwesen und war wesentlich an der Kartierung und Umgestaltung des Waldes beteiligt. Von ihm stammt u. a. »Grundriss der Forstwissenschaft«. Mit diesem Werk erhob er das Forstwesen zu einer Wissenschaft. Cotta starb am 25. Oktober 1844 in Tharandt. – Eines der Tharandter Lehrgebäude trägt seinen Namen.

Heinrich von Cotta

Cranzahl, der 3,5 Kilometer langgestreckte Ort in 600 m Höhenlage liegt in einer für das Erzgebirge typischen Gneismulde. Er wird flankiert von dem 743 m hohen Wolfstein und dem 898 m hohen Bärenstein.

Der Ort ging aus einem Waldhufendorf hervor. Das Gebiet war Lehnsbesitz derer von Schönberg auf Hassenstein und Schlettau, gehörig zum Erzbistum Prag. Erstmals wird er 1367 in einer Urkunde des Kaisers Karl IV. erwähnt. 1413 verkaufte oder vertauschte gegen anderen Besitz Fritz von Schönberg das gesamte Gebiet an das Zisterzienserkloster in Grünhain. Die dadurch zum Klosterdorf gewordene Siedlung kam kirchlich zu Schlettau. Als der florierende Bergbau um Annaberg gegen 1560 versiegte, wurden die Männer Köhler, Picher oder Holzflößer. Als nach 1700 nochmals der Bergbau erblühte, diesmal auf Eisenerz, fanden hier wieder viele Dorfbewohner Beschäftigung. Der Bergbau überschritt nach 1780 seinen Höhepunkt und wurde zunehmend ertragsärmer, bis er einging. Nach 1945 gab es nochmals Erzbergbau auf Uranpechblende.

Cranzahl hat sich in den letzten Jahrzehnten zu einem Erholungsort entwickelt. Er ist Ausgangspunkt für Sommer- und Skiwanderungen. Ab Cranzahl fährt eine Schmalspurbahn bis zum Kurort Oberwiesenthal.

Sehenswert ist in der nach 1910 auf den Grundmauern des alten Gotteshauses von 1556 errichteten Dorfkirche ein spätgotischer Flügelaltar, ihn schuf 1514 Peter Breuer, und ein Staffelbild aus dem Jahre 1520, ein Spätwerk von Hans Hesse.

Gästeinformation Sehmatal,
Karlsbader Straße 171, 09456 Sehmatal-Neudorf
Tel. 03 73 42/1 60 40, Fax 03 73 42/1 60 48
E-Mail: tourismus@sehmatal.de,
Internet: www.sehmatal.de

Cranzahl–Oberwiesenthal, Schmalspurbahn
Zwischen Cranzahl und Kurort Oberwiesenthal verkehrt die 100 Jahre alte dampflokbetriebene Schmalspurbahn. Die Strecke ist 17,4 Kilometer lang. Die Bahn hat dabei 242 Meter Höhenunterschied zu überwinden, bei Steigungen bis 1:30. Die Fahrt dauert 60 Minuten und führt durch eine schöne Gebirgslandschaft. Reizvoll ist die Fahrt im bewirtschafteten Salonwagen.

Talsperre »Freundschaft«, Cranzahl, Trinkwassertalsperre
Südostwärts von Cranzahl, im Landschaftsschutzgebiet Bärenstein, liegt der zwischen Juli 1948 und Dezember 1951 zur Trinkwasserversorgung von Annaberg-Buchholz und seiner Umgebung angelegte Stausee. Er ist 1,2 Kilometer lang, 380 Meter breit und nimmt eine Fläche ein von 29,5 Hektar. Der Staudamm, ein Schüttedamm aus Gneisstücken, hat eine Länge von 420 Metern und eine Höhe von 37 Metern. Er staut 3,1 Millionen Kubikmeter Wasser.

Crottendorf, 5 Kilometer langgestrecktes Dorf in 650 m Höhenlage im oberen Zschopautal. Zu ihm gehört der Ortsteil Wolfner Mühle. Westwärts berührt das Landschaftsschutzgebiet Scheibenberg die Crottendorfer Flur.

Der Ort entstand vermutlich als Waldhufendorf noch vor 1200, also während der ersten Siedlungsperiode. Der Name wird auf »Krote« (Kröte) zurückgeführt. 1539 heißt der Ort Krotendorf. Im Ortssiegel ist eine Schildkröte dargestellt. Ursprünglich zur Herrschaft Hartenstein gehörend, kam das Dorf 1406 in den Besitz derer von Schönburg, zur Oberwäldischen Grafschaft gehörend, die 1559 Kurfürst

August kaufte. Dadurch kam Crottendorf zum Amt Schwarzenberg. Der betriebene Bergbau auf Eisenstein brachte gute Erträge. Mitte des 16. Jahrhunderts gab es hier 17 Hammer- und Schmiedewerke, ferner eine Glashütte, die 1560 verlegt wurde. Crottendorf war Sitz der Harzer und Picher. Von 1557–1884 wurde ein Marmorbruch in Ortsnähe betrieben. Crottendorf ist seit langem ein wichtiger Ort für die Herstellung von Räucherkerzen.

Im Dorf gibt es schöne Fachwerkhäuser. Die Kirche gleicht durch ein aus Bruchsteinen gefügtes Rundbogentor einer erzgebirgischen Wehrkirche. Nach Christian Lehmann (1699) bestand in Crottendorf eine Wehrkirche, die 1643 von den Schweden niedergebrannt wurde. Das große barocke Altarwerk der heutigen Kirche mit zwei Gemälden von Andreas Warnitz wurde 1699 errichtet. Nahe dem Altar befinden sich barocke Grabmäler aus Crottendorfer Marmor. Das Pfarrhaus ist ein mehrgeschossiger Fachwerkbau aus dem ausgehenden 18. Jahrhundert.

In einem kleinen waldreichen Talkessel, an der Stelle, an der das Erbisbächel in die Große Mittweida mündet, ist der Ortsteil Wolfner Mühle eingebettet. Schon im 16. Jahrhundert gab es hier eine Brettmühle. Während des Dreißigjährigen Krieges war es ein Versteck für die Bewohner der Nachbarorte. 1640 brannten plündernde Schweden die Mühle nieder. Seit 1930 gab es hier eine Sommerfrische, später ein Erholungsheim. – Crottendorf bietet gute Wander- und Skiwandermöglichkeiten mit interessanten Zielen.

Auskünfte: Gemeindeverwaltung Crottendorf, Annaberger Straße 230c, 09474 Crottendorf
Tel. 03 73 44/7 65 0, Fax 7 65 23
E-Mail: bibo-crottendorf@web.de,
Internet: www.Crottendorf-Erzgebirge.de

Spirituosenherstellung, Privatmuseum
Der Seniorchef der Likörfabrik Otto Ficker hat in seinem Haus ein kleines Privatmuseum eingerichtet, in dem man sich über die Herstellung erzgebirgischer Kräuterliköre in vergangener Zeit unterrichten kann. Neben einfachen Maschinen und Geräten lernt der Besucher auch die wichtigsten Kräuter kennen.

Deutscheinsiedel, mit dem Ortsteil Brüderwiesen, 23 km fast ostwärts von Marienberg entfernt, zwischen dem Kurort Seiffen und der Staatsgrenze zu Tschechien, abseits großer Straßen, vom Kammwald umgeben.

Durch Exulanten wurde der Ort nach dem Dreißigjährigen Krieg angelegt, der 1600 »zum deutschen Einsiedel« hieß. Seit 1850 gilt die amtliche Bezeichnung »Deutscheinsiedel«. Brüderwiese wurde 1690 von Seiffen aus wiederbesiedelt. Bis zur Einführung der Reformation im Jahre 1535 bestand hier eine Einsiedelei des Zisterzienserklosters Osck. Von den »Brüdern auf der Wiese« dürfte die Ortsbezeichnung herrühren. 1653 verkauften die Purschensteiner Grundherrn den ostwärtigen Teil ihres Einsiedler Waldbesitzes an den Kurfürsten. Noch heute wird deshalb von einer königlichen Seite gesprochen, die dem Amt Lauterstein unterstand, und von einer herrschaftlichen Seite, die nach Neuhausen gehörte. – Ein sehenswertes Kulturdenkmal ist das Hammerherrenhaus in Brüderwiese.
Gemeindeverwaltung Deutschneudorf,
Bergstraße 9,
09548 Deutschneudorf
Tel. 0 373 68/2 18
E-Mail: gv.deutschneudorf1@freenet.de,
Internet: www.deutschneudorf.de

Dietrich, Stephan (Saafnlob), Mundartautor, Pädagoge. Geboren am 17. Februar 1898 in Eibenstock. Er entstammt einer alteingesessenen Bergmannsfamilie. Von 1912 bis 1919 besuchte er das Lehrerseminar in Schneeberg. Danach wirkte er als Lehrer und Schulleiter in Eibenstock und Wildenthal. Zuletzt leitete er die Sonderschule in Eibenstock. Den Ruhestand verbrachte er in seiner Geburtsstadt und in Hagen. Er schrieb Lieder, Gedichte und Erzählungen in erzgebirgischer Mundart und in Hochsprache. In der Öffentlichkeit trug er seine Mundartdichtungen selbst vor. Die Melodien zu seinen Liedern schrieb er selbst. Von ihm gibt es auch mundartliche Theaterstücke und Hörspiele. Seine Arbeiten veröffentlichte er in mehreren Büchern, darunter »Arzgebirg, mei Haamitland« (1937), »Su is mei Haamit« (1938) und »Das lustige Buch der Erzgebirger« (1954). Er starb am 8. Mai 1969 in Karl-Marx-Stadt (Chemnitz).

Dippoldiswalde, Stadt im Osterzgebirge. Sie liegt 23 km südlich der Landeshauptstadt Dresden in 350 m Höhe im Tal der Roten Weißeritz. Die sie umgebenden Höhen sind etwa 430 m hoch. Nahe der Stadt befindet sich das Landschaftsschutzgebiet »Poisenwald – Willisch – Dippoldiswalder Heide«.

Dippoldiswalde entstand um 1200. Urkundlich wird die Ansiedlung erstmals 1218 genannt. Sie entwickelte sich im Zusammenhang mit der auf einem Bergsporn errichteten markgräflichen Burganlage. Mit dem Einsetzen des Bergbaus auf Silbererz um 1266 gewann der Ort an Bedeutung. Vor allem im 15. und 16. Jahrhundert, nun auch auf andere Erze ausgedehnt, blühte das Bergwesen. Es konnte sich bis 1864 halten, bevor die letzte Anlage schloss. Im 13. Jahrhundert erlangte Dippoldiswalde Stadtrecht, seit 1360 war die Stadt mit einer Mauer versehen. Die markgräfliche Burg hatte einen bis weit ins Gebirge hinaufreichenden Besitz. Auf ihr saßen im 14. Jahrhundert die Burggrafen von Dohna, und von 1503 bis 1568 war sie an die von Miltitz verlehnt. Ab 1569 wurde sie landesherrliches Amt. Mehr und mehr wurde sie herrschaftlichen Bedürfnissen angepasst und zum Schloss umfunktioniert. Als der Ort 1882 Eisenbahnanschluss erhielt, konnte sich auch das Wirtschaftsleben entfalten. Belebung brachte die 1887 von Roßwein nach Dippoldiswalde verlegte private Lehranstalt einer Müllerschule.

Sehenswert ist in der Stadtkirche St. Lorenz die Holzkassettendecke von 1642 mit Malereien von Hans Planitz und das Kreuzigungsgemälde des Altaraufsatzes von Johann Fink. – Die Nikolaikirche hat eine gut erhaltene Basilika im Übergangsstil aus der Zeit um Mitte des 13. Jahrhunderts. – Das Schloss dient als Verwaltungsgebäude. – Der rechteckige Rathausbau stammt aus der Zeit Ende des 15. Jahrhunderts.

Nahe der Stadt befinden sich die Talsperren Klingenberg, Lehnmühle und Malter, die bis an die Stadtgrenze reicht.
Stadtverwaltung Dippoldiswalde,
Markt 2, 01744 Dippoldiswalde
Tel. 0 35 04/6 49 90, Fax. 0 35 04/61 33 11
E-Mail: stadt@dippoldiswalde.de,
Internet: www.dippoldiswalde.de
Lohgerber- und Stadt- und Kreismuseum,
Tel. 0 35 04/61 24 18

Döhnel, Carl Friedrich. Durch das gemeinsame Arbeiten der erzgebirgischen Klöpplerinnen während der »Klippelsteig« oder »Rix«, entstanden viele Arbeitslieder, »Klöppellieder« genannt. Eines der bekanntesten ist das von Carl Friedrich Döhnel »Ich bi e gebirgisches Maadel . . .«

Geboren wurde Döhnel am 12. Juni 1772 in der Bergstadt Schneeberg als Sohn eines Gemeindevorstehers, Kauf- und Handelsherrn. Nach dem Schulbesuch schickte er den Jungen auf die Universität, um Rechtswissenschaften studieren zu können. Der frisch mit dem Doktorgrad versehene Advokat ließ sich 1796 in Wiesenburg bei Zwickau nieder. Dort wirkte er ein Leben lang als Rechtsanwalt und Advokat. Feierlich beging er im Oktober 1846 in Zwickau sein goldenes Dienstjubiläum. Gestorben ist Döhnel am 28. Juli 1853.

Sein schriftstellerisches Werk ist vielseitig. Oft zeichnete er nur mit »D-l«, »W-g« oder »l«. Unter seinen Veröffentlichungen findet sich auch Mundartliches. Das oben genannte Lied ließ er bereits 1819 im »Zwickauer Wochenblatt« erscheinen. Döring nahm es dann 1839 in seine »Sächsischen Bergreyhen« auf, allerdings als »mündlich überliefert«. Bekannt wurde sein Tschumperlied »Do drübn of'n Anger . . .« Außer Sonderdrucken seiner Gedichte, dazu zählt z. B. ein Festgedicht von 1820, das er zur Hochzeit eines Grafen von Schönburg für den Rat und die Bürger von Lößnitz geschrieben hatte, gibt es auch zwei Bücher von ihm, das eine betitelt mit »Kilian, ich komme wieder!« oder »Meiner Frau wirkliche Erscheinung nach dem Tode«, das 1805 unter dem Decknamen D. Kilian Zebedäus Spiznagel erschien und den Glauben an Totenerscheinungen lächerlich macht, und das größere Buch »Skelette«, mit skizzenhaften, ironischen Erzählungen.

Dorfchemnitz, heute Stadtteil von Zwönitz. Mittlere Höhenlage 470 m ü. NN. Seit 1997 Stadtteil von Zwönitz (s. d.).

Erstbesiedlung vermutlich bereits im 12. Jahrhundert. Waldhufendorf mit »30 gesessenen Mann« erstmals 1447 in einer Urkunde erwähnt. Der Ortsname ist slawischen Ursprungs (s. Chemnitz) nach dem gleichnamigen Fluss, der ursprünglich auf der ganzen Länge Chemnitz hieß. Später erhielt der Oberlauf bis zur Einmündung der Würschnitz den Namen Zwönitz (s. d.). Das alte Ortssiegel zeigt einen Acker mit Bach und einen Steinberg. Das Dorf gehörte zur Herrschaft Stollberg, 1624 erhielt es die erbliche Gerichtsbarkeit. Ehemaliges Erbgericht seit 1938 unter Denkmalschutz. Fünf Mühlen bestimmten einst den Charakter des Dorfes. Die erste Kirche soll schon 1241 erbaut worden sein, 1483 entstand ein neuer Kirchenbau, der heutige Kirchbau wurde 1893 geweiht. Im Pfarrhaus wurde der Rechtswissenschaftler und Historiker Samuel Pufendorf (s. d.) am 8. Januar 1632 geboren.

Sehenswert ist die Dorfchemnitzer »Knochenstampfe«, vermutlich 1744 entstanden, heute als Museum und Heimatzentrum eingerichtet. Hier wird auch über den einst wichtigsten Industriezweig des Ortes, die Strumpfindustrie, informiert.

Drebach, Mitgliedsgemeinde im Verwaltungsverband »Grüner Grund«, im mittleren Erzgebirge. Das Dorf liegt im Tal des gleichnamigen Baches, eines Seitenarms der Zschopau.

Der Kraftfahrer fährt auf der B 95 über Burkhardtsdorf, Ehrenfriedersdorf, dann Abzweig nach Drebach oder über Landstraße Einsiedel, Weißbach, Gelenau, Venusberg. Busverbindungen nach Ehrenfriedersdorf, Scharfenstein, Zschopau u. a. Orten. Ein direkter Bahnanschluss existiert nicht (nächste Bahnstation Scharfenstein).

Das Waldhufendorf Drebach ist eine Gründung fränkischer Bauern zwischen 1200 und 1250. Waldhufenflur noch heute erkennbar. Erste urkundliche Erwähnung 1386. Trotz Bergbau auf Zinn, Blei und Eisenerz vom 15. Jahrhundert bis 1861 blieb Drebach immer eines der größten Bauerndörfer des Erzgebirges. Im 19. Jahrhundert Strumpfwirkerei, heute neben kleineren Gewerbebetrieben Fabrik für meteorologische Instrumente.

Bekannt ist Drebach durch seine Krokuswiesen. Von Ende März bis Anfang April blüht auf Wiesen und in Gärten eine besondere Spezies des Krokus, die im Volksmund »Nackte Jungfer« genannt wird. Die Crocus vernus Wulf. forma drebachiensis kommen nur hier vor. Ihre Einführung wird dem Pfarrer David Rebentrost (1614–1703) zugeschrieben. Die Legende erzählt, dass Rebentrost, der auch als Apotheker und Arzt wirkte, sich diese Pflanze aus dem kurfürstlichen Garten zu Dresden für eine ärztliche Hilfeleistung erbeten habe. Drebach hat seit den Achtzigerjahren auch eine Volkssternwarte mit Planetarium.
Auskünfte: Gemeindeverwaltung Drebach,
Straße der Jugend 2, 09430 Drebach
Tel. 03 73 41/25 03, Fax 03 73 41/71 40
E-Mail: info@gemeinde-drebach.de,
Internet: www.gemeinde-drebach.de

Drechseln, ist das Bearbeiten von Holz oder anderer weicher Werkstoffe, die in eine Drechselbank eingespannt in Drehbewegung versetzt werden. Bei der Holzbearbeitung spricht man je nach Einspannung von Lang- und Querholzdrechseln. Mit bestimmten Werkzeugen, die schruppend oder spanabhebend wirken, formt und bearbeitet der Drechsler die Werkstücke. Verwendet werden vor allem Schrupppröhre zur Grobbearbeitung, Drechselröhre zum Profildrehen und Drechselmeißel zum Spitz- und Runddrehen oder Schlichten. Die rotationssymmetrischen Körperformen werden mit dem Abstechstahl vom Rohling bei laufender Maschine getrennt. Ausübende dieses Berufes heißen Drechsler, im Gegensatz zu den in der Metallbranche nach ähnlichem Prinzip arbeitenden Dreher. – In der Gegend von Seiffen hat sich besonders das Drechseln von Figuren (Räuchermänner, Nussknacker, Lichterengel und -bergmann), Spielzeug und Gebrauchsgegenständen zu einer verbreiteten, meist in Hausindustrie betriebenen Beschäftigung entwickelt. Als eine Besonderheit gilt das dort zu Beginn des 19. Jahrhunderts erfundene und noch heute geübte Reifendrehen. Mit dieser Technik stellt man vor allem Spielzeugtiere her, die »Reifentiere«.

Ehrenfriedersdorf, Stadt am Rande des Greifensteinmassivs im Tal der oberen Wilisch.

Ehrenfriedersdorf entstand als Waldhufendorf vermutlich durch fränkische Siedler am Ende des 12. Jahrhunderts. Bedeutende Zinnfunde führten zur Bergwerksgeschichte des Ortes, die erst in der Gegenwart (1990) endete.

Die erste Erwähnung des Ortes von 1339 lautet »Erinfritstorf« (Dorf eines Erinfrid). 1456 wird es als Markt und 1460 als Städtchen bezeichnet. Zu den interessanten Fakten aus der Geschichte gehört die Verschüttung des Bergmanns Oswald Barthel am Sauberg 1508, der 1568 unverwest wieder ausgegraben wurde. Daraus entwickelte sich eine bekannte erzgebirgische Sage, die mit ähnlichen Sagenstoffen aus anderen europäischen Bergwerkslegenden korrespondiert (Bergwerk von Falun). An die »Lange Schicht« von Ehrenfriedersdorf erinnert das Oswald-Barthel-Denkmal, das 2001 auf dem Sauberg neu errichtet wurde.

Sehenswert ist die Alte Wehrkirche St. Niklas mit einem vermauerten Wehrgang und einem sechsflügeligen Schnitzaltar des Meisters Hans Witten, der als einer der bedeutendsten mittelalterlichen Altäre Sachsens gilt. Gemeinschaftsarbeit mit dem Maler Hans von Cöln. Die Kirche selbst ist ein zweischiffiger, spätgotischer Bau mit Kreuzrippengewölbe. In der Nähe von Ehrenfriedersdorf liegt das Landschaftsschutzgebiet »Greifensteine« (s. d.).

Mit dem 3. Oktober 1990, nach genau 750 Jahren, endete der Bergbau in Ehrenfriedersdorf.

In der ehemaligen Zinngrube wurden ein Besucherbergwerk, ein Mineralogisches Museum und der erste Heilstollen Sachsens eingerichtet (Am Sauberg 1, Tel. 03 73 41/25 57).
Tourist-Info: Fremdenverkehrsverein »Greifensteine« e. V.
Max-Wenzel-Str. 1, 09427, Ehrenfriedersdorf,
Tel. 03 73 41/30 60
E-Mail: tourist-info@silberland-greifensteine.de,
Internet: www.silberland-greifensteine.de

Eibenstock, mit den Ortsteilen Blauenthal, Wolfsgrün, Neidhardtsthal, Wildenthal, Carlsfeld. Eine durch Kleinindustrie geprägte Stadt in 640 m Höhenlage. Der Ort liegt auf einer Hochfläche zwischen dem Landschaftsschutzgebiet »Talsperre Eibenstock« im Nordwesten und dem Landschaftsschutzgebiet »Auersberg« im Süden. Er ist eingebettet in weitreichende Wälder. Die höchste Erhebung in Stadtnähe ist der Auersberg, 1020 m ü. NN.

Vermutlich wurde Eibenstock im 12. Jahrhundert von oberfränkischen Siedlern als Abart eines Waldhufendorfes

Eibenstock, Blick auf Stadt und Auersberg

gegründet. Keimzelle dabei waren drei Freihöfe. Statt der sonst üblichen streifenweisen Fluranlage verliefen sie hier, durch das Gelände bedingt, radial. Dabei zogen sich die Fluren um den Stadtkern wie die Radien eines Kreises um den Mittelpunkt. Urkundlich wird der Ort erstmals erwähnt 1378 als »Ybenstock« und 1380 als »Ewinstock«. Der Ortsname weist auf die sich durch Stockausschlag vermehrende Eibe hin. Von Anfang an gehörte die Siedlung zur Herrschaft Schwarzenberg. Frühzeitig setzte neben der Landwirtschaft der Seifenbergbau ein. An die bergbaulichen Anfänge erinnert Eibenstocks Wappenbild mit Seifengabel und Keilhaue. Der gut florierende Bergbau brachte dem Ort 1550 Stadtrechte ein, er wurde Bergstadt mit Bergamt und Bergamtsrevier. Durch das geförderte Eisenerz entstanden in der Umgebung bedeutende Hammerwerke, wie Carlsfeld, Muldenhammer, Schönheiderhammer, Blauenthal. Bergleute legten 1555 den 8 km langen Grünen Graben an. Er führte aus der Großen Bockau Aufschlagwasser in das nördlich der Stadt liegende Bergbaugebiet Grün heran. Hier gab es im 17. Jahrhundert 288 Mutungen auf Fundgruben und Stollen, 33 Pochwerke und 10 Zinnseifen. Im »Kessel« und am Auersberg bestanden etwa 300 Bergwerke oder bergbauliche Anlagen.

Bergmannshäuser aus dieser Zeit, im Blockständerbau, mit Blechdach, Giebelverkleidung und steilem Dach, finden sich noch heute im Stadtbild, besonders im Rehmer Viertel (Reme = Riemen = schmaler Streifen). Im 18. Jahrhundert verlor der erstmals 1524 erwähnte Bergbau seine Bedeutung. Die dadurch einsetzende Verarmung der Bevölkerung konnte durch das 1775 von Clara Angermann (1754 – nach 1809) eingeführte Tambourieren, Sticken mit der Häkelnadel, gemildert werden. Es wurde zum wesentlichen Broterwerb. Die 1857 in die Stadt gebrachte Stickmaschine begründete die Stickereiindustrie, die um 1900 ihre Blüte erlebte. Leupoldt beschreibt Eibenstock 1868 mit dem Satz: »Eibenstock liegt mitten in prächtig gewässertem Wiesenlande; sächsisches Sibirien . . .« Das Stickereiwesen hat sich bis in die Gegenwart erhalten. Zu ihm kamen im Verlauf der Jahrzehnte mittelständische Betriebe anderer Branchen. Die geologischen Verhältnisse hielten den nach 1945 einsetzenden Uranerzbergbau fern. Durch den Bau der Trinkwassertalsperre kam es zu wesentlichen Einschnitten in das Stadtgefüge.

Beachtenswert ist die von 1864 bis 1868 nach Plänen von Oskar Sommer errichtete neoromanische Stadtkirche mit dem 64 m hohen Turm. Sie beherbergt u. a. in der Eingangshalle ein lebensgroßes Kruzifix aus dem frühen 16. Jahrhundert. An der Totenhalle auf dem Friedhof sind gusseiserne Grabplatten für Fr. und A. Siegel zu sehen, die aus dem 17. Jahrhundert stammen. Das Rathaus im Jugendstil entstand 1907. Schöne alte Bergmannshäuser befinden sich am Carlsfelder Steig, in der Lohgasse und Vorderen Rehmerstraße. Im Stadtgefüge der 652 m hohe Bühl mit dem »Bühlhaus«, mit freiem Blick auf die umliegenden Berge und Wälder. In Eibenstock wirkte eine Zeit lang der Mundartdichter Stephan Dietrich (1898–1969). Es ist der Geburtsort des vogtländisch-erzgebirgischen Mundartdichters und Volkssängers Hilmar Mückenberger (1855–1937).

Eibenstock mit seiner nahen Umgebung entwickelt sich zu einem Feriengebiet. Die Stadt mit ihren Ortsteilen verfügt über zahlreiche Übernachtungsmöglichkeiten in Hotels, Pensionen und bei Privatpersonen. Stadtnahe das Ferienhotel »Am Bühl« mit einer Ladenpassage zu den neuerrichteten Badegärten. In der Stadt gibt es ein Heimat- und Stickereimuseum.
Touristinformation, Postplatz 4, 08309 Eibenstock,
Tel. 03 77 52/22 44, Fax 03 77 52/6 98 44
E-Mail: touristinformation@eibenstock.de,
Internet: www.eibenstock.de

Heimat- und Stickereimuseum, Städtische Heimatschau
Die 1955 eröffnete Schau gewährt einen Einblick in die Geschichte der Stadt und seiner Umgebung. Ausgestellt sind u. a. eine Mineraliensammlung aus Funden des Eibenstocker Bereichs und Zinngerät des 16. und 17. Jahrhunderts heimischer Zinngießer. Es werden schöne Klöppelarbeiten gezeigt und Beispiele der heimischen Stickerei. Ein Themenkreis befasst sich mit der Forstwirtschaft, ein anderer mit der Talsperre im Muldental. Von ihr ist auch ein Modell ausgestellt.
Tel. u. Fax 03 77 52/21 41

Badegärten Eibenstock
Großzügige Architektur kennzeichnet die neu errichteten Badegärten der alten Bergstadt, mit im klassischen Stil gestalteter Badehalle, die durch die raumhohe Retunde einen herrlichen Blick über die Eibenstocker Höhenzüge gewährt, mit Familiengarten, Kneippgarten und Saunagarten.
Tel. 03 77 52/5 07-0, Fax 03 77 52/5 07-11

Eibenstock, Landschaftsschutzgebiet **Talsperre Eibenstock**, unter Schutz gestellt seit 1963 bzw. 1968, 2214 Hektar groß. Im Wesentlichen ist es Wassereinzugsgebiet für die Talsperre, aber auch Erholungslandschaft des oberen Westerzgebirges, besonders für Urlauber der Bergstadt Eibenstock. Begrenzt wird das Gebiet meist von Straßen. Sie verbinden die Orte Eibenstock, Schönheide, Stützengrün, Hundshübel und Wolfsgrün. Das Gebiet hat eine annähernd kreisförmige Gestalt. In ihm liegt vielverzweigt in Nord-Süd-Richtung langgestreckt die 350 Hektar große Wasserfläche der Talsperre. Sie ist eingebettet vorwiegend in Nadelwald. Er reicht bis an die Ufer. Dadurch erhält der Stausee einen natürlichen, romantischen Eindruck. Auf ihm leben verschiedene Wasservögel. In den Wäldern gibt es Hoch-, Reh- und Schwarzwild, Nieder- und Raubwild sowie eine verhältnismäßig artenreiche Vogelwelt.

Das Landschaftsschutzgebiet wird dem oberen Westerzgebirge zugeordnet und liegt 480 bis 700 m hoch. Zu den höchsten Erhebungen zählen der Otilienstein mit 688 m, Fuchsstein mit 679 m, Bühl mit 652 m und der Wilhelmstein mit 649 m ü. NN. Typisch für die Landschaft sind gerundete Formen des freigelegten Granits. Das als Eibenstocker Granit bezeichnete Grundgestein verwittert leicht. Dadurch können sich fließende Gewässer tief einsägen, steile Hänge ausbilden und enge Taleinschnitte mit Ablagerungen verfüllen. Auf diese Weise entstand die weite Muldenaue, ein wesentlicher Stauraum der Talsperre. Gestaut wird in der Nähe von Neidhardtstal die Zwickauer Mulde, die von kleinen Nebenflüssen gespeist wird.

Im Landschaftsschutzgebiet liegt zwischen Eibenstock und Wolfsgrün die »Schwarze Binge«, von der die Sage geht, dass in ihr ein Reiter mit seinem Ross in finsterer Sturmnacht versunken sei. An der Straße zwischen Eibenstock und Schönheiderhammer befindet sich das Naturdenkmal »Rockenstein«, ein Felsgebilde aus mittelkörnigem Eibenstocker Granit, durch das waagrecht eine etwa 40 Zentimeter mächtige Schliere feinkörnigen Granits streicht.

Eibenstock, **Talsperre**. Die von 1976 bis 1980 erbaute Trinkwassertalsperre wurde 1981 in Betrieb genommen. Die 350 Hektar große Wasserfläche erstreckt sich in den Waldtälern zwischen Eibenstock, Schönheide, Stützengrün und Hundshübel. Sie ist knapp sieben Kilometer lang und über zwei Kilometer breit. Gespeichert werden 78 Millionen Kubikmeter Wasser. Die Staumauer, eine aus 300.000 Kubikmeter Beton bestehende Hubmauer, wurde im Muldental zwischen dem Gerstenberg und den Ausläufern der Passleithe errichtet. Sie ist 305 Meter lang, 65 Meter hoch, hat eine Sohlenbreite von 40 Metern, auf der Krone misst sie 7,5 Meter. Die mögliche Stauhöhe beträgt 52 Meter. 1550 Litersekunde ist die Wasserabgabe. Durch einen 11,4 Kilometer langen Wassertunnel in 20 bis 80 Meter Tiefe gelangt das Rohwasser zur Aufbereitung nach Burkersdorf bei Kirchberg. Versorgt mit Trinkwasser werden Chemnitz, Zwickau und andere bevölkerungsreiche Landstriche.

Einsiedel, seit 1. Januar 1997 Ortsteil von Chemnitz, 8 km südostwärts der Stadt, im Tal der Zwönitz gelegen.

Ostwärts flankiert den Ort der Einsiedler und Kemtauer Wald mit seinem Fischzuchtgrund, ein seit jeher beliebtes Wander- und Erholungsgebiet.

Einsiedel liegt nordwestlich des 825 Hektar großen Landschaftsschutzgebietes »Talsperre Einsiedel-Kemtauer Wald«. Die ortsnahe Talsperre, mit vier Hektar Wasserfläche, bleibt ein Winzling unter den deutschen Talsperren. Sie ist eingebettet in den Einsiedler Wald und dient der Trinkwasserversorgung von Chemnitz. Erbaut 1895, ist sie Sachsens ältestes künstliches Wasserreservoir ihrer Art, Deutschlands zweitälteste Talsperre. Ihre Sperrmauer ist 180 Meter lang und 22 Meter hoch. Die Talsperre staut 300.000 Kubikmeter Wasser.

Als Gründungsjahr von Einsiedel gilt das Jahr 1254. Zu der Zeit wird der Ort urkundlich erstmals von dem Erzpriester von Kempnitz als eine »Kleine Einsiedelsche Pflege« erwähnt, die dem Ritter von Einsiedel als Lehen gehörte. Einsiedels Wappen, mit einem betenden Einsiedler, jahrelang auch das Logo des Einsiedler Brauhauses, ist wohl eher der Sage entnommen. Denn Einsiedels Geschichte ist eng mit diesem seit 1299 nachweisbaren Herrengeschlecht derer von Einsiedel verbunden.

Hier, in Einsiedel, war ihr Stammsitz. Zu den Ländereien gehörten Erfenschlag, Dittersdorf, Reichenhain und Kemtau. Im Namen Kemtau, abgeleitet von Kemenate (heizbares Zimmer in der Burg), liegt vielleicht die Erinnerung an ihre Stammburg, die auf dem Burgberg gelegen haben soll, bevor der Herrschaftssitz nach Dittersdorf verlegt wurde. Seit dem 16. Jahrhundert gehört das Dorf zu den Einsiedelschen Rittergütern Scharfenstein und Weißbach.

In das große Bauerndorf kamen 1820 Baumwollspinnereien, und die schon früher als Handarbeit betriebene Strumpfwirkerei dehnte sich aus. Aus einer alten Papiermühle wurde eine Papierfabrik. Die Industrie konnte sich im Bauerndorf besonders nach dem Bau der Eisenbahnlinie Chemnitz–Aue im Jahre 1875 entwickeln.

In den letzten Kriegstagen des Jahres 1945 wurde Einsiedel stark zerstört. 469 Wohnhäuser, Betriebe und öffentliche Gebäude wurden vernichtet. Nur 68 Wohnungen blieben heil. Mit 93 Prozent war Einsiedel der am meisten geschädigte Ort Sachsens. Die Dorfkirche aus den Jahren 1822/27 von Christian Friedrich Uhlig, einst die Pfarrkirche der Herrschaft, brannte aus und musste erneuert werden. Von all den Schäden ist heute nichts mehr zu spüren. Wer nach Einsiedel kommt, sollte nicht verpassen, sich auch das Rathaus von 1900 ansehen, das Brauhaus von 1885 und die Kirche »Sankt Jacobi«.

Bürgerservicestelle Einsiedel,
Einsiedler Hauptstraße 79,
09123 Chemnitz,
Tel. 03 72 09/66 40

Enderlein, Matthes, Bergmeister und Bergjurist, geb. 1493 in Zwönitz, gest. 21. Oktober 1556 in Joachimsthal. Über seine frühe Jugend ist wenig bekannt, 1518 kam er an die Universität Leipzig, später wird er als Rektor der Lateinschule in Schneeberg genannt. Enge Beziehungen zum Bergbau hatte er wohl schon aus Kindheits- und Jugendzeiten in Zwönitz. 1533 geht er nach Joachimsthal, wo er ab 1533 als Schichtmeister, auch als Bergmeister genannt wird. 1549 gibt er dieses Amt aus Altersgründen und auch wegen Verdächtigungen auf. 1550 wird er jedoch Amtsverwalter in Joachimsthal, 1552 tritt er in den Adelsstand als »Matthes Enderlein vom Burgstadel«. Zu seinen wichtigsten Schriften gehören das »Bergformelbuch«, das wichtige bergmännische Bestimmungen fasste. Es entstand zwischen 1541/1545, später arbeitete er an den »Alten Bergebräuchen«, erst nach seinem Tode wurde »Von Bergwerks Substanz, Nutz und Erhaltung« veröffentlicht. Mit all diesen Arbeiten gehört er zu den bedeutendsten Mitschöpfern der Berggesetzgebung des 16. Jahrhunderts. Lit.: Löscher, Heimat Erzgebirge, 1997, S. 428 ff. Das Gymnasium der Stadt Zwönitz trägt seinen Namen.

»Entenschnabel«, Grenzausstülpung bei Rittergrün, Breitenbrunn. Der bizarre Verlauf der Staatsgrenze zu Tschechien, südlich von Rittersgrün, südostwärts von Breitenbrunn, führt die Bezeichnung »Entenschnabel«. Entstanden ist er bei einer Grenzziehung im Jahre 1557 und 1558, indem man sich auf folgende Bezugspunkte einigte: Quelle des Mückenbaches, Quelle des Ortbaches und Mündung des Breitenbaches in das Schwarzwasser. Dadurch, dass man diese Punkte in gerader Linie verband, entstand der kuriose Grenzverlauf.

Erla, mit dem Ortsteil Crandorf, zwei Kilometer südlich von Schwarzenberg in einer Weitung des Schwarzwassertales und an dessen Südhang gelegen. Erla ist durch ein Eisenwerk geprägt, Crandorf ist ohne Industrie.

Man nimmt an, dass Crandorf im 12. Jahrhundert durch mainfränkische Siedler gegründet wurde. Erla ging aus einer Hammerwerkssiedlung hervor. 1380 wird von einem »hoffe zu Crandorf« und einem »hammer in der erel« berichtet. Ein Kunz Ortband und dessen Ehefrau erhielten von der Schwarzenberger Herrschaft beides zu Lehen. Der Name Erla wird von den am Bach wachsenden Erlen abgeleitet, Crandorf von »Krähendorf«. Im 13. Jahrhundert, nach Funden von Zinn und Eisen, gewann das Schwarzwassertal an Bedeutung. Neben kleinbäuerlicher Betätigung waren die Bewohner vorwiegend mit dem Schürfen und Aufbereiten von Erzen beschäftigt. Die Eisenverhüttung setzte möglicherweise um 1250 ein. Unter den Hammerwerken des Erzgebirges ist das »in der erel« eines der ältesten. 1530 heißt es von Crandorf, »ein neu Dorff bestehend aus drei Höfen dazu zehn Anwesen«. Angesiedelt hatten sich Berg- und Hammerleute, Holzfäller und Köhler. Das Dorf lag an der Passstraße von Schwarzenberg über Breitenbrunn nach Joachimsthal und besaß damit eine gewisse Verbindung zur Außenwelt. Neben dem Hammer taucht 1583 auch die Zeche auf »St. Johannes am Rothen Berg«, in der nach Roteisenstein gesucht wurde. Sie lag zwischen Erla und Crandorf am Hang. Einzelne Überreste davon sind bis heute zu erkennen. 1795 wurde sie das berühmteste Eisenerzbergwerk Sachsens genannt. In guter Zeit fuhren bis zu 200 Bergleute an, die in Tiefen bis zu 200 m arbeiteten. Noch Mitte des 19. Jahrhunderts brachte man jährlich um die 300 Fuder Eisenstein zu Tage. Ein wenig romantisierend, schreibt Lindner 1848 über den Ort: »Mit Ackergeräthe zieht der Landmann zu Felde, Berg- und Hüttenleute wechseln die Schichten, und der Holzmacher schreitet in den Wald mit Aexten und magerer Kost im Kober. Alle nebeln ihr Pfeiflein, von welchem der Schwamm am besten riecht.« Obwohl die Zeche noch nicht ausgebeutet war, fiel der Betrieb 1865 ausländischer Konkurrenz zum Opfer. Übrig blieb aus alter Bergbauzeit das heutige Eisenwerk. Von 1946 bis etwa 1958 wurde rund um den Ort Bergbau auf Uranpechblende betrieben. Die Halden haben sich begrünt und lassen den Bergbau nur noch ahnen.

Die Dorfkirche am Hang, mitten in Crandorf, ein Barockbau aus dem Jahre 1712, mit einem Westturm von 1884, hat umlaufende Emporen. Als interessant gilt der Kanzelaltar mit einem Kreuzigungsgemälde vor dem Kanzelkorb. Straßenabwärts steht auf rechter Seite eine guterhaltene Postsäule. Sie ist ein markanter Punkt an der alten Verbindungsstraße zwischen Schwarzenberg und Johanngeorgenstadt. Auffälligster Bau in Erla ist der aus dem 18. Jahrhundert stammende Herrenhof mit einem Park alter Bäume. Darunter eine mächtige Ulme, als Naturdenkmal geschützt. Sie steht direkt an der Straße. Der Herrenhof genießt Denkmalschutz. Er wird bestimmt durch ein Fachwerkgebäude mit hohem Walmdach. In der Mitte des Firstes über einer Gaupe ein Dachreiterturm mit Uhr und Laterne. Die zum Gebäudekomplex gehörenden Bauten bilden einen quadratischen Innenhof, zu dem man von der Straße aus durch eine überdeckte Toreinfahrt gelangt. Der Gasthof »Eisenhütte« stammt aus der 1. Hälfte des 19. Jahrhunderts und steht auf altem Bergwerksgelände. Einen schönen Rundblick über die Umgebung hat man vom Hohen Rad, auf das Dorf selbst und in Richtung Morgenleithe. Der Ort liegt nahe am Wald. Die Wiesen und Hänge in Ortsnähe bieten gute Wintersportmöglichkeiten.
Touristinformation Schwarzenberg,
Oberes Tor 5, 08340 Schwarzenberg
Tel. und Fax 0 37 74/2 25 40
E-Mail: stadtverwaltung@schwarzenberg.de,
Internet: www.schwarzenberg.de

Erlabrunn, mit den Ortsteilen Steinheidel und den Häusergruppen Fällbach, Georgenthal und Albertsthal, im Tal des Schwarzwassers zwischen Schwarzenberg und Johanngeorgenstadt, 620 bis 720 m hoch gelegen.

Die Siedlung wurde erstmals 1616 als eine Zinnzeche erwähnt, als Waldstück Erlebrunn schon 1591. 1755 wohnten in einem bergfreien Haus zehn Personen. Im Zusammenhang mit dem Uranerzbergbau entstanden eine neue Siedlung und ein Bergarbeiterkrankenhaus-Komplex, die heutige Kliniken GmbH mit 450 Betten in mehreren Häusern.

Nahe am Bahnhof liegt der Nonnenfelsen, mit dem sich eine bekannte Sage verknüpft. Es wird erzählt, dass eine Nonne Isa auf der Flucht vor den Klosterhäschern hier am Felshang aus Turmalingranit einen Sprung in die Tiefe gewagt habe und dabei für immer verschwunden sei. – Vor dem Landkreiskrankenhaus steht eine Postdistanzsäule, mit unbekannter ursprünglicher Herkunft. Unweit des Ortes, in Richtung Steinbach, einem Ortsteil von Johanngeorgenstadt, befinden sich die Teufelssteine, ein Kletterfelsen mit dem Schwierigkeitsgrad 4 bis 7c.

Erlabrunn verfügt über viele gut markierte Wanderwege, die sich im Winter als Langlaufstrecken eignen und Anschluss haben an die Kammloipe Johanngeorgenstadt – Klingenthal.
Fremdenverkehrsamt Breitenbrunn,
Dorfberg 14, 08359 Breitenbrunn
Tel. 03 77 56/15 04, Fax 03 77 56/7 99 20
E-Mail: gemeinde@breitenbrunn-erzgebirge.de,
Internet: www.breitenbrunn-erzgebirge.de

Erzengelteich (auch Erzengler-Teich), Landschaftsschutzgebiet im Landkreis Freiberg, an der Silberstraße gelegen. Das Gebiet wurde 1962 unter Schutz gestellt. Es ist 113 Hektar groß, davon sind acht Hektar Wasserfläche. Der flachwellige Gebirgsrumpf liegt 500 m ü. NN, die Wasserfläche des Teiches 495 m ü. NN. Die wenig tief eingeschnittenen fließenden Gewässer bilden nur sanft geneigte Hänge. Das Landschaftsschutzgebiet hat die Form eines Flugdrachens. Es liegt etwa 1,5 Kilometer südostwärts von Brand-Erbisdorf.

Die klare Wasserfläche des Kunstteiches ist von Nadelwald umgeben. Das Mittelgebirgsklima wird durch den schützenden Wald gemildert. Grundgestein des Gebietes ist Grauer Gneis mit verschiedenen Einlagerungen. Außer einigen Zweckbauten gibt es keine Niederlassungen im Landschaftsschutzgebiet. Der Teich wird von dem aus südlicher Richtung zufließenden Münzbach gespeist.

Gestaut wurde der Münzbach zu einem Teich von Bergleuten vor 1568. Er fasst 145.000 Kubikmeter Wasser. Es wurde über Kunstgräben zu bergbaulichen Anlagen geleitet und zu deren Betrieb verwendet. Zum nördlich gelegenen Rotbächer Teich führt eine Rösche, ein unterirdisch angelegter Wasserlauf. Bis der Münzbach bei Halsbrücke in die Freiberger Mulde mündet, durchfließt er eine Anzahl von künstlich angelegten Teichen.

Am Erzengelteich befindet sich ein öffentlicher Badeplatz mit den entsprechenden Anlagen. In beiden Teichen wird Fischzucht betrieben.

Esche, Johann, Wirtschaftspionier, Begründer der erzgebirgischen Strumpfindustrie. Geboren am 2. Mai 1682 in Köthensdorf bei Taura als Sohn eines Schwarzfärbers. Zwanzigjährig wurde er Großknecht und Leibkutscher eines Rittergutsbesitzers in Limbach. Von einem zugewanderten Franzosen lernte er in Dresden auf dem einzigen in Sachsen vorhandenen Handkulierstuhl seidene Kniestrümpfe herzustellen. Daraufhin begann er nach diesem Vorbild in Limbach seinen Strumpfwirkerstuhl zu bauen, den ersten seiner Art in Deutschland. Kurz nach 1700 gelang es ihm, darauf das erste Paar mechanisch gewirkter Strümpfe herzustellen. Er wurde damit zum Begründer der erzgebirgischen Strumpfindustrie. Johann Esche starb am 30. Januar 1752 in Limbach.

Esche-Villa, Architekturdenkmal des Jugendstils in Chemnitz, bedeutendes Bauwerk von Henry van de Velde. 1903 für den Fabrikanten Herbert Esche gebaut und 1911 erweitert. Esche war nicht nur Unternehmer der Strumpfindustrie, sondern auch Kunstliebhaber und Mäzen, zum Freundeskreis gehörte u. a. Edward Munch. Wechselvolle Geschichte, zuletzt fast zehn Jahre Leerstand und Verfall, seit 1998 denkmalgerechte Neugestaltung. Seit 2001 sind Garten und Haus als Museum zugänglich.
Villa Esche, Parkstr. 58, Tel. 03 71/5 33 10 88

Fachwerk. Die ursprüngliche holzaufwändige Blockbauweise wurde durch das Fachwerk abgelöst. Bei ihm werden die zwischen dem Gefach befindlichen Flächen durch Lehm oder Ziegel ausgefüllt. Es kommt im Hausbau in verschiedener Ausführung vor. Beim sächsischen Haus hat die Schmuckfunktion untergeordnete Bedeutung und wird nur sparsam berücksichtigt. Im Vordergrund der Formgebung stehen die praktischen Erfordernisse. Für den Fachverband sind waagrecht liegende Schwellen erforderlich, stehende Pfosten, dazu Rahmen und Riegel. Sie bilden in ihrer Gesamtheit das Gefach. Die schräg liegenden Hölzer, Streben und Kopfbänder machen es stabil und unverschiebbar. Die Gestaltung der Giebelfläche ist von der Dachkonstruktion abhängig. Dabei können die Giebelflächen verbrettert, verschindelt oder verschiefert sein, vor allem sind sie es dann, wenn sie an der Wetterseite liegen.

Falkenau, mit dem Ortsteil Hetzdorf. Gehört heute zur Stadt Flöha. Falkenau liegt vier Kilometer südostwärts von Flöha, in das Tal der Flöha eingebettet. Nach Norden zu erstreckt sich der Oederaner Wald. Dort liegt auch die 499,2 m hohe Karolinenhöhe, eine Randerhebung des Erzgebirges.

Gegründet wurde Falkenau als Waldhufendorf. Rodebauern legten es auf beiden Seiten der Flöha an. Erstmalige Erwähnung erfolgte 1378 mit der Bezeichnung »Valkenow«, was soviel heißt wie »die in einer Flussaue liegende Siedlung eines Falkners«. Der obere Teil des Ortes wurde auf einer Terrasse links des Flusses errichtet. Die Siedlung gehörte zum Herrschaftsbereich der Burg Schellenberg, später der Augustusburg. Durch die Bachlage sind aus früher Zeit zahlreiche Mühlen bekannt. Im Zechengrund bauten seit Mitte des 16. Jahrhunderts mehrere Gruben auf Blei und Silber. Wegen geringer Erträge gingen 1616 die Bergwerke ein. 1734 wollte man den Bergbau wieder beleben. Alle bis 1842 angestellten Versuche blieben erfolglos. Flößerei, mit der sich Falkenauer Einwohner beschäftigten, ging bis 1887. Carl Ludwig Beaumont, der 1806 als napoleonischer Offizier in das Flöhatal gekommen war, richtete 1821 die erste Spinnerei ein und eröffnete 1836 im Schieferbachtal eine eigene Fabrik.

Der zu Falkenau gehörende Ortsteil Hetzdorf wird urkundlich erstmals 1378 genannt als »Heczelstorf«. Er ging aus einem einreihigen Waldhufendorf hervor. Bekannt ist die Hetzdorfer Eisenbahnbrücke (s. d.). Sie ist 325,5 Meter lang und 40 Meter hoch. Vom fahrenden Zug aus hat man einen eindrucksvollen Blick in das Flöhatal.

Falkenau liegt waldnahe. Interessante Wanderziele vom Ort aus sind u. a. die Hetzdorfer Bastei, die Karolinenhöhe, Hausdorfer Höhe, »Klein-Erzgebirge« in Oederan.
Stadtverwaltung Flöha,
Augustusburger Straße 90, 09557 Flöha
Tel. 0 37 26/ 79 10, Fax 0 37 26/24 19
E-Mail: info@floeha.de, Internet: www.floeha.de

Fastnacht, Abgeleitet wird der Begriff vom mittelhochdeutschen »Vasen«, was soviel heißt wie »umherschwärmen«, »suchen«. Danach ist Fastnacht der Tag des Umherschwärmens, Possenreißens. Die erzgebirgische »Fosend« ist weit davon entfernt, ein buntes Karnevalstreiben zu sein. Sie lebt heute lediglich von Veranstaltungen der Gast- und Tanzgaststätten und der vereinzelt bestehenden Karnevalsvereine. Bei ihnen bestehen nur lose Verbindungen zu heimischen Überlieferungen.

Über Jahrhunderte hinweg war im Erzgebirge Fastnacht die große Lustbarkeit der Bergleute. Sie feierten den Tag mit Bergaufzug, Bergbier und abendlichem Quas, einem Trink- und Tanzgelage. Mit dem Rückgang des Bergbaus wurde Fastnacht immer mehr das Fest der Kinder. Sie »vermaschkerierten« sich an diesem Tag auf altmodisch, verkleideten sich als »Fosendknacker«, bevor sie auf die Straße »schwärmten«. Durch ihre Verkleidung wollten sie für unerkennbar gelten. Sie klopften an die Türen der Nachbarn, Bekannten, am liebsten an die der Bäcker und Fleischer zum »Spießeirecken« oder »Kräppleschießen«. Wurde ihnen geöffnet, reckten sie einen aus Holz geschnitzten Spieß empor und sagten dazu ein Verslein auf oder sangen ein Liedchen. Als Dankeschön bekamen sie Äpfel, Brezeln oder Pfannkuchen an den Spieß gesteckt.

Am Abend hielt die verkleidete Dorfjugend ihren »Fosendball«. Das konnte auch ein »Burkert« sein, ein Ball verkehrt, bei dem die Mädchen aufzuführen hatten. Einem alten Brauch gemäß schlichen am Aschermittwoch junge Burschen in die Schlafräume und beschütteten die Schlafenden mit Asche und Wasser. Auch das »Aschetragen« war üblich: Herzugeschlichene Burschen warfen einen mit Asche gefällten Topf in den Hausflur oder gegen die Stubentür, dass er zersprang. Man versuchte auch, dem anderen unbemerkt ein Aschesäckchen anzuhängen oder den Rücken mit Asche zu bestäuben.

Fatzer. Fatzer nannten sich ehemalige Berg- und Gelegenheitsmusikanten aus Gottesgab im böhmischen Erzgebirge. Sie hatten sich zu kleinen Kapellen, den »Fatzerbanden«, zusammengeschlossen, um als Wandermusikanten Deutschland oder das Ausland zu bereisen. Die berühmtesten Kapellen kamen bis nach Ägypten und Indien. Der Begriff »Fatzer« stammt aus ihrer »Musikantensprache«, eine Art Rotwelsch, und bedeutet soviel wie »Musikmacher, Spieler«. Fatzerkapellen verwendeten vor allem Blas- und Streichinstrumente. Sie gaben regelrechte Konzerte, machten aber auch Tanz- und Gelegenheitsmusik. Gern gesehen waren sie auf allen deutschen Messen. Um als ehemalige Bergleute erkannt zu werden, trugen sie auf ihren Reisen Bergmannskleidung, auch dann, wenn sie nie etwas mit dem Bergbau zu tun hatten. Die aus der Nachbarstadt Preßnitz in die Welt ziehenden Musikanten nannten sich »Schaller«, die aus Rittersgrün »Bergmusikanten«. Die berühmteste Rittersgrüner Bergkapelle leitete der »Dicke Fritz«, der mit seiner Kapelle vor allem auf der Frankfurter Messe einen Namen hatte.

Fichtelberg, 1214 m ü. NN, höchster Berg Sachsens, an der Landesgrenze zu Tschechien. Mit dem 1206 m hohen Hinteren Fichtelberg bildet er einen Sattel. Er ist nach dem auf tschechischem Gebiet liegenden 1244 m hohen Keilberg der zweithöchste Berg des Erzgebirges. Am Fuße seines Südostabhangs liegt der Kurort Oberwiesenthal.

Der Doppelgipfel besteht im wesentlichen aus kristallinen Gesteinen, darunter Muskovitschiefer. Auf dem Südosthang gibt es ein weitreichendes Skigelände. Der Berg selbst ist bewaldet. In der Gipfellage haben die Bäume lediglich Gipfelwuchs (Windflüchter).

Seit der ersten Hälfte des 19. Jahrhunderts gab es auf dem Berg ein von der Forstbehörde errichtetes Holzgerüst, das durch einen sechseckigen Turm mit einer Außentreppe abgelöst wurde. Baufällig geworden und innen ausgebrannt, konnte er nicht mehr benutzt werden. Daraufhin errichtete der Erzgebirgsverein ein festes Haus, das 1889 eingeweiht wurde. Es musste 1899 und 1910 erweitert werden. Durch Kinderhand entzündet, brannte es in der Nacht von 25. zum 26. Februar 1963 nieder. Das später erbaute Haus und der Turm wurden wegen Baufälligkeit 1997 abgerissen.

Auf dem Bergplateau befindet sich eine Säule der Gradmessung mit der Aufschrift: »Station Fichtelberg der mitteleuropäischen Gradmessung. – Königreich Sachsen 1864.« Ein anderer Stein in der Nähe der Bergstation der Seilschwebebahn erinnert an die Aufforstung des Berges von 1848 bis 1864.

Seit 1916 gibt es auf der Höhe eine Wetterwarte, die nach 1950 zum Bergobservatorium ausgebaut wurde. Daneben hat die Technische Universität Dresden einen Versuchs-Pflanzgarten angelegt.

Die vom Kurort Oberwiesenthal zum Gipfel führende Seilschwebebahn wurde, als erste ihrer Art in Deutschland, 1924 in Betrieb genommen. Die Strecke ist 1175 Meter lang und überwindet in sechs Minuten einen Höhenunterschied von 395 Meter. Jede Kabine fasst 44 Personen.

Vom Fichtelberg eröffnet sich ein umfassender Weitblick über das Erzgebirge, sein Vorland, weite Teile des Vogtlandes und in böhmisches Gebiet. Bei günstigem Wetter beträgt die Sicht bis 100 km weit.

Das Fichtelberggebiet hat gut markierte Wanderwege. Abfahrts- und Langlaufstrecken verschiedener Schwierigkeitsgrade sind markiert. Sessel- und Schlepplifts bringen die Wintersportler zur Höhe.

Fichtelberg, Landschaftsschutzgebiet, 548 Hektar groß, seit 1962 unter Schutz gestellt. Im Wesentlichen Erholungs- und Wintersportgebiet für das westliche Erzgebirge und den Kurort Oberwiesenthal. Durch seine Höhenlage von 920 bis 1214 m ü. NN schneesicher.

In diesem Landschaftsschutzgebiet liegen die höchsten Erhebungen des sächsischen Erzgebirges mit den Gipfelkuppen des Fichtelberges (1214 m ü. NN) und des Hinteren Fichtelberges (1206 m ü. NN). Damit ist es die höchstgelegene Landschaft Sachsens. Die Begrenzung liegt ziemlich gleichmäßig entfernt vom Mittelpunkt, der Kuppe des Fichtelberges. Lediglich durch die Grenzausstülpung, in der sich der Zechengrund entlangzieht, gleicht es einem geneigten Laubbaum.

Zum größten Teil ist das Fichtelberggebiet mit Nadelwald bestockt, der teilweise auf sauerhumosem Boden wächst und urwaldartigen Charakter hat. Ursache sind die in ihm befindlichen wasserstauenden Verebnungsflächen. Im Gebiet gibt es unterschiedlich steile Hänge, teilweise tief eingeschnittene Kerbtäler und junge Erosionsrinnen. Im Wesentlichen besteht die Landschaft aus gerundeten Abtragungsrümpfen des veristischen Gebirges. Während seiner Bildung im Karbon entstanden Muskovitschiefer und dunkle Schiefergneise mit Quarziteinlagerungen.

Die Große Mittweida, Zschopau und Weiße Sehma haben im Fichtelberggebiet ihren Ursprung. Auf dem Gipfel befinden sich das Fichtelberghaus und eine meteorologische Station. Der Wald im Landschaftsschutzgebiet wird forstwirtschaftlich nur durch Pflegemaßnahmen genutzt, die seinem Erhalt dienen. Es gilt überhaupt als eine Meisterleistung sächsischer Forstleute, die den Wald bis zum Gipfel begründeten und bis heute ungeachtet der tschechischen Schadstoffemission erhielten.

Innerhalb des Landschaftsschutzgebietes oder unmittelbar angrenzend befindet sich im Osten das Naturschutzgebiet »Schönjungferngrund«, südlich der tief eingeschnittene »Hüttengrund« und in westlicher Richtung die »Schilfwiese«.

Das gesamte Gebiet lässt sich zu Fuß oder mit den Skiern erschließen. Es gibt zahlreiche markierte Wanderwege und Pisten. Im Interesse des Landschaftsschutzgebietes sollte man von ihnen nicht abweichen.

Filzteich, Bergsee, südwestlich von Schneeberg-Neustädtel, im Waldgebiet des Hartmannsdorfer Forstes, 545 m ü. NN.

Der Schneeberger Berghauptmann Heinrich von Starschädel kaufte 1483 mooriges Waldgelände oberhalb des Bergbaugebietes und ließ 1483 bis 1485 von Bergleuten einen 5,60 m hohen Damm schütten, der das Wasser des Filzbaches staute. Diese Talsperre, eine der ältesten Sachsens, lieferte über Stollen und Graben das Aufschlagwasser für Poch- und Schlämmwerke und für Kunstzeuge in den Schächten.

Heute steht die Anlage unter Denkmalschutz. Die Wasserfläche ist 23 Hektar groß, stellenweise 300 Meter breit und 4,80 Meter tief. Der Staudamm ist 240 Meter lang. Gestaut werden 369.000 Kubikmeter Wasser. Im Anschluss an den Filzteich erstreckt sich nach Südosten ein ausgedehntes Hochmoorgebiet mit seltenen Moorpflanzen und Seggen.

1786, geleitet von bergbaulichen Interessen, war Goethe am Filzteich. Er schreibt darüber: »Der Große Filzteich ist deshalb so genannt, weil seine Südseite an ein Terrain anstößt, das aus Granitverwitterung besteht und mit Torf, welches vom Volk Filz genannt wird, bedeckt ist. Der Bergsee, ein Naturwunder, überwältigend schön im Anblick der herrlichen Wasserfläche, umgeben von tiefgrünen, stundenweiten Fichtenwäldern, liegt auf einer bewaldeten Hochebene bei der alten Bergstadt Schneeberg im Erzgebirge.«

Der Filzteich ist seit 1933 eines der größten und schönsten Strandbäder des Erzgebirges. Die während des Zweiten Weltkrieges stark vernachlässigte Anlage wurde nach Kriegsende wieder hergerichtet und ist seit 1952 ein vielbesuchtes Naherholungsgebiet für das Westerzgebirge und Südostvogtland. – Das Strandbad ist im Sommer geöffnet. Es sind Sportanlagen vorhanden, wie Großwasserrutsche, Sprunganlage, Bootsverleih, Sommerkegelbahn, FKK-Strand, Kinderspielplätze, gastronomische Einrichtungen, ein Wasserrettungsdienst. Für Kraftfahrer stehen Parkplätze zur Verfügung. – Von Wald umschlossen, unmittelbar am Bergsee, das Kinder- und Jugenderholungszentrum »Am Filzteich« e. V. mit 300 Betten.

Fleming, Paul, bedeutender Barockdichter. Geboren am 5. Oktober 1609 in Hartenstein. Sohn des dortigen Schulmeisters. Er besuchte die Thomasschule in Leipzig und studierte anschließend Medizin ebenda. Während dieser Zeit entstanden seine ersten Verse. Nach dem Studium nahm er als Hofjunker an einer Forschungsreise teil, die den Landweg erkundete, um persische Seide nach Deutschland zu bringen. Am 8. Oktober 1635 ging die Expedition in Travemünde an Bord. Im Sommer 1636, nach neunmonatiger Strapaze, kam sie in Moskau an. Bei Samara erreichte sie asiatischen Boden. Beim Übersetzen über das Kaspische Meer zerschellte das Schiff. Fleming konnte sich retten. Mit wenigen Mitgliedern erreichte die Expedition Ispahan, das Ziel der Reise. Nach erschwerlicher Rückreise kam sie nach fünf Jahren Abwesenheit heim. Fleming studierte weiter in Hamburg, Antwerpen und erwarb in Leyden den Doktorhut der Medizin. Auf der Rückreise erkrankte er schwer und starb im Alter von 31 Jahren am 2. April 1640 in Hamburg.

Paul Fleming

Sein umfangreiches lyrisches Werk entstand zum großen Teil auf der Reise, darunter »Ein getreues Herze wissen . . .«, das er für seine Braut verfasst hatte. Zu den bekanntesten Gedichten zählen u. a.: »Neujahrsode 1633«, »Wie er wollet geküsset sein . . .« und »Ist mein Glücke gleich gesonnen . . .« – In seinem Geburtsort Hartenstein ist ihm ein Denkmal errichtet worden.

Flöha, von der Textilindustrie geprägte Kleinstadt am Fuße des unteren Erzgebirges, zehn Kilometer ostwärts von Chemnitz. Die Stadt ist eingebettet in das Flöhaer Becken, gebildet von den Flüssen Flöha und Zschopau, die hier zusammentreffen und gemeinsam weiterhin die Zschopau bilden.

Entstanden ist Flöha aus einem Waldhufendorf der deutschen Ostbesiedlung »aus wilder Wurzel« Ende des 12. Jahrhunderts. Der Ortsname wird zuerst als Flussbezeichnung genannt, 1399 taucht das Dorf auf »zcu der Flaw« an der wichtigen Handelsstraße aus dem Reich über Chemnitz–Dresden nach Bautzen gelegen. Es gehört zur Herrschaft

Schellenberg, der späteren Augustusburg. Unter seinen 24 Bauerngütern befand sich ein Erblehnrichtergut. Die Siedlung entwickelte sich erst im 19. Jahrhundert zu einem Industriestandort. 1821 entstand die erste Baumwollspinnerei. Aus ihr erwuchs Flöhas wichtigster Industriezweig.

Durch den Zusammenschluss der Dörfer Glücksberg, Plaue, Bernsdorf mit Flöha wurde 1933 die Stadtgemeinde Flöha. Regellos zusammengefügt, fehlt ihr der Stadtkern bis heute.

Sehenswert ist die Stadtkirche St. Georg. Sie stammt aus dem 15. Jahrhundert mit einem aus dieser Zeit erhaltenen Chor. Der einfache Saalbau hat einen schieferbeschlagenen Dachreiter. Die Kirche verfügt über einen Schnitzaltar aus der Zeit um 1500, im Mittelschrein Maria darstellend, zwischen dem heiligen Georg und Martin. Man vermutet in ihm eine Schöpfung des Meisters des Ebersdorfer Hochaltars. Die Kanzel ist reich geschnitzt und stammt aus dem Jahre 1676, den Taufstein in Kelchform schuf 1595 Michael Hegewald. Im Pfarrhaus zu Flöha verbrachte der Staatsrechtslehrer Samuel Pufendorf (1632–1694) seine Kindheit. Hier wirkte sein Vater von 1633–1644 als Pfarrer.

Stadtverwaltung Flöha,
Augustusburger Straße 90, 09557 Flöha
Tel. 0 37 26/79 10, Fax 0 37 26/24 19
E-Mail: info@floeha.de, Internet: www.floeha.de

Flurtyp. Bei der Landnahme, der Rodung und Besiedlung, wurden die Fluren unterschiedlich aufgeteilt, abhängig u. a. von der Bodenbedeckung, Bodenbeschaffenheit und Geländeausformung. Dadurch entstanden Flurtypen. – Die ursprünglichste und häufigste Aufteilung der deutschen Kolonialisten war die nach Waldhufen. Es entstand die Mildhufenflur. Eine Hufe war ein gleichgroßer oder gleichwertiger Anteil am Ackerland und an der Nutzung des nichtaufgeteilten Gemeindelandes. Die Größe der Hufe (abgeleitet von »Behufs«, »was jedem zukommt«) richtete sich ursprünglich nach dem Unterhaltsbedarf eines bäuerlichen Hauswesens und danach, wieviel ihm Arbeitskräfte zur Hand waren. Von der durchgehenden Straße aus, an der in fortlaufender Reihe die Gehöfte lagen, führte die dazugehörige Hufe geschlossen in einem einzigen Streifen bis möglichst zur Grenze der Gemarkung. Dem am Haus liegenden Baum- und Grasgarten folgten Wiesen, Felder, Weiden und schlossen mit dem Wald ab. Da Hufe an Hufe lag, gab es kein zerstückeltes, unzusammenhängendes Land. Die zwischen den Hufen hinführenden Fahrwege machten jeweils zwei Hufen zusammenhängend und zugängig. Die später hinzukommenden Siedler mussten sich an den Enden anreihen. – Viele dieser Hufen wurden später parzelliert, dadurch entstand die Wiesenstreifenflur. Zwischen den einzelnen kleinen Feldstücken zogen sich 3 bis 5 m breite Wiesenstreifen hin, der Grasnutzung dienend, die der Flur ein kariertes oder gestreiftes Aussehen gab. Oft liefen diese Wiesenstreifen auch zwischen den einzelnen Hufen hin. – War die Flur in ganzer Ausdehnung in regelmäßige, oft schnurgerade und gleichbreite Bänder zerlegt, entstand die Feldbreitenflur. Hier gingen die Feldstreifen, wie bei den Waldhufen, rechtwinklig vom Zweireihendorf ab. Sie waren jedoch bedeutend kürzer. Nur kleine Teile konnten sich dem Gehöft anschließen, der überwiegende Teil lag frei da. In den Walddistrikten wurde Land auch in kleinsten Parzellen vergeben. Auf diese Weise entstand die Parzellenflur. Sie war dort üblich, wo sich Heim- und Fabrikarbeiter niederließen. – Durch die Großraumwirtschaft in der Landbestellung wurden die alten Strukturen meistenteils zerstört. Nur wenige der ursprünglichen Typen konnten sich als Reste erhalten.

Frauenstein, Stadt an der Grenze zwischen unterem und oberem Osterzgebirge gelegen, mittlere Höhenlage 650 m (Marktplatz). Liegt auf einem Granitporphyrrücken zwischen dem Tal der Bobritzsch und der Gimmlitz.

1218 wird der Name Frauenstein als »castrum Vrowenstein« urkundlich erstmals erwähnt. Vermutlich entstand die Burg schon um 1200 als Grenzfeste des Markgrafen von Meißen. 1411 erhielt der Ort das Stadtrecht, die Stadt wurde gegen Ende des 15. Jahrhunderts auf den Bergrücken verlegt, von der alten, ursprünglichen Siedlung gibt es keine

Schloss Frauenstein

unmittelbaren Zeugnisse mehr. Heinrich von Schönberg ließ zwischen 1585 und 1588 unterhalb der Burg einen Schlossbau im Renaissancestil errichten. Der Stadtbrand von 1728 ließ die Burg zur Ruine verfallen, das Schloss erhielt seine heutige Gestalt nach dem Wiederaufbau. Von der Burg, einer der schönsten mittelalterlichen Anlagen im Osterzgebirge, sind Hauptturm und Gewölbe, Teile des Palas mit Kapellenfenstern, Ringmauer mit Wehrgang und sechs Türmen und Teile der inneren Burg erhalten. Sehenswert auch das Renaissanceportal am Schloss, im Erdgeschoss Kreuzgewölbesaal, heute als Heimatmuseum genutzt. Friedhofskapelle mit Schindeldach, Ende des 14. Jahrhunderts erbaut, um 1616 erneuert. – Postdistanzsäule von 1725 vor dem Postamt. – In der Hayngasse 102 Gedenktafel am Haus, in dem der Orgelbauer Gottfried Silbermann (s. d.) seine Jugendjahre verlebte. In Kleinbobritzsch, Stadtteil von Frauenstein, Geburtshaus. Frauenstein ist ein beliebter Ferien- und Wintersportort. Vom »Dicken Merten«, dem Hauptturm der Burgruine, schöne Aussicht über weite Teile des Ost- und Westerzgebirges.
Informationen: Fremdenverkehrsamt Frauenstein,
Markt 28, 09623 Frauenstein,
Tel. 03 73 26/93 35 oder 8 38 25, Fax 8 38 19
E-Mail: fva-frauenstein@freenet.de,
Internet: www.frauenstein-erzgebirge.de

Freiberg, Stadt in 360/450 m Höhe im unteren Osterzgebirge. Freiberg ist eine alte Bergstadt mit vielen bedeutsamen historischen und kunsthistorischen Sehenswürdigkeiten, industrielles Zentrum und Stadt mit verschiedenen Bildungseinrichtungen.

Zwischen 1156 und 1162 entstand die Bauernsiedlung Christiansdorf am östlichen Ufer des Münzbaches im Zusammenhang der Besiedlung des südlichen Teils der Mark Meißen durch Markgraf Otto von Meißen. Dorfmittelpunkt war die alte Jakobikirche. Silberfunde brachten den Zuzug niedersächsischer Bergleute, dadurch Vergrößerung der Siedlung, genannt »Sächsstadt«, Errichtung von befestigten Höfen und einer markgräflichen Schutzburg (später Schloss Freudenstein). Als Handwerkerniederlassung entstanden das Nikolaiviertel um 1180 und wenig später die Kaufmannssiedlung um den Alten Markt (später Untermarkt). Zwischen 1210 und 1215 planmäßige Anlage der Oberstadt mit Obermarkt, Petrikirche und Rathaus. Regelmäßige, gitterförmige Straßeneinteilung. Stadtmauer mit fünf Stadttoren. Um 1186 Verleihung des Stadtrechtes. Gründung dreier Klöster: 1233 Franziskanerkloster, vor 1243 Dominikanerkloster, vor 1248 Maria-Magdalenen-Kloster. Seit 1244 Münzstätte.

Freiberg, Portal Bürgerhaus, Obermarkt 3

Das mittelalterliche Freiberg hatte ca. 5000 Einwohner und war damit eine der größten Städte im meißnisch-sächsischen Raum. Dominanz des Silberbergbaus, dadurch auch Gründung von Handwerker-Innungen, Fernhandel bis nach Frankreich, Flandern und Italien. Um 1500 Beginn der montanwissenschaftlichen Forschung durch den Freiberger Bürgermeister, Arzt, Mathematiker und Bergbauforscher Ulrich Rülein von Calw (1465 oder 69–1523). Er veröffentlichte das erste deutschsprachige Buch über den Bergbau. Dank des reichen Silbersegens wurde Freiberg auch ein Zentrum der Baukunst, Wissenschaft und des humanistischen Geisteslebens. 1515 wurde das erste humanistische Gymnasium auf sächsischem Boden hier gegründet. Bürgermeister Rülein holte zwei Leipziger Professoren nach Freiberg: Johann Rhagius und Petrus Mosselanus. 1542 kam die Lateinschule in die »Thümerey« am Untermarkt, wo sie bis 1875 ihr Domizil hatte. Die Bibliothek der Lateinschule ist die älteste Bücherei der Stadt. Nach der Reformation kamen hierher auch die Bestände des Domstifts, der Dominikaner- und Franziskanerklöster. In der Bibliothek befinden sich »Codex fribergensis« von 1380, eine dreibändige Vulgata, die 1408 von Johannes von Wermersdorf geschrieben wurde, mehr als 500 Inkunabeln u. a. Viele Kunsthandwerker: Die Glockengießerfamilie der Hilliger, die in ganz Deutschland berühmt wurde, Goldschmiede, wie Valerius Hessing (1588–1643), David Winkler (1617–1655) u. a. International bekannt wurde die Bergakademie. Sie entstand aus dem Wirken des Chemnitzer Bürgermeisters Georgius Agricola (s. d.) und Rülein von Calw, die erste montanwissenschaftliche Publikationen herausgaben. Ab 1617 Privatunterricht für Markscheider, Metallurgen und technische Beamte. Seit 1702 Einrichtung einer Stipendienkasse. Bergrat Johann Friedrich Henckel (1675–1744) unterhielt chemisch-metallurgisches Unterrichtslabor. Berühmtester Schüler war der russische Gelehrte M. W. Lomonossow (1711–1765). Durch Generalbergkommissar Friedrich Anton von Heynitz und Oberberghauptmann Friedrich Wilhelm von Oppel Vorschlag zur Gründung einer Bergakademie, durch Dekret des sächsischen Regenten Prinz Xaver am 22. 11. 1765 Gründung der Bergakademie Freiberg, heute älteste montanwissenschaftliche Hochschule der Welt. 1766 erste Vorlesungen, hohes wissenschaftliches Niveau, deshalb Studenten aus der ganzen Welt. Mit der Bergakademie verbindet sich das Wirken von großen Wissenschaftspersönlichkeiten: Abraham Gottlob Werner (1749–1817), zu seinen Schülern zählten Alexander von Humboldt, Leopold von Bruch, Theodor Körner und Friedrich von Hardenberg (Novalis). Aber auch Wilhelm Ludwig Lampadius (1772–1842), Julius Ludwig Weisbach (1806–1871), Ferdinand Reich (1799–1882) haben in jener Periode große Verdienste um die Entwicklung der Bergbauwissenschaft. Gustav Anton Zeuner (1828–1907) reformierte die Bergakademie, Profil für Berg- und Hüttenwesen. Der Freiberger Professor Clemens Winkler (s. d.) entdeckte im Freiberger Erz das chemische Element Germanium. Nach dem Zweiten Weltkrieg Wiedereröffnung der Bergakademie am 8. 2. 1946. Ein wichtiges Forschungsergebnis der letzten Jahrzehnte: Entwicklung des Braunkohlen-Hochtemperatur-Koks durch Erich Rammler und Georg Bilkenroth. Bibliothek der Bergakademie 1765 gegründet.

Sehenswürdigkeiten und Museen: Spätmittelalterlicher Stadtkern mit Bürgerhäusern am Ober- und Untermarkt, Wohnhausbebauung aus dem 16. Jahrhundert und früher, Spätgotik und Renaissance: Hohe Traudächer, profilierte Fensterwände, Rundbogenportale, Erker aus dem 17. Jahrhundert – Rathaus am Obermarkt. Gründungsbau aus dem 13. Jahrhundert. Neubau im 15. Jahrhundert, im Keller mittelalterliche Gefängniszellen, im Obergeschoss Reste des ehemaligen Ratssaales mit drei Spitzbogenarkaden, frühere Ratsstuben mit Holzbalkendecke. An der Südwestecke das Ratssitzungszimmer mit Stichkappengewölbe, im Turm Lorenzkapelle mit Innenportal, Erker von 1578. Verwitterter Steinkopf, der den Prinzenräuber Kunz von Kauffungen (s. d.) darstellt, der schwarze Stein auf dem Obermarkt bezeichnet Stelle seiner Enthauptung. – Kaufhaus (heute Ratskeller) am Obermarkt, vermutlich von Sebastian Lorentz d. Ä. erbaut, dreigeschossiges Eckgebäude mit schönem Frührenaissance-Portal von 1545, Flachreliefs zeigen Delphin- und Blattdekorationen lombardischer Prägung, die Zwickelmedaillons vermutlich Ratsherrnbildnisse, auf dem Gebälk ein Stadtwappen. – Dom, Unser Lieben Frauen. Als Pfarrkirche durch Markgraf Otto von Meißen im 12. Jahrhundert gegründet. 1480 Erhebung zum Dom, bei Stadtbrand 1484 zerstört, bis 1502 als spätgotische Hallenkirche neu errichtet. Hohes Satteldach mit kleinem Dachreiter über dem Ostgiebel, zwei asymmetrische Türme an der Westseite sind unvollendet geblieben. Gotischer Chor, der in den

Freiberg, Tulpenkanzel im Dom

Freiberg, Bergwerk »Alte Elisabeth«

Untermarkt hineinragt, wurde in wettinische Grabkapelle der Renaissance umgebaut. Südlich und westlich des Doms spätgotischer Kreuzgang mit Annenkapelle. Vor der Goldenen Pforte Schutzbau im Jugendstil. Goldene Pforte (s. d.), bedeutendes Kunstwerk aus der Zeit der deutschen Spätromantik. Das Innere des Doms als dreischiffige Hallenkirche mit umlaufender Emporenarchitektur. Langhaus und Seitenschiffe kaum getrennt, schlanke Säulen heben sich fast ohne Übergang in die Rippen des Dachgewölbes. Fast in der Mitte des Raumes die Tulpenkanzel, ein frei im Raum stehendes vegetabiles Gebilde mit eigenartigem Figurenprogramm, geschaffen von Hans Witten um 1508/10 aus Porphyrtuff. In dem Bildwerk wird die Legende vom Ursprung des Silberbergbaus erzählt, der Engel, der dem Bergmann erschien. Am Fuße sitzt David, der Schutzpatron des Bergbaus, von Löwen umgeben. Bergmannskanzel von 1683, Korb und Treppe jeweils von einem Bergmann getragen, ein Werk der Renaissance von Hans Fritzsche. Große Orgel von 1711/14, von Gottfried Silbermann (s. d.) mit 45 Registern und 2674 Pfeifen gehört zu den fünf berühmtesten Instrumenten der Welt. Kleine Orgel von 1718/19, auf Ostempore, ebenfalls von G. Silbermann. Weitere bedeutende Teile des Interieurs: Triumphkreuzgruppe aus Eichenholz, um 1230 entstanden, einst Krönung des romanischen Lettners. Geschnitzter Hauptaltar von 1649. Kelchförmige Sandstein-Taufe, Frührenaissance mit zinnerner Schale von 1531. Fürstenempore mit sächs. und poln. Wappen. Zyklus von 13 Aposteln an den eingezogenen Strebenpfeilern am Pfeiler des Nordturms. Lebensgroße Schnitzfiguren mit gut erhaltener alter Fassung von 1500/1505. Annenkapelle von 1509/1514, im Nordwesten, schönes Rippengewölbe, großer hölzerner Altar von Johann Heinrich Böhme d. Ä 1674. Die Annenkapelle und die Kreuzgänge im Süden und Westen der Kirche beherbergen viele Grabsteine und Kunstwerke, darunter die sogenannte Mohnhauptsche Madonna, 1513, vermutlich von Franz Maidburg. Begräbniskapelle mit Grabdenkmal des Kurfürsten Moritz von Sachsen, sogenannte Schwestern-Gruft, Grabmal mit barocken Figuren von Balthasar Permoser um 1703/04. – Nikolaikirche. Pfarrkirche, Romanischer Gründungsbau aus dem 12. Jahrhundert. Gotischer Chor vermutlich nach Erneuerung 1386 entstanden, Neubau des Langhauses nach 1484. Umgestaltung des Inneren durch Johann Christoph Knöffel und Johann Gottlieb Ohndorff 1750/52. Im Inneren Hochaltar 1752 von J. G. Stecher, Altarbild von C. W. Dietrich, Kanzel und Taufe 1752 von J. E Geilsdorf. – Petrikirche auf dem höchsten Punkt der Altstadt, westlich des Obermarktes gelegen. Dreischiffige spätgotische Hallenkirche mit Querschiff und Kreuzgewölbe im Mittelschiff, im Westen zwei Türme (Fauler und Petriturm), ein dritter (Hahnenturm) an der Ostseite des südlichen Querschiffes. Guter Rundblick über die Stadt vom 71 im hohen Hauptturm. Im Inneren Orgel 1733/35 von Gottfried Silbermann. – Jakobikirche, neugotisch (1890/92), ebenfalls mit Orgel 1716/17 von Gottfried Silbermann, Altar 1710 von Bernhard Ditterich und Sebastian Grösgen. Sandstein-Taufe 1555 von H. W (Hans Walther II.). – Johanniskirche, ursprünglich Kapelle des Johanneshospitals, an der Straße nach Chemnitz vor dem Peterstor gelegen. Vereinfachte Wiederherstellung 1958, spätgotischer Flügelaltar aus dem 16. Jahrhundert. – Bergbauzeugnisse: Grube Alte Elisabeth, Fuchsmühlenweg, älteste Dampfförderanlage des Erzgebirges (1848/50), schindelgedeckte Gebäude, Schacht mit alter Radstube, bis 1925 in Betrieb, später Lehrschacht der Bergakademie. – Ehemaliger Abrahamsschacht, Himmelsfahrtsgasse, gut erhaltene Großanlage des Freiberger Bergbaus mit Treibhaus für Wassergöpelanlage, Bergschmiede, Scheidebank u. a.

Museen: Stadt- und Bergbaumuseum, Am Dom 1: Das Museumsgebäude ist das ehemalige Domherrenhaus von 1484, dreigeschossiges Eckhaus mit Treppenturm an der Südseite, Faltgewölbe und bemalte Balkendecken. Ausstellungen zur Stadt- und Bergbaugeschichte, bed. Exponate obersächsische Plastik um 1500, darunter Werke von Peter Breuer (s. d.), Kunsthandwerk des 17./18. Jahrhunderts. – Geologische und mineralogische Sammlungen der Bergakademie, Ausstellung im Abraham-Gottlieb-Werner-Bau, Brennhausgasse 14 (größter Teil der Sammlung im Clemens-Winkler-Bau): Mehr als 55.000 Mineralstufen, durch Stiftung heute größte Sammlungen dieser Art in Europa. Paläont. Sammlung im A.-v.-Humboldt-Bau, B.-v.-Cotta-Str. 2. – Naturkundemuseum, Waisenhausstr. 10, Renaissance-Bau aus der 1. Hälfte

d. 16. Jahrhunderts, Gartenfront mit barocken Elementen. Sammlungen zur Naturgeschichte des Freiberger Raumes, Bergbau und Umwelt.
Touristinformation Freiberg, Burgstraße 1, 09599 Freiberg
Tel. 0 37 31/27 32 66, Fax 27 32 60
E-Mail: fva@freiberg.de, Internet: www.freiberg.de

Freiberger Mulde. Der Flussname Mulde ist in alten Zeugnissen als »Milda« überliefert, das wohl aus dem indogermanischen »mel« (zerreiben, mahlen) seine Herkunft hat. Die späteren Formen Moldava, Mulda gehen auf slawischen Einfluss zurück. Die Quelle der Freiberger Mulde liegt auf dem Gebiet von Tschechien, 840 m ü. NN. Zwischen dem Hermsdorfer Teichhaus und Holzhau durchbricht der Fluss den Gneis und den Granitporphyr in einer engen Schlucht. Über Jahrhunderte wurde hier das Holz für den Freiberger Bergbau geflößt. Wichtigste Zuflüsse sind die Große Striegis und Flöha. Die Länge des Flusses beträgt 107 km, ehe er sich bei Sermuth mit der Zwickauer Mulde vereinigt und über 124 km als Vereinigte Mulde die Elbe erreicht.

Fröbe, Dr. Walter, Pädagoge, Heimatgeschichtsforscher, Schriftsteller. Geboren wurde er am 19. Januar 1889 in Geyer. Er war das 6. Kind des Obersteigers und Bergverwalters Ernst Julius Fröbe. Aufgewachsen in Wildenau bei Schwarzenberg, besuchte er von 1896 bis 1901 die Schwarzenberger Selektenschule und danach das Realgymnasium Annaberg. An der Universität Leipzig studierte er Neue Sprachen, Geschichte und Germanistik, legte 1911 das Staatsexamen ab und promovierte zum Doktor der Philosophie. Vom Krieg heimgekehrt, übernahm er am 1. März 1919 eine Lehrerstelle an der Realschule Schwarzenberg. Er reformierte die Schule zum Realgymnasium und leitete sie von 1922 bis 1946, zuletzt als Oberstudiendirektor. Nebenher baute er das Volksbüchereiwesen seiner Stadt auf und gründete 1925 den Schwarzenberger Geschichtsverein, dessen Vorsitzender er war. 1927 wurde er Hauptschriftleiter der Zeitschrift »Glückauf«. Als Heimatforscher und Schriftsteller erlangte er weite Beachtung. Sein erstes Buch »Schwarzenberg. Ein politischer und wirtschaftlicher Abriss von Schloss, Stadt und Amt« erschien 1923. 1927 veröffentlichte er »Die Geschichte der Stadt Schwarzenberg«, 1933 »Ein Jahrtausend erzgebirgischer Geschichte«. Als sein Hauptwerk gilt »Herrschaft und Stadt Schwarzenberg bis zum 16. Jahrhundert«, das 1930 erschien. Von seinen Erzählbänden seien genannt »Frau Ava«, »Huthaus Lampertus«, »Letzte Schicht« und »Dorf hinter den Bergen«. Fröbe starb am 3. März 1946 in Schwarzenberg.

Frohnauer Hammer, bekanntes technisches Denkmal in Frohnau, heute Ortsteil von Annaberg-Buchholz. Das alte Waldhufendorf Frohnau wird erstmals 1397 urkundlich als »Fronawe« (Fro = Herr, ouwe = Aue) erwähnt. Erste Silberfunde auf Frohnauer Flur am Schreckenberg begründeten den Annaberger Silberbergbau (s. d.). Der heutige Frohnauer Hammer entstand aus der Frohnauer Obermühle, erste Nennungen 1436, später verfallen und um 1629 durch einen Glaubensflüchtling aus der Steiermark als Scherenschmiede ausgebaut. Seit 1631 durch Jakob Kamnitzer als Kupfer- und Eisenhammer betrieben, 1641 wieder aufgegeben. 1692 Brand und später Neuaufbau durch Johann Clauß, der ihn schon 1684 erworben hatte. Bau eines barocken Herrenhauses (1697), heute Hammerschänke. Der Frohnauer Hammer blieb bis 1904 in Betrieb. Seit 1925 ist der Hammer technisches Museum. Die Hammerhütte ist ein niedriges Gebäude mit tief herabgezogenem Schindeldach.

Der dunkle Innenraum wird beherrscht durch die drei Hämmer mit Gewichten von zwei, vier und sechs Zentner. Die Hämmer werden durch Wasserkraft betrieben. Auch Blasebälge für die Kaminfeuer wurden mit Wasserkraft durch das Mühlrad bewegt. Über dem eigentlichen Hammerwerk lagen die Schlafräume der Hammerschmiede, durch deren Fenster man auf die Hämmer hinunterblicken kann. Im ehemaligen Münzraum sind Kunstschmiedearbeiten ausgestellt. In Frohnau wurden Silbermünzen geprägt, nicht im heutigen Hammer, sondern im alten Mühlgebäude, man nannte sie »Schreckenberger«, und der Volksmund dichtete: »Bist ein reicher Annaberger, hast den Sack voll Schreckenberger.«

Gast, Peter (eigentlich Köselitz, Heinrich), Komponist, Freund Nietzsches, Bruder des akademischen Malers Rudolf Köselitz. Er wurde am 10. Januar 1854 als Sohn eines Seidenfärbereibesitzers in Annaberg geboren. Hier besuchte er die Realschule und studierte anschließend am Leipziger Konservatorium Musik. An der Universität hörte er philosophische Vorlesungen. Von 1875 bis 1878 studierte er an der Universität Basel, um Nietzsches Vorlesungen zu hören. Hier kam er mit dem Philosophen in Kontakt und wurde dessen Freund. Durch ihn kam er mit der griechischen Kunst und Literatur in Berührung. Er war es auch, der ihn veranlasste, den Künstlernamen Peter Gast anzunehmen. Peter Gast lebte ein ganzes Jahrzehnt in Venedig. Hier betrieb er musikalische Studien und schrieb u. a. die Oper »Der Löwe von Venedig«. Auch andere Kompositionen entstanden in Italien. Von 1876 bis 1888 überwachte er den Druck aller Werke Nietzsches. Nach zwanzigjähriger Abwesenheit kehrte er 1891 nach Annaberg zurück. Hier lebte er in Abgeschiedenheit. Erblindet starb Peter Gast am 15. August 1918 in Annaberg. – Von ihm gibt es viele gemütvolle Lieder. Er komponierte Streichquartette, Orchester- und Chorwerke. Verdienste erwarb er sich um die Herausgabe von Nietzsches Werken durch das Nietzsche-Archiv. Er nahm sich der erzgebirgischen Mundartdichtung an, war eine Zeitlang Herausgeber der Reihe »Gedichte und Geschichten in erzgebirgischer Mundart« und schrieb selbst niveauvolle Mundarterzählungen und Schnorken.

Geising, osterzgebirgische Kleinstadt in einem Hochtal, 600 bis 800 m ü. NN, nahe der Staatsgrenze zu Tschechien gelegen.

Der Ort entstand durch den Bergbau auf Zinnerz im Verlauf der 2. Hälfte des 15. Jahrhunderts an beiden Ufern des Hüttenbachs. Ursprünglich bestand er aus zwei Teilen, dem zur Herrschaft Bärenstein, später zum Amt Altenberg gehörigen Altgeising und dem unter dem Rittergut Lauenstein stehenden Neugeising. Seit 1857 sind beide Teile zu Geising vereinigt. Urkundlich wurde Altgeising 1449 erstmals erwähnt und erhielt schon wenige Jahre später, vermutlich 1453, Stadtrecht, Neugeising bekam 1462 diese Rechte. Obwohl der eigentliche Bergbau nie zur vollen Blüte kam, konnten sich Erzwäschen, Hammer- und Hüttenwerke einigermaßen entwickeln. In Neugeising gab es zwischen 1474 und 1865 ein grundherrliches Vasallenbergamt. Die Bewohner betrieben recht und schlecht Landwirtschaft. 1890 hatte die Müglitztalbahn Geising erreicht, dadurch konnte sich der Fremdenverkehr entwickeln. Besonders der Wintersport

Geising, Marktplatz

erlangte Bedeutung. Johann Sebastian Bachs unmittelbare Vorgänger, die Thomaskantoren Joh. Schelle und Joh. Kuhnau stammen aus Geising und haben hier ihre Geburtshäuser. – Ansehenswert ist das Kaufhaus (Saitenmacher- und Zinngießerhaus), ein barocker Fachwerkbau aus dem Jahre 1688 mit massivem Erdgeschoss, in dem ehemals der Kaufmannsladen war, mit einem Kreuzgewölbe und Wohnräumen mit geschnitzten Holzdecken. Im Städtchen gibt es schöne Fachwerkhäuser und Portale aus dem 16. und 17. Jahrhundert. Die Pfarrkirche, im Kern spätgotisch, stammt aus der Zeit von 1484 bis 1513. Geising verfügt über ideale Ski- und Wandermöglichkeiten.
Fremdenverkehrsbüro Geising,
Hauptstraße 25, 01778 Geising,
Tel. 03 50 56/3 89 12, Fax 03 50 56/3 89 13
E-Mail: touristinfo@geising-osterzgebirge.de ,
Internet: www.geising.de

Geising, Aussichtspunkt, 4,5 km nordostwärts von Altenberg und 4,5 km nordwestlich von Geising. Er ist der östlichste der erzgebirgischen Basaltberge mit einer Höhe von 824 m. Seine Kuppe gleicht einem Maulwurfshügel. Der Baumbewuchs des Berges ist spärlich. Zur Kuppe gelangt man von Geising oder, an der Binge vorüber, von Altenberg aus.

Auf dem Bergplateau errichtete der Erzgebirgsverein 1891 einen 11 Meter hohen Aussichtsturm. 1906 entstand nach den Plänen von Baumeister Hübner-Lauenstein das Unterkunftshaus. Um auf den Turm zu gelangen, muss man 92 Stufen steigen. Von der Plattform aus ergibt sich ein weiter Rundblick. Oft wird er als einer der herrlichsten Fernsichten Sachsens bezeichnet. So sieht man nach Dresden und auf die Elbhöhen, die Tafelberge der Sächsischen Schweiz und bei klarem Wetter die Lausitzer Berge. Nach Westen zu ist der Lugberg bei Glashütte im Blickfeld und das Schloss Bärenstein.

Vom Geisingberg geht die Sage, ein geheimnisvoller Italiener mit seiner wunderschönen Tochter Blanka wandere nachts auf der Höhe umher, um die Schätze des Berges zu bewachen.

Um die Kuppe des Berges erstreckt sich das Naturschutzgebiet »Geisingbergwiesen« mit geschütztem Pflanzenbewuchs. Der sächsische Naturforscher Dr. Naumann: »Es gibt kaum etwas Herzerquickenderes als die Wiesen am Geising . . .«
Touristinformation Geising,
Hauptstraße 25, 01778 Geising
Tel. 03 50 56/3 89 12, Fax 03 50 56/3 89 13
E-Mail: touristinfo@geising-osterzgebirge.de,
Internet: www.geising.de

Geitner, Ernst August, Chemiker, Industrieller, Entdecker des Argentan. Geboren am 12. Juni 1783 in Gera, gestorben am 24. Oktober 1852 in Schneeberg.

Dr. Ernst Geitner war eine bedeutende Forscher- und Fabrikantenpersönlichkeit im Erzgebirge in der ersten Hälfte des 19. Jahrhunderts. Geboren als Sohn des Konrektors am Geraer Gymnasium, interessiert er sich schon früh für die Naturwissenschaften. Als er 1801 in Leipzig ein Studium der Theologie beginnt, wechselt er schon bald in die Chemie und Physik über. Als Dreiundzwanzigjähriger veröffentlicht er seine ersten populärwissenschaftlichen Bücher über chemische Probleme. 1809 erwirbt er das medizinische Doktordiplom und lässt sich in Lößnitz als Arzt nieder. Aber gleichzeitig gründet er seine erste Fabrik für chemische Erzeugnisse. 1815 siedelt er nach Schneeberg über und widmet sich der Farbenproduktion. 1819 gelingt es ihm, aus Bleizucker und chromsaurem Kali gelbe Farben zu entwickeln, die man für die Färbung von Geweben nützen konnte, ein Verfahren, das weltweit erst durch die Chromdruckfabrikate aus Frankreich drei Jahre später publik wurde. Die wichtigste Entdeckung gelang ihm zwischen 1822 und 1824 mit dem Argentan oder auch Neusilber genannt, denn schon lange war man in Deutschland auf der Suche nach dem »billigen Silber«, das als Packfong aus China kam und dort schon seit Jahrhunderten hergestellt wurde. Geitners Argentan wurde die Grundlage für die Besteckindustrie der Bergstadt Aue, die dann durch Christian Wellner und Franz Adolph Lange weiter entwickelt wurden. Geitner war ein außerordentlich vielseitiger Forscher und Unternehmer: Neben der Farbenfabrik kaufte er Porzellanunternehmen, begann mit der Anlage von Gewächshäusern in Cainsdorf, die er mit den Dämpfen aus Kohlenschwelbränden aus alten Schachtanlagen beheizte. Das Gärtnereiunternehmen in Planitz, das sein Sohn Gustav führte, fand auch das Interesse Alexander von Humboldts. Kurz vor seinem Tod beschäftigte er sich mit Versuchen, das Blaufärben ohne Indigo zu ermöglichen. So hat Dr. Ernst Geitner nicht nur den Grundstock für einen bedeutenden Industriezweig des Erzgebirges, die Besteckindustrie, gelegt, sondern er war auch ein vielfältig erfinderisch motivierter Wissenschaftler.

Ernst August Geitner

Geyer, Stadt am Oberlauf des Geyerbaches. Mittl. Höhenlage 610 m ü. NN. Keine Bahnverbindung (Schmalspurbahn von 1888 wurde 1967 stillgelegt). Busverbindungen nach Ehrenfriedersdorf, Tannenberg, Thum, Annaberg-Buchholz, Oberwiesenthal, Elterlein, Zwönitz, Chemnitz.

Der Name der Stadt resultiert nicht, wie das spätere Stadtwappen bedeutet (drei Geyerköpfe) aus einem Geyerhorst, sondern kommt von einem Personennamen. Vermutlich ist Geyer um 1390 als Bergbausiedlung entstanden, hier wurde neben Zinn auch auf Silber geschürft. 1467 wird Geyer bereits als Stadt bezeichnet. 1496 erhielt es sein erstes Rathaus. 1462 entstand aus mehreren Gruben das privilegierte Bergbauunternehmen »Thirmanns-Stollen-Gesellschaft«. Nach 1540 Rückgang des Bergbaus, durch ersten großen Bingebruch. 1703 Vernichtung von wichtigen Anlagen. Nach 1700 Spitzenklöppelei, um 1800 wurden 700 Klöpplerinnen gezählt, seit 1847 Klöppelschule. Auch das Posamentierhandwerk hielt Einzug in Geyer. In Siebenhöfen bei Geyer errichtete der 1801 aus Manchester gekommene Evan Evans

Geyer, Binge

(Grab auf dem alten Friedhof der St.-Laurentius-Kirche) um 1812 eine Baumwollspinnerei. Durch selbstentwickelte Maschinen hatte er bedeutende Verdienste um die Einführung der Baumwollverarbeitung in Sachsen. Mit dem Bergbau in Geyer ist auch der Name von Hieronymus Lotter (s. d.) verbunden, der hier mehrere Gruben besaß und zeitweilig in Geyer lebte.

Georgenfeld, Hochmoor

Zu den Sehenswürdigkeiten der Stadt gehören die Pinge, die südöstlich am granitenen Geyerberg entstand, eine heute 50 Meter tiefe, 200 Meter breite und 250 Meter lange Einsturzstelle des Geyersberges. Erster Einbruch 1704, weitere Brüche 1791, 1795 und 1803. 1907 wurde hier der Bergbau nochmals aufgenommen, aber schon 1913 wurde er wieder aufgegeben. Die Binge ist ein beeindruckendes Zeugnis des frühen erzgebirgischen Bergbaus. – St.-Laurentius-Kirche wurde 1491 Stadtpfarrkirche. Die heutige Form entstand 1506, wobei die alten Umfassungsmauern und der nördliche Turm mit einem hölzernen Wehrgang einbezogen wurden. Vor der Kirche steht der alte Wachtturm mit 42 m Höhe, in dem sich heute das Turmmuseum der Stadt befindet. Der Unterbau des Turmes stammt aus den Anfängen der Ortsgeschichte, der achteckige Oberbau entstand zu Zeiten von Hieronymus Lotter. In den sieben Stockwerken des Museums umfassender Überblick über die Geschichte der Stadt. – Lotterhof, auf dem Geyerberg. Von Hieronymus Lotter 1566 gekauft und umgebaut. – Auf dem Marktplatz Postdistanzsäule von 1730, 1970 restauriert. Am neuen Friedhof St.-Wolfgang-Kapelle (ehemalige Hospitalkirche), einschiffiges Gebäude mit Dachreiter und dreiseitigem Chorschluss. In der Kapelle Schnitzfigur des heiligen Wolfgang vom Anfang des 16. Jahrhunderts. Geyer ist durch seine Nähe zum Greifensteingebiet (s. d.) eine Stadt, in der sich der Tourismus entwickelt hat. Erlebnisbad Ana Mare. Wellenbad mit Wildwasserkanal.
Informationen: Tourist-Information Geyer,
Altmarkt 1, 09468 Geyer,
Tel. 03 73 46/1 05 21, Fax 1 05 61
E-Mail: touristinformation@stadt-geyer.de,
Internet: www.stadt-geyer.de

Glashütte, Stadt im Tal der Müglitz und zu beiden Seiten der Prießnitz. Ca. 4800 Einwohner. Heute mit Ortsteilen Dittersdorf, Schlottwitz, Luchau und Johnsbach.

Um 1400 Entstehung einer Glashütte, später Zerstörung der Ansiedlung. Bergbauliche Neugründung um 1458, 1490 Besuch von Herzog Georg dem Bärtigen mit Erlass der ersten Bergordnung. 1506 Stadtrecht. Zerstörung der Bergwerksanlagen im Dreißigjährigen Krieg. Nach Wiederaufbau Großbrand von 1791, bei dem die Hälfte der Stadt in Schutt und Asche sank. Strohflechterei blieb danach der einzige Erwerbszweig. Auf Veranlassung der sächsischen Landesregierung kam Ferdinand Adolph Lange (s. d.) nach Glashütte und begann mit dem Aufbau der Uhrenindustrie. Viele andere Uhrmacher folgten Lange, Moritz Großmann gründete die Deutsche Uhrmacherschule Glashütte. Nach dem Zweiten Weltkrieg Demontage etlicher Betriebe, später Enteignung, später VEB Glashütter Uhrenbetriebe mit Produktion beträchtlicher Stückzahlen von preisgünstigen Uhren. Heute gibt es in Glashütte sechs Uhrenbetriebe, die das Profil der noblen, mechanischen Armbanduhr entwickeln. Anlehnung an die hohen Qualitätsstandards der Lange-Uhren. – Auf dem Marktplatz Denkmal für F. A. Lange. St.-Wolfgangs-Kirche von 1521/25 mit holzgeschnitzter Bergmannsfigur als Kanzelträger (um 1650). – Uhrenmuseum Altenberger Str. 1, Tel. 03 50 53/4 62 81.

Ortsteil Dittersdorf mit Börnchen, Neudörfel und Rückenhain, erstmals 1340 urkundlich erwähnt, Waldhufendorfanlagen, heute Landwirtschaft, Handwerk, Gewerbe und Tourismus. – Ortsteil Schlottwitz, ca. 1200 Einwohner, auf dem 446 Meter hohen Lederberg, größter naturbewachsener Eibenbestand Sachsens mit »Tausendjähriger Eiche«. Abbau von Achaten und Amethysten. – Ortsteil Luchau an der Straße nach Dippoldiswalde gelegen mit der »Wasserburg«, den Resten einer mittelalterlichen Wehranlage, 576 Meter hoher Luchberg, heute in Luchau Reiterhof. – Ortsteil Johnsbach mit Bärenhecke, vermutlich um 1200 gegründet, in Bärenhecke alte Mühle für eigene Backwarenproduktion (kann nach Vereinbarung besichtigt werden).
Information: Stadtverwaltung Glashütte,
Hauptstr. 42, 01768 Stadt Glashütte
Tel. 03 50 53/45-0
E-Mail: stadtverwaltung@glashuette-sachs.de,
Internet: www.glashuette-sachs.de

Gleesberg, Aussichtspunkt auf einer 598 m hohen Kuppe ostwärts von Schneeberg. Der bekannteste Berg des westerzgebirgischen Bergbaugebietes überragt das tiefeingeschnittene Schlematal und seine unmittelbare Umgebung um etwa 100 Meter. Der Gipfel liegt direkt vor dem Nordostrand der Kontaktzone zwischen Eibenstocker und Schlemaer Granit. Am Nordwestabhang des Berges befinden sich große Granitsteinbrüche. Der Name des Berges wird verschieden gedeutet. Am wahrscheinlichsten ist die Ableitung vom mittelhochdeutschen »glosen, glösen«, was soviel heißt wie flimmern, glänzen, schimmern. Kurz nach seiner Gründung errichtete der Erzgebirgsverein Neustädtel im Jahre 1879 ein 13 Meter hohes Aussichtsgerüst, das aber wegen Baufälligkeit 1892 wieder abgerissen werden musste. An seine Stelle trat ein festes Haus. Bei der Einweihung im Jahre 1898 wurde der Grundstein für einen 18 Meter hohen Turm gelegt, der wenige Monate danach eingeweiht wurde. Dem Gründer des Erzgebirgsvereins zu Ehren heißt der heute 25 Meter hohe Aussichtsturm »Köhlerturm«. Von ihm aus hat man einen guten Rundblick über das Erzgebirge, vor allem über die Schneeberg-Neustädtler Bergbaulandschaft. Die Fernsicht reicht bis zum oberen Erzgebirge. 1803 weilte mehrmals Johann Gottfried Herder auf dem Gipfel, als er seinen Sohn besuchte, der in Schneeberg Berghauptmann war. Beim Aufstieg kommt man an einem Griebenherd vorüber.

Goethe im Erzgebirge, Interessen für Geologie, Mineralogie und das Bergwesen bewegten Goethe dazu, 1785 von einer Karlsbader Kur aus nach Johanngeorgenstadt und Schneeberg zu reisen. In Johanngeorgenstadt besah er sich die Bergwerksanlagen. Sein Wunsch, in Schneeberg anzufahren, wurde ihm verwehrt. Lediglich durch die Vermittlung des Schneeberger Bergmeisters Beyer wurde ihm die Genehmigung für ein Jahr später, für die Augusttage 1786 erteilt. In Begleitung der Frau von Stein reiste er von Karlsbad, mit einer Unterbrechung in Johanngeorgenstadt, nach Schneeberg. Hier trennte er sich von seiner Reisebegleiterin, die nach Weimar weiterfuhr. Da er ihr beim Abschied auf dem Schneeberger Marktplatz seine lange Italienreise verheimlicht hatte, leitete er ungewollt den Bruch seines Verhältnisses ein. Goethe studierte drei Tage lang das Schneeberger Bergwesen, war unter Tage und lernte den Filzteich kennen.

Als er 1790 aus Schlesien zurückkommt, hält er für einen Tag in Freiberg an, vor allem Abraham Werners wegen. Häufigen Einladungen folgend, kommt er ein zweites Mal nach Freiberg, diesmal 1810 zu Heinrich von Trebra und seiner Familie. Den Besuch nutzte er, die Freiberger Lehranstalt und einige ihrer Professoren kennenzulernen. Von Freiberg kommend, bleibt Goethe über Nacht in Chemnitz. Hier besichtigt er die mechanische Spinnerei von Bernhard.

Das Frühjahr und den Sommer 1813 verbringt Goethe in Teplitz. Ungeachtet aller Warnung von Badegästen, der Kriegsgeschehen wegen, über die Grenze nach Sachsen zu fahren, erreicht er in den Abendstunden am 9. Juli 1813 Zinnwald. Hier quartiert er sich ein und besichtigt drei Tage lang die Bergwerksanlagen dieser Gegend. Darüber verfasst er später einen vielgelesenen Aufsatz. Oberberghauptmann Herders Einladung, 1831 an der Einweihung der Antonshütte bei Schwarzenberg teilzunehmen, schlägt Goethe aus Altersgründen aus.

Goldene Pforte. Die sogenannte »Goldene Pforte« im Dom zu Freiberg (s. d.) gehört zu den Höhepunkten der spätromanischen Portalkunst in Deutschland. Sie entstand um

1230 als Südportal für die später abgebrannte romanische Basilika. An ihrer Stelle wurde zwischen 1484 und 1501 die gotische Hallenkirche errichtet, die dieses Portal ans Querhaus versetzte. Heute ist sie durch einen Schutzbau von 1902 vor Umweltzerstörungen geschützt. In der Verbindung von Elementen der Plastik und Architektur, die dieses Bauwerk aus Grillenburger Sandstein verkörpert, zeigen sich französische Einflüsse, die sich mit der Leistung sächsischer und bayrisch-fränkischer Kunst verknüpften. Neunfach ist das Portal gegliedert, in dem die Türöffnung liegt. Gestalten aus dem Alten Testament füllen die Leibung. Darüber im Türbogenfeld die Mariensymbolik. An den Archivolten andere biblische Szenen (in der 1. Archivolte die Marienkrönung, umgeben von den vier Erzengeln, in der 2. A. Abraham, die Seelen der Gerechten in Empfang nehmend, in der 3. A. Engel, die Taube des Heiligen Geistes verehrend, in der letzten A. schließlich ein Engel, der die Auferstehenden empfängt). An der Leibung links: Daniel, die Königin von Saba, Salomo, Johannes Baptist. Rechts an der Leibung: Johannes der Evangelist, David, Bathseba und Aaron. Unbekannt sind die Namen der Schöpfer dieses Werkes. Die Bezeichnung »Goldene Pforte« rührt aus der ehemaligen Polychromierung des Portals, von dem nur noch wenige Reste erhalten sind.

Greifensteine, Bodendenkmal, Aussichtspunkt und Kletterfelsen, völlig in Wald eingebettet, westlich von Ehrenfriedersdorf. Die sieben 20 bis 30 m hohen Felsen sind Verwitterungsreste eines ehemals eruptiv entstandenen Granitstocks. Früher waren es dreizehn Felsen, von denen sechs Steinbrucharbeiten zum Opfer fielen. Der Aussichtsfelsen mit 732 m ü. NN ist der höchste Punkt des Landschaftsschutzgebietes Greifensteine. Hier befand sich die einzige mittelalterliche Festung des mittleren Erzgebirges, Schloss Greifenstein (sloz gryfenstein). Durch Steinentnahme nach dem Verfall gab es davon kaum noch Sachzeugen. 1969 wurde es durch Bodenfunde wiederentdeckt. Funde sind im Bergbau- und Greifensteinmuseum ausgestellt. Vom Aussichtsfelsen bietet sich ein Rundblick im Süden zum Erzgebirgskamm, im Westen zum Auersberg, im Norden zum mittelsächsischen Hügelland, im Osten zur Augustusburg. – »Stülpnerhöhle«, ein altes Stollenmundloch nahe der Felsengruppe. – Im Greifensteinwald gibt es ein großzügig ausgebautes Wander- und Radwegenetz. An den schönsten Plätzen sind Sitzgruppen errichtet.
Zweckverband Greifensteingebiet,
09425 Ehrenfriedersdorf, PF 42,
Tel./Fax 03 73 41/44 50.

Bergbaulehrpfad »Silberstraße«
Er führt vom Geyerschen Wachtturm zwölf Kilometer durch die Bergbaulandschaft an den Greifensteinen, bis zum Besucherbergwerk in Ehrenfriedersdorf, vorbei an Raithalden, Stollenmundlöchern, kleinen Höhlen und Bauwerken. An 21 Stationen unterrichten Schautafeln über die fast 800 Jahre währende Bergbauzeit des Gebietes.
Bergbau- und Greifensteinmuseum, Heimatmuseum
Dargestellt wird die politische, ökonomische und kulturelle Entwicklung der Region unter besonderer Berücksichtigung des Bergbaus. Zu sehen sind u. a. Ausgrabungsergebnisse von Schloss Greifenstein. Sammlung heimischer Pilze ist an Modellen dargestellt.
Greifenbachstauweiher, Erholungsgebiet
Der ehemals »Dammteich« genannte Stauteich ist eine alte Bergwerksanlage, um Betriebswasser aus dem hochmoorigen Gelände zu gewinnen. Sie gilt als eine der ältesten Talsperren des Erzgebirges. Die Staufläche beträgt 23 Hektar. Das Gelände wurde zu einem Erholungsgebiet ausgebaut. Hier gibt es viele Wassersportmöglichkeiten, Bootsverleih, Badegelegenheiten mit einer Riesenwasserrutsche. Der große Zelt- und Campingplatz verfügt über 300 Stellplätze für Touristikcamper. Am Stausee befinden sich Sportanlagen, darunter eine Minigolfanlage, ein Abenteuerspielplatz für Kinder, drei Hektar gepflegte Liegewiesen. Es gibt ein Sanitärgebäude und gute gastronomische Einrichtungen.
Naturtheater Greifensteine, Landschaftsbühne
Die im malerischen Felsgebilde liegende Freilichtbühne bietet 4000 Zuschauern Platz. Seit 1931 wird sie jeden Sommer, von Juni bis September, von Berufstheatern bespielt. Geboten werden historische und moderne Stücke für Alt und Jung.
Jugendherberge Hormersdorf
In unmittelbarer Nähe des Greifenbachstauweihers gelegen, mit einer Kapazität von 205 Betten. Die Jugendherberge verfügt über viele Sport-, Spiel- und Freizeiteinrichtungen.

Greifensteingebiet, Landschaftsschutzgebiet seit 1962, 282 Hektar groß, in 575–732 m Höhenlage, nordöstlich von Geyer. Erholungs- und Wandergebiet.

Das Greifensteingebiet liegt auf einem langgestreckten, nach Norden zu leicht abfallenden Höhenrücken. In ihm ist das Gebirge bis zur Verebnung abgetragen. Im Südostteil des Gebietes ist der Greifenbach steilwandig eingetieft. Das Zentrum des einem Dreieck gleichenden Landschaftsschutzgebietes sind die Greifensteine, sieben frei stehende 20–30 Meter hohe Felsen, die in ihrer Einheit eine morphologische Rarität darstellen. Die Greifensteine sind 732 m hoch. Vom Aussichtsfelsen bietet sich eine weitreichende Rundsicht. Durch Verwitterung gleichen die Felsen aufgeschichteten Matratzen.

Im Landschaftsschutzgebiet liegt der »Große Teich« mit einer Wasserfläche von 23 Hektar. Unterhalb von ihm befindet sich der »Ratsteich«. Ihre Entwässerung erfolgt über den Greifenbach. Von ihm zweigt der »Röhrgraben« ab, um das Wasser den bergmännischen Anlagen am Sauberg bei Ehrenfriedersdorf zuzuführen. Großer Teich und Röhrgraben wurden von Bergleuten im 14. Jahrhundert angelegt. Sie sind wahrscheinlich die ältesten bis in die Gegenwart betriebenen bergbaulichen Wasseranlagen Deutschlands.

Das völlig mit Nadelwald bestückte Gebiet eignet sich vorzüglich zum Wandern. Die Felsen dienen den Klettersportlern. Im Museum erhält der Besucher einen Überblick über die Geschichte des Bergbaus und der Stadt Ehrenfriedersdorf. Ein Gasthaus bietet Gelegenheit zum Rasten. Mit der Kulisse der Greifensteine besteht ein Naturtheater mit 4000 Sitzplätzen, das von Mai bis September bespielt wird. Der Große Teich eignet sich zum Baden, Rudern und Segeln. Ein Bootsausleih ist vorhanden, ein Wasserrettungsdienst.

Fremdenverkehrsverein »Greifensteine« e. V.,
Max-Wenzel-Straße 1, 09427 Ehrenfriedersdorf,
Tel. 03 73 41/30 60
E-Mail: tourist-info@silberland-greifensteine.de,
Internet: www.silberland-greifensteine.de

Großhartmannsdorf, das durch seine bergbauliche Anlage bekannte Kirchdorf, liegt 10 km südlich von Brand-Erbisdorf, 491 m ü. NN, unmittelbar am Landschafts- und Naturschutzgebiet »Großhartmannsdorfer Teich« und wird von der Silberstraße berührt. Zur Gemeinde gehören die Ortsteile Obersaida, Mittelsaida und Niedersaida

Erstmals wurde das Kirchdorf im Jahre 1350 genannt. Ein Teil von ihm war Besitz des Klosters Chemnitz und kam 1375 an die Herren von Waldenburg. Von 1524–1676 hatte die Grundherrschaft das Freiberger Geschlecht von Alnpeck. Wahrscheinlich legten die Alnpecks vor 1550 das Rittergut an, das dann 1730 in den Besitz derer von Carlowitz fiel, die es zum Majorat machten.

Um 1560 wurden in der Ortsnähe drei große Teiche angelegt, die das Freiberger Grubenrevier mit Aufschlagwasser versorgten.

Großhartmannsdorf hat eine interessante Dorfkirche inmitten des ummauerten Friedhofs. Erbaut wurde sie 1738. Das Altargemälde aus dem Jahre 1738 stammt von dem sächsischen Hofmaler Johann Baptist Grone, die Kanzel und wahrscheinlich auch die Taufe schuf Johann Friedrich Lücke. Jedoch die Kostbarkeit der Kirche ist die Orgel, ein Meisterwerk von Gottfried Silbermann aus dem Jahre 1741. Vom ehemaligen Rittergut gibt es noch einige Nebengebäude und das Herrenhaus. Das Landschafts- und Naturschutzgebiet reicht bis an die Ortsgrenze.

Gemeindeverwaltung Großhartmannsdorf,
Hauptstraße 106, 09618 Großhartmannsdorf
Tel. 03 73 29/79 90, Fax 7 99 13,
E-Mail: gemeinde-ghd@t-online.de

Großhartmannsdorfer Teich, Naturschutz- und Landschaftsschutzgebiet im Landkreis Freiberg, Naturschutzgebiet mit 110 Hektar seit 1967, Landschaftsschutzgebiet mit 81 Hektar seit 1968. Das Gebiet liegt 8 km südlich von Brand-Erbisdorf unmittelbar an der Silberstraße in einer ausgedehnten flachen Mulde inmitten der hügeligen Hochfläche des nach Norden zu abfallenden Gebirges. Die Mulde ist ausgefüllt mit holozänen Ablagerungen. Das wesentliche Grundgestein ist Grauer Gneis. Die Mulde wird zum größten Teil durch die Wasserfläche eingenommen, die in 491 m Höhe liegt.

Zum Landschaftsschutzgebiet gehören der Große Teich mit einer Wasserfläche von 66 Hektar und einem Fassungsvermögen von 1,68 Millionen Kubikmeter Wasser, der Laichteich und der Heidemühlenteich. Der Abfluss vom Großen Teich erfolgt über einen Kunstgraben. Er bringt das Aufschlagwasser in das Freiberger Bergbaugebiet und über den Müdisdorfer Dorfbach.

Am Südwest- und Südostrand des Teiches gibt es Reste von Hochmoor, lediglich der Südwestteil enthält noch Torflager. Auf beiden Flächen hält sich entsprechender Pflanzenwuchs. Die Pflanzengesellschaft wird wissenschaftlich »Pflanzengesellschaft des nackten Teichschlammes« bezeichnet.

Der Großhartmannsdorfer Teich ist die älteste Talsperre Sachsens und der größte Teich des Erzgebirges. Angelegt wurde er wahrscheinlich vor 1500 von Bergleuten, um Aufschlagwasser für die Grubenbetriebe zu erhalten. 1524 erwähnt die Anlage ein Lehnsbrief von Herzog Heinrich dem Frommen und 1562 kaufte sie Kurfürst August. Erweiterungen führte man 1726 und 1735 aus.

Die Wasserfläche dient als Rast- und Sammelplatz durchziehender Vögel. An den Rändern finden Wasservögel Nistgelegenheiten. Im Teich wird Fischzucht betrieben. Deshalb sind das Baden, der Wassersport und das Zelten im Landschafts- und Naturschutzgebiet nicht gestattet.

Grund, Johann Gottlieb, Annaberger Kürschnermeister und Poet. Geboren am 13. November 1742 in Schönberg bei Görlitz als Sohn eines Kürschners. Beim Vater erlernte er das Kürschnerhandwerk, ging als Geselle auf Wanderschaft und arbeitete u. a. in Leipzig und Dresden. 1782 ließ er sich als Kürschnermeister in Annaberg nieder. Dreimalige Verheiratung brachte ihm reichen Kindersegen. Davon war allerdings 1822 nur noch ein Kind am Leben. Angeregt durch das Werk Gellerts, verfasste er in seiner freien Zeit allerlei Poetisches. Als 74-jähriger Greis gab der Annaberger Post- und Bürgermeister K. F. Reiche-Eisenstuck ein Büchlein heraus mit Gedichten von Grund, das 1866 in neuer Auflage erschien, nun auch mit Mundartgedichten im Anhang. Damit wurde er zu einem der frühesten Dichter in erzgebirgischer Mundart. Grund starb am 17. März 1820 in Annaberg.

Grünhain, kleinstädtische, industrielle Siedlung auf halbem Wege zwischen Schwarzenberg und Zwönitz, jeweils sechs Kilometer. Das Städtchen liegt 650 m hoch und ist eingebettet zwischen Schatzenstein (763 m u. NN) und Spiegelwald (727 m ü. NN).

Gegründet wurde die Marktsiedlung vor 1280 von Bauern »auf wilder Wurzel«. 1233 wurde sie »Gruninhain« genannt, 1350 »Grunhain« und 1525 »Gronenhain«. Die Bezeichnung »Grün« weist auf eine gerodete, nunmehr grüne Fläche hin, und »Hain« steht für eine umfriedete Wohnfläche. Durch die Siedlung führte die alte, 1118 urkundlich genannte Salzstraße von Halle über Altenburg nach Böhmen. Sie erweiterte sich in Grünhain zum Marktplatz. 1232 ließ sich hier ein Zisterzienserkloster nieder, gestiftet vom Burggrafen Meinhard II. von Meißen. 1235 zog der Konvent von Sittichenbach ein.

Das Kloster nahm eine rasche Entwicklung und vergrößerte unablässig seinen Besitz. Im 15. Jahrhundert gehörten drei Städte und 56 Dörfer in seinen Bereich. Es besaß Weinberge, Kohlengruben, aber auch Berg- und Hammerwerke. Damit war es zu einer bedeutenden Feudalmacht geworden. 1429 stürmten es die Hussiten und äscherten es ein, und 1525 vertrieben aufsässige Bauern den Abt. Als dann 1536 Stadt und Kloster niederbrannten und der Abt Johann Göpfert aus »reinem Selbsterwägen und Gedanken« zum Luthertum übertrat, gingen die restlichen Mönche nach Kaaden. Das Kloster wurde aufgehoben. Den Klosterbesitz verwaltete ein Amtmann. Dieses Grünhainer Amt wurde 1856 und das Amtsgericht 1876 aufgelöst. Lindner schreibt 1848 über den Ort: »Das Städtchen selbst entbehrt aller Anmut, liegt rauh und frostig am nördlichen Fuße des Spiegelwaldes und erntet deshalb später als die Umgebung.« Der Bau einer Eisenbahn (nach 1945 als Reparationsleistung demontiert) brachte Industrie in das Städtchen.

Östlich der Stadt befinden sich die Zeugen des ehemaligen Klosters Sankt Maria und Sankt Nikolaus. Fast zwei Kilometer lang sind die Reste der alten Klostermauern, gefügt aus Lese- und Bruchsteinen. Am Klostervorplatz befindet sich der Klosterteich, neben der Toreinfahrt das ehemalige Amtshaus, ein klassizistischer Bau aus dem Jahre 1832. Es war der Sitz des Amtmannes. Innerhalb der Klostermauer sind Reste eines 1929 abgebrannten Klosterschuppens wahrzunehmen. Er war das Magazin für den abzuliefernden Zehnten der Bauern des Klostergebietes. Noch erhalten ist das turmartige Torgebäude »Fuchsturm«, nach einem Amtsschösser benannt. Hier hielt man den Prinzenräuber Kunz von Kauffungen einige Zeit gefangen. Im Obergeschoss haben die Grünhainer Schnitzer und Bastler ihre Schnitzstube. Das im Gemäuer erkennbare Spitzenbogentor war der Eingang in das ostwärtige Klostergebiet. Dort befand sich die Klosterwallfahrtskirche. Die noch vorhandenen Mauerreste wurden 1934 freigelegt. Der innerhalb der Klostermauer befindliche naturnahe gestufte Mischwald ist als Naturdenkmal anerkannt.

Gegenüber dem Amtshaus befindet sich der Mönchsbrunnen. Aus einem an der Wand angebrachten Rundbogen schaut die als Brunnen gefasste Nachbildung des Gesichtes eines Mönchs. Vor dem Brunnen aufgestellt ist eine kursächsische Postsäule. An der Südostseite des Marktplatzes befindet sich die Stadtkirche Sankt Nikolaus, von 1808 bis 1812 durch Johann Traugott Lohse erbaut, ein stattlicher Rechteckbau. Grünhain ist der Geburtsort des Komponisten und Thomaskantors Johann Hermann Schein und die Wirkungsstätte des Orgelbauers G. Steinmüller.

In Grünhain gibt es seit 1898 Kurbetrieb. Das gesundheitsfördernde Heilklima bietet das ganze Jahr über viele Möglichkeiten der Anwendung, so auch für das Naturheilverfahren nach Pastor Kneipp.

Stadtverwaltung Grünhain-Beierfeld,
August-Bebel-Straße 79, 08344 Grünhain-Beierfeld
Tel. 0 37 74/1 53 20, Fax 0 37 74/15 32 50
E-Mail: kontakt@gruenhain-beierfeld.de,
Internet: www.beierfeld.de

Grünhainichen, Spielzeugmacherdorf zwölf Kilometer südostwärts von Flöha in einer flachen Quellmulde über dem Ufer der Flöha in 338 bis 500 m Höhenlage.

Von Siedlern aus dem Hessischen gegründet, erstmals 1349 urkundlich erwähnt als »Hainchyn«. Frühe Entwicklung von

Holzwarenherstellung. 1613 werden erstmals Händler aus G. auf der Leipziger Messe erwähnt. In den nächsten Jahrhunderten wächst hier ein Zentrum der Spielwarenherstellung und des Handels. Im 19. Jahrhundert existierten 100 Spielzeugmacher, die für 30 Verleger produzierten. Heute ist die Herstellung kleinfigürlicher Schnitzereien und Drechselarbeiten vorrangig. Blumenkinder, Musikantenengel, Spieldosen reisen in alle Welt. Besondere Verdienste hatte die Familie Wendt, Grete Wendt als Spielzeuggestalterin, heute Wendt & Kühn. Aber auch die Firmen Helbig, Schumann, Blank u. a. gehören zu den kunstgewerblichen Werkstätten.

Kultur/Tourismus Verwaltungsverband »Wildenstein«,
Chemnitzer Str. 41, 09579 Grünhainichen,
Tel. 03 72 94/1 70 15, Fax 1 70 21
E-Mail: wildenstein@t-online.de,
Internet: www.wildenstein.de

Spanziehmühle, Technisches Denkmal
Traditionelle Spandosenherstellung in eigener Werkstatt.
Gaststätte Schachtelstübchen. Tel. 03 72 94/16 20
Museum »*Erzgebirgische Volkskunst*«, Ständige Ausstellung

Die Ausstellung gibt einen Überblick über die Bewahrung und Fortführung der erzgebirgischen Spielzeugherstellung.

Grünstädtel, Ortsteil von Schwarzenberg. Kleine Dorfgemeinde, 2 km südostwärts von Schwarzenberg, im breiten Talgrund des Zusammenflusses von Pöhla und Mittweida, ihr Kern auf einer erhöhten Terrasse.

Um 1200 siedelten sich an den Wasserläufen Bauern an. Es entstand eines der ältesten Dörfer der Herrschaft Schwarzenberg. Man nimmt an, dass es ursprünglich zwei kleine Ansiedlungen mit verschiedenen Namen waren, die südliche, Höfe mit Waldhufenstreifen, könnte »Grün« geheißen haben, »Stettel« hingegen jene, die sich um eine Kapelle gruppierte. Um 1460 heißt der Ort »Stettel-Grün«, 1550 »Dorfstedtel« und 1590 »Grünstädtelein«. Zur Bezeichnung »Städtlein« kam es wegen der Messen und Märkte, die an der hier vorhandenen Wallfahrtskirche abgehalten wurden. Die Wallfahrer kamen wegen der im Kircheninneren aufgestellten Figur der heiligen Anna, der Schutzpatronin der Bergleute. Wann die Wallfahrtskapelle erbaut wurde, ist nicht bekannt.

Um 1533 hatte der Ort zwölf Erbgüter und einige Häusleranwesen. Durch den Zuzug von Bergleuten, Hammerwerkern und Löffelschmieden reichte die gotische Kirche nicht mehr aus. 1724 entstand am Hang die bis heute erhaltene Barockkirche. Der mitten in die Südseite eingepasste Turm kam erst 1872 zur Vollendung. Der Ort konnte sein Bild bis in unser Jahrhundert erhalten, dann bildete sich nahe am Wasser und Bahnhof ein Fabrikbereich heraus. Durch Häuserbauten aus der Zeit des Uranerzbergbaus nach 1946 traten wesensfremde Elemente ins Dorfbild.

In der Kirche befindet sich ein Schnitzaltar aus dem 16. Jahrhundert, der aus der Wallfahrtskapelle herrührt. Er zeigt im Mittelschrein Anna Selbdritt und weibliche Heilige. Auf den Flügeln ist die Verkündung und die Kreuztragung dargestellt. Das alte Pfarrhaus stammt aus dem Jahre 1700. Wie die benachbarte alte Schule hat es ein Fachwerkobergeschoss mit verbreiterten Giebelseiten. 125 m nordostwärts der Kirche steht ein altes Sühnekreuz mit einander rechtwinkelig kreuzenden Balken und einem eingeritzten Schwert. Die Sage will wissen, dass sich hier zwei Soldaten duellierten, wobei der eine den Tod fand. Jedoch heißt es auch, bei einem Streit zweier Männer habe der eine den anderen erschlagen. Grünstädtel ist der Geburtsort des Komponisten und Hofkapellmeisters Gottfried Heinrich Stölzel (1690–1749). Am Haus ist eine Gedenktafel angebracht. Nördlich des Ortes führt der Emmlerweg vorüber, ein alter Verbindungsweg zwischen Schwarzenberg und Scheibenberg.

Tourist-Information Schwarzenberg,
Oberes Tor 5, 08340 Schwarzenberg
Tel. 0 37 74/ 26 60, Fax 0 37 74/ 26 69 23
E-Mail: stadtverwaltung@schwarzenberg.de
Internet: www.schwarzenberg.de

Günther, Anton, Volksdichter, Komponist und Heimatsänger des Erzgebirges. Geboren wurde er am 5. Juni 1876 in Gottesgab (Tschechien). Sein Vater war Bergmann, aus gesundheitlichen Gründen später Musterzeichner und Weißwarenhändler. Der Junge besuchte die Bürgerschule in Joachimsthal und erlernte nebenher das Musizieren bei alten Bergmusikanten. Aus finanziellen Gründen konnte sich sein Wunsch, Förster zu werden, nicht erfüllen. So lernte er Lithograph bei E. Schmidt in Buchholz in Sachsen. Nach vorzeitigem Lehrabschluss trat er bei H. Haase in Prag als Lithograph in Stellung. Von Heimweh in der fremden Stadt geplagt,

Anton Günther

entstanden die ersten Lieder, u. a. »Derhaam is derhaam« und »Is Voterhaus«. Von Freunden gedrängt, veröffentlichte er sie auf Postkarten. Es wurden die ersten Liedpostkarten überhaupt. Als 1901 der Vater starb, musste er zurück nach Gottesgab, um als Kleinbauer die vielköpfige Familie zu versorgen. Von hier fuhr er mit seinem Bruder Julius nach Sachsen, trug seine Lieder zur Laute vor, indessen der Bruder reihum ging, um Liedpostkarten zu verkaufen. – Die 1902 geknüpften Kontakte zum Erzgebirgsverein sicherten ihm die Zuhörerschaft und einige Einkünfte für die weitere Zeit. Neue Lieder entstanden. Sie erschienen 1909 unter »Anton Günthers Volkslieder aus dem Erzgebirge für Gesang und Klavier«. 1914 musste er zum Militär einrücken. An der serbischen Front wurde er 1916 verwundet und dadurch nicht mehr kriegsverwendungsfähig. – Aus dem Krieg kehrte er 1918 nach Gottesgab heim. Von nun an trat er in vielen Veranstaltungen in Sachsen auf und sang seine Lieder. Eine zweiteilige Textsammlung erschien 1920. Er machte erste Rundfunk- und Schallplattenaufnahmen. Die Feier seines 60. Geburtstages erfolgte unter großer Anteilnahme der Bevölkerung. Am 29. April 1937 starb er durch Freitod in seinem Gottesgaber Haus. – G. Heilfurth veröffentlichte 1937 die Gesamtausgabe seiner Dichtungen.

Anton Günther schrieb rund 150 Lieder in erzgebirgischer Mundart, zahlreiche Gedichte und kleine Erzählungen. Zu seinen bekanntesten Liedern zählen: »'s is Feierobnd«, »Of de Barg, do is halt lustig . . «, »Heil eich, ihr deutschen Brüder . . .« und »Schneeschuhfahrermarsch«. Anton Günthers Grab befindet sich auf dem Gottesgaber Friedhof. Am Haus seiner Lehrstelle in Annaberg-Buchholz ist eine Gedenktafel angebracht. Vielerorts im Erzgebirge wurden nach ihm Straßen benannt und ihm zu Ehren Gedenksteine gesetzt.

Hahnewald, Edgar, geb. 21. 8. 1884 in Wilschdorf b. Dresden, gest. Jan. 1961 in Solna (Schweden). Aus einer kinderreichen Familie stammend, wurde seine zeichnerische Begabung schon in der Kindheit sichtbar, er erlernte den Beruf eines Dekorationsmalers. Aber Hahnewald gehörte zu den Doppelbegabungen, denn schon 1916 erscheint der erste Erzählungsband »Trümmer« in einem Dresdener Verlag. Seit 1912 lebte er als Lokalredakteur der »Dresdner Volkszeitung« in Dresden. Von hier aus unternahm er auch seine Wanderungen in sächsische Landschaften, die wichtigsten Texte wurden in den Bänden »Sächsische Landschaften« (1922) und »Zwischen Saale und Spree« (1929) gesammelt veröffentlicht. Hahnewald, Sozialdemokrat seit 1908, emigrierte 1933 nach Prag, 1938 dann nach Schweden. Seinem zeichnerischen Talent verdankte er, dass er seine Existenz als Illustrator vor allem naturwissenschaftlicher Bücher gründen konnte. Er plante Bücher über die Elbe und seine Heimatstadt Dresden. Dazu ist es nicht gekommen. Einige seiner schönsten Texte sind 1988 in einer Auswahl »Sächsische Heimatbilder« wieder erschienen.

Hartenstein, mit den Ortsteilen Thierfeldt und Zschocken. Mittlere Höhenlage 340 m bis 550 m ü. NN.

Der Ort entstand als Siedlung an der gleichnamigen Burg vermutlich im 12. Jahrhundert. Erste urkundliche Erwähnung der Kirche 1387, Stadtrecht wahrscheinlich erst nach 1400. Hartenstein blieb über die Jahrhunderte hinweg eine ausgesprochene Handwerkerstadt, deren Entwicklung durch die Burgherrschaft beeinflusst wurde. Am 5. Okt. 1609 wurde hier Paul Fleming (s. d.), einer der bedeutendsten deutschen Barockdichter, geboren. Seit 1896 Denkmal auf dem Marktplatz, Gedenkausstellung im Museum Burg Stein. Am Markt alte Fachwerkhäuser, so Gasthaus »Weißes Roß« mit Renaissanceportal von 1625. Die Stadtkirche entstand 1869/70 mit flachgedecktem, dreiseitigem Emporensaal (unter Verwendung älterer, barocker Bausubstanz).

Burg Hartenstein entstand als Befestigung an der alten Handelsstraße von Halle nach Böhmen. Sie wurde vermutlich von den Burggrafen von Meißen um 1150 errichtet. Erster bekannter Besitzer war Meinher I. von Werben, Burggraf zu Meißen und einer der Gründer des Klösterleins Zelle. 1406 kam die Burg in den Besitz der Herren von Schönburg, einem der großen Adelsgeschlechter des Erzgebirges. Die Burg, im 16. Jahrhundert in eine Schlossanlage verändert, wurde am Ende des Zweiten Weltkrieges durch Bomben fast völlig zerstört.

In Stein, seit 1934 Ortsteil von Hartenstein, befindet sich eine weitere ehemalige Muldenfeste: Burg Stein, Bergfried,

Palas und Wehrmauern sind romanischen Ursprungs. Neben der Oberburg, die vermutlich um 1200 entstand, befindet sich die jüngere, spätgotische Niederburg. Die heutige Burganlage beherbergt ein Museum. Burg Stein gehörte ursprünglich zur Herrschaft Hartenstein, später waren unter den Burgherren auch Raubritter. Einer der Burgherren war der Prinzenräuber Kunz von Kauffungen (s. d.). In der Nähe der Burg befindet sich das 1912/13 im Jugendstil erbaute Schloss Wolfsbrunn. Das Schloss entstand nach Plänen des Münchner Architekten Emanuel von Seidl, Deckengemälde von Julius Dietz und Plastiken von Fritz Behn und Georg Wrba. – In der Nähe von Hartenstein befindet sich die sogenannte »Prinzenhöhle«, ein ehemaliger Bergbaustollen, in welchem die Helfer des Kunz von Kauffungen Prinz Ernst, der am 7. Juli 1455 im Altenburger Schloss zusammen mit seinem Bruder Albrecht geraubt worden war, versteckten. Als Kunz von Kauffungen im Grünhainer Wald gefangen genommen wurde, übergaben die Räuber den Prinzen Ernst an den Herren von Schönburg zu Hartenstein. Heute befindet sich hier eine Ausflugsgaststätte. – Bei einer Wanderung im Muldental stößt man in der Nähe von Wildbach auf die Ruine der Isenburg, die vermutlich um 1300 entstand und schon um 1400 wieder zerstört wurde.

Informationen: Stadtverwaltung,
Marktplatz 9, 08118 Hartenstein
Tel. 03 76 05/7 64 21, Fax 76 40
E-Mail: stadtverwaltung@stadt-hartenstein.de,
Internet: www.stadt-hartenstein.de

Heiligabendlied, Eines der ältesten und bekanntesten Weihnachtslieder in erzgebirgischer Mundart. Von den heute etwa 140 bekannten Strophen werden 12 bis 16 in den einschlägigen Liederbüchern, auf Liedpostkarten und Liederblättern veröffentlicht. Das Lied gilt als Musterbeispiel für ein landschaftsgebundenes Volkslied mit vielen Fassungen und Singweisen. Es wird als Reihumlied gebraucht, bei dem ein Vorsänger oder eine Gruppe die Strophen übernehmen und die übrigen dann den Kehrreim mitsingen. Eine feste Reihenfolge der Liedstrophen gibt es nicht. Das Lied hat keine durchgängige Fabel. In jedem Vierzeiler wird eine eigenständige Begebenheit erzählt. Durch den Kehrreim wird es zusammengehalten. Es besingt viele erzgebirgische Weihnachtsbräuche und wird damit zu einer volkskundlichen Fundgrube. Wahrscheinlich entstand es im 1. Drittel des 19. Jahrhunderts in den Hutzenstuben oder bei den erzgebirgischen Klöpplerinnen. Erstmals wurde das Heiligabendlied mit 14 Vierzeilern und einer heute unbekannten Melodie von Wilhelm Schnörr aus Scheibenberg nach 1820 in ein Notenbüchlein geschrieben. Christiane Concordia Ritter schrieb den Text 1836 mit 13 Strophen in ihr Liederbüchlein. Gedruckt wurde das Lied erstmals 1844 in Lindners »Wanderungen durch die interessantesten Gegenden des Sächsischen Obererzgebirges«. In der 1862 von Spieß veröffentlichten Schrift »Sitten und Gebräuche im Sächsischen Obererzgebirge« wird erstmals Johanne Amalie von Elterlein als Verfasserin genannt, ohne darüber einen Beweis zu erbringen. So nimmt man heute an, dass sie das Lied von anderen kannte, aufschrieb und Spieß für seine Schrift übermittelte.

Herder, Siegmund August Wolfgang Freiherr von, Montanwissenschaftler, sächsischer Oberberghauptmann. Geboren am 18. August 1776 in Bückeburg als Sohn des Theologen, Philosophen, Dichters und Sprachforschers Johann Gottfried Herder. Er besuchte von 1787 bis 1794 das Gymnasium in Weimar, war dann ein Jahr lang Zögling der Schweizer Erziehungsanstalt Neuenburg. Von 1795 bis 1796 studierte er in Jena, 1797 in Göttingen, danach war er drei Jahre lang an der Freiberger Bergakademie. 1800 bezog er für zwei Jahre die Universität Wittenberg, um Rechtswissen-

Siegmund Freiherr von Herder

schaften zu studieren und zu promovieren. 1802 kam er als Bergassessor nach Marienberg, 1803 in dieser Eigenschaft nach Schneeberg. Danach erfolgte seine Berufung als Oberberg- und Oberhüttenamts-Assessor nach Freiberg. 1810 wurde er Bergrat und 1813 in den Freiherrnstand erhoben. Seine Berufung in das Geheime Finanz-Kollegium erfolgte 1817. Im Jahre 1819 wurde er Geheimer Finanzrat und Vizeberghauptmann, 1821 Berghauptmann und fünf Jahre später Oberberghauptmann. Diese Stelle hatte er bis zum Tode inne. Herder erwarb sich hohe Verdienste um das sächsische Bergwesen. Sein Hauptanliegen war die Reorganisation und Sanierung. Er erließ Betriebspläne für jeweils fünf Jahre, führte neue Verfahren im Erzschmelzen ein, widmete sich dem Blaufarbenwesen und förderte Bergakademie und Bergschule. Besondere Zuneigung hatte er für die bergmännische Kultur, vor allem zum Bergmusikwesen. Studienreisen führten ihn 1809 nach Polen, 1811 nach Wien, 1818 nach Schweden, Norwegen, Dänemark, 1824 nach Belgien und Frankreich. Von einer Reise nach Serbien im Jahre 1835 kehrte er krank zurück. Er starb am 29. Januar 1838 an den Folgen einer schweren Operation in Dresden.

Hermsdorf. Der Ferienort liegt in 730–804 m Höhenlage nahe am Kamm des Osterzgebirges etwa 20 Kilometer von der Kreisstadt entfernt. Die ortsnahen Erhebungen sind die Schickelshöhe mit 804 m und die Kahle Höhe mit 739 m. Der Ort liegt abseits verkehrsreicher Straßen und wird von ausgedehnten Waldungen umgeben.

Das Reihendorf entstand im 12. Jahrhundert als Rodesiedlung zwischen Gimmlitz und Wilder Weißeritz. Die Bewohner betrieben Landwirtschaft und unterstanden dem Burgherrn von Frauenstein, dem sie Frondienst zu leisten hatten. Zeuge davon ist das »Frauensteiner Hauptwasser«. Diese alte Wasserleitung mussten die Hermsdorfer Bauern 1700 zum Schloss Frauenstein legen. Seit dem 16. Jahrhundert bauten die Hermsdorfer Kalk ab und löschten ihn. Daraus entstand um 1800 das Kalkwerk, das 1819 staatlich wurde. Vor allem die Glasindustrie verarbeitete den Hermsdorfer Kalk.

Hermsdorf gilt als gern besuchter Ferienort mit idealer Umgebung zum Wandern und für den Wintersport. Aufgrund der Höhenlage ist das Gebiet schneesicher. Im Ort gibt es ausreichend Ferienunterkünfte.
Gemeindeverwaltung Hermsdorf/E.,
Kirchplatz 2, 01776 Hermsdorf/Erzgebirge
Tel. 03 50 57/5 12 10, Fax 03 50 57/54 95 17
E-Mail: gemeinde-hermsdorf.erzg@t-online.de
Internet: www.hermsdorf-erzgebirge.de

Hetzdorfer Eisenbahnbrücke. Der Hetzdorfer Viadukt an der Eisenbahnlinie Dresden–Chemnitz–Plauen, entstanden 1866/67, gehört zu den Baudenkmalen der deutschen Eisenbahngeschichte. Neben der Göltzschtal-, Elstertal- und der Göhrener Brücke gehört er zu den größten Steinbrücken in Sachsen. Die Brücke hat eine Länge von 325 Metern und eine Höhe von 40 Metern. Heute wird der Verkehr über zwei Spannbeton-Brücken geleitet. Die alte Brücke ist stillgelegt. Ein schöner Blick auf das Viadukt ist von der »Hetzdorfer Schweiz« aus möglich, einem Naherholungszentrum, dessen 391 m hoher Aussichtsfelsen, »Bastei« genannt, im Zusammenhang mit dem Eisenbahnbau entstand. Eine Legende erzählt, der leitende Ingenieur Claus habe sich nach Fertigstellung von der Brücke gestürzt, weil er seinem eigenen Bauwerk nicht vertraute. Aber eben dieser Ingenieur Claus hatte auch die bekannte Göhrener Brücke erbaut. Tatsache ist aber, dass beim Bau wegen ungenügender Sicherheitsmaßnahmen sieben Menschen ums Leben kamen. Die erste, feierliche Fahrt über die neue Brücke fand am 23. September 1868 statt. Der Bau der aus Granit, Sandstein und Gneis errichteten Brücke kostete 1,652 Millionen Mark.

Hirtstein, Naturdenkmal, Aussichtspunkt. Der 891 m hohe Berg liegt südlich von Satzung an der Landesgrenze zu Tschechien. Er ist ein alter vulkanischer Basaltkegel. Seine Säulen strahlen in schöner Regelmäßigkeit von der Achse her nach außen. Der Seltenheit wegen wurde die Quellkuppe zum Naturdenkmal erklärt. Nahe dem Gipfel errichtete der Erzgebirgsverein ein 1926 der Öffentlichkeit übergebenes Unterkunftshaus. Aus den Fenstern des Gastzimmers bietet sich ein schöner Fernblick.

Hofmann-Stollberg, Alfred (eigentlich Hofmann, Alfred), Maler, Graphiker, Buchillustrator. Geboren am 16. Oktober 1882 in Oberplanitz bei Zwickau. Nach Besuch der Volksschule kam er auf das Lehrerseminar in Schneeberg. Hier wurde man auf sein zeichnerisches Talent aufmerksam. Auf Anraten seiner Lehrer entschloss er sich, 1906 ein Studium der bildenden Kunst in Dresden aufzunehmen. Nach bestandener Prüfung als Kunsterzieher für höhere Lehranstalten arbeitete er im Atelier von Prof. Richard Guhrs. 1910 kam er als Lehrkraft für Kunsterziehung an das Lehrerseminar Stollberg, einer Nebenstelle des Annaberger Seminars. Hier wirkte er als Studienrat bis 1929. Danach wechselte er an eine Oberschule in Dresden-Plauen über, an der er bis zum Eintritt in den Ruhestand, im Jahre 1944, tätig war. In den letzten Jahren seines Lebens erblindete er. Er starb am

25. Februar 1962 in Dresden. Von ihm stammen zahlreiche Radierungen, Buchillustrationen und Aquarelle. Hauptmotive seiner Arbeiten waren die erzgebirgische Landschaft, später die des Plauenschen Grundes bei Dresden. Allgemein wird er als »Erzgebirgsmaler« bezeichnet.

Hohenstein-Ernstthal, Stadt nahe Chemnitz, ca. 16.800 Einwohner. Entstanden 1898 aus dem Zusammenschluss der Städte Hohenstein und Ernstthal. Bergbaugründung um 1407 »uff den Hohen Stein« bei Waldenburg. Der Freiberger Bergherr Münzner kaufte 1473 das Bergwerk, 1510 Stadtrecht für Hohenstein. Ernstthal entstand um 1680 in den östlichen Wäldern von Hohenstein. Hier dominierte die Leineweberei, nach 1700 auch Strumpfwirkerei. Seit 1898 Doppelstadt Hohenstein-Ernstthal. Am 25. Februar 1842 wurde in Ernstthal Karl May geboren, der wohl meistgelesene deutsche Schriftsteller. Seit 1985 ist sein Geburtshaus Museum (Tel. 0 37 23/4 21 59). – Textil- und Heimatmuseum Antonstr. 6 (Tel. 0 37 23/4 77 11) mit Ausstellungen zur sozialen und wirtschaftlichen Entwicklung. Sehenswert auch Ausstellung »Buntes Holz«, Friedrich-Engels-Str. 1 (Tel. 0 37 23/4 22 36) mit ca. 12.000 Zeugnissen erzgebirgischer Volkskunst. Seit 1927 ist der »Sachsenring« eine der bekanntesten Motorrennsportstrecken Deutschlands. Neu ist ein Verkehrssicherheitszentrum. Läufe zur Motorradmeisterschaft und Tourenwagen-Cups auf dem »Neuen Sachsenring« locken alljährlich zehntausende begeisterte Zuschauer aus ganz Deutschland an.
Erholungsgebiet »Rabensteiner Wald – Pfaffenberg« am 481 m hohen Pfaffenberg.
Auskünfte: Stadt- und Regionalinformation,
Altmarkt 41, 09337 Hohenstein-Ernstthal
Tel. 0 37 23/40 21 80, Fax 0 37 23/40 21 89.
E-Mail: info@hohenstein-ernstthal.de,
Internet: www.hohenstein-ernstthal.de

Hohneujahr, anderswo Epiphania, Großneujahr oder Dreikönigstag geheißen, wird im Erzgebirge Hohneujahr genannt. Am 6. Januar ist das Fest der Offenbarung des Herrn, der Jordantaufe, aber auch der Ankunft der drei Weisen in Bethlehem und der Hochzeit zu Kanaa. Am Vorabend wie zum Weihnachts- und Silvesterheiligabend isst man pünktlich um 18 Uhr im Kreis der Familie das »Neunerlei«. Alle Kerzen im Zimmer müssen brennen. Letztmalig brennen die der Pyramide, des Christbaums und der Lichterbergleute und -engel. Auf der Tafel leuchtet ein frisches Tischlicht. Mit Hohneujahr enden die Internächte. Die nun folgende Zeit ist frei von Geheimnissen. Nun wird der Baum abgeputzt, das Weihnachtszeug verpackt und für das kommende Fest auf den Boden gebracht.

Holzhau. Der staatlich anerkannte Erholungsort gehört zu Rechenberg-Bienenmühle, liegt 28 Kilometer südostwärts von Brand-Erbisdorf entfernt im Tal der oberen Freiberger Mulde. Die Häuser der kleinen Streusiedlung bedecken vom Tal der Freiberger Mulde, in 600 m Höhenlage, dem Tal des Bitterbachs folgend bis zur Steinkuppe, mit 800 m der höchste Punkt, die Hanglage.

Um 1532 Holz für die Freiberger Grubenbetriebe zu erhalten, fällte man ein großes Waldstück am Oberlauf der Freiberger Mulde. Im Wasserlauf des Flusses ergab sich eine günstige Transportmöglichkeit. 1538 gestatteten die Grundherren von Schönberg den »Einschlägern«, den baumfreien Boden zu roden und sich ansässig zu machen. Die sich im »Gehau« niederlassenden Holzfäller gründeten die Siedlung »Holzhawe«, »Holzhau«. Als Bauern erwirtschafteten sie nur geringe Erträge. Um die Jahrhundertwende wurde der Ort für den Fremdenverkehr erschlossen. Er eignet sich vorzüglich als Sommerfrische. Durch seine Schneesicherheit hat er sich zu einem Wintersportzentrum herausentwickelt. Zu den idealen Wintersportbedingungen zählen auch fast alpine Steilhänge, Skiwiesen mit Schleppliften und eine Sprungschanze an der Steinkuppe.
Zentrales Fremdenverkehrsamt »Oberes Freiberger Muldental«,
Bergstraße 9, 09623 Holzhau
Tel. 03 73 27/15 04, Fax 03 73 27/16 19
E-Mail: info@fva-holzhau.de,
Internet: www.fva-holzhau.de

Hormersdorf, Gemeinde im oberen Talgrund des Gornsdorfer Baches gelegen.

Erstmals wird der Ort 1446 als »Harmerstorff« genannt (vermutlich Namensübertragung durch fränkische Siedler eines gleichnamigen Dorfes bei Nürnberg). Hormersdorf ist eine typische erzgebirgische Waldhufensiedlung. In der Nähe erheben sich der Huthübel (587 m) und der Andreasberg (590 m). Hormersdorf grenzt an den sogenannten Geyrischen Wald, das größte zusammenhängende Waldgebiet des mittleren Erzgebirges mit ca. 65 Quadratkilometer Ausdehnung. Etwa einen Kilometer südlich des oberen Ortsendes befindet sich auf der Wasserscheide zum Roten Wasser das Naturschutzgebiet »Hormersdorfer Hochmoor«, das in seinem größeren Teil bereits vor dem Ersten Weltkrieg abgebaut wurde. Der Volksmund nennt das Gebiet »Kiefernweiche«,

Latschenkiefer, Moorbirken und Binsen bestimmen die Vegetation neben einer Reihe seltener Moorpflanzen.

Die Entwicklung des Dorfes wurde im Wesentlichen durch die Landwirtschaft und den im 16. Jahrhundert einsetzenden Bergbau bestimmt. 1837 gründete Christian Friedrich Krebs hier eine Baumwollspinnerei, die 1889 in eine Strumpffabrik umgewandelt wurde.

Wo sich heute im Geyrischen Wald eine Jugendherberge am Roten Wasser, unweit des Geyrischen Teiches (s. a. Greifensteine) befindet, entstand schon 1564 eine sogenannte »Gifthütte« zur Arsengewinnung. Der Kaufmann Hieronymus Zürich aus Nürnberg erhielt dafür ein kurfürstliches Privileg. Um 1880 entstand auf dem Gelände eine Dynamitfabrik, später wurden die Gebäude als Jugendwerkhof und Kinderheim genutzt. Seit 1950 existiert die Jugendherberge mit 205 Betten.

Gemeindeamt Hormersdorf,
Auerbacher Straße 5, 09395 Hormersdorf
Tel. 0 37 21/2 21 45, Fax 0 37 21/2 30 06
E-Mail: gemeinde@hormersdorf.de,
Internet: www.hormersdorf.de

Hörner, Russische, tubenartige, aus der russischen Jagdmusik stammende und zu Beginn des 19. Jahrhunderts, besonders unter dem Einfluss von Oberberghauptmann Herder, in das sächsische Bergwesen eingeführte Blechblasinstrumente. Sie sind eintonig. Um eine Tonleiter blasen zu können, sind acht Bläser erforderlich. Die Hörner sind weitmensuierte, konisch geknickte, aber nie gewundene Rohre. In das abgebogene Ende ist ein Mundstück eingesetzt mit einem Kessel. Es ist einem Trompetenmundstück ähnlich. Die Stimmung eines Instrumentes ergibt sich aus der Abmessung des Schallstückes, das in Länge und Durchmesser unterschiedlich ist. A-Hörner sind etwa 2,25 m lang und werden, auf einem Gestell liegend, geblasen. Die d3-Hörner dagegen sind nur etwa 9,5 cm lang. – Im Herkunftsland wie im sächsischen Bergbau kamen die Hörner bereits im vorigen Jahrhundert außer Gebrauch. Einige Exemplare sind im Freiberger Stadt- und Bergbaumuseum zu sehen. Zu Konzerten benutzt werden sie heute noch durch die Bergoboisten des Erzgebirgsensembles, das seinen Sitz in Aue hat.

Hundshübel, Ortsteil von Stützengrün. Die dörfliche Gemeinde liegt zwölf Kilometer südwestlich von Aue an steilem, nach Osten zu abfallendem Hang in 500–650 m Höhenlage. Sie reicht an ausgedehnte Nadelholzwaldungen und grenzt an die Talsperre und das Landschaftsschutzgebiet »Talsperre Eibenstock«, das sie nach Norden zu abschließt.

Hundshübel entstand als Spätsiedlung, gegründet im zeitigen 16. Jahrhundert. Darauf deuten u. a. auch die häufig anzutreffenden Hakenhöfe hin und die ursprünglich kleinen Hufe. Erstmals wird der Ort erwähnt 1536 mit »Hundes Sudel« (Hundepfütze), jedoch schon 1550 heißt er »Hundtsiedel« und ab 1591 »Hundtshübel«. Mit der bäuerlichen Erschließung ging der Bergbau einher. Bereits um 1570 lässt sich eine Mahl-, eine Brettmühle und ein Waffenhammer nachweisen. An der tiefsten Stelle des Ortes lag die Kohlhau, die dem Köhlereibetrieb diente. Nach dem Dreißigjährigen Krieg arbeiten neun Gruben, die vor allem Eisenerz abbauten. Aus der bäuerlichen Siedlung war inzwischen ein Bergflecken geworden. Mit dem Rückgang des Bergbaus kam das Spitzenklöppeln in den Ort. Seit 1838 hatte er eine Klöppelschule.

Die heutige Dorfkirche entstand an der Stelle einer älteren von 1784–1788 nach Plänen von Christian Leonhard. Sie ist einheitlich im Stile des Rokoko ausgestattet. Der Kanzelaltar stammt von 1788. Unter dem Kanzelkorb befindet sich ein Abendmahlrelief. – Kneippanlagen am Marienweg und am Viechzigweg, Ortsschwibbogen an der B 169.

Gemeindeverwaltung Stützengrün,
Hübelstr. 12, 08328 Stützengrün/Erzgebirge
Tel. 03 74 62/6 54 22, Fax: 03 74 62/6 54-50
E-Mail: info@stuetzengruen.de
Internet: www.stuetzengruen.de

Hutzenstube. Dem Ursprung nach ist die Hutzenstube eine Arbeitsstube. Um Heizung zu sparen, der Geselligkeit wegen, kamen die Klöpplerinnen der Nachbarschaft reihum in einer Stube zusammen, zur »Rix« (Reihe). Weil das Klöppeln soweit perfektioniert war, konnten sie sich dabei unterhalten, erfanden zur Kurzweil und Beschleunigung der Arbeit Verse, Spiele oder Liedchen. Damit wurde die Hutzenstube zur Wiege des erzgebirgischen Mundartliedes.

Kamen am Abend die Burschen oder Männer die Klöpplerinnen abzuholen, blieben sie auf einen »Niedersitz« bei einem »Tippel« Malzkaffee oder »Rährnkuchn«. Man erzählte, sang, neckte sich und trieb Späße. Die Männer zogen den Frauen die Aufstecknadeln aus dem Klöppelkissen. Fand ein verliebtes Paar nicht gleich heim, machte es »lange Nacht«. Müller-Fraureuth erklärt: »Hutzenstube, Abendgesellschaft, ähnlich der Rocken- oder Spinnstube«.

Der Begriff Hutzenabend hat sich erweitert. Gesellige Vereine nennen ihre Zusammenkünfte im Wirtshaus häufig »Hutzenabend«, denn auch hier wird erzählt, gescherzt, gesungen und gegessen.

Johanngeorgenstadt. Der staatlich anerkannte Erholungsort liegt im oberen Schwarzwassertal unmittelbar an der Staatsgrenze zu Tschechien am Kamm des Erzgebirges. 700 bis 1000 m ü. NN. Das Stadtgebiet mit seinen Stadtteilen umfasst eine Fläche von 30 Quadratkilometern.

Exulanten, Glaubensvertriebene aus dem Böhmischen, ließen sich nahe einer 1652 am Fastenberg erbauten Mühle nieder. Bis 1654 kamen noch 51 Exulantenfamilien hinzu, von denen elf sofort bauten. Auf Ersuchen erhielten sie von Kurfürst Johann Georg I. am 23. Februar 1654 genehmigt, eine Siedlung zu gründen. Sie benannten sie nach dem Kurfürsten. 1656 erhielt sie Stadtrecht und die Bewilligung, einen Wochenmarkt und zwei Jahrmärkte abhalten zu dürfen. Der Stadtgründung folgte ein Pfarrer und mit dem Bau einer Kirche wurde begonnen. Neue Exulanten kamen hinzu, 1689 waren es bereits 373. Fündig geworden, lebten die Bewohner bald vom Bergbau. 1723 kannte man 350 Zinn- und Eisenerzgruben und 85, die nach Silbererzen suchten. Mit dem Versiegen der Erzfunde ging der Bergbau zurück. Goethe kam 1785 und 1786 in die Stadt, um ihn kennenzulernen. In Jugel entstand 1571 eine Glashütte. Seit 1651 arbeitete ein Hammerwerk in Wittigsthal. Die Schwefelhütte ging 1741 in Betrieb, das Blaufarbenwerk 1755. Neben dem noch betriebenen Bergbau kam anderer Broterwerb in die Stadt. So waren 1701 100 Bewohner mit dem Spitzenklöppeln beschäftigt, andere fanden Arbeit in der Kunsttischlerei und ab 1868 in der Herstellung von Glacéhandschuhen. Nach 1945 baute man für kurze Zeit in großem Maße Uranpechblende ab. Dadurch kam es zur Verlagerung der Stadt in südwestliche Richtung. Inzwischen sind die Bergbaurückstände weitgehend beseitigt und die Halden rekultiviert.

Johanngeorgenstadt hat eine neugotische Stadtkirche aus dem Jahre 1872. Auf dem dahinterliegenden Friedhof befinden sich das Rochowdenkmal und die Zeidlertafel. Sehenswert ist das Technische Denkmal Schaubergwerk »Glöckl«, der Pferdegöpel, der Pulverturm an der Eibenstocker Straße, die kulturhistorische Distanzsäule an der Eibenstocker Straße und der Viertelmeilenstein im Stadtteil Steinbach. Am Geburtshaus des erzgebirgischen Bildschnitzers Emil Teubner ist eine Gedenktafel angebracht. Im Postamt I in der Neustadt befindet sich eine Gedenktafel, die an den Besuch Goethes erinnert. In Johanngeorgenstadt wurde 1778 vom Bergschmied Teller der erste schmiedeeiserne Schwibbogen angefertigt, das Weihnachtssymbol des Erzgebirges. Deshalb nennt sich der Ort auch »Stadt des Schwibbogens.«

Johanngeorgenstadt ist einer der meistbesuchten Ferienorte des Erzgebirges mit zahlreichen Erholungseinrichtungen. Die Stadt verfügt über ein Hallenbad und das Naturbad »Schwefelbach«. Durch ihre schneesichere Lage gilt Johanngeorgenstadt als Wintersportzentrum des Westerzgebirges. Die Stadt verfügt über gutes Skigelände, Skilifte, eine Natureisbahn, Sprunganlage und eine Massenrodelbahn. Die »Kammloipe« Johanngeorgenstadt–Schöneck gehört zu den längsten und schönsten Loipen Deutschlands. Im Stadtteil Wittigsthal besteht seit 1991 ein Grenzübergang für Fußgänger und Radfahrer nach Tschechien. – Johanngeorgenstadt hat eine sehenswerte Ortspyramide und Ortsschwibbogen. – Das »Original Johanngeorgenstädter Schwibbogenfest« findet jährlich am 3. Advent statt.

Tourist-Information,
Eibenstocker Str. 67, 08349 Johanngeorgenstadt
Tel. 0 37 73/88 82 22, Fax 0 37 73/88 82 80
E-Mail: touristik@johanngeorgenstadt.de,
Internet: www.johanngeorgenstadt.de

Schaubergwerk »Glöckl«, Bergbautechnisches Denkmal, Stadtteil Wittigsthal
Eine besichtigungswerte alte Bergwerksanlage, die von 1671 bis 1958, mit Unterbrechungen, betrieben wurde, um nach Silbererzen zu suchen. Erhalten blieb das alte Zechenhaus vor dem Stollenmundloch, ein 200 m in den Berg führender Stollen mit untertägigen Grubenräumen und technischen Anlagen. Gezeigt werden Werkzeuge und Geräte der Bergleute und Grubengeleuchte vom 17. bis 20. Jahrhundert,
Tel. 0 37 73/21 40

»Pferdegöpel Johanngeorgenstadt«, Bergbautechnisches Denkmal, Mittelstadt
Dem Original getreu 1993 wiedererrichtete bergmännische Förderanlage. Sie wird mit Pferden betrieben und ist voll funktionsfähig. Schauvorführungen demonstrieren eine interessante Bergbautechnik des 18. und 19. Jahrhunderts,
Tel. 0 37 73/88 21 40

Jöhstadt, Stadt im oberen Westerzgebirge an der Grenze zur ČR. In der Ortslage vom Schwarzwassertal mit Bahnhof (686 m) bis auf die Höhe Annaberger Straße (828 m) beträchtliche Höhenunterschiede. Mit Ortsteilen Schlössel und Dürrenberg.

Erste urkundliche Erwähnung 1386 als »Goßwynsdorf«, altes Quellmuldendorf, Bergbausiedlung, vermutlich schon im 12. Jahrhundert entstanden. 1509 schon Bergstadt genannt, verbrieftes Stadtrecht aber erst 1655. Anstoß zur Verleihung des Stadtrechtes, Zuzug von böhmischen Exulanten. 1655 Gründung der Berg-Knapp- und Hütten-Brüderschaft, die noch heute Bergaufzüge am 2. Pfingstfeiertag und am 1. Weihnachtstag durchführt. Nach dem Rückgang des Bergbaus im 17. Jahrhundert Entwicklung des Laboranten- und Arzneiwesens (s. d.), 1817 gab es über hundert Arzneihändler in Jöhstadt, eigenes Laborantenhaus (1708 bei Stadtbrand zerstört).

Sehenswürdigkeiten: St.-Salvator-Kirche mit holzgeschnitztem Barockaltar (1677) von Andreas Petzoldt. Gedenktafel an der Kirche für den 1723 hier geborenen Theologen und Dichter Johannes Andreas Cramer (später u. a. Hofprediger in Kopenhagen, 1784 Kanzler und Kurator der Kieler Universität). Postmeilensäule von 1730.

Durch die Lage in weitausgedehnten Fichtenwäldern und der Nähe zu Böhmen beliebtes Erholungs- und Feriengebiet mit Jugendherberge.

Fremdenverkehrsamt, Markt 185, 09477 Jöhstadt
Tel. 03 73 43/8 05 10, Fax 03 73 43/8 05 22
E-Mail: fremdenverkehr@joehstadt.de,
Internet: www.joehstadt.de

Kahleberg, Aussichtspunkt. Der waldbewachsene Berg liegt wenige Kilometer südlich von Altenberg. Mit 905 m ü. NN ist er die höchste Erhebung des Osterzgebirges. Der Aufstieg erfolgt allmählich von Zinnwald-Georgenfeld oder Altenberg aus. Im Landschaftsbild fällt der Berg kaum auf. Wegen seines von Sturm und Schnee zerzausten Waldes wird er gern als Symbol des osterzgebirgischen Kammwaldes gebraucht.

Vom Kahleberg bietet sich ein schöner Rundblick über die ausgedehnten Waldungen um Altenberg, auf die Stadt selbst und zum Geisingberg. Im Nordwesten liegen die Elbweitungen, im Norden Sachsens Hauptstadt Dresden. Die Tafelberge der Sächsischen Schweiz sind zu erkennen, ostwärts das Zittauer Gebirge. Bei gutem Wetter sieht man den Jeschken und die höchste Erhebung des Riesengebirges, die Schneekoppe.

Kaltofen, Ernst Dagobert, Holzbildschnitzer. Geboren am 23. Dezember 1841 in Langenau bei Freiberg als Sohn eines Bergmanns. Er wuchs in einer vielköpfigen Familie auf. Dreizehnjährig wurde er auf einer Grube Bergjunge. Nach Feierabend schnitzte er und erhielt kleine Aufträge anderer Leute. Im Alter von 30 Jahren wurde er Holzbildhauer. Er trat in eine Dresdner Firma ein. Hier brachte er es bis zum Werkmeister. Als sich das Unternehmen auflöste, war er 60 Jahre alt. Von da an arbeitete er freiberuflich. Im Mittelpunkt seiner Arbeiten standen bergmännische Motive. Eins davon ist der nach einem Modell geschnitzte »Kraus-Bastl«, der in der Kirche in Schneeberg-Neustädtel als Kanzelträger diente, heute als Lesepult. Bekannt sind seine filigran gearbeiteten Holzreliefs. Kaltofens Werke finden sich in den wichtigsten Volkskunstsammlungen. Er starb am 27. September 1922 in Dresden.

Kauffungen, Kunz von. Man kennt sein Geburtsdatum nicht und auch nicht die Lebensstellung seines Vaters. Seine Mutter stammte aus dem Haus Schönberg auf Niederreinsberg und war die Schwester des Bischofs von Meißen, Caspar von Schönberg. Mit seinem Bruder besaß Kunz das Gut Kauffungen bei Penig. Er konnte weder schreiben noch lesen, galt aber als ein tüchtiger Kriegsmann. Eine Zeitlang war er für den Kurfürsten Friedrich »Hauptmann und Voigt« auf Schloss Altenburg. Er unterstützte ihn bei seinen Fehden gegen Apel von Vitzthum und bei anderen kriegerischen Unternehmungen. Im Juni 1449 trat er für drei Jahre in den Dienst der Stadt Nürnberg. Nach dem Frieden zu Pforta, am 24. Januar 1451, kam es zwischen dem Kurfürsten und Kunz

zu Streitereien. Um eine Einigung zu erreichen, wandte sich Kunz an die Ritterschaft, Landschaft und Städte. Auch im weiteren Verlauf blieb eine für Kunz annehmbare Entscheidung aus. So glaubte er, durch den Raub der beiden Prinzen Ernst und Albrecht, in der Nacht vom 7. zum 8. Juli 1455 aus dem Schloss in Altenburg, seinen Forderungen Nachdruck zu verleihen. Mit dem Prinzen auf dem Weg nach Böhmen, wo er sich in Sicherheit wähnte, wurde er am Fürstenberg bei Schwarzenberg durch den Köhler Schmidt gestellt. Der andere Trupp mit dem zweiten Prinzen, der sich in der späteren »Prinzenhöhle« bei Hartenstein versteckt hielt, stellte sich, um den Strafen zu entgehen. – Kunz wurde zum Tode verurteilt und am 17. Juli 1455 durch das Schwert auf dem Freiberger Marktplatz gerichtet.
S. a. Regina Röhner »Der sächsische Prinzenraub«, Chem. Verlag. 3. Aufl. 2006.

Keilberg, die 557 m hohe, aus der Ferne wenig auffällige Kuppe, liegt etwa fünf Kilometer nördlich vom Schneeberger Marktplatz entfernt. Neue Wohnblocks der Stadt rücken bis an den Fuß des Berges. Von hier aus, der Keilbergsiedlung, erfolgt der Aufstieg zur Höhe. Im Gebiet grenzt der äußere Kontakthof direkt an den Granit, der innere breitet sich im Schneeberger Stadtbereich aus. Aufgeschlossen ist er an den steilen Felsen des Muldenhanges.

Der Erzgebirgsverein Schneeberg errichtete 1893 auf dem Berg einen 21 Meter hohen Aussichtsturm aus Backsteinen, dem kurz danach die Stadt Schneeberg eine Gaststätte hinzufügte. 1898 erhielt der Aussichtspunkt die Bezeichnung »Fürst-Bismarck-Turm«. 1918 ging er in den Besitz der Stadt Schneeberg über.

Vom Keilberg hat man einen weiten Blick in Richtung Zwickau, zu sehen die Greifensteine, der Schatzenstein, Spiegelwald. In der Ferne ist der Erzgebirgskamm zu erkennen mit Scheibenberg und Auersberg. Der Keilberg ist ein beliebtes Ausflugsziel.

Kipsdorf, der Kurort ist ein Ortsteil von Altenberg. Er liegt elf Kilometer südlich von Dippoldiswalde, von Nadelwäldern eingeschlossen, im Tal der Roten Weißeritz. Oberkipsdorf liegt auf der Höhe zwischen Weißeritz- und Pöbelbachtal. Der Ort hat eine Höhenlage von 533 m ü. NN. Flankiert wird er vom Hohen Brand mit 650 m ü. NN und der Tellkoppe, die 758 m hoch ist. Endstation der dampfbetriebenen Kleinbahn Kipsdorf–Hainsberg.

Siedler, im Dienste des Bärensteiner Grundherren, gründeten den Ort nach 1510. Ursprünglich hieß er »Kyppsdorf«, was soviel heißt wie »Kupferdorf«. Der Name weist auf den ortsnahe betriebenen Kupferbergbau hin. Die Entwicklung des Ortes setzte ein, als 1883 die bis Schmiedeberg reichende Kleinbahn nach Kipsdorf verlängert wurde. Noch 1884 bestand der Ort aus zwei Gasthöfen. Jedoch setzte bald so reger Fremdenverkehr ein, dass der Ort 1910 bereits 10.000 Feriengäste hatte.

Durch die Tallage herrscht mildes Klima. Der nahe Wald bietet ideale Möglichkeiten zum Wandern und Wintersport.

Touristinfobüro Bergstadt Altenberg,
Am Bahnhof 1, 01773 Altenberg
Tel. 03 50 56/2 39 93, Fax 03 50 56/2 39 94
E-Mail: infoaltenberg@t-online.de,
Internet: www.altenberg.de

Kirchberg, von Industrie geprägte Kleinstadt, 13 Kilometer südlich von Zwickau. Bis zur Bergstadt sind es zehn Kilometer. Die Häuser befinden sich im Wesentlichen im Tal des Rödelbachs in 350 bis 400 m Höhe. Kirchberg wird wegen seiner Lage häufig als »Sieben-Hügel-Stadt« bezeichnet.

Kirchberg liegt im Gebiet der Herrschaft Wiesenburg. Durch den Schlossbrand zu Wiesenburg im Jahre 1553 gingen wichtige Unterlagen über die frühe Stadtgeschichte verloren. Vermutlich wurde die Stadt um 1300 durch die Vögte von Plauen als Marktsiedlung auf einem Ausläufer des Geyersberges gegründet. Aus dem Jahre 1318 ist die Bezeichnung Furstenberg überliefert. Oppidum Kirberg wurde erstmals 1349 genannt. Im 15. Jahrhundert bekam die Siedlung eine Umfassungsmauer mit drei Toren. Der Marktplatz erhielt die Form eines Dreiecks. Im Jahre 1491 führte man die Ratsverfassung ein. Durch Funde an Silber- und Kupfererzen im nahen Hohen Forst gingen viele Bewohner dem Bergbau nach. Als die Ausbringungen nachließen, wandten sie sich der Tuchmacherei zu. Die Tuchmacher schlossen sich 1570 zu einer Innung zusammen. Bis zur Gegenwart blieb die Tuchherstellung wichtigste Industrie in der Stadt.

Kirchbergs Stadtkirche St. Margarete wurde zwischen 1792 und 1800 erbaut. Sie hat spätgotische Teile. – In Kirchberg wurde der Pädagoge und Schriftsteller Robert Seidel (1850–1933) geboren. An seinem Geburtshaus in der Robert-Seidel-Straße befindet sich eine Gedenktafel.

In Richtung Weißbach, am Nordhang eines Höhenrückens, befinden sich Reste der frühdeutschen Wehranlage Hohenforst mit einem zentralen Bühl, Wallgraben, Außenwall und einer angrenzenden rechteckigen Anlage. Hohenforst wurde zwischen 1324 und 1329 zerstört.

Frühlingsboten: auf den Krokuswiesen in Drebach

Rathaus in Brand-Erbisdorf

 Wiedererstandenes Wasserschloss bei Chemnitz: Klaffenbach

Frühling im Sternmühlental

Burg Rauenstein im mittleren Erzgebirge

Freiberger Mulde

Blick über die alte Bergstadt Freiberg

In der Kindheitslandschaft Silbermanns: Frauenstein

 Der Untermarkt in Freiberg

 Saigerhüttenkomplex in Olbernhau

 Alte Stadtmauer in Marienberg

Stadtnahe ist der 435 m hohe Borberg mit dem Anton-Günther-Berghaus. Am Borberg befindet sich eine Freilichtbühne. Skigelände gibt es an den Hängen des Hohen Forstes.
Stadtverwaltung Kirchberg, Neumarkt 2, 08107 Kirchberg
Tel. 03 76 02/8 31 58, Fax 03 76 02/8 31 69
E-Mail: stadt@kirchberg.de, Internet: www.kirchberg.de

Kirmes. Eines der volkstümlichen Feste des Erzgebirges war bis ins 20. Jahrhundert die Kirmes. Im 15./16. Jahrhundert hieß jede Schmauserei Kirmes, so Fastnacht »Narrenkirmes«, Kindtaufe »Kindeskirmes«. Heute bezieht sich der Begriff auf die Kirchweihe. Willkürlich wurde sie auf den Herbst verlegt. Kaiser Josef II. (1741–1790) verfügte, dass sie zwischen Michaelis (29. September) und Martini (11. November) abzuhalten ist. – Mit der Kirmes teilt der Erzgebirger das Jahr in zwei Hälften, vor und nach der Kirmes. Häufig wird mit ihr das Erntefest verbunden. – Kein Fest wird gründlicher vorbereitet mit Putzen, Großreinemachen, Backen und Schlachten. Kirmes ist das »Fest der Verwandten und Bekannten«, der »Freundschaft«, wie es im Erzgebirge heißt. Denn die rückt mit Kind und Kegel an. Beim Bäcker lässt man Kuchen backen, der Qualität entsprechend, »Halbhohen«. Kommt er abends ins Haus, stellen sich die Kuchensänger ein. Vor der Kirmes erbitten die Kinder und Dienstboten ein neues Kleidungsstück und ein »Kirmesgeld«. – Am Kirmes-Sonntag nach der Mittagszeit rücken scharenweise die Kirmesgäste aus den Nachbarorten an. Bald sitzt eine große Runde zusammengewürfelter Leute im Hausflur, auf der Tenne, in der großen Stube bei der Kaffeetafel. Auf dem Tisch stehender Kuchen türmt sich, die Kaffeekanne kreist. Mit »Langt fei zu und loßt's eich besser schmecken als wie's is!« fordert die Hausmutter zum Zulangen auf. Zur Kirmes muss man kräftig essen. Sonst wäre das eine Beleidigung für die Gastgeber. »Fer derhaam« ist schon ein Kuchenpäckchen zurecht gemacht. – Früher zogen im Verlauf des Nachmittags die Musikanten durch den Ort, um Kuchen zu erheischen und für den Kirmestanz zu werben, von einer Schar Kinder begleitet. Denn sie führten ein »Kirmesweib« mit sich, einen Musikanten, als Frau verkleidet und mit rußgeschwärztem Gesicht. Vor dem Gasthof stand eine Reitschule, waren Fischel- und Würstelbuden aufgebaut. Indessen die Kirmesgäste heimwärts gingen, herrschte im Gasthof der Kirmestanz. – Haupttag war der Kirmesmontag, für die Ortsbewohner arbeits- und schulfrei. In manchen Orten feierte man abends »Burkert«, einen Tanz, bei dem die Mädchen auflegen mussten. Sie durften aufführen, mussten aber nach jeder Serie Tänze dem Partner einen Schnaps, ein Bier oder eine Zigarre spendieren. Wer von den Burschen das nötige Kleingeld hatte, ließ sich mit der Partnerin von der Kapelle heimblasen. Dann gingen die Musikanten ein Stück des Weges musizierend voran, kehrten an einer bestimmten Stelle um, ein weiteres Paar heimzublasen. Der Dienstag nach Kirmes diente dazu, die Reste aufzuessen. Es gibt Orte, da war es üblich, acht Tage danach noch eine Kleinkirmes abzuhalten.

Köhler, Johann August Ernst, Lehrer, Naturwissenschaftler, Volkskundler und Gründer des Erzgebirgsvereins. Er wurde am 5. August 1829 als Sohn eines Hausdieners in Bautzen geboren. Nach dem Besuch der Volksschule half ihm ein Stipendium, das Lehrerseminar in Bautzen zu besuchen. Seine Vorliebe für Naturwissenschaften und Mathematik brachten ihn 1853 als Lehrer für diese Fächer an die Bürgerschule nach Bautzen. Bereits während seiner Studienzeit entwickelte sich sein historisches Interesse. Seine ersten Veröffentlichungen dazu erschienen in Tageszeitungen und Wochenblättern. Nach 1853 publizierte er mehrere Schriften zur Heimatkunde und Geschichte der Oberlausitz. Ab 1858 erhielt er eine Stelle als Lehrer für Naturkunde und Mathematik an der Realschule in Reichenbach. Hier gründete er 1859 den »Vogtländischen Verein für allgemeine und spezielle Naturkunde«. Mit seiner in diesem Jahr eingereichten petrographischen Arbeit über das Vogtland erlangte er 1860 die Doktorwürde der Universität Leipzig. 1873 folgte er einer Berufung als Oberlehrer für naturwissenschaftliche Fächer an das Lehrerseminar in Schneeberg. Hier wirkte er auf vielfältige Weise für die heimatkundliche und touristische Erschließung des Erzgebirges und gründete 1878 in Aue den Erzgebirgsverein. Nach langer, schwerer Krankheit starb Köhler am 19. Dezember 1903 in Schneeberg. Von ihm gibt es zahlreiche heimatkundliche und volkskundliche Veröffentlichungen. Viele Jahre war er Hauptschriftleiter der Zeitschrift »Glückauf«. Zu seinen bedeutendsten Werken zählen das »Sagenbuch des Erzgebirges« und »Volksbrauch, Aberglauben, Sagen und andere Überlieferungen im Voigtlande«.

Königswalde, die 543 m hoch gelegene Landgemeinde zieht sich entlang dem Tal des Pöhlbachs, fünf Kilometer südostwärts von Annaberg-Buchholz entfernt. Der Nordausgang des Dorfes berührt das Landschaftsschutzgebiet »Pöhlberg« mit der Basaltkuppe des Pöhlberges (832 m ü. NN) im Mittelpunkt.

Gegründet wurde Königswalde als Waldhufendorf. Der böhmische Kaiser rief fränkische Siedler in den Wald, die sich auf der Westseite ansässig machten. Demgemäß nannten sie ihre Ansiedlung »Königswalde«. Urkundlich wird sie erstmals 1367 erwähnt. Dieser böhmische Besitz kam 1413 an das Kloster Grünhayn, und nach der Säkulation im Jahre 1536 an das Amt Grünhain. Deshalb »Amtsseite«. Am ostwärtigen Ufer gründeten 1200 die Herren von Waldenburg auf Schloss Wolkenstein das erstmals 1291 genannte Dorf Lichtenhayn, das aber auch bald Königswalde hieß. Nachdem es 1512 der Annaberger Rat gekauft hatte, wird es die »Ratsseite« genannt.

Die barocke Dorfkirche stammt aus dem Jahre 1656. Sie hat eine barocke Kanzel aus dem 17. Jahrhundert. Das stattliche Pfarrhaus ist mit Andreaskreuzen versehen. Es gibt auch andere interessante Wohnhäuser im Ort, zum Teil mit Fachwerk, Umgebinde oder Sitzportale. Königswalde ist ein gern besuchter Ferienort, geeignet für Sommer- und Winteraufenthalte.
Gemeindeverwaltung Königswalde,
Jöhstädter Straße 5, 09471 Königswalde
Tel. 0 37 33/1 81 70, Fax 0 37 33/18 17 25
E-Mail: koenigswalde@t-online.de,
Internet: www.koenigswalde.de

Körner, Fritz, Erzähler in erzgebirgischer Mundart. Als Sohn eines Bergmanns wurde er am 28. April 1873 in Waschleithe geboren. Nach dem Besuch der Volksschule seines Geburtsortes schickten ihn die Eltern auf das Rathaus nach Grünhain. Die aufblühende Blechwarenindustrie zog ihn nach Beierfeld. Hier kam er in der Verwaltung eines Unternehmens unter und wurde Prokurist. Seine Stellung gab er auf, weil er sich als Zwischenhändler für Blechwaren selbstständig machte. Jedoch scheiterte sein Unternehmen, er ging pleite. Als Landsturmmann musste er 1916 einrücken. Zwei Jahre später, 1918, kam er mit einem schweren, unheilbaren Asthmaleiden zurück. Die Behörden weigerten sich jedoch, es als Kriegsleiden anzuerkennen. Mit 48 Reichsmark, zu keiner körperlichen Arbeit mehr fähig, musste er eine zehnköpfige Familie unterhalten. Von schweren Asthmaanfällen heimgesucht, griff er zwischendurch zur Feder, um sich seinen Kummer vom Herzen zu schreiben. Geschichten entstanden, Lieder, Gedichte, Theaterstücke. Auch die Übertragung des Lukas-Evangeliums in erzgebirgische Mundart stammt von ihm. Entkräftet starb er am 15. Juli 1930 in Beierfeld. Das Ergebnis seiner Arbeit sind 17 selbstständige Titel, Broschüren mit Mundartgeschichten, -gedichten und zwei Theaterstücke. Die meisten seiner Arbeiten, auf schlechtem Papier gedruckt, gab er im Selbstverlag heraus, und seine Kinder gingen damit hausieren. 1966 und 1972 erschienen ausgewählte Erzählungen, herausgegeben von Manfred Blechschmidt. An seinem Wohnhaus in Beierfeld ist eine Gedenktafel angebracht.

Fritz Körner

Kranichsee, Großer, Naturschutzgebiet im Landkreis Aue-Schwarzenberg, 1,5 km südlich von Carlsfeld. Der Große Kranichsee ist eines der bedeutendsten Hochmoore des Erzgebirges. Sein Name ist slawischen Ursprungs. Er wird abgeleitet von »granica«, was soviel wie Grenze heißt, und »See« wird gedeutet als »Seye«, sumpfiges, nasses Gelände. Das eigentliche Hochmoor umfasst eine Fläche von 37 Hektar. Davon befinden sich 9,25 Hektar auf sächsischer Seite, der größere Teil liegt auf dem Gebiet von Tschechien. Das gesamte Naturschutzgebiet mit dem Hochmoor und dem um das Hochmoor liegenden Wald ist 293 Hektar groß. Das Hochmoor ist mit seltenen Pflanzen bewachsen, wie Moorkiefer, Zwergbirke, Langblättriger Sonnentau, Scheidenwollgras, Seggen u. a. Es ist ein wichtiger Wasserspeicher. Das Gebiet könnte ein Jahr lang je Sekunde 500 Liter Wasser abgeben, ohne sich zu erschöpfen.

Vom Großen Kranichsee geht die Sage um, dass hier einstmals eine lästerliche Stadt gestanden habe, die Gott zur Strafe an einem dritten Pfingstfeiertag versinken ließ. Seit dieser Zeit will man jährlich an den Pfingsttagen zu einer bestimmten Zeit unterirdische Glocken läuten hören.

Kranichsee, Kleiner, reizvolles Naturschutzgebiet, 2 km westlich von Johanngeorgenstadt. Seltenes Hochmoor, das mit dem westlicher liegenden Großen Kranichsee den westerzgebirgischen Hochmoorkomplex bildet. Das Moorgebiet liegt 930 m hoch, es ist 28,9 Hektar groß. Mitten hindurch verläuft die Staatsgrenze. Der größere Teil befindet sich auf dem Gebiet von Tschechien. Über einen Knüppeldamm gelangt man zu einem Aussichtsgerüst. Von hier aus hat man einen Überblick über weite Teile des Naturschutzgebietes. Zu beobachten sind seltene Moorpflanzen, wie Sonnentau, Krähenbeere, Rosmarinheide, Wollgras, ein eigenartiger Baumbewuchs mit Moorkiefer und Zwergbirke und die spärliche Tierwelt.

Kuchensingen. Sobald aus einem Anlass, wie Kindtaufe, Hochzeit, Kirmes oder Weihnachten, von einer Familie die beim Bäcker ausgebackenen Kuchen ins Haus gebracht waren, stellten sich Kinder oder Erwachsene als Kuchensänger ein. Sie zogen vor das Haus und bildeten einen kleinen Chor. Von einem Ziehkasten begleitet und oft wie »arme Leute« verkleidet, sangen sie allgemein bekannte Lieder oder Choräle, bis ihnen die Bewohner einen Teller voller Kuchen brachten. Es waren drei Sorten Kuchen gebacken. Die erste Sorte für die Gäste und den eigenen Verzehr, die zweite Sorte, »Mittlerer« oder »Halbdicker«, für die Dienstleute oder Kuchensänger erster Güte. Und die dritte Sorte, der »Schwarze« aus Roggenmehl bereitet, für die Kuchensänger zweiter Güte und Bettelleute. – In manchen Orten wurde das Kuchensingen verboten, weil es an Bettelei grenzte. Für Schneeberg hatten die Stadtväter angeordnet, dass nur der Bergchor und die Kurrende in der Weihnachtszeit vor den Häusern singen durften.

Kuhberg, Bergkuppe, 795 m hoch, fünf Kilometer südwestlich von Stützengrün. Der Aufstieg erfolgt vom Stützengrüner Ortsteil Neuheide aus. Der Kuhberg besteht aus grobkörnigem Eibenstocker Turmalingranit und befindet sich auf der Wasserscheide zwischen Mulde und Saale. 1876 wurde auf dem Gipfel eine Triangelsäule der »Sächsischen Landesaufnahme« errichtet, kurze Zeit danach, 1880 auf dem als »Polsterstuhl« bezeichneten höchsten Punkt ein hölzernes Aussichtsgerüst, das 1894 durch einen vom Erzgebirgsverein Schönheide errichteten Aussichtsturm abgelöst wurde. Die 1935 gebaute Gaststätte wurde 1970/71 zu einem Berghotel erweitert.

Vom Turm des Kuhbergs hat man einen weiten Ausblick auf das Erzgebirge und Teile des Vogtlandes. Nach Nordosten zu liegt das Gebiet um Schneeberg und Aue im Knie der Zwickauer Mulde, ost- und südostwärts sind die erzgebirgischen Basaltberge zu erkennen und das Fichtelberggebiet. Im Süden sieht man die Landschaft um den Aschberg. Bei günstigem Wetter kann man im Nordwesten durch das Fernglas die Göltzschtalbrücke sehen und das dahinterliegende Thüringer Schiefergebirge.

Kuhnau, Johann, Barockkomponist, Thomaskantor und Schriftsteller. Geboren wurde er am 6. April 1660 in Geising. Er wirkte als Advokat in Leipzig. Ab 1684 war er zugleich Universitätsdirektor und als Vorgänger von Johann Sebastian Bach von 1701 bis 1722 Thomaskantor. Er galt als vielseitig gebildet und begabt. Gleichermaßen war er berühmt als Musiker, Jurist und Philologe. Als erster Deutscher komponierte er ausdrücklich programmatische Klaviersonaten. 1700 gab er seine »Biblischen Geschichten« in Sonatenform heraus. Gleichzeitig erschien sein kritisch-satirischer Zeitroman »Der musikalische Quacksalber«. Kuhnau starb am 5. Juni 1722 in Leipzig. – Er schuf sich einen festen Platz in der deutschen Musikgeschichte des Barock.

Kühnhaide, Ortsteil von Marienberg. Die Streusiedlung liegt zwölf Kilometer südlich von Marienberg auf einer Hochebene.

Erstmals wird Kienhaid urkundlich genannt 1548 als »Dörfel uffm Wald«. Der Ortsname wird abgeleitet von »Kien«. Das heißt soviel wie »Nadelbaum«. 1550 bestand der Ort aus einem Gut mit einer Hufe. Belebung kam erst, als 1603 durch den Oberaufseher der erzgebirgischen Flöße, Kaspar von Berbisdorf, Holzfäller angesiedelt wurden. Über die Jahrhunderte fanden die Bewohner Beschäftigung in den Wäldern. Gottlob Keller, der Erfinder des Holzschliffs zur Papierherstellung, lebte in Kühnhaide.

Die Dorfkirche stammt aus dem Jahre 1691, der Turm kam 1699 hinzu.

Touristinformation Marienberg, Markt 1, 09496 Marienberg
Tel. 0 37 35/60 22 70, Fax 0 37 35/60 22 71
E-Mail: info@marienberg.de
Internet: www.bergstadt-marienberg.de

Kühreihen, kleine Liedchen oder melodische Rufe der kühehütenden Jungen, die vor allem nach Michaelis, denn von da ab war frei hüten, für die Kleinbauern das Vieh austrieben: »Michele is vorüber,/ nu hüt ich über un über!«

Kühreihen waren in der Grundform der Tonfolge immer gleich und wurden vor allem beim Aus- und Eintreiben des Viehs gebraucht. Diese einfachen Formen sind weit verbreitet und sprachlich wie musikalisch den kurzen Treib- und Lockrufen verwandt:
»Holei. Holei, rute Kuh,/ worüm schreist de dä esu,
wärscht de ball ehaamgetrieben,/ doß de kast dei Saufen kriegn!«

Älteste Aufzeichnungen von Kühreihen stammen aus dem Jahre 1544.

Köselitz, Rudolf, Maler, Illustrator, Bruder des Komponisten Peter Gast (Heinrich Köselitz). Am 23. Oktober 1861 kam er als Sohn eines Seidenfärbereibesitzers in Annaberg zur Welt. Nach dem Besuch der Annaberger Realschule bezog er fünfzehnjährig die Kunstakademie in Leipzig. Von hier gelangte er nach München. 1880 konnte er sein Akademiestudium beenden. Zu Studienzwecken bereiste er mehrere Monate Italien. 1886 ließ er sich in Dresden nieder und widmete sich vor allem der Porträtmalerei und humoristischen Illustrationen. Ein Verlag übertrug ihm 1890 die Illustration zu einem Werk über das fränkische Dorfleben. Dieserhalb verbrachte er zwei Sommer in Franken. 1900 siedelte er nach München über und lebte dort als Maler und Illustrator. Er verlor nie die Verbindung zu seiner Heimat, wie es die Darstellungen aus dem erzgebirgischen Volksleben belegen. Zuletzt lebte Köselitz in Altfreimann bei München. Hier starb er am 21. Januar 1948.

Lange, Ferdinand Adolf, Begründer der Glashütter Uhrenindustrie. Geboren am 18. Februar 1815 in Dresden. Nach der Schulentlassung ging er bei einem Dresdener Uhrmacher in die Lehre und besuchte die Technische Schule, den Vorläufer der heutigen Technischen Universität. Nebenher erlernte er Fremdsprachen. Um sich beruflich weiterzubilden, verbrachte er drei Jahre in Paris, danach war er in der Schweiz. Nach Dresden zurückgekehrt, trat er durch Einheirat in das Geschäft seines ehemaligen Meisters ein. In einer Denkschrift an den sächsischen Staat vom 7. Dezember 1845 bot er an, im Notstandsgebiet Glashütte Uhrmacher auszubilden. Damit nahm die Glashütter Uhrenherstellung ihren Anfang. Von einem eigenen »metrischen Maßsystem« ausgehend, entwickelte er Messmittel, Geräte und Werkzeuge. Ihm zur Seite standen beim Aufbau der Uhrenindustrie tüchtige Mitarbeiter zur Seite, wie Moritz Großmann (1826–1885), der erste ingenieurmäßig ausgebildete Uhrmacher und Begründer der Deutschen Uhrmacherschule. Lange war Bürgermeister von Glashütte und ab 1866 Mitglied des Sächsischen Landtages. Er starb am 3. Dezember 1875 in Glashütte.

Lauenstein, Burg und Städtchen liegen etwa 20 Kilometer südostwärts von Dippoldiswalde entfernt auf einem von der Müglitz umflossenen Höhenrücken. Lauenstein wird umgeben von den Orten Geising, Altenberg und Bärenstein.

Die Burg entstand im Zuge der Rodung des Osterzgebirges. Erstmals wurde sie erwähnt im Jahre 1249. Errichtet haben sie die Markgrafen von Meißen, die von ihrem Freiberger und Dresdner Gebiet aus im Widerstreit mit den Burggrafen von Dohna sich die Kontrolle der osterzgebirgischen Passstraßen zu sichern gedachten. 1289 besaß Markgraf Friedrich Klemm das castrum, im 14. Jahrhundert wechselten in rascher Folge die Burggrafen von Leisnig, von Meißen und zu Lehen die von Bergau. 1449 brachte die Besitzung der Kurfürst als ein an der böhmischen Grenze gelegenes »Ortsschloss« an sich und ließ es durch Vögte verwalten. 1464 erwarb es der Freiberger Bergbauunternehmer Hans Münzer, bis es schließlich von 1517 bis 1821 in die Hände derer von Bünau kam. Bis 1945 gehörte es dann den Grafen von Hohenthal.

Unter der Burg entstand im Jahre 1340 das ellipsenförmig angelegte Städtchen, das 1374 Stadt- und Marktrecht erhielt. Auch in seinen besten Zeiten erreichte das Städtchen kaum mehr als einige hundert Bewohner.

Unmittelbar neben der Burg befindet sich der quadratische Marktplatz, ostwärts davon liegt die Kirche. Sie stammt

aus dem 15. Jahrhundert. In den Räumen der Burg ist das Heimatmuseum untergebracht. Die Burg selbst ist eine malerische Anlage. Sie hat einen unregelmäßigen dreieckigen Grundriss. Ihr vorgelagert ist ein geräumiger Wirtschaftshof. Das Torgebäude zum Markt zu hat einen reizvollen Giebel und ein sehenswertes Portal.
Touristinformation Geising,
Hauptstraße 25, 01778 Geising
Tel. 03 50 56/3 89 12, Fax 03 50 56/3 89 13
E-Mail: touristinfo@geising-osterzgebirge.de
Internet: www.geising.de

Schloss Lauenstein

Das im restaurierten Schloss untergebrachte Museum zeigt einen Abriss aus der Geschichte der Burg und der Stadt und hat eine naturkundliche Abteilung, die sich auf die landeskulturellen und naturkundlichen Sonderheiten des Osterzgebirges spezialisiert. In der Schau sind u. a. Dokumente, Uniformen, Waffen zu sehen, handwerkliches und bäuerliches Arbeitsgerät und in der naturkundlichen Abteilung Jagdtrophäen. Im Wappensaal des Schlosses wird eine reiche Stuckdecke gezeigt.

Lauter, seit 1962 Stadtgemeinde, fünf Kilometer südostwärts von Aue, an der B 101 (»Silberstraße«) auf halbem Wege nach Schwarzenberg.

Um 1150 wurde auf der südwestlich des Schwarzwassers ansteigenden Hochfläche von 14 fränkischen Bauern eine der ersten Siedlungen der Herrschaft Schwarzenberg angelegt. Ursprünglich mag der Ort anders geheißen haben. Von Zwickauer Mönchen wird er 1460 erstmals genannt als »Lawthwe«, 1464 heißt er dann »luterawe« und 1495 »die Lautere«. Mundartlich heißt der Ort noch heute so. »Lauter« steht als Bezeichnung für »helles, klares Gewässer«.

Zur Zeit der ersten Nennung leisteten die ansässigen Bauern Frondienste der Herrschaft Schwarzenberg. 1550 gab es 59 Vollbauern im Ort. Sie bewirtschafteten 96 Räume, in den Wald getriebene Rodeflächen. In der »Holzordnung« des Kurfürsten August von 1560 wird der Ort als ein Mittelpunkt der Waldwirtschaft genannt. Von hier aus betreuten Forstknechte die umliegenden Wälder, ein Floßmeister die Holzflöße auf dem Schwarzwasser. Seit Ende des 16. Jahrhunderts gibt es Bergbau auf Kupfer, Braun- und Roteisenstein. Noch 1933 wurde im Lauterer Staatsforst die Grube »Bleibendes Glück« befahren und nach 1945 Uranerzbergbau betrieben. Neben den Bauern lebten viele Einwohner vom Waldgewerbe, waren Picher, Holzfäller, Köhler. Will schreibt 1785: »Feldfrüchte kommen hier spät zur Reife, und Getreide wird nicht viel angebaut . . .« Später haben Einwohner nebenher aus Weidenruten Körbe geflochten. 1840 waren die Lauterer Schlitten- und Tragkörbe auf den Märkten bekannt. Ende des 19. Jahrhunderts fertigten im Sommer 600, im Winter 900 Personen unterschiedliche Korbwaren. Das geschah im Hausgewerbe unter der Beteiligung der ganzen Familie. Wöchentlich einmal, am Sonnabend, wurden die fertigen Korbwaren dem Verleger geliefert. Inzwischen war man dazu übergegangen, aus Fichtenspänen Körbe herzustellen. Obwohl man seit 1860 Korbwaren in der Fabrik fertigte, wurden erst 1925 die mit der Hand gezogenen Späne durch Baumschälmaschinen ersetzt. Inzwischen ist die Spankorbmacherei in Lauter ausgestorben.

Eine interessante Häusergruppe befindet sich in der Nähe der Kirche, links die alte Schule von 1829, ein gutgegliederter Fachwerkbau, rechts das Pfarrhaus von 1728 mit schieferbeschlagenem Obergeschoss. Unter dem chorartigen Vorbau befindet sich an der Westseite der 1629 neu erbauten Kirche der Haupteingang. Die Kirche hat eine ornamental bemalte Kassettendecke. Altar und Christuskanzel stammen aus dem 17. Jahrhundert. Die an der nördlichen Chorwand stehende Steinplastik soll den heiligen Stephanus darstellen.

An der dem Schwarzwasser gegenüberliegenden Seite, unmittelbar an der Bernsbacher Straße gelegen, die sagenumwitterten Teufelssteine. Die mit Wald bewachsene Felsmauer besteht aus amphibolitem und porphyrischem Mikrogranit. Im stark gebogenen Engtal umfließt das Schwarzwasser das Felsgebilde.

In Lauter lebten die erzgebirgischen Mundartdichter Edwin Bauersachs, Bruno Herrmann und Albert Schädlich (Gedenktafel am Haus nahe dem Marktplatz), der Volkskundler Hermann Uhlig, der Scherenschneider Max Pickel und der Schnitzmeister Albert Hähnel. Am Ortseingang von Aue her steht ein überdimensional großer Schwibbogen. Lauter hat eine Ortspyramide, im Ort einen Postmeilenstein. Jedes Jahr Anfang Oktober findet das »Lauterer Vogelbeerfest« statt.
Stadtverwaltung, Rathausstraße 11, 08312 Lauter
Tel. 0 37 71/7 03 10, Fax 0 37 71/70 31 21
E-Mail: info@lauter-sachsen.de
Internet: www.lauter-sachsen.de

»Alte Laborantenkunst«, Ausstellung

In einer kleinen Ausstellung, eingerichtet in der Likörfabrik »Lautergold«, wird der Besucher mit der traditionellen Arbeit der erzgebirgischen Kräuterlaboranten und der Likörzubereitung bekanntgemacht.
Tel. 0 37 71/25 63 91 u. 25 63 92, Fax 0 37 71/25 63 93

Lehmann, Christian, »Chronist des Oberen Erzgebirges« im 17. Jahrhundert. Geboren am 11. Dezember 1611 in Königswalde als Pfarrerssohn. Gestorben am 11. Dezember 1688 in Scheibenberg. Lehmann, der seine Kinderjahre in Elterlein verbrachte, besuchte die Fürstenschule St. Afra in Meißen, kam 1625 nach Halle und Guben und wurde schließlich 1632 Hauslehrer bei einem Pfarrer in Löcknitz. Ein Theologiestudium konnte bisher nicht nachgewiesen werden, aber er wurde 1633 in der Pfarrei des Vaters in Elterlein »Pfarrsubstitut«. 1635 Eheschließung mit der Tochter des Elterleiner Stadtrichters Euphrosyne Kreusel. 1638 erhielt er eine eigene Pfarrei in Scheibenberg, er feierte hier sein 50-jähriges Jubiläum als Pfarrer.

Das Grunderlebnis Lehmanns waren die Wirren des Dreißigjährigen Krieges, die auch seine Familie und sein Haus mehrfach in Mitleidenschaft zogen. Lehmann war, angeregt durch den Vater, ein eifriger Chronist aller historischen und naturgeschichtlichen Erscheinungen in seiner unmittelbaren Lebenswelt. Erst der Sohn, Johann Christian Lehmann, brachte die verschiedenen Chroniken des Vaters zum Druck, so 1699 »Historischer Schauplatz derer natürlichen Merckwürdigkeiten in dem Meißnischen Ober-Ertzgebirge . . .« mit mehr als 1000 Seiten Umfang. Eine Reihe anderer Chroniken sind bisher nur teilweise veröffentlicht, so die »Kriegschronik«, das Manuskript befindet sich in der Landesbibliothek Dresden, die »Sittenchronik« – Manuskript in der Universitätsbibliothek Leipzig u. a. Lehmanns Chroniken sind Sammlungen, die ebenso wichtige Fakten und Ereignisse dokumentieren wie sie Fabulöses, Legendenhaftes mitteilen. Doch aus all dem entsteht ein bedeutsames Bild dieses Lebens im Dreißigjährigen Krieg. Einer seiner Biografen, Fritz Roth, schreibt: »Er erlebte 32 große Truppendurchzüge, 20 Haupteinquartierungen und unzählige räuberische Einfälle. Fürbitte für die Gemeinde bei den Truppenführern zogen ihm Hohn oder gar Mißhandlungen zu. Sein Geld gab er zur Bestreitung der Kontributionen und verzichtete auf Gehalt.«

In der Kirche zu Scheibenberg findet sich das Denkmal für ihn und seine Frau, das ursprünglich auf dem Friedhof stand.

Lengefeld, mit den Ortsteilen Rauenstein, Kalkwerk, Vorwerk und Obervorwerk. Seit 1999 gehören auch die ehemals selbstständigen Gemeinden Lippersdorf, Reifland und Wünschendorf zur Stadt Lengefeld. Die teils städtische, teils ländliche Siedlung liegt zwölf Kilometer nördlich von Marienberg am Talhang der Flöha in 480 m Höhe.

Das im mittelerzgebirgischen Rodungsgebiet entstandene Dorf wurde erstmals um 1369 genannt. Gegründet wurde es Ende des 12. Jahrhunderts innerhalb des Herrschaftsbereiches Rauenstein. 1398 wurde der Ort als Städtchen bezeichnet. Um 1500 entstand der große quadratische Marktplatz. Zu Stadtrecht brachte es jedoch die Siedlung erst, als Mitte des 16. Jahrhunderts der Bergbau erblühte. In seinem Gefolge kamen zahlreiche Handwerker, und die Leineweberei entwickelte sich. Nahe der Stadt begann man Kalkstein und Marmor zu brechen. Im 19. Jahrhundert siedelten sich Industriebetriebe an, begünstigt durch den Bau der Eisenbahn im Jahre 1875.

Die heutige Stadtkirche zum Heiligen Kreuz stammt aus dem Jahre 1886, sie hat eine Orgel von 1726 mit zahlreichen ornamentalen Schnitzereien am Gehäuse. Die Grab-Kapelle auf dem Friedhof hat einen Kanzelaltar aus dem 18. Jahrhundert. – Ortsnahe drei Trinkwassertalsperren, die Saidenbachtalsperre, Obere und Untere Neunzehnhainer Talsperre. Im Ortsbereich das in seiner heutigen Form 1630 entstandene kurfürstliche Schloss Rauenstein mit seinem mächtigen Bergfried. – Das südlich des Ortes liegende Kalkwerk Lengefeld lieferte seit dem 16. Jahrhundert Baukalk, jetzt weißen Splitt für Terrazzo-Erzeugnisse.

Kalkwerk Lengefeld, Technisches Museum

Das bei Lengefeld liegende Kalkwerk wurde erstmals 1551 genannt. Im Wesentlichen lieferte es Baukalk. Die vier aus den Jahren zwischen 1818 und 1873 stammenden Brennöfen waren bis 1945 in Betrieb. In den Stollen des Kalkwerkes wurden während des Zweiten Weltkrieges 170 Gemälde der Dresdner Galerie Alter Meister eingelagert, um sie vor der Zerstörung zu retten. – Im Museum kann sich der Besucher über die Arbeits- und Lebensbedingungen der im Kalkwerk Beschäftigten und über die Ereignisse in den Maitagen des Jahres 1945 informieren.

Touristinformation Lengefeld, Markt 1, 09514 Lengefeld
Tel. 03 73 67/3 33 66, Fax 03 73 67/3 33 65
E-Mail: tourismus@lengefeld.de,
Internet: www.lengefeld.de

Lichtmess, alter Volksbrauch, der seit einigen Jahren wieder im Kranz der Weihnachtstage gefeiert wird. Lichtmess, der 2. Februar ist der letzte Lostag, mit dem man in die Zukunft schauen kann, wie es die Legende erzählt. Schon seit dem 5. Jahrhundert n. Christi ist ein Lichterfest in der Kirche bekannt, und später wurde dann die Kerzenweihe eingeführt, vierzig Tage nach der Geburt des Christuskindes. Lichtmess ist also das letzte Glied der christlichen Weihnachtsfeste.

Lengefeld, Kalkofen

Damit verknüpfen sich auch andere Bräuche und Legenden: Lichtmess war der Tag, an dem die Dienstboten ihre Stellung wechselten, »heit is mei Gar aus,/da zahlt mich mei Herr aus,/ da nehm ich mei Ränzel,/un mach mer a e Tänzel«. Damit ging das landwirtschaftliche Jahr zu Ende. Der Hirsebrei, der heute zu Lichtmess gegessen wird, resultiert einerseits aus dem uralten Fruchtbarkeitsmythos, dass quellende Speisen in der Winterszeit Wachsen und Gedeihen symbolisierten. Auch im Heilig-Abend-Essen spielt die Hirse eine Rolle, hier kommt es aus dem Bergmännischen: Linsen bedeuten Kupfer, Erbsen Nickel und Hirse Gold. Heute werden in mehreren Erzgebirgsstädten (Stollberg, Zwönitz) bei einem Festprogramm auf dem Marktplatz die Lichter der Weihnachtszeit gelöscht.

Lindenau, Ortsteil der Bergstadt Schneeberg mit landwirtschaftlichem Charakter. Im Süden wird der Ort vom bewaldeten, 589 m hohen Sandberg überragt, der nördlichsten Erhebung des Eibenstocker Granitmassivs.

Die Siedlung entstand im ausgehenden 12. Jahrhundert als doppelreihiges Waldhufendorf. Unsicher ist, ob der Siedlungsname, 1553 Lyndenaw geschrieben, auf eine mit Linden bestandene Aue zurückgeht. Er könnte auch von Siedlern aus der fränkischen Heimat übertragen worden sein. Flurnamen wie Knock, Hübel, Biel, Handquehle (Handtuch) deuten auf oberfränkische Siedler hin. Der Ort besteht meist aus Dreiseithöfen, die beidseitig entlang der Dorfachse liegen. Am ehemaligen Anger siedelten sich Bergleute an, die späteren Zuzügler im Tal des zweiten Quellbachs an der Griesbacher Straße. Auf der Dorfflur gab es im 15. Jahrhundert 13 Fundgruben und mehrere Mühlen. An das 1813 von den verbündeten Gegnern Napoleons zwischen Lindenau und Griesbach aufgebaute Lazarett erinnert der Flurname Doktorwiese. – Lindenau ist Ausgangspunkt zu schönen Wanderungen. Der Ort verfügt mit dem »Forstteich« über einen einladenden Badesee, der gute Erholungsmöglichkeiten bietet.
Touristinformation Schneeberg ,
Markt 1, 08289 Schneeberg
Tel. 0 37 72/2 03 14, Fax 2 03 13
E-Mail: schneeberg.touristinfo@t-online.de,
Internet: www.schneeberg.de

Lobwasser, Ambrosius, Kirchenliederdichter. Als Sohn eines Knappschaftsvertreters, Berggeschworenen und Ratsbaumeisters wurde er am 1. April 1515 in Schneeberg geboren. Sein Vater gilt als Vollender der St.-Wolfgangs-Kirche. Wahrscheinlich besuchte er die Schneeberger Lateinschule, bevor er an der Universität Leipzig Rechtswissenschaften studierte. 1515 begleitete er zwei junge Männer als Hofmeister auf einer Reise nach Löwen und Paris. Hier besuchte er die jeweilige Universität, um seine Studien zu vervollkommnen. Während des Aufenthaltes in Frankreich hörte er erstmals den hugenottischen Psalmengesang, der ihn beeindruckte. 1562 ging er nach Italien und konnte an der Universität Bologna seine Studien mit dem Erwerb des Doktortitels beider Rechte beenden.

Nach Rückkehr in die Heimat lehrte er Rechtswissenschaften an der Universität Leipzig und folgte anschließend einem Ruf als Kanzler an den Hof von Heinrich IV. Reuß zu Plauen, Burggraf zu Meißen, Graf zu Hartenstein. Danach wurde er Professor für Rechtswissenschaften an der Universität Königsberg und Rat von Herzog Albrecht I. von Preußen. Diese Ämter nahm er bis 1580 ein. Altersgeschwächt, verlebte er noch einige Jahre und starb am 27. November 1588 in Königsberg. Lobwasser gilt als Vorläufer der gelehrten Poesie. Er machte sich verdient durch die Übertragung von Psalmen, ohne sich an die hebräischen Urtexte zu halten oder an Luthers Verdeutschung. Seine Choralübersetzungen wurden in den deutschen reformierten Gottesdiensten gesungen.

Löscher, Friedrich Hermann, geb. 14. September 1860 in Annaberg, gest. 27. Dezember 1944 in Bärenstein. F. H. Löscher, der als Pfarrer 43 Jahre in Zwönitz wirkte, war in den ersten Jahrzehnten des Jahrhunderts eine der herausragenden Persönlichkeiten des Erzgebirgsvereins. Neben seiner Tätigkeit in der Kirche veröffentlichte er eine große Reihe von heimatgeschichtlichen Arbeiten, er gab die Zeitschrift »Aus dem Zwönitztal« und den Erzgebirgischen Haus- und Heimatkalender heraus. Aufsätze zur Geschichte von Zwönitz, aber auch über bedeutende Persönlichkeiten des Erzgebirges gehören zu seinem Werk wie Arbeiten zur Volkskunde. Der älteste Sohn des Pfarrers, Dr. jur. Friedrich Hermann Löscher (geb. 22. September 1888, gest. 15. Dezember 1967), der in Leipzig und Jena Jura studierte, 1925 promovierte, arbeitete in verschiedenen Berufen, war aber immer als Forscher und Regionalhistoriker tätig. Zu seinen wichtigen Veröffentlichungen gehören die »Heimatgeschichte der Pflege Stollberg« (1931), der Band »Berggebräuche« (1959) aus seinem Hauptwerk »Erzgebirgisches Bergrecht des 15. und 16. Jahrhunderts«, dessen weitere Bände bisher unveröffentlicht sind. 1967 wurde ihm für sein Gesamtwerk die Leibnizmedaille der Akademie der Wissenschaften verliehen. Jahrzehntelang wirkte er auch in der Arbeitsgemeinschaft für sächsische Kirchengeschichte. Lit.: Friedrich Hermann sen. und jun. Löscher, Heimat Erzgebirge. Geschichte, Land und Leute. Altis-Verlag. 1997.

Lößnitz, Kleinstadt im Tal des gleichnamigen Baches.

Erstmals wird der Ort Lößnitz 1238 beim Verkauf des benachbarten Dittersdorf an das Kloster Grünhain erwähnt. 1284 wird »Lesnitz« civitas, also Stadt genannt. Lößnitz kann als eine den ältesten planmäßig angelegten Städte des Erzgebirges bezeichnet werden. Um den heutigen Markt lag der ursprüngliche Stadtkern, im Mittelalter wurde die Stadt um weitere Häuser zwischen Topfmarkt und Oberem Tor erweitert. Durch das Obere und das Hospitaltor führte eine alte Fernstraße von Zwickau über Grünhain nach Böhmen. Drei Vorstädte entstanden: die Siedlung um die Hospitalkirche, die so genannte »Lange Vorstadt« in Richtung Affalter und das Brunnenstädtel. 1898 kam das ursprünglich selbstständige Bauerndorf Niederlößnitz zur Stadt, 1974 Dittersdorf.

War Lößnitz zunächst Marktort der Grafschaft Hartenstein, so kam es 1406 zum Haus Schönburg. Neben der Landwirtschaft entwickelte sich in Lößnitz die Tuchmacherei, in der Mitte des 19. Jahrhunderts, begünstigt durch die Eröffnung der Bahnlinie Chemnitz-Aue 1875, kam es zu neuen Industriegründungen, seit 1880 Herstellung von Verbandsstoffen, seit 1872 Schuhproduktion. In den Siebzigerjahren entstand auf der Höhe in Richtung Alberoda neben einem neuen Wohngebiet ein Industriestandort mit Betrieben der Schuh- und Bekleidungsindustrie. 1769 kam nach Lößnitz der spätere Chronist der Stadt, Gotthelf Friedrich Oelsfeld, der hier 1801 starb (Grabstein in der Vorhalle der Stadtkirche), er veröffentlichte auch Schriften über andere Erzgebirgsorte. 1652 wurde hier Johann Georg Roth geboren, ein bedeutender Baumeister, der die Kirchen in Carlsfeld und Schwarzenberg erbaute.

Sehenswert in Lößnitz ist die klassizistische Pfarrkirche St. Johannis, die zwischen 1817 und 1826 entstand. Neben dem Baldachin-Kanzelaltar sei die Orgel von 1899 erwähnt, eine der größten im Erzgebirge. Neogotisch (seit 1861) ist die Hospitalkirche St. Georg. Am Rathaus befindet sich ein 1601 errichtetes Renaissanceportal mit dem Stadtwappen im Schlussstein. Daneben Gedenktafel für den am 20. April 1945 erschossenen Bürgermeister Rudolf Weber, der die Stadt kampflos an die Alliierten übergeben wollte. An verschiedenen Häusern, so am Marktplatz und in der Gerbergasse, finden sich Haustüren aus der ersten Hälfte des 19. Jahrhunderts mit klassizistischen Elementen.

Dittersdorf, seit 1974 Stadtteil von Lößnitz, ist ein altes Bauerndorf, das 1238 an das Kloster Grünhain kam. Hier wie auch in Dreihansen, das sich an Dittersdorf anschließt und ebenfalls Stadtteil von Lößnitz ist, gab es zwischen

Lößnitz, Rathausportal

dem 17. und 19. Jahrhundert ausgedehnte Schieferbrüche, deren Überreste noch heute sichtbar sind. 1856 wurde die Sächsische Schieferbruch-Compagnie in Lößnitz gegründet, die zeitweise bis zu fünfhundert Arbeiter beschäftigte. Aber schon 1882 wurde die Compagnie aufgelöst, da sie der Konkurrenz des billigeren Thüringer Schiefers nicht gewachsen war.
Stadtverwaltung, Marktplatz 1, 08294 Lößnitz,
Tel. 0 37 71/55 75 0, Fax 0 37 71/55 75 68
E-Mail: mail@stadt-loessnitz.de,
Internet: www.loessnitz.de

Lostag, auch Bauerntag genannt. Es ist ein Tag im Jahresverlauf, dessen Wetter nach der Volksmeteorologie bestimmend für die darauffolgende Zeit sein soll, also sich das »Los« entscheidet. Im Allgemeinen beruht dies auf langen Beobachtungen der Bauern und Waldleute, dass das Wetter zu gewissen Zeiten weniger veränderlich ist als im übrigen Jahresverlauf. Aus ihnen gingen die Wetter- und Bauernregeln hervor, deshalb wird auch von »Bauerntag« gesprochen. Besondere Lostage sind z. B. der Medartustag (8. Juni), der Siebenschläfer (27. Juni) oder der Weihnachtstag (25. Dezember). So heißt es z. B.: »Wie's wittert am Medartustag, so bleibt's sechs Wochen lang danach!« – »Regnet's zum Siebenschläfer, regnet's sieben Wochen lang danach!« – »Grüne Weihnacht, weiße Ostern!«

Lotter, Hieronymus, bedeutender Baumeister des 16. Jahrhunderts. Geboren vermutlich 1497 oder 1498 in Nürnberg, Umzug der Familie nach Annaberg, wurde später Baumeister, heiratete Katharina Bauer, deren Familie in Geyer ansässig war. Mit seinem Wirken verknüpft ist der Bau des Alten Leipziger Rathauses und der Augustusburg. 1566 erwarb er den Frei- und Lehnhof Geyersberg, später unter dem Namen »Lotterhof« in Geyer bekannt. 1576 siedelte Lotter endgültig nach Geyer über, nachdem er 1572 im fünften Jahr des Baus der Augustusburg vom Kurfürst in Ungnaden entlassen wurde. 1580 ist er in Geyer gestorben und wurde in der St.-Laurentius-Kirche bestattet. 1893 wurde an seinem Sterbehaus eine Gedenktafel angebracht.

Lugau, Stadt mit ca. 9000 Einw. im Erzgeb. Becken. Ursprünglich Bauerndorf, vermutlich am Ende des 12. Jahrhundert als Waldhufendorf entstanden, 1438 Erwähnung als zcum Luge genannt. Pfarrkirche, heutiger Bau von 1843, daneben Glockenturm aus alter Wehranlage. Im Inneren Kruzifix von Peter Breuer (1502).

1844 erste Steinkohlenfunde auf Neuoelsnitzer Flur. Seither Teufen erster Schächte, sprunghafter Anstieg der Bevölkerungszahlen: 1834 – 438, um 1900 ca. 8000. 1924 wurde Lugau das Stadtrecht verliehen. Heute existieren noch alte Schachtanlagen, der Steinkohlenbergbau wurde 1971 eingestellt.

Eng verbunden mit Lugau die Nachbargemeinden Erlbach-Kirchberg (1000 Ew.) und Ursprung (600 Ew.). Mit ihnen Verwaltungsgemeinschaft. Seit 1996 neues Stadtbad, seit 1958 Heimatmuseum.
Informationen:
Stadtverwaltung Lugau, Obere Hauptstraße 26,
Tel. 03 72 95/5 20, Fax 03 72 95/52 43
E-Mail: info@stv.lugau.de
Internet: www.lugau.de

Malter, Ort und Erholungsgebiet Talsperre Malter. Die kleine Dorfgemeinde liegt 2,5 Kilometer nördlich von Dippoldiswalde und an der Westflanke der langgestreckten Talsperre. Nordostwärts vom Ort liegt das Landschaftsschutzgebiet »Poisenwald / Wilisch / Dippoldiswalder Heide«.

Der Ort Malter wurde erstmals 1501 genannt. Er ging aus einem Vorwerk hervor. Bekannt geworden ist das Dorf, als man von 1911–1913 die Rote Weißeritz staute und die Talsperre Malter errichtete. Sie staut 8,8 Millionen Kubikmeter Wasser. Die Sperrmauer ist 34 Meter hoch und 139 Meter lang. Die überflutete Landschaft ist 90 Hektar groß. Um den Stausee erstreckt sich ein vielbesuchtes Erholungsgebiet.
Gemeindeverwaltung 01744 Malter.

Marienberg, Stadt zwischen den Tälern der Schwarzen Pockau und der Preßnitz am Übergang vom West- ins Osterzgebirge. Mit Ortsteilen Gebirge, Gelobtland, Moosheide, Lauta, Lauterbach, Niederlauterstein, Rübenau, Kühnhaide, Reitzenhain, Satzung, Wüstenschlette und Hüttengrund.

Im Gebiet des Waldhufendorfes Wüstenschletta und Wolkenstein gab es reiche Silbererzfunde. 1519 entdeckte der Bergmann Clemens Schiffel Silbervorkommen, die viele Bergleute anlockten. So entstand mit einer Gründungsurkunde von Herzog Heinrich dem Frommen von Sachsen am 27. 4. 1521 eine neue Bergstadt, die Marienberg genannt wurde. Marienberg ist auf Grund und Boden des Dorfes Wüstenschletta angelegt und erhielt 1523 das vollkommene Stadt- und Bergrecht. Die planmäßige Anlage der Stadt ist noch heute gut erkennbar. Der Plan wurde von Ulrich Rülein von Calw (s. d.) und Amtmann Rudolf von Bünau aus Wolkenstein gemeinsam entwickelt. Charakteristisch ist der große (1 ha), quadratische Marktplatz, die Stadt erhielt zwischen 1541 und 1566 ihre Umfassungsmauern mit vier runden Ecktürmen und fünf Toren, Teile davon noch erhalten (Heimatmuseum).

Blüte des Marienberger Bergbaus in der ersten Hälfte des 16. Jahrhunderts. Seit 1785 Entstehung von Manufakturen im Holz- und Textilgewerbe. Letzte Bergbautätigkeit endete 1904. Schon 1873/75 wurde die Eisenbahnlinie Chemnitz–Reitzenhain gebaut, dies begünstigte das Entstehen von Industrie, trotzdem lag Marienbergs Bedeutung im 20. Jahrhundert vor allem in der Funktion als Handels- und Einkaufszentrum des Gebietes und als Sitz von Ämtern und Schulen. Nach dem Zweiten Weltkrieg entstanden neue Wohngebiete auf dem Mühlberg, Marienberg war bis 1990 Garnisonstadt der NVA, heute Standort der Bundeswehr.
Erlebnisbad »Aqua Marien« im Gewerbegebiet Vor der Stadt.
Erholungsgebiet Rätzteich im Ortsteil Gelobtland mit Tourismuszentrum (Fahrrad- und Skiausleihe), Waldbad, Wanderwege und Loipen
Touristinformation Marienberg,
Markt 1, 09496 Marienberg
Tel. 0 37 35/60 22 70, Fax 0 37 35/60 22 71
E-Mail: info@marienberg.de
Internet: www.bergstadt-marienberg.de

Markersbach. Der Ort liegt in einem Nebental des wasserreichen Mittweidabaches, fünf Kilometer östlich der Kreisstadt. Mittlere Höhenlage 540 m über NN. Ortsteile: Mittweida und Unterscheibe.

Markersbach wurde um 1200 als Waldhufendorf gegründet, urkundlich 1240 als Marckquartisbach erstmals erwähnt. Bis 1536 im Besitz des Zisterzienserklosters Grünhain. 1450 setzte der Bergbau auch hier ein, mehrere Eisenhämmer, Nagelschmieden siedelten sich an, 1848 Aufstand der Nagelschmiede, die eine Nagelfabrik zerschlugen. Nach Untergang des Bergbaus Posamentengewerbe und Spitzenklöppelei, auch Pappenfabriken, Holzschleifereien und Sägewerke. 1964 begann der Bau des Pumpspeicherwerkes Markersbach. 1970/71 musste deshalb der Ortsteil Obermittweida geräumt werden, heute befindet sich dort das Unterbecken des Pumpspeicherwerkes. Das Werk selbst mit einer Leistung von 1050 MW befindet sich unterirdisch in einer Kaverne im Berg (146 Meter lang, 24 Meter breit und 43 Meter hoch). Das Wasser wird auch unterirdisch aus dem Staubecken im Tal auf den Berg gepumpt, damit blieb das Landschaftsbild im Wesentlichen erhalten.

Zu den Sehenswürdigkeiten von Markersbach gehört die Eisenbahnbrücke (gebaut 1889, Höhe 37 Meter, Länge 237 Meter), die ein Seitental der Großen Mittweida überspannt. 1500 erhielt die 1250 entstandene Kirche den Namen St.-Barbara-Kirche. Langgestrecktes Bauwerk mit Schindeldach, spitzem Dachreiter und abgesetztem niedrigerem Chor. Im 17. Jahrhundert barocke Umgestaltung und weiterer Choranbau. Die früher einschiffige Halle ist seit dem Umbau ein flachgedeckter Saal, der abgegrenzte Chor weist Kreuzrippengewölbe von 1500 aus, die tonnengewölbte Sakristei ist spätromantisch. Betstübchen aus der Zeit von 1660, reich verzierte Hammerherrenstühle von 1720. Altar von 1660 mit barocker Umrahmung zweier Bilder. An der Nordwand spätgotischer Marienaltar, der erst 1923 wiedergefunden und aufgestellt wurde. 1955 wurde bei der Erneuerung des

Innenraumes spätmittelalterlicher Freskenzyklus entdeckt und teilweise freigelegt. – Dorfkern mit Kirche, dem alten Friedhof und den benachbarten Fachwerkhäusern steht unter Denkmalschutz. Ortsteil Mittweida: Dorfkern liegt 485 m über NN zu Füßen des Krähenhübels (579 m). Als Waldhufendorf auf Muskovitschiefer und Gneisglimmerschiefer angelegt. Erste urkundliche Erwähnung 1286. Bergbau auf Silber und Eisenstein, Hammerwerke. 1632 Ende der Hammerwerkstätigkeit, als alle Hämmer im Dreißigjährigen Krieg verwüstet wurden. Später Nagelfabriken, Sägewerke, Holzschleifereien.

Ortsteil Unterscheibe: Liegt als Waldhufendorf im Talgrund des Scheibenbaches. Ursprünglicher Name wahrscheinlich Neunhausen oder Neunhufen, 1548 erstmals Under Scheibe genannt (unterhalb von Scheibenberg). Bergbau auf Silber und Eisen bis ins 18. Jahrhundert.

Fremdenverkehrsbüro Markersbach,
Annaberger Straße 80, 08352 Markersbach
Tel. 0 37 74/15 72 22, Fax 8 61 86
E-Mail: info@markersbach.de
Internet: www.markersbach.de

Mathesius, Johann, Bergprediger zu Joachimsthal, Freund, Mitstreiter und Biograph Luthers und bergmännischer Schriftsteller. Er wurde am 24. Juni 1504 in Rochlitz geboren. Hier war sein Vater Ratsherr und Besitzer wohlhabender Gewerke. Nach dem frühen Tod der Mutter erzogen den Jungen die Großeltern. Er besuchte die Trivialschule in Mittweida. Durch den Verfall des Bergwerks kam die Familie in Not. Johann ging 1521 an die Trivialschule nach Nürnberg und verdiente sich als Chorsänger den Lebensunterhalt. 1523 studierte er an der Universität Ingolstadt, musste aber wegen Geldmangel vorzeitig abbrechen. Als er 1525 als Hauslehrer in München war, lernte er Luthers Schriften kennen. Durch einen Rochlitzer Bürger bekam er ein Stipendium und konnte in Wittenberg sein Studium fortsetzen. Hier hörte er Vorlesungen von Luther, Bugenhagen, Melanchthon u. a. Wiederum musste er wegen Geldmangel abbrechen. 1530 verdiente er sich als Hilfslehrer in Altenburg seinen Lebensunterhalt und kam 28-jährig an die Lateinschule nach Joachimsthal als Lehrer. Nach acht Jahren, 1540, konnte er mit Unterstützung eines fündiggewordenen Steigers nochmals nach Wittenberg gehen. Hier wurde er Student, Tischgenosse Luthers, Freund Melanchthons und glühender Verfechter der Reformation. Am 28. März 1542 erhielt er aus der Hand Luthers seine Ordination. Wenige Wochen später übernahm er die Prediger- und dann Pfarrerstelle in Joachimsthal. Aus seiner Ehe gingen sechs Kinder hervor. 64 Jahre alt starb er 1565 an einem Schlaganfall in Joachimsthal. – Gedruckt liegen von ihm 1500 Predigten vor. Aus der Fülle seiner Schriften seien angeführt: »Sarepta« (1562), sein Hauptwerk, das viele Male aufgelegt wurde, die Lutherbiographie (1565), »Leichenpredigten« (1559), »Hochzeitspredigten« (1563) mit neun Auflagen, »Ehespiegel« (1591). Sein Buch »Leben Jesu« (1568) erlebte acht Auflagen. Da viele seiner Werke unmittelbare Bezüge zum Joachimsthaler Bergbau enthalten, sind sie bis heute Fundgruben der Volkskunde.

Mauersberg, Ortsteil von Großrückerswalde, an der südwestlichen Kreisgrenze des Mittleren Erzgebirgskreises in einem kurzen Seitental der Preßnitz gelegen. Der Ort ist ohne Industriebetriebe.

Mauersberg wurde als zweireihiges Waldhufendorf im 13. Jahrhundert gegründet. Die erste urkundliche Erwähnung erfolgte 1291 als Ursberg. 1551 heißt der Ort Mauerssbergk, was soviel heißt, wie »Ort am Berg, an dem sich Auerochsen aufhalten«. Im Geschichtsverlauf wechselten häufig die Besitzer. Zu ihnen gehörten das Kloster Buch bei Leisnig, die Waldenburger auf Wolkenstein und der Fundgrübner und spätere Marienberger Bergmeister Johann Eckenbrecht. 1544 gelangte Mauersberg für 9000 Gulden an die Bergstadt Marienberg. Im und um den Ort blieb der Bergbau bescheiden. Die Bewohner betrieben vornehmlich Landwirtschaft. – An Stelle der 1890 erbauten neugotischen Kirche befand sich eine Wehrgangkirche, die 1889, ohne vermessen zu werden, abgerissen wurde. Von 1951 bis 1953 entstand auf dem Friedhof die Kreuzkapelle, eine Stiftung des Dresdner Kreuzkantors Rudolf Mauersberger, äußerlich eine Rekonstruktion der alten Wehrgangkirche. Lediglich im Inneren wurde sie durch eine zweite Empore verändert. – In unmittelbarer Nähe befindet sich die Grabstätte von Rudolf Mauersberger. – Sehenswert im Ort ist die Alte Schule, ein schlichter Fachwerkbau, ehemals mit Umgebinden, aus der Zeit Anfang des 18. Jahrhunderts. Zwei Gedenksteine, einer davon im Oberdorf von 1813, der andere am unteren Ortsausgang von 1817. Beide erinnern an die Notzeit der Bevölkerung.

Tourismusinformation Großrückerswalde,
Hauptstraße 22, Ortsteil Mauersberg
Tel. 0 37 35/9 08 88, Fax 0 37 35/6 10 14
Internet: www.mauersberg.net oder
www.grossrueckerswalde.de

»Mauersberger-Museum«

Das kleine Museum wurde 1973 eingerichtet. Es dokumentiert das Leben und Wirken des Chordirigenten und Komponisten und seines jüngeren Bruders Erhard, der Kantor des Leipziger Thomanerchores war. Gezeigt werden Gegenstände seines persönlichen Besitzes, seine Volkskunstsammlung, darunter der von ihm gebastelte Weihnachtsberg, eine große Modelldarstellung des Dorfes Mauersberg im Winter.

Mauersberger, Rudolf, Chordirigent, Komponist. Geboren am 29. Januar 1889 in Mauersberg als Sohn des dortigen Kantors. Er ist der Bruder des späteren Thomaskantors Erhard Mauersberger. In Annaberg besuchte er das Seminar. 1930 wurde er 25. evangelischer Kreuzkantor und damit Leiter des Dresdner Kreuzchores. Dieses Amt versah er bis zu seinem Tode. Er galt als ein bedeutsamer Chordirigent. Als Musikinterpret, besonders der Werke von Schütz und Bach, genoss er internationalen Ruf. Von ihm gibt es zahlreiche Chorsätze und Zyklen. Für sein künstlerisches Schaffen erhielt er 1914 den Leipziger Nikisch-Preis für Kompositionen. Als eine seiner bedeutsamsten Schöpfungen gilt das kirchliche Chorwerk »Wie liegt die Stadt so wüst . . .«, das 1945 entstand. Im Jahre 1953 wurde auf dem Mauersberger Friedhof die Kreuzkapelle geweiht, die er im Stile alter erzgebirgischer Wehrkirchen errichten ließ, nachdem er den Nationalpreis der DDR erhalten hatte. Mauersberger starb am 22. Februar 1971 in Dresden. Auf dem Mauersberger Friedhof ist seine letzte Ruhestätte.

May, Karl, erfolgreicher deutscher Abenteuerschriftsteller. Geboren am 25. Februar 1842 in Ernstthal (heute: Hohenstein-Ernstthal). Gestorben am 30. März 1912 in Dresden-Radebeul. May, Sohn einer armen erzgebirgischen Weberfamilie, war einer der erfolgreichsten deutschen Schriftsteller, seine Werke sind in mehr als hundert Sprachen und in ca. 90 Millionen Exemplaren verbreitet. Die Geschichte seines Lebens ist selbst ein Stück Abenteuer: Vom Lehrerseminar in Waldenburg wurde er wegen eines angeblichen Kameradendiebstahls relegiert, in Plauen konnte er sein Studium fortsetzen, wurde schließlich Lehrer in Altchemnitz an einer Fabrikschule. Verhaftung wegen Diebstahls einer Uhr, einer Tabakspfeife, sechs Wochen Gefängnis. Nun wird er tatsächlich zum Kriminellen: Er zieht als Hochstapler durch die Lande, bekommt vier Jahre Arbeitshaus, von denen er den größeren Teil in der Strafanstalt Osterstein in Zwickau absitzen muss, nach erneuten Diebstählen und Räubereien weitere vier Jahre Zuchthaus in Waldheim. Danach beginnt er zu schreiben, seine abenteuerlichen Reiseerzählungen zeigen seine Phantasie, sein Erzähltalent. Auch die Geschichte seines weiteren Lebens ist mit Prozessen und Verleumdungen ebenso gekennzeichnet wie mit dem wachsenden Ruhm, dem Erfolg dieses Autors, der mehr als 70 Bücher publizierte. In Hohenstein-Ernstthal in der heutigen Karl-May-Straße 54, im Geburtshaus des Dichters, ist eine Gedenkstätte eingerichtet worden, in Radebeul bei Dresden in der »Villa Shatterhand« befindet sich ebenfalls ein Karl-May-Museum.

Mettenschicht, alter bergmännischer Brauch und Bezeichnung für die letzte unter Tage verfahrene Schicht der Bergleute vor Weihnachten. Diese Schicht wurde vorzeitig beendet, indem sie der Steiger »herausklopfte« (Klopfzeichen gab). Im weihnachtlich geschmückten Huthaus hielt er vor den Bergleuten eine kleine, predigtartige Ansprache. Die Bergleute dankten für den Bergsegen durch Singen von Chorälen und Bergmannsliedern. Danach gab es für alle ein einfaches Essen, gewöhnlich Bratwurst, Kartoffelbrei und Sauerkraut, einen Schnaps und ein »gaahles Gelecht« (eine Zigarre). Heute verwendet man den Begriff auch in geselligen Kreisen für die letzte Zusammenkunft vor Weihnachten oder im alten Jahr.

Morgenleithe, doppelgipfeliger Berg im Waldgebiet zwischen Lauter und Antonsthal im Landkreis Aue-Schwarzenberg mit einer Höhe von 813,5 m ü. NN.

Der Name wird hergeleitet von dem Laubwald auf dem Hang nach Osten oder »Morgen« und der häufig für Abhang gebrauchten Bezeichnung »Leithe«. Am Westhang des Berges lag die ehemalige »Drandorf-Grube« in der man nach Schmirgelstein suchte. Ferner grub man in der »Alexander-Fundgrube« und »Silberkammer« nach Zinkblende, Bleiglanz und Kupferkies.

Der Aussichtsturm auf dem Gipfel ging aus einem 1885 errichteten acht Meter hohen Aussichtsgestell hervor, das 1901 einem um sechs Meter höheren weichen musste. Baufällig geworden, entstand 1922 ein dritter Aussichtspunkt, der achtzehn Meter hohe Turm. Errichtet wurde er aus Spenden der Erzgebirgszweigvereine Aue, Bockau, Lauter und Schwarzenberg und am 4. Juni 1922 eingeweiht. Der Turm wurde 1955 um weitere drei Meter erhöht. Am Turm gibt es eine kleine Gastwirtschaft. Von der Turmplattform aus hat man einen umfassenden Rundblick über das westliche Erzgebirge. Reizvoll ist der Abstieg vom Berg auf der zwischen den beiden Kuppen zur fast 200 Meter tiefer liegenden Conradswiese führenden Schneise der Forstabteilungen 8 und 9.

Mühlen im Erzgebirge. Das Erzgebirge ist eine Mühlenlandschaft. Noch existieren viele Wassermühlen und etliche Windmühlen, als museale Anlagen ebenso wie direkt zu wirtschaftlichen und touristischen Zwecken. Die Industrialisierung im Erzgebirge war ja eng mit seiner Mühlenlandschaft verbunden. Vor allem Wasserräder trieben die Hammerwerke wie die Korn- und Sägemühlen. Das bekannteste Denkmal der Mühlenkultur ist wohl der Frohnauer Hammer bei Annaberg-Buchholz, den in den letzten Jahren mehr als sieben Millionen Besucher sahen. Der Frohnauer Hammer ging aus einer ursprünglichen, 1436 begründeten Kornmühle hervor. Im Erzgebirge gibt es noch etliche Sägemühlen, die mit alten Anlagen produzieren, wie die Sägemühle Neubert in Mildenau-Mittelschmiedeberg oder das arbeitende technische Denkmal, das Sägewerk Wolkenburg Limbach-Oberfrohna. Andere Mühlen zeigen die einstige Ölproduktion und vor allem die Papierherstellung, wie die Papiermühle Niederzwönitz. Viele der Mühlen öffnen sich den Besuchern am Deutschen Mühlentag (Pfingstmontag). Ausführliche Informationen: Das große Sächsische Mühlenbuch. Chemnitzer Verlag. ISBN3-937025-22-7.

Müller, Auguste, Spielzeugschnitzerin, Volkskünstlerin. Geboren am 22. August 1847, gestorben am 18. Januar 1930 in Seiffen. Auguste Müller wuchs in einer armen Seiffener Spielzeugmacherfamilie auf. Schon als Kind begann sie zu schnitzen und zu basteln, und mit dem Verkauf von geschnitzten Figuren erwarb sie sich ihren anspruchslosen Lebensunterhalt. Das größte Ereignis und die einzige Reise ihres Lebens: eine Fußreise mit Jahrmarktsleuten nach Dresden. Sie lebte und arbeitete lebenslang in einem kleinen Stübchen. Ihre Schnitzereien, die sie aus kleinen Holzstücken schuf, bemalte und oft auch mit erzählerischen Legenden versah, zeigen den Phantasiereichtum und die genaue Beobachtungsgabe dieser naiven Künstlerin, deren schönste Stücke sich heute im Seiffener Spielzeugmuseum und im Museum für Volkskunst in Dresden befinden. Auguste Müller nahm die Anregungen zu ihren Figuren, die sie oft zu Gruppen gestaltete, vor allem aus ihrer dörflichen Lebensumgebung, so entstanden schöne Zeugnisse des erzgebirgischen Alltags: die Menschen des Dorfes und die Besucher aus der Stadt, die Pilz- und Beerensucher im Wald, aber auch biblische Themen vor allem im Zusammenhang mit der Weihnachtsgeschichte. Auch ihr Neffe Karl Müller (geboren am 18. Juni 1879, gestorben am 26. März 1958), genannt der »Männelmacher« von Seiffen, gehört zu den bedeutenden Volkskünstlern des Erzgebirges.

Müntzer, Thomas, Theologe und Revolutionär in der Zeit des Bauernkrieges. Geboren vermutlich vor 1490 in Stolberg (Harz), hingerichtet am 25. Mai 1525. Müntzer, anfänglich Anhänger Luthers, wurde zum radikalen Führer des revolutionären Teils der Thüringer Bauern. Kam 1520 zunächst an die Marienkirche nach Zwickau, wo er schon in seiner ersten Predigt von Luther abweichende Gedanken propagierte, dabei vertrat er die These von der Selbsterziehung des Menschen als Voraussetzung für die Umgestaltung der Welt im Geiste des Gotteswortes. Am 1. Oktober 1520 wurde er Prediger an der Katharinenkirche in Zwickau, er schloss sich den rebellierenden Tuchknappen an. Zwischen ihm und dem Prediger an St. Marien, Egran, kam es zu heftigen öffentlichen Auseinandersetzungen. Nach den öffentlichen Anschlägen von Spottgedichten, in denen sich die beiden Kontrahenten gegenseitig verleumdeten, wurde Müntzer am 16. April 1521 vor den Rat geladen und noch am gleichen Tage entlassen. Müntzer unterzeichnete die Quittung für seine finanziellen Bezüge mit den Worten: »Thomas Müntzer, der in der Welt für die Wahrheit kämpft.« Nach seiner Entlassung begab er sich nach Böhmen und kam über mehrere Stationen schließlich nach Allstedt, wo seine wichtigsten Schriften entstanden. Als einer der Führer des späteren Aufstands der Thüringer Bauern wurde er am 15. Mai 1525 gefangen genommen und am 27. Mai 1525 hingerichtet. An Müntzers Zwickauer Aufenthalt erinnert eine Ausstellung im Städtischen Museum (Lessingstr. 1).

Nassau, Dorfgemeinde, 20 Kilometer südostwärts von Brand-Erbisdorf in 490 bis 760 m Höhenlage. Sie erstreckt sich vom Grund der Freiberger Mulde entlang dem sich allmählich weitenden Tal bis zur Höhe des Töpferwaldes.

Im Zuge der Besiedlung des Gebirges ging Nassau Anfang des 13. Jahrhunderts aus einem Waldhufendorf hervor. Urkundlich wird der Ort erstmals 1449 erwähnt; Nassaus letzter Erbrichter, Steiger, kaufte 1834 das Vorwerk Grünschönberg und den Rechenberger Hof, beides stattliche Güter, die seit 1647 von den Schönbergs fortwährend als Kammergut verpachtet worden waren. Durch Steigers Kauf konnte er die Nassauer aus dem Frondienst lösen. 1900 kamen erste Feriengäste in den Ort, seitdem stieg die Zahl der Erholung Suchenden fortwährend. Heute ist Nassau ein viel besuchter Ferienort.

Nassaus Dorfkirche wurde nach einem Brand im Jahre 1526 erbaut. Sie besitzt einen Kanzelaltar von 1683. Wertvollstes Stück ist die Silbermannorgel aus dem Jahre 1748.

Die Umgebung von Nassau ist abwechslungsreich. Im Ort gibt es ein Freibad. Angelmöglichkeiten bestehen in der Freiberger Mulde und Talsperre Lehnmühle. Es gibt vielseitige Wintersportmöglichkeiten.
Fremdenverkehrsverein Nassau, 09623 Nassau,
Tel. 03 73 27/2 01 02,
E-Mail: heimatverein-nassau@freenet.de
und Fremdenverkehrsamt Frauenstein,
Markt 29, 09623 Frauenstein,
Tel. 03 73 26/93 35 oder 8 38 25, Fax 8 38 19
E-Mail: fva-frauenstein@freenet.de
Internet: www.frauenstein-erzgebirge.de

Neunerlei oder in Mundart: »Neinerlaa«, erzgebirgisches Weihnachtsessen. Die Zahl Neun kam dabei aus alten Zahlensymbolen, so endete das irdische Leben des Jesu in der 9. Tagesstunde, aber die Zahl Neun steht auch als Drei-mal-Drei in engem Zusammenhang zur christlichen Dreifaltigkeit Gottes. Im Heilig-Ohmd-Lied heißt es: »Mer hoom aah Neinerlaa gekocht, aah Worscht mit Sauerkraut...«. Bratwurst, aber auch Schweinebraten und Sauerkraut gehörten früher zu den Heiligabendessen im Erzgebirge. Aber auch Linsen, Kartoffelsalat, Hirsebrei, Hering oder Karpfen gehörten zu den Traditionsspeisen. Dabei hatten die einzelnen Bestandteile des Essens eine symbolische Bedeutung: Linsen oder Hirse bedeutete Geld, Klöße waren Taler, Rote Rüben wurden als Aphrodisiakum gedeutet. Ingesamt mussten neun verschiedene Speisen auf dem Tisch stehen. Brot und Salz blieben, ins Tischtuch eingewickelt, über Nacht stehen, damit es das ganze kommende Jahr daran nicht fehle. Heute hat sich die Tradition verändert: Bevorzugt als Weihnachtsessen wird Geflügel oder Wild samt Grünen Klößen, auch der Karpfen steht auf dem Weihnachtstisch und noch immer bleibt dem Heiligabend Bratwurst und Sauerkraut erhalten.

Neudorf. Zum Dorf gehört der Ortsteil Kretscham-Rothensehma. Neudorf liegt 600–800 m hoch. Neudorfs Häuser bleiben dicht am Sehmabach. Der Ort wird von bewaldeten Bergen umgeben.

Vor Neudorf stand seit etwa 1300 an der Stelle der Ort Krachsdorf. Nachdem er zur Wüstung geworden war, machten sich um 1500 neue Siedler sesshaft, sie nannten ihren Ort »neues Dorf«, »Neudorf«. Beschäftigung fanden sie in den Wäldern und betrieben auf ihren Waldhufenfluren Landwirtschaft. Aufschwung brachte die 1502 auf der Sehma nach Annaberg angelegte Holzflöße. Seit dem 19. Jahrhundert kam zum Klöppeln die Posamentenherstellung dazu.

Im Ort gibt es Bauernhäuser mit Fachwerk. Die Dorfkirche stammt aus dem Jahre 1599. Sie hat eine schöne Kassettendecke mit ornamentalem Schmuck. Auf dem barocken Altaraufsatz befinden sich drei spätgotische Schnitzereien, Auszugsfiguren eines Altars von Peter Breuer aus dem Jahre 1515. – Neudorf ist ein beliebter Ferienort mit günstigen Wintersportbedingungen.
Gästeinformation Sehmatal,
Karlsbader Straße 171, 09465 Sehmatal-Neudorf
Tel. 03 73 42/1 60 40, Fax 03 73 42/1 60 48
E-Mail: tourismus@sehmatal.de,
Internet: www.sehmatal.de

Neuhausen. Der Ort liegt 30 Kilometer ostwärts von Marienberg, zwischen 600 und 800 m hoch, von Wald umgeben, in einem Talkessel des Schwartenberggebietes. Auf steilem Felsvorsprung, inmitten des Ortes steht das Schloss Purschenstein.

Die Burganlage »Borssensteyn« entstand um 1200. Urkundlich erstmals wurde Purschenstein derer von Riesenburg 1289 genannt. Sie diente zum Schutz und zur Überwachung der Salzstraße zwischen Halle und dem Mittelböhmischen. Das von Neuhausen aus beherrschte Gebiet vergrößerte sich mit der Zeit. Unter dem Schutz der Burg entstand die Ansiedlung, die man im Gegensatz zum älteren Sayda »Neues Haus« nannte.

Sehenswert ist das Schloss. Es wurde 1646 durch einen Brand schwer beschädigt. Ursprünglich war es durch eine

dreifache Umfassungsmauer geschützt. Von den fünf Türmen blieb lediglich der nördlich Rundturm erhalten. Der Schlosspark steht unter Naturschutz. Die Kirche gilt als eine der schönsten Dorfkirchen Sachsens. Eine ehemalige Fronfeste befindet sich in der Freiberger Straße. Ortsnahe erhebt sich der 789 m hohe Schwartenberg mit Berggaststätte. Die Kuppe des Berges bietet weite Sicht. Neuhausen hat ideales Skigelände, in dem im Winter 30 Kilometer Loipen gespurt sind.
Fremdenverkehrsamt Neuhausen,
Bahnhofstraße 8, 09544 Neuhausen
Tel. 03 73 61/4 41 87, Fax 03 73 61/41 85
E-Mail: fremdenverkehrsamt@t-online.de
Internet: www.neuhausen-erzgebirge.de
Glashüttenmuseum mit Schauwerkstatt
In der Purschensteiner Fronfeste wird die Glasmacherei des Erzgebirges dargestellt, besonders über die am Schwartenberg gelegene einstige Glashütte Heidelbach orientiert. In der Schauwerkstatt kann man Glasmalern, -schleifern und -graveuren bei der Arbeit zusehen.
Tel. 03 73 61/5 09 99.
Erstes Nussknackermuseum Europas
Das Museum ging 1994 aus einer Privatsammlung hervor. Zu sehen sind 2000 Nussknacker, der größte mit 3,80 Metern, der kleinste mit neun Millimetern. In der Schauwerkstatt kann der Besucher beim Drechseln und Klöppeln zusehen, Tel. 03 73 61/41 61 u. 41 87.
Gasthof zur Post, Tel. u. Fax 03 73 61/4 50 55

Novalis (eigentlich Friedrich Leopold Freiherr von Hardenberg). Geboren am 2. Mai 1772 in Oberwiederstedt b. Mansfeld, gestorben am 25. März 1801 in Weißenfels. Novalis, eine der wichtigen Dichterpersönlichkeiten der deutschen Frühromantik, kam aus der Familie eines Gutsbesitzers und Salinendirektors. Nach Studienjahren in Jena und Leipzig und der Tätigkeit am Salinenamt Weißenfels (1796) studierte Novalis von 1797 bis 1798 an der Bergakademie Freiberg. Kurz vor seinem frühen Tod wurde er Amtshauptmann im Thüringer Bergkreis. Die Dichtung von Novalis ist in mehrfacher Hinsicht mit seinen Freiberger Erfahrungen verknüpft. Im Romanfragment »Heinrich von Ofterdingen« schildert er seine Erwartungen bei seiner Ankunft in der Bergwerkslandschaft Freibergs. Nicht in Freiberg geschrieben, aber aus Erfahrungen des Studiums bei Abraham Gottlob Werner entstand »Die Lehrlinge zu Sais«. In Freiberg entworfen wurde auch der Aufsatz »Die Christenheit oder Europa«, die Beschwörungen einer in Einheit, Frieden und Zufriedenheit lebenden Menschheit. Novalis verlobte sich in Freiberg mit Julie von Charpentier, der Tochter des Oberberghauptmanns Wilhelm von Charpentier. In Freiberg, wo er sich auch seinen Dichternamen Novalis zulegte, erinnert eine Gedenktafel am Haus der Familie von Charpentier (heute Karl-Marx-Straße 29) an sein Wirken.

Nussknacker, zum Aufbrechen der Schale der Walnüsse hergestellte hölzerne Figur als König, Husar oder Polizist. Aus Fichtenholz gedrechselt, lackglänzend in den Farben Rot, Grün, Blau, Gelb bemalt, bis 35 Zentimeter hoch und auf einem Bodenbrettchen stehend. Die der Figur in den Mund gesteckte Nuss lässt sich durch einen rückseits angebrachten Hebel, der mit dem Unterkiefer abschließt, durch einen Druck zersprengen. Typisch für die Figur ist der mächtige Kopf, gedrungene Rumpf, der mit einem Kurzrock abschließt und auf verhältnismäßig dünnen Beinen sitzt. Zur Herstellung einer Figur sind etwa 130 Arbeitsgänge nötig. Älteste »Nussbeißer« stammen aus der Zeit um 1650 aus Berchtesgaden. Der Prototyp der erzgebirgischen Nussknacker ist die seit 1870 von Wilhelm Friedrich Füchtner (1844–1923) und nachfolgenden Familienmitgliedern hergestellte Figur.

Oberwiesenthal, Kurort, 22 Kilometer südlich von Annaberg. Zu ihm gehört der Stadtteil Unterwiesenthal. In 914 m Höhenlage ist Oberwiesenthal die höchstgelegene Stadt Deutschlands. Sie befindet sich am Fuße des 1214 m hohen Fichtelberges, unmittelbar an der Landesgrenze zu Tschechien. Oberhalb der Stadt besteht ein wichtiger Grenzübergang. Oberwiesenthal gilt als das sächsische Wintersportzentrum. Der Ort ist von Wald umgeben und hat wenig Industrie.

Erstmals wurde eine Ansiedlung »Wizinthal« 1406 genannt, als die Burggrafen von Meißen das Gebiet mit dem Fichtelberg an die Herren von Schönburg verpfändeten. Silberfunde am Fichtelberg veranlassten 1527 Ernst von Schönburg aus der Grafschaft Hartenstein, auf wilder Wurzel den Bergort »Neustadt Wiesenthal« zu gründen und ihn nach dem Vorbild anderer Bergorte mit rechtwinkeligem Straßennetz anlegen zu lassen. 1530 erhielt die neue Siedlung Stadtrechte und ein Bergamt, geleitet von einem Bergmeister. Mitte des 16. Jahrhunderts ließen die bergbaulichen Erträge nach, im 19. Jahrhundert versiegten sie völlig.

Als 1559 der obere Teil der Grafschaft Hartenstein verkauft wurde, kam Oberwiesenthal zum Kurfürstentum. Die Bewohner wandten sich nach Niedergang des Bergbaus dem Grenzhandel zu, der Herstellung von Posamenten und Nadeln. Nachdem der Ort 1897 Eisenbahnanschluss erhielt, konnte er 1900 für den Fremdenverkehr erschlossen werden. Er wurde bald ein beliebter Sommeraufenthalt, besonders aber ein Ort für den Wintersport.

1973 entstand die neue Große Fichtelbergschanze, auf der internationale Wettkämpfe ausgetragen werden. In der Kirche sind gusseiserne Grabplatten aufbewahrt, im Dezember und Januar ist ein volkskundlich wertvoller Weihnachtsberg zu sehen. Im Naturschutzgebiet »Zechengrund« wachsen seltene alpine Pflanzen. Das auf dem Pfühlberg liegende Naturschutzgebiet »Pfahlmoor« ist mit vermoortem montanen Fichtenwald bestockt. Mit der vom Kurort führenden Fichtelbergschwebebahn lässt sich bequem die Kuppe des Berges erreichen.

Oberwiesenthal verfügt über viele sportliche Einrichtungen, wie Freibad, Hallenbad, Sauna, Tennisplätze, Tennisplätze in der Halle, Bowlingbahnen, Kegelbahnen, Sommerrodelbahn, ein Eisstadion, durch Pistenfahrzeuge präparierte Skihänge, klassifizierte markierte Abfahrtshänge unterschiedlicher Schwierigkeitsgrade, Sessel- und Schlepplifts, drei Sprungschanzen. Die Skischule der Kurverwaltung führt Skikurse durch. Bekannt ist der »Oberwiesenthaler Skifasching«.

Gästeinformation Kurort Oberwiesenthal,
Markt 8, 09484 Kurort Oberwiesenthal
Tel. 03 73 48/15 50 50, Fax 03 73 48/1 55 01 82
E-Mail: stadt@oberwiesenthal-kurort.de,
Internet: www.oberwiesenthal-kurort.de

Ski- und Heimatmuseum Oberwiesenthal
Im alten Forsthaus, einem der ältesten Gebäude des Ortes, ist das Museum untergebracht. Im 1. Teil wird die Entwicklung des Wintersportes im Erzgebirge dargestellt unter besonderer Berücksichtigung von Oberwiesenthal, im 2. Teil sind Exponate der Heimatgeschichte und der Volkskunst zu sehen, vor allem des Krippenschnitzens. Eine Abteilung befasst sich mit heimischen Gewerken und der Entwicklung der Verkehrsmittel,
Tel. 03 73 48/86 14 (Kurverwaltung).

Oederan, Kleinstadt, auf halbem Wege zwischen Flöha und Freiberg an der B 173, die Chemnitz mit Freiberg verbindet.

Vermutlich weit vor der urkundlichen Erwähnung als Stadt im Jahre 1286 gab es auf der Höhe von Ranis Silbererzbergbau. An der Stelle, an der sich drei Talrinnen vereinigen, kreuzten sich ehemals zwei wichtige Handelswege, der Alte Böhmische Weg von Eilenburg nach Brüx mit der Frankenstraße, von Hof über Chemnitz nach Freiberg. Hier kam es zu einer Bergmannssiedlung mit der Liebfrauenkirche, die allerdings 1467 ein Brand vernichtete. Ein zweiter Siedlungsteil, in der Öde, war hervorgegangen aus einer Raststätte. Beide Teile, die Bergmanns- und die Markt-Siedlung, wuchsen im Verlauf der Zeit zusammen zu »in der Oede am Ranis«, fortan Oederan genannt. Entwicklung von Tuchmacherei (erste Innung seit 1457) und Weberei (1500). Oederan wurde 1583 Bergstadt. 1547 zählte das Städtchen 176 Ansässige, 1697 233 ansässige und 68 unansässige Bürger. Als der Bergbau erlosch, wurden die Bewohner Leinweber und Tuchmacher. Heute sind noch drei Stadtteile erkennbar, die Unterstadt, der Stadtteil um den Altmarkt mit der Kirche und der um den Hauptmarkt. Die Stadt wurde häufig durch Brände heimgesucht. Dadurch sind die meisten Wohnhäuser aus dem 18. und 19. Jahrhundert. – Das Rathaus ist ein Renaissancebau von 1575, der 1780 verändert wurde. Der Runderker an der Nordwestecke hat figürliche Reliefs und Ornamente. In der spätgotischen Pfarrkirche St. Marien befindet sich eine von G. Silbermann von 1725–1727 erbaute Orgel. Oederan ist die Heimatstadt des bedeutenden sächsischen Ornithologen Richard Heyder, der 1884 in Rochlitz geboren wurde und 1984 in Oederan

starb. Der Kaufmann, der in der Badgasse acht Jahrzehnte hinter dem Ladentisch stand, war in seiner Freizeit einer der großen deutschen Feldornithologen. Heyder publizierte 1952 sein Hauptwerk »Die Vögel des Landes Sachsen«, für das er von der Universität Leipzig mit dem Dr. h. c. und als Ehrenbürger seiner Heimatstadt geehrt wurde.
Stadtinformation Oederan, Markt 6, 09569 Oederan,
Tel. 03 72 92/2 71 28, Fax 03 72 92/2 71 29
E-Mail: inf.sv@oederan.de, Internet: www.oederan.de
web Museum Oederan.
Markt 5, Tel. 03 72 92/2 71 18
2003 Eröffnung des Museumsneubaus, in dem das Heimatmuseum und die Schauwerkstatt »Historische Handweberei« mit neuen Bereichen vereint wurden.
Erlebnisbad Oederan, Hainichener Str.,
Tel. 03 72 92/5 99 17
Schauanlage Klein-Erzgebirge,
Ältester deutscher Miniaturpark; Klein-Erzgebirge ist nicht nur die älteste, sondern auch eine der schönsten Schauanlagen des Erzgebirges. Gelegen in der Parklandschaft am Hetzbach zwischen Altstadt und Bahnhofsvorstadt. Im Maßstab von 1:50 werden hier viele bekannte Bauten aus dem erzgebirgischen Raum vorgestellt. Von ortsansässigen Schnitzern begonnen und ausgebaut, rund 150 Bauwerke.
Tel. 03 72 92/59 90, Internet: www. klein-erzgebirge.de
Geöffnet von Anfang April bis Ende Oktober.
Fax 03 72 92/5 99 17

Oelsnitz. Stadt im Tal des Hegebaches, einst einer der Hauptorte des Lugau-Oelsnitzer Steinkohlenreviers. Mittlere Höhenlage 365 m ü. NN.

Der Ortsname kommt aus dem Slawischen (Ort am Erlenbach), ob lediglich als Orientierungsname slawischer Stämme oder früher slawischer Besiedlung, ist ungeklärt. 1219 nennt eine markgräfliche Urkunde einen Rembertus de »Olsniz«, das Rittergeschlecht besaß Burgen in Böhmen, der Sächsischen Schweiz und auch das Oelsnitzer Rittergut bis 1574. Bauernaufstand 1525 mit ca. 3000 Mann Bauernheer gegen die Gutsbesitzer. Neben Landwirtschaft gab es in dem Bauerndorf auch Spinnerei, Weberei und Wirkerei. Bedeutend im 19. Jahrhundert die Oelsnitzer Firma Meinert. Seit 1847 Steinkohlenbergbau, 1857 Hedwigsschacht, 1871 Friedensschacht, seit 1920 Steinkohlenwerk Deutschland. Oelsnitz, das um 1900 das größte Dorf Sachsens war, erhielt 1924 Stadtrecht. Schlagwetterkatastrophe am 24. Januar 1921 auf dem Friedensschacht mit 57 Toten. 1928 Einstellung der Produktion. Auf dem Gelände des Kaiserin-Augusta-Schachtes (nach 1945 Karl-Liebknecht-Schachtes) entstand nach 1980 ein Bergbaumuseum. Letzte Kohleförderung auf der 1893 als Gottes-Hilfe-Schacht begründeten, seit 1945 als Friedrich-Engels-Schacht betriebenen Anlage am 31. März 1971. Im Ortsteil Neuoelsnitz, zwei Kilometer westlich von Oelsnitz gelegen, Ortsentwicklung durch Bergbau bestimmt, hier auch Kaiserin-Augusta (Karl-Liebknecht)-Schacht und heutiges Bergbaumuseum.
Auskünfte: Stadtverwaltung Oelsnitz/Erzgeb.,
Rathausplatz 1, 09376 Oelsnitz/Erzgeb.
Tel. 03 72 98/3 80, Fax 03 7298/38 33
E-Mail: info@oelsnitz-erzgeb.de,
Internet: www.oeslnitz-erzgeb.de

Olbernhau. Stadt mit ca. 11.500 Einwohnern im mittleren Erzgebirge. Liegt in ca. 445 m Höhe in einer großen Talweite der Flöha und in ihren Nebentälern, »Stadt der sieben Täler«. Mit Ortsteilen Grünthal, Dörfel, Hirschberg, Klein-, Nieder-, Oberneuschönberg, Reukersdorf, Rungstock.

Die Ansiedlung entstand vermutlich im 13. Jahrhundert. 1434 Alberhaw, 1497 Olbernhaw genannt. Wahrscheinliche Namensdeutung als Rodung eines Albero. Einseitiges Waldhufendorf. Bergbau und der damit verbundene Holzbedarf führten zum Wachstum der kleinen Siedlung. Olbernhau wurde bald zu einem wirtschaftlichen Zentrum durch seine Lage an den Alten Böhmischen Handelsstraßen und die Nähe zur Grenze nach Böhmen. Holztransport auf Flöha, Natzschung und Schweinitz. Zugehörigkeit zur Herrschaft Lauterstein, 1559 Ankauf durch Kurfürst August I., seither Amtsdorf. Zuzug von böhmischen Exulanten mit Gewerbefreiheit, Herstellung von Holzgegenständen aller Art. Köhlerei und Flößerei weitere Erwerbsmöglichkeiten, nur geringe landwirtschaftliche Bedeutung. 1696 Markt- und Innungsrecht. Viele verschiedene Innungen entstanden, darunter die Innung der »sieben geschenkten Handwerke«: Gürtler, Neutler, Sattler, Seifensieder, Lohgerber, Weißgerber und Zinngießer. 1681 Gründung eines konzessionierten Rohrhammers, Ansiedlung von Büchsenschlossern und Rohrschmieden aus Thüringen. 1873 Bau einer Eisenbahnstrecke nach Pockau, 1875 wurde Olbernhau an das Eisenbahnnetz angeschlossen. Neben den traditionellen Gewerken vor allem Entstehung von Holzwaren-, Möbel- u. Spielzeugbetrieben. 1902 erhielt Olbernhau das Stadtrecht. Auch die heutige industrielle Struktur wird durch Holzverarbeitung bestimmt.

Sehenswürdigkeiten: Stadtkirche, 1590 anstelle eines älteren Kirchenbaus errichtet und 1639 nach Zerstörung erneuert. Einschiffiger Bau mit polygonalem Schluss, daran

anschließend der Turm mit Haube. Im Inneren Altargemälde auf Kupferplatte von Johann Fink 1648, Taufe und Orgel von 1790. An dem Kirchturm mehrere Grabdenkmäler mit Serpentinplatten aus dem 18. Jahrhundert – Saigerhütte Olbernhau-Grünthal, Technisches Museum. 1493 als Kupferhütte entstanden, 1567 von Kurfürst August von Sachsen erworben und ausgebaut. Hüttenwerk diente »Saigerung« also Reinigung des Schwarzkupfers von anderen Metallen. Umfassungsmauer mit Schießscharten erhalten, Hammergebäude aus dem 16. Jahrhundert, am mehrfach umgebauten Herrenhaus kurfürstliches Wappen und Jahreszahl 1586. Zar Peter der Große weilte hier und ritt, wie die Legende erzählt, auf dem arbeitenden Kupferhammer. Mit Grünthaler Kupfer wurden viele Dächer bedeutender Bauten gedeckt, so die Dome in Berlin, Naumburg, Magdeburg, Wien und Krakau. – Haus der Heimat, Olbernhauer Heimatmuseum: In einem Gebäude des ehemaligen Rittergutes. Kreuzgewölbe, Wendeltreppen und massives Balkenwerk. Abteilungen zur Natur und Geschichte des oberen Flöhatales, schöne Exponate erzgebirgischer Volkskunst und der Holzspielzeugherstellung des Gebietes. Im Ortsteil Oberneuschönberg Dorfkirche von 1695, geschlossener Saalbau mit hölzernem Tonnengewölbe und Emporen. Gut erhaltene Innenausstattung aus dem 17. Jahrhundert, Altaraufbau mit drei übereinander angebrachten Gemälden von 1673.
Fremdenverkehrsverein,
Grünthaler Str. 28, 09526 Olbernhau,
Tel. 03 73 60/1 51 35, Fax 1 51 39
E-Mail: tourinfo@olbernhau.de,
Internet: www.olbernhau.de

Ostern. Die Christen feiern seit dem Konzil von Nicäa (325) den Beginn ihres höchsten und ältesten Festes einheitlich am Sonntag nach dem ersten Frühlingsvollmond. Im Erzgebirge galt Ostern als schicksalsbestimmende Zeit. Die Karwoche hatte ähnliche Bedeutung wie die zwölf Nächte zwischen Weihnachten und Hohneujahr. Damit verknüpften sich eine Reihe von Bräuchen. Gründonnerstag isst man gefärbte Eier und Speisen mit Frühlingskräutern, wie Ochsenzunge, Brennnesseln oder Spinat, sie sind Symbole der wiedererwachten Natur. Bevorzugt werden an diesem Tag Eier mit Kartoffelsalat. Das größte Ei steht dem Vater zu oder dem Besuch. »Osterwasser« holt man am Ostermorgen vor Sonnenaufgang am besten von einem Bach unter einer Brücke, über die man Leichen trägt. Der Volksglaube meint, dies Wasser sei besonders wirksam, mache schön, glätte die Haut, helfe gegen Gicht, heile Augenleiden und Hautausschlag. Beim Einholen darf man nicht sprechen, sonst hat man unwirksames »Plapperwasser« im Gefäß. Langschlafende Mädchen werden von Burschen durch das Schlagen mit der »Lebensrute«, einem immergrünen Zweig, aus dem Bett »gepfeffert«. Danach muss das Mädchen eine Kaffeetafel richten. Beliebt bei den Burschen im Erzgebirge war, in der Osternacht von »ihm« zu »ihr« aus Sägespänen, Häcksel oder Kalk ein »Steigel« zu streuen. Karfreitag gilt allgemein auch heute noch als Lostag: Verläuft der Tag gewitterartig, glaubt man, folge ein schöner Sommer.

Osterzgebirge, Landschaftsschutzgebiet. Das 1968 unter Schutz gestellte Gebiet ist Erholungslandschaft der Bewohner der sächsischen Industriezentren. Sein Mittelpunkt ist die traditionsreiche Stadt Frauenstein.

Das Landschaftsschutzgebiet liegt zwischen 420 und 806 m ü. NN. In ihm herrscht ein stark differenziertes Mittelgebirgsklima. Die Abtragungsfläche neigt sich allmählich nach Norden zu. Herausmodelliert sind Kuppen und Hügel. Die Wasserläufe sägten Talformen, wie sie typisch für Mittelgebirge sind, teilweise eng und felsig, oft aber auch ausgebreitet und ohne steile Hänge. Hauptgewässer ist die Freiberger Mulde. Sie durchfließt das Landschaftsschutzgebiet in ganzer Länge. Weitere wichtige Wasserläufe sind die Gimmlitz und die Kleine Gimmlitz. Vorherrschendes Grundgestein ist Grauer Gneis mit reichlichen Einschlüssen und tektonisch gestörter Lagerung.

Das Gebiet ist über die Hälfte seiner Fläche mit Wald bestockt. Ein weiterer großer Flächenanteil wird landwirtschaftlich genutzt. Hoch-, Reh-, Schwarz- und Niederwild kommen vor. In den tieferen Lagen gibt es zahlreiche Vogelarten.

Das ursprüngliche Waldgebiet wurde im 13. Jahrhundert durch Kolonisten erschlossen. Im 15. Jahrhundert erfolgte eine weitere Erschließung durch Bergleute. In das Landschaftsschutzgebiet eingebettet, liegt in 650 m Höhenlage die Stadt Frauenstein. Die Burg, 1728 durch Brand zerstört, wurde erstmals 1272 erwähnt. Es handelt sich um eine Zweiturmanlage mit Ringmauer. Das unterhalb der Burg liegende Schloss wurde in den Jahren 1585/88 errichtet. Zum Landschaftsschutzgebiet gehören die Gemeinden Dittersbach, Nassau, Rechenberg-Bienenmühle, Holzhau und teilweise die Gemeinden Mulda, Lichtenberg, Burkersdorf, Clausnitz, Dorfchemnitz und Zethau. Sehenswerte Dorfkirchen gibt es in Nassau, Dittersbach, Burkersdorf und Zethau. Die Kirchen von Nassau und Dittersbach haben Silbermannorgeln. Zu den interessantesten Naturschutzdenkmalen des

Gebietes gehören die Quarzitklippen »Weißer Stein« und die »Buttertöpfe« bei Frauenstein.
Info: www.osterzgebirge.net

Oswaldtal, Landschaftsschutzgebiet, bei Aue-Schwarzenberg. Landschaftsschutzgebiet seit 1968, 805 Hektar groß. Im Wesentlichen Erholungslandschaft für die Bewohner von Schwarzenberg und die industriereichen nahen Ortschaften. Das Gebiet mit einigen Bergen liegt 400 bis 690 m ü. NN. Es wird begrenzt von Schwarzenberg im Südwesten, Grünhain im Norden und Waschleithe im Osten. In seinem Inneren gibt es keine Ortschaften.

Das Landschaftsschutzgebiet ist relativ verkehrsarm. Bestimmt wird es von Waldlandschaft und den Zeugen historischen Bergbaus.

Gekennzeichnet ist es durch das von Nord nach Süd zunehmend eingetiefte Erosionstal des Oswaldbaches, das an steilen Hängen nackte Felsen zeigt. Diese Talbildung bestimmt auch wesentlich den Gebirgscharakter. Im Gebiet gibt es verschiedene kristalline Gesteine, allerdings vielfach von erzgebirgischen Gneisen überlagert. Im paläozoischen Schiefer eingebettet, finden sich Lager hochwertigen Marmors. Das Gebiet ist reich an Mineralien. Der frühere Erzabbau richtete sich vor allem auf Kupferkies, Zinkblende, Schwefelkies, Roteisenstein, Bleiglanz, Flussspat und als Farberde Eisenmanganerzmulm.

Obwohl es innerhalb des Landschaftsschutzgebietes einige Quellbäche gibt, bildet der Oswaldbach das Hauptgewässer. Er kommt aus dem im Norden liegenden Waldgebiet am Schwarzen Stein und mündet bei Wildenau in das Schwarzwasser. Zwei Drittel des Bereiches sind mit Fichtenwald bestockt. Er hat eine artenreiche Vogelwelt. Hochwild gibt es nicht, lediglich Niederwild ist bodenständig.

Innerhalb des Landschaftsschutzgebietes befindet sich das Naturdenkmal »Klosterwald«. Ein naturnaher stufiger Mischwald, der sich innerhalb des ummauerten Geländes des Grünhainer Klosters befindet, ist 1,29 Hektar groß. Das Kloster selbst, 1232 von Meinher II., Burggrafen von Meißen gestiftet, war vor der Reformation eines der bedeutendsten Zisterzienserklöster des Erzgebirges. Nahe dem Ortsteil Haide von Waschleithe befindet sich die Ruine der Dudelskirche. Sie wurde vermutlich als Wallfahrtskirche zwischen 1507 und 1514 erbaut. Am Fürstenberg liegt der Fürstenbrunnen mit der Köhlerhütte, der an den Prinzenraub des Kunz von Kauffungen im Jahre 1455 erinnert. Das Tälchen des Seifenbaches, am oberen Ortsausgang von Waschleithe, nimmt die Miniaturlandschaft »Heimateck« der Schnitzer und Bastler von Waschleithe auf (s. d.). Einen Einblick in den Bergbau früherer Zeiten gibt das Schaubergwerk »Herkules-Frisch-Glück« am Fürstenberg. Es wird umgeben von stillgelegten Gruben, so »Fröhlicher Bergmann«, »Sankt Katharina«, »Gottes Geschick«, »Graul« und »Treue Freundschaft«.

Pfingsten. Das Fest, fünfzig Tage nach Ostern, wird von den Christen als die Ausgießung des Heiligen Geistes auf die Apostel und damit die Gründung ihrer Kirche gefeiert. Es gehört im Erzgebirge zu den »großen Festen«, es ist ein wichtiger Einschnitt im Kirchen- und Alltagsleben. Wie bei Ostern gibt es auch hier viele Bräuche, die freilich nur noch zum Teil lebendig sind. Bis Pfingsten muss das Winterholz unter dem Dach sein, die Stube einen neuen Anstrich haben. Alles muss blitzen und glänzen wie die Natur. Vom Wald holt man »Maiengrün«, damit schmückt man die Zimmer. In einem mit Wasser gefüllten Eimer stellt man Pfingstbirken auf. Auch in das Schlafzimmer bringt man frisches Grün. Wer es unterlässt, kann vor zwei Uhr nicht einschlafen, so will es der Volksglaube wissen. Pfingsten ist der »Tag der Frühaufsteher«. Wer als letzter aus dem Bett kommt, ist der »Pfingstochse« oder »Pfingstlümmel« und muss den ganzen Tag Spott über sich ergehen lassen: »Pfingstlümmel! Molkensook! Hast geschlofen ne ganzen Tog. Hätt mer dich net aufgeweckt, wärscht de gar in Bett verreckt!« »Pfingstlümmel« ist allgemein der Spottname für Langschläfer. Zu Pfingsten errichteten Kinder an Straßenkreuzungen Pfingstbäume und umtanzten sie. Vorüberkommende wurden mit einem über die Straße gespannten Strick aufgehalten und mussten sich auslösen mit einem Geldstück oder Naschwerk. Höhepunkt war der am Nachmittag und Abend stattfindende »Laubetanz«. Die mit Blumen geschmückten Mädchen wurden dazu von daheim mit Musik abgeholt. Pfingsten gilt auch als Lostag: Pfingstwetter soll kommendes Wetter beeinflussen.

Pobershau. Gemeinde mit Ortsteilen Hinterer Grund und Rittersberg im oberen Erzgebirge, südöstlich von Marienberg. Ansiedlung liegt in den tief eingeschnittenen Tälern der Roten und Schwarzen Pockau, beides Zuflüsse der Flöha.

Gründung des Ortes vermutlich zwischen 1434 und 1497 durch zwei Poberer (Verleger aus Freiberg). Ursprünglicher Name der Siedlung »Aufm Wald«, Bobritzscher Bergleute, die hier nach Erz suchten, nannten die Siedlung »Bobritzsch-Hau«. Die bergmännische Streusiedlung aus vier kleineren Gemeinden wurde 1839 zu zwei Gemeinden zusammengefasst: »Ratsseite« und »Amtsseite«, die dem Rat zu Marienberg und dem Amt Lauterstein zugehörig waren, Vereinigung 1857 zur Gemeinde Pobershau. Aus der Zeit der Rats- und Amtsseite sind die Bezeichnungen noch heute geblieben, zweimal gleiche Hausnummern. Auch in Pobershau zunächst Zinnbergbau, später Silberbergbau und nach 1520 Kupfergänge am Wildsberg. Nach dem Erliegen des Bergbaus im 19. Jahrhundert Holzbearbeitung (Spielzeug und »Spanschachteln«). Unter der SDAG Wismut in den Jahren zwischen 1947 bis 1953 nochmals Bergbau auf Uran. Wintersportort mit Sprungschanze und Stadion. Sehenswürdigkeit: Schaubergwerk »Molchner Stolln« mit Demonstration des alten Zinnbergbaus.
Gästebüro Pobershau im Haus des Gastes,
Ratsseite Dorfstr. 68, 09496 Pobershau
Tel. 0 37 35/2 34 36, Fax 0 37 35 / 6 61 99 8
E-Mail: info@pobershau.de, Internet: www.pobershau.de

Pockau, mit den Ortsteilen Forchheim, Görsdorf, Nennigmühle und Wernsdorf. Die Gemeinde liegt am Einfluss der Pockau in die Flöha in 420 m Höhe, in einer Talweite 12 Kilometer nordostwärts von Marienberg.

Pockau, mundartlich »Book«, wurde von Bauern während der Gebirgsbesiedlung zu Beginn des 14. Jahrhunderts angelegt. Es unterstand der Herrschaft Lauterstein. Über die Zeiten hinweg arbeiteten die Bewohner im Wald und betrieben Landwirtschaft. Im 19. Jahrhundert wurde im Ort die holzverarbeitende Industrie ansässig. Sie ist noch heute bestimmend.

Sehenswert ist die »Amtsfischerei«, ein denkmalgeschützter Fachwerkbau von 1635, heute Vereinshaus für Pockau und seine Gäste, das Backhaus mit einem Lehmbackofen aus dem 16. Jahrhundert und die Ölmühle. In der Barockkirche von 1726 im Ortsteil Forchheim befindet sich eine der erhaltenen Silbermannorgeln. Hier finden Orgelkonzerte statt. – Pockau ist ein beliebter Ferienort mit Jugendherberge, Freibad, Tennisplatz und Skilift am Witzberg.
Touristinformation Pockau, Rathausstraße 10, 09509 Pockau
Tel. 03 73 67/3 13 19, Fax 3 13 18
E-Mail: touristinfo@pockau.de, Internet: www.pockau.de
Ölmühle Pockau, Technisches Denkmal und Museum
Einziges Mühlenmuseum, das die Ölgewinnung in alter und neuer Technik in zwei getrennten Mühlen darstellt. In der alten Ölmühle von 1783 ist u. a. eine Schlägelpresse zu sehen, die mit einem Hammer betätigt wird. Im Freien ist eine Doppelkeilpresse und ein Wasserrad in Funktion zu besichtigen. Es gibt eine Ausstellung über die Flachsverarbeitung zu Leinen und auf einer kleinen Fläche verschiedene Ölpflanzen,
Tel. 03 73 67/3 13-19.
»Mühlentour an der Silberstraße«
Die Tour führt von Dresden nach Zwickau und umfasst 70 Mühlen. Das Technische Museum Ölmühle Pockau ist die Zentrale der Tour, zu der im Mittleren Erzgebirgskreis

12 Mühlen gehören: Höllenmühle Streckewalde, Rollemühle Waldkirchen, Spanziehmühle Grünhainichen, Schwarzmühle Börnichen, Ölmühle Pockau, Ölmühle Kleinneuschönberg, Althammer im Saigerhüttenkomplex Olbernhau, Hintere Mühle Deutschneudorf, Sägemühle und Drehwerk Seiffen im Freilichtmuseum, Ölmühle Dörnthal und die Ölmühle Lippersdorf, Tel. 03 73 67/3 13-19.

Pöhla, in Verwaltungsgemeinschaft mit Raschau. Kleine, von Industrie durchsetzte Dorfgemeinde in einer Weitung des Pöhlwassertales, etwa fünf Kilometer südlich von Schwarzenberg.

Ursprünglich gab es zwei Siedlungen, Groß- und Kleinpöhla, seit 1928 zu Pöhla vereinigt. In sie teilte sich früher die Herrschaft Schwarzenberg und die Grafschaft Hartenstein. Der Name des Ortes ist slawischen Ursprungs. Er wurde 1497 »Pelaw« und 1590 »Böhla« geschrieben, was soviel heißt wie die »Weiße«, »Helle«, also eine Lichtung.

Das 1949 am Talhang gegenüber der Dorfmitte gefundene jungsteinzeitliche Beil lässt darauf schließen, dass in vorgeschichtlicher Zeit ein Weg vorüber zum Rittersgrüner Pass nach Böhmen führte. Die Pöhlaer Ortsentwicklung setzte viel später ein. Wahrscheinlich nahm sie mit einem Einzelhof ihren Anfang, aus dem sich Güter und ein Weiler entwickelten. Neben Bauern waren es vor allem Bergleute und Hammerschmiede, die sich im Talgrund niederließen. Guten Nährboden fand die Ortsentwicklung durch die vor allem im 18. Jahrhundert mit Böhmen betriebene Handelstätigkeit. Seit Ende des vorigen Jahrhunderts arbeiten viele Bewohner in der Industrie.

Eng mit Großpöhla entwickelte sich der Werkweiler Kleinpöhla, der sich um den 1525 gegründeten Pfeilhammer ausbreitete. Aus den alten Anlagen ging ein späteres Eisenwerk hervor.

Der Hauptteil des Ortes liegt um einen rechteckigen Platz zwischen Straße und Bach. Er ist umlagert von typischen Erzgebirgshäusern. Dazwischen fällt die alte Schule auf, 1764 errichtet, ein zweigeschossiger Massivbau mit hohem Satteldach und einem Dachreitertürmchen. Das Rathaus befindet sich im ehemaligen Waisenhaus, erbaut als Herrenhaus des Siegelhammers. Bemerkenswert ist der Treppenaufgang. Über dem Tal steht der von Heinrich von Elterlein errichtete Hammerherrenhof. Das heutige Gebäude hat schlossartigen Charakter, ist eingeschossig und trägt ein mächtiges Mansardendach. Pöhlas Dorfkirche stammt aus dem Jahre 1933. Das bedeutendste Bergwerk des Ortes, die Zeche »Neusilberhoffnung«, lag ostwärts des Ortes. Der 1990 eingestellte Erzabbau durch die SDAG Wismut hat Spuren in der Landschaft hinterlassen, die durch Rekultivierung beseitigt werden. Im Pöhlaer Forsthaus wirkte eine Zeitlang als Forstmeister Max August Schreyer (1845–1922), der Schöpfer des Liedes vom Vogelbeerbaum. Ferner lebte im Ort Amalie von Elterlein (1784–1865), der das Heiligabendlied zugeschrieben wird.

Pöhla hat eine Sprungschanze, 1947 errichtet, 1966–1968 neu aufgebaut, die auch dem Mattenspringen dient und auf der nationale und internationale Wettkämpfe ausgetragen werden, und ein Besucherbergwerk.
Fremdenverkehrsbüro Markersbach,
Annaberger Straße 80, 08352 Markersbach
Tel. 0 37 74/15 72 22, Fax 8 61 86
E-Mail: info@markersbach.de,
Internet: www.markersbach.de
Besucherbergwerk Pöhla
Eine ehemalige Schachtanlage aus der Zeit des Uranbergbaus nach 1945 wurde für die Öffentlichkeit zugängig gemacht. Die Einfahrt erfolgt mit einem Schachtzug. Im Bergwerk befinden sich Europas größte Zinnkammern. Der Besucher erhält einen Eindruck von den Leistungen der Bergleute, vom Abbau und der Erzförderung. Die in den Zinnkammern veranstalteten Konzerte sind ein besonderes Klangerlebnis. Tel. 0 37 74/8 10 79.

Pöhlberg, oberhalb der Stadt Annaberg-Buchholz gelegener Basaltberg mit einer Höhe von 832 m. Neben dem Scheibenberg, dem »Bärenstein«, ist der Pöhlberg einer der drei Basalttafelreste, die den Kamm des mittleren Erzgebirges bestimmen. In der Wende zwischen den Erdzeitaltern Oligozän und Miozän entstand die Basaltdecke, von der während

Pöhlberg, im Vordergrund Geyersdorf

des Tertiärs der umgebende Graue Gneis abgetragen wurde. Dabei entstanden die Basalttafelreste der genannten Gipfel. Im mittlerweile aufgelassenen Steinbruch ist dieser Vorgang der Erdgeschichte an den Säulen gut erkennbar.

Vor dem Aufkommen des Silberbergbaus war der Pöhlberg bewaldet, später wurde hier Ton abgebaut. Der Bergwald, der im 17. Jahrhundert völlig abgeholzt worden war, wurde seit 1881 wieder aufgeforstet. Im Pöhlberggebiet gibt es eine Anzahl seltener Pflanzen, die entlang einem Naturlehrpfad besichtigt werden können. 1897 wurde das Pöhlberghaus errichtet, von dessen Aussichtsturm ein weiter Blick über das mittlere und westliche Erzgebirge möglich ist.

Pöhlberg, Landschaftsschutzgebiet seit 1962, 729 Hektar groß, in einer Höhenlage von 480–831 m ü. NN. Seine höchsten Erhebungen sind der Pöhlberg mit 831 m und die Hermannshöhe mit 701 m. Das Landschaftsschutzgebiet berührt ostwärts Annaberg-Buchholz und schließt den Stadtpark ein. Es ist das wichtigste Naherholungszentrum für das mittlere Erzgebirge mit interessanter und abwechslungsreicher Landschaft. Sie eignet sich vorzüglich zum Wandern und wegen der Schneesicherheit zum Wintersport. Am Südhang des Pöhlbergs befindet sich eine Sprungschanze.

Durch Reliefumkehrung wurde der Pöhlberg und sein Umfeld als Tafelberg mit steilen Hängen herausmodelliert. Am Osthang zieht sich das tiefeingesägte Tal des Pöhlbaches mit seinen zwei Nebenflüssen hin, der wesentlich zur Herausformung der Landschaft beiträgt. Auf der Flanke nach Westen zu liegt in weiterer Entfernung die Stadt Annaberg-Buchholz.

Im Landschaftsschutzgebiet herrscht Mittelgebirgsklima. Hauptsächlich kommen Gneise vor. Tertiärer Vulkanismus verursachte den Basalterguss des Pöhlberges. Fichten sind im Gebiet die Hauptholzart. Bedeutsam für den Charakter, den Haushalt der Landschaft sind die Steinrücken. Sie bieten der Vogelwelt günstige Nistgelegenheiten. Außer dem Unterkunftshaus auf dem Pöhlberg gibt es im Landschaftsschutzgebiet keine bewohnten Häuser. Es bietet die Möglichkeit zum Rasten. Vom Aussichtsturm hat man einen Weitblick auf das Erzgebirge.

Postmeilensäulen im Erzgebirge. Die Geschichte der »Chursächsischen Postmeilensäulen« beginnt mit dem Wirken von Adam Friedrich Zürner, der 1679 in Marieney im Vogtland geboren wurde. 1716 ernannte Kurfürst August der Starke Zürner zum »Königlich Polnischen und Churfürstlich Sächsischen Geographus«, und damit begannen die Vermessung der Poststraßen und die Errichtung der Postsäulen in Sachsen. Sie wurden notwendig, da die bisherigen hölzernen Wegweiser sehr ungenau, oftmals verändert, keine richtigen Entfernungsangaben möglich machten. Zürner entwickelte ein System von vier verschiedenen Postsäulen: Distanzsäulen, Ganzmeilensäulen, Halbmeilensteine und Viertelmeilensteine. Die Distanzsäulen vor den Toren der Städte oder in den Städten waren mit Beschriftungen über Entfernungen, Richtungen und Abzweigungen versehen. Die Ganzmeilensäulen, Halbmeilensteine und Viertelmeilensteine unterteilten die Postrouten und Landstraßen in Abschnitte. Die Entfernungsangaben auf den Distanzsäulen sind in Poststunden unterteilt. Eine sächsische Post- oder Polizeimeile hatte 2000 Ruten, das sind 16.000 Ellen. Eine Meile war also ein Längenmaß von 9,062 Kilometer oder von zwei Stunden. Eine Postmeilenstunde, könnte man also sagen, ist eine Entfernung von ca. 4,5 Kilometer. Obwohl Zürners Werk nie ganz zu Ende gebracht wurde, existieren doch noch heute, in den meisten Fällen sorgsam restauriert und gepflegt, in vielen erzgebirgischen Städten Postsäulen. Postdistanzsäulen finden sich in Oberwiesenthal, Johanngeorgenstadt, Aue, Elterlein, Grünhain, Geyer, Zwönitz, Schlettau, Annaberg, Thum, Wolkenstein, Marienberg, Zschopau, Freiberg, Glashütte, Frauenstein, Bärenstein, Altenberg. Das Erzgebirge ist damit die Landschaft Sachsens, in der die meisten Postdistanzsäulen noch vorhanden sind. Ganzmeilensteine finden sich in Oberwiesenthal, Johanngeorgenstadt, Erla-Crandorf, Aue, Schönbrunn, Burkhardtsdorf und Reifland in unterschiedlicher Erhaltung. Halbmeilen- und Viertelmeilensteine u. a. in Steinbach, Antonshöhe, Marienberg, Wolkenstein, Gelenau, Klaffenbach, Dippoldiswalde.
Lit.: Lexikon »Kursächsische Postmeilensäulen«, Berlin, 1989.

Pufendorf, Samuel Freiherr von, geboren am 8. Januar 1632 in Dorfchemnitz, gestorben am 26. Oktober 1694 in Berlin. Bedeutender Rechtswissenschaftler und Historiker. Pufendorf wurde als dritter Sohn des Pfarrers Elias Jesaias Pufendorf geboren, der 1620 in die erzgebirgische Gemeinde als Pfarrer kam. Seine Jugendjahre verlebte er in Flöha, wohin der Vater 1634 als Pfarrer berufen wurde. Er erhielt eine Freistelle an der Fürstenschule St. Afra in Meißen, studierte anfangs Theologie in Leipzig, später Philosophie und Rechtskunde in Jena. Danach Hauslehrer beim schwedischen Gesandten in Kopenhagen, Gefangennahme und Kerkerhaft. Rückkehr in das Haus des schwedischen Gesandten nach Helsingör und Niederschrift seines ersten Werkes »Elementa jurisprudentia«. Seit 1661 Professor für Natur- und Völkerrecht an der Universität Heidelberg. Unter dem Decknamen Serverinus de Monzambana erschien seine Abhandlung »De statu Imperii Germanici« (über den Zustand des deutschen Reiches), in welcher er schonungslos die Gebrechen der damaligen Reichsverfassung offenlegte. 1670 wurde er nach Lund berufen, 1677 schwedischer Historiograph und Staatssekretär in Stockholm, 1687 brandenburgischer Historiograph und Geheimer Rat in Berlin. Neben bedeutenden Geschichtswerken, 26 Bände zur schwedischen Geschichte, weitere Schriften zur Rechtswissenschaft. Pufendorf entwickelte seine Rechtsauffassung aus den Lehren von Grotius und Hobbes, wobei er die Interessen des Einzelnen und der Gesellschaft in Übereinstimmung zu bringen versuchte. Das Naturrecht machte er unabhängig von der Theologie, der Staat ist seiner Meinung nach primär menschlichen Ursprungs. – Im Museum Knochenstampfe in Dorfchemnitz, seinem Geburtsort im Erzgebirge, wird des bedeutenden Gelehrten mit einer Ausstellung gedacht.

Pyramide, häufig auch Peremett oder Drehturm (vor allem im Vogtland) genannt. Ausgangspunkt für die von erzgebirgischen Schnitzern und Bastlern gebaute Drehpyramide war das seit 1800 in verschiedenen Gegenden Deutschlands bekannte Weihnachtsgestell. Auf vier Äpfel wurde je ein Holzstab gesteckt und miteinander an der Spitze zusammengebunden, mit Buntpapier oder Nadelästchen umwickelt und mit Kerzen oder Rüböllämpchen besteckt. Die Drehpyramide wurde im Prinzip dem Pferdegöpel nachgestaltet. Im Mittelpunkt des Stabgerüstes wird eine senkrechte Spindel, die unten gut zentriert zugespitzt auf einer harten Unterlage läuft, von einem Flügelrad der durch Kerzen erzeugten hochsteigenden Wärme bewegt. Die an der Spindel befindlichen Teller, mit Figuren bestückt, werden in eine kreisende Bewegung gebracht. In vielen Familien des Erzgebirges und Vogtlandes verdrängte die Pyramide den Weihnachtsbaum.

Heute gibt es bei der Ortspyramide eine neue, überdimensional große Form, die auf öffentlichen Plätzen und vor Rathäusern steht. 1990 zählte man im Erzgebirge über 160 solcher Ortspyramiden, meist von Schnitz- und Bastelgemeinschaften geschaffen, die sie auch aufstellen und pflegen. Die erste Ortspyramide stand 1934 in Aue. Zu den schönsten Exemplaren zählen u. a. die von Schwarzenberg, Annaberg, Aue, Freiberg.

Q**uas**, auch Quaas (mhd. quaž, Gasterei; quažen, schlemmen). Ursprünglich stand der Begriff für Sauerteig, auch Festessen, Gelage. Er ging in den bergmännischen Wortschatz ein. Unter Quas verstanden die Bergleute ein Fest mit Essen, Trinken, Musik und Tanz, das sie abhielten zu Quartalen, zur Kirmes, zu Pfingsten oder zu anderen Anlässen. Besonders zu Fastnacht feierten sie ihren Quas. Dabei jagten sie zwei mit Reisig, Moos und Stroh verkleidete Männer auf dem Markt und durch die Gassen. Sie hatten unter ihrer Verkleidung mit Blut gefüllte Blasen, die man dabei zerstach, dass die Flüssigkeit davonspritzte. Die beiden Verkleideten, den sterbenden Winter darstellend, taumelten und fielen schließlich, sich tot stellend, zu Boden. Auf Leitern trug man sie ins Wirtshaus und betrank und betanzte den Sieg. Dabei bliesen die Bergleute durch zusammengerollte Bergleder. Chronist Lehmann, im 2. Drittel des 17. Jahrhunderts: »Etliche warben eine Magd zur Fastnachtsbraut, baten dabei viele Jungfern zum Tanz, die sich aber alle mit Geld lösen mussten. Darauf kauften sie ein Fass Bier, aßen, tranken, tanzten und sangen . . .«

Raschau, 3,5 Kilometer ostwärts von Schwarzenberg im Tal der Mittweida zwischen dem Knochen-Emmler und dem Hundsmartergebiet, unmittelbar an der Silberstraße gelegen.

Urkundlich wurde der Ort erstmals 1240 genannt, als der Burggraf von Meißen, der die Grafschaft Hartenstein besaß, den Ort mit neun anderen Dörfern an das Zisterzienserkloster Grünhain schenkte, zu dem Raschau bis 1536 gehörte.

1240 wird der Ort als »Raschawe« bezeichnet, 1555 »Rascha«. Die Ableitung von »Roß-Aue«, womit zugleich das Gemeindesiegel mit springendem Ross gedeutet wird, ist eine Sage. Heute wird der Name als »Aue, in der es geräuschvoll zugeht« gedeutet. Vermutlich ist der Ort von Bauern zwischen 1150 und 1200 als Waldhufendorf angelegt worden. Bergleute und Hammerschmiede kamen später dazu. 1401 wird erstmals das Hammerwerk genannt. Eine »Gifthütte« auf dem Knochen erinnert an die aus Kiesen gewonnenen Chemikalien. Seit 1500 gibt es Silbererzbergbau auf dem Emmler, dazu Kalktagebau und Bergbau auf Eisenerzen.

Von 1808 bis 1863 bestand in Raschau ein Mineralbad, Mitte des 19. Jahrhunderts erfolgte die Entwicklung zur Industriegemeinde. Anteil daran hatte der Chausseebau Schwarzenberg–Scheibenberg im Jahre 1819 und der Bau der Eisenbahn bis Schwarzenberg im Jahre 1858. Im Zusammenhang mit dem Uranerzbergbau entstand nach 1945 der Ortsteil Raschau II als Bergarbeitersiedlung. – Im Ortsbild gibt es alte Gehöfte mit Fachwerkhäusern aus der Zeit um 1800. Das Pfarrhaus stammt aus dem Jahre 1823.

Um 1500 besaß Raschau eine katholische Kapelle, die mehrfach erweitert wurde. Die heutige Allerheiligen-Kirche stammt aus dem 17. Jahrhundert, sie ist ein kleiner Rechteckbau mit einem Dachreiterturm. Im Inneren gibt es eine Felderdecke mit gemalten Engelsfiguren. Die Kirche hat eine zweigeschossige Empore. An deren Brüstungen sind Medaillons mit volkstümlichen Wiedergaben der Kreuzwegstationen angebracht. Es sind vermutlich Sargschilder einer bergmännischen Bruderschaft, die diese bei der »letzten Schicht« an den Sarg zu hängen pflegten. Ursprünglich gab es einen spätgotischen Marienaltar, von dem sich das Mittelbild im Zwickauer Museum befindet. Zu ihm gehörten die kleinen Holzplastiken von Christus und den zwölf Aposteln, die jetzt um die Sakristei gruppiert sind. Vom Altar ist sonst nichts weiter vorhanden. Der heutige Altar mit dem Gemälde des Dresdner Künstlers Julius Mogk stammt aus dem Jahre 1916. Die Kirche hat eine Steinmüller-Orgel.

Der zu Raschau gehörende Ortsteil Langenberg wurde seit 1588 angelegt als Reihendorf mit Parzellenflur für Bergleute und Hammerschmiede. Der Ortsname entstand wohl wegen des langen Aufstiegs, den die Bergleute aus dem Mittweidatal oder von Raschau her zu bewältigen hatten. Im Ort gab es Bergbau auf Eisenerzen. Auf Schwarzenberger Flur bestanden wohl deshalb zwei Bergschmieden. Einige Gruben lieferten zusätzlich Farbenerde (Ocker) und Brauneisenstein. 1884 wurde der letzte Hochofen stillgelegt, nachdem vorher der Bergbau immer weiter zurückgegangen war.
Zwei guterhaltene Brennöfen eines ehemaligen Kalkwerkes aus dem 19. Jahrhundert können besichtigt werden. Inmitten von Fichtenwäldern liegt das Naturschutzgebiet »Almhof« mit seltenen Pflanzen, wie Sonnentau, Türkenbundlilie, Arnika und wilde Orchideen. – Der Ort hat eine schöne Ortspyramide.
Fremdenverkehrsbüro Markersbach,
Annaberger Straße 80, 08352 Markersbach
Tel. 0 37 74/15 72 22, Fax 8 61 86
E-Mail: info@markersbach.de,
Internet: www.markersbach.de

Räuchermann, gedrechselte Holzfigur, besonders Türken, Spielzeughausierer, Waldarbeiter, Förster, Rastelbinder oder Schneemänner darstellend, mit Hohlkörper, in dem ein Räucherkerzchen glimmt. Eine runde Mundöffnung ermöglicht den Rauchaustritt. Obwohl vornehmlich im Erzgebirge hergestellt, ist die Figur erst seit der Mitte des 19. Jahrhunderts nachweisbar. Vorher ließ man Räucherkerzen in einem Gefäß glühen und rauchen. In Nürnberger Spielzeugbüchern sind erste Räucherfiguren um 1800 abgebildet.

Das öffentliche Rauchen aus Tabakspfeifen seit dem 19. Jahrhundert reizte die Spielzeugmacher zur Nachahmung. Aus dem ursprünglichen Rauchkessel für glimmende Räucherkerzen wurde die hohle Docke.

Räucherkerzen sind kleine, bis drei Zentimeter hohe Kegelchen, je nach der Duftnote schwarz, rot, grün, blau oder gelb gefärbt. Nach Anbrennen der Spitze beginnt ein allmähliches Verschwelen. Dabei werden die beigemischten Duftstoffe frei, das ist vor allem Weihrauch, Myrrhe, Lavendel. Sie sind schon zu Dürers Zeiten als »Schmeck-Kirzlein« bekannt. Weihrauchkerzen werden noch heute im Erzgebirge, u. a. in Crottendorf produziert.

Rechenberg-Bienenmühle. Die kleine Gemeinde liegt in einer geschützten Tallage am oberen Lauf der Freiberger Mulde in 500 bis 800 m Höhe. Die um den Ort liegenden Höhenzüge sind mit Wald bewachsen. Zu Rechenberg-Bienenmühle gehören die Ortsteile Holzhau, Clausnitz und

Neuclausnitz. Holzhau, im Tal und an den Hängen des Bitterbaches gelegen. Höhe zum Katzenstein (797 m).

Die ursprünglich zwei Orte wurden 1925 vereinigt, wie aus dem Doppelnamen zu ersehen ist. Der ältere Ortsteil ist Rechenberg, der an einer wichtigen Handelsstraße im 13. Jahrhundert um die Burganlage entstand. Erstmalig wurde er 1270 erwähnt, als auf der Burg ein Heinrich von Rechenberg saß. Vermutlich gehörte er dem niederen Dienstadel an. Nach verschiedenen anderen Besitzern kaufte 1463 Hans Weighardt, ein reicher Freiberger, die Anlage und versuchte, wie der Adel zu leben. Danach erwarben die auf Purschenstein sitzenden von Schönbergs die Burg. 1586 brannte sie ab, wurde danach wieder aufgebaut, bis sie im 18. Jahrhundert verfiel.

Die Burgruine lässt Reste der Futtermauer erkennen. In der Südecke des Felsens stand der Turm, dem sich ein Gebäude anschloss. Ursprünglich war die Anlage 150 m lang und 70 m breit.

Von Rechenberg-Bienenmühle aus gibt es gut markierte Wanderwege durch ruhige Wälder. Von vielen Wegestellen hat man schöne Fernblicke. In der Freiberger Mulde besteht Angelmöglichkeit. Für die Urlauber stehen Skihänge und Skilifte zur Verfügung, Wintersportgerät kann man ausleihen.

Information: Zentrales Fremdenverkehrsamt
»Oberes Freiberger Muldental«,
Holzhau – Rechenberg-Bienenmühle – Clausnitz
Bergstraße 9, 09623 Holzhau
Tel. 03 73 27/15 04, Fax 16 19
E-Mail: info@fva-holzhau.de,
Internet: www.fva-holzhau.de und
www.rechenberg-bienenmuehle.de

Rehefeld-Zaunhaus. Der kleine Erholungsort liegt 20 Kilometer südostwärts von Dippoldiswalde, 700 m ü. NN, nahe der Staatsgrenze zu Tschechien. Die Streusiedlung erstreckt sich 2 km lang im Tal der Wilden Weißeritz und an ihren Hängen hin. Der Ort hat eine ruhige Lage und ist von Fichtenwäldern umgeben. Rehefeld-Zaunhaus gilt als der »kälteste Ort Sachsens«.

Der älteste Ortsteil ist Zaunhaus. Er geht auf ein 1550 erbautes Jägerhaus zurück. Zu diesem gesellten sich drei weitere Häuser und 1557 eine Mühle. Rehefeld ist jünger und hieß früher »Sorgenfrey«. Der Oberfloßmeister Heinrich von Römer kaufte 1606 die Mühle und das Vorwerk »Sorgenfrey«. Holzfäller und andere Waldleute siedelten auf der Waldlichtung nahe des Vorwerks. Der Ortsteil Neu-Rehefeld, am »Hemmschuh« gelegen, entstand nach 1683 beim Geleitshaus, das an der wichtigen Straße war, die durch den Hemmschuhwald nach Hermsdorf führte. Im Jahre 1871 ließ die sächsische Königin ein Jagdschloss errichten, als »Verlobungsgeschenk« für den König.

Rehefeld

Rehefeld-Zaunhaus ist ein gernbesuchter Erholungsort. Er bietet Sommer- wie Wintergästen zahlreiche Vorzüge. Wintersportlern stehen Übungshänge zur Verfügung.

Touristinfobüro Bergstadt Altenberg,
Am Bahnhof 1, 01773 Altenberg
Tel. 03 50 56/2 39 93, Fax 03 50 56/2 39 94
E-Mail: infoaltenberg@t-online.de,
Internet: www.altenberg.de

Reifendreherei, Reifendreherei oder auch Reifendrechselei ist eine besondere Kunstform der Drechseltechnik, die einmalig auf der Welt nur im Seiffener Gebiet gewerblich angewendet wird. Hier ist sie auch vermutlich um 1800 entstanden. Man nimmt an, dass es sich dabei aber nicht um eine Erfindung durch Zufall handelt, wie einige Legenden meinen, sondern um einen längeren Entwicklungsprozess.

Das Prinzip der Reifendreher besteht darin, dass auf der Drechselbank Ringe oder Reifen gedreht werden, die im Querschnitt das Profil eines Tieres oder einer anderen Figur zeigen. Es wird dann abgespalten, beschnitzt und bemalt. Als Material wird vor allem Fichtenholz im noch nassen Zustand verwendet. Da einstmals ein Schock unbemalter Holztiere für fünf Pfennig von den Reifendrehern an die Verleger verkauft werden musste, nennt man die Produkte »Pfengvieh«. 1905 wurde in der Spielzeugfachschule das Fach »Reifendrehen«

eingeführt, 1906 entstand die Reifendreher-Zwangsinnung, die neben Förderung von Ausbildung und Materialeinkauf auch das Verbot der Verbreitung des Gewerbes außerhalb des Innungsgebietes betrieb. So durfte lange das Reifendrehen nicht öffentlich vorgeführt werden. Heute kann man in Schauwerkstätten des Freilichtmuseums Seiffen und bei Produzenten die Reifendreher bei ihrer Arbeit beobachten. Das »Pfengvieh« wird heute zu Bauernhöfen, Tiergärten u. a. Sammlungen zusammengestellt, aus der Vergangenheit sind auch »Archen Noah« mit mehr als hundert Tierarten bekannt. Aus einem Reifen können zwischen 50 und 60 Figuren abgespalten werden.

Reiheschank, Reihschank, auch Reihenschank. Er beruht auf dem Privileg eines Ortes, Bier brauen zu dürfen. Deshalb heißt es auch Braurecht. Kleine Bauern und Häusler erhielten vorübergehend die Genehmigung, Schankrecht ausüben zu dürfen. Die Reihenfolge im Ort wurde durch das Los bestimmt. Oft war mit dem Ausschank ein Schlachtfest verbunden, denn die Schankwirte durften auch Speisen zum Verkauf anbieten. Aus dem Erlös von Bier, Schnaps, Essen entstand ein bescheidener Nebenverdienst. Als Zeichen des Reiheschankes durfte an der Haustüre eine Stange aufgesteckt werden mit einem Kranz aus Blech oder Holz, auf dem ein Bierglas aufgemalt war. Oft wanderten mit dem Privileg zum Reiheschank auch die der Dorfgemeinschaft gehörenden Gläser mit. – Am letzten Tag des Reiheschankes wurde der »Zapfen« gegeben, d. h. die letzten Besucher erhielten Brot, Käse, Hering umsonst, scharf zubereitet, um nochmals Durst zu wecken. – In den Städten hieß der Reiheschank »Bürgerquas«. Er wurde mit volkstümlicher Musik im Wirtshaus veranstaltet. In einer Verordnung, die Pfarrhäuser betreffend, vom 9. November 1646: »Auf den Pfarrhäusern soll jedoch nicht geschenkt werden, noch Zeichen ausgesteckt und gesetzt werden.«

Reinsberg. Der Ort wurde in der 2. Hälfte des 12. Jahrhunderts als Waldhufendorf gegründet. Bereits 1197 war hier der Sitz eines ritterlichen Herrengeschlechts. Der zu einer Burg ausgebaute Rittersitz gehörte seit Ende des 14. Jahrhunderts bis in die Neuzeit der Familie von Schönberg. 1500 wurde der Ort als oppdium bezeichnet. Die umfangreiche Herrschaft Reinsberg wurde 1572 in Ober- und Niederreinsberg geteilt. In Niederreinsberg errichtete man ein Rittergut, das Schloss wurde ebenfalls in zwei Teile geteilt. Der Bau ist burgartig angelegt mit einem ältesten Teil aus dem 15. Jahrhundert. Nach der Einäscherung durch die Kroaten 1632 wurde er neu errichtet. Die Burg hat einen unregelmäßigen, dem Gelände angepassten Grundriss und an der Ostseite einen großen Rundturm. Die spätgotische Schlosskapelle stammt aus der Zeit Anfang des 16. Jahrhunderts, der Südflügel von 1824.

Reinsbergs Dorfkirche, erbaut 1771 bis 1773, ist ein schlichter barocker Saalbau mit doppelten Emporen. – Heute ist Reinsberg ein beliebter Ferienort.
Freizeit- & Fremdenverkehrs GmbH Reinsberg,
Badstraße 9, 09629 Reinsberg
Tel. 03 73 24/7985, Fax 74 39
Email: Tourist-Reinsberg@t-online.de,
Internet: www.gemeinde-reinsberg.de

Reitzenhain, Ortsteil von Marienberg. Bis nach Marienberg sind es 12 Kilometer Wegestrecke. Der Ort liegt 779 m hoch auf dem Kamm des Erzgebirges. Er ist von Wald umgeben. Reitzenhain ist eine wichtige Grenzübergangsstelle nach Tschechien.

Der Ort wurde vermutlich im 15. Jahrhundert gegründet. 1521/22 errichtete man ein Zollgebäude. Im Jahre 1550 bestand der Ort aus »ein Gut mit einer Hufe, Mahl- und zwei Brettmühlen sowie Schmiedewerk«. Dann kam ein großer Gasthof hinzu, Raststätte für Landfuhrleute, die von oder nach Böhmen den Kamm überquerten. Denn im Mittelalter führte die wichtige »Salzstraße« von Leipzig nach Prag durch den Ort.

Die Ortsbezeichnung »Wildhäuser« wird abgeleitet von einem Wildhaus, das im 17. Jahrhundert, nahe der Landesgrenze, einen Wildmeister beherbergte. »Reißigmühle« leitet sich vom ehemaligen Besitzer der Amts- und späteren Reißigmühle ab.

Seit 1882 wurde Reitzenhain für den Fremdenverkehr erschlossen. Ortsnah befindet sich das Landschaftsschutzgebiet »Moothäuser Heide«, 20 Hektar groß, es ist das größte Bergkieferngebiet des Erzgebirges.
Touristinformation Marienberg, Markt 1, 09496 Marienberg
Tel. 0 37 35/60 22 70, Fax 0 37 35/60 22 71
E-Mail: info@bergstadt-marienberg.de,
Internet: www.bergstadt-marienberg.de

Rethberg, Elisabeth. Die international gefeierte Primadonna war zwanzig Jahre lang einer der größten Stars der Metropolitan Opera in New York. Sie kam am 22. September 1894 im Drahthammer in Schwarzenberg zur Welt. Ihr Vater war der Selektenschul-Oberlehrer Karl Sättler. Sie gab mit 17 Jahren ihr erstes Konzert in Schwarzenberg. Ihre Ausbildung als Pianistin und Sängerin erfolgte am Konservatorium

Dresden, dann bei Otto Wartin. Einundzwanzigjährig wurde sie an die Dresdner Hofoper verpflichtet und war nach kurzer Zeit eine gefeierte Sängerin. Sie gab Konzerte und Gastspiele in Prag, Wien, bei den Salzburger Festspielen. Dabei wurde sie für die bedeutendste Opernbühne der Welt entdeckt, die Metropolitan Opera in New York und dort ab 1922 verpflichtet. In den zwanzig Jahren ihrer Zugehörigkeit zu diesem Haus trat sie vor allem mit lyrischen und dramatischen Rollen hervor. Höhepunkt ihrer Kunst blieb Aida, mit der sie in Dresden debütiert hatte. 1928 feierte sie unter Fritz Busch in Dresden in der »Ägyptischen Helena« von Richard Strauss einen großen Erfolg. Sechs Jahre lang stand das Stück auf dem Plan und wurde über fünfzig Mal gegeben. Im November 1928 wurde sie mit der goldenen Medaille ausgezeichnet für »die vollendetste Stimme der Welt«. Was Caruso unter den Sängern war, war Elisabeth Rethberg unter den Sängerinnen. Elisabeth Rethberg starb am 5. Juli 1976, 81-jährig, in ihrem Heim in New York. – Eine Gedenktafel am Geburtshaus in Schwarzenberg erinnert an die Sängerin von Weltgeltung.

Adam Ries

Ries, Adam, »der Rechenmeister des deutschen Volkes«.

Geboren 1492 in Staffelstein in Franken (das genaue Datum ist umstritten). Gestorben am 30. März 1559 vermutlich in der Riesenburg in Wiesa bei Annaberg. Unbekannt ist auch seine Grabstätte.

Leben und Wirken von Adam Ries ist auf vielfältige Weise mit der Bergstadt Annaberg verbunden: Schon 1509 macht er in Zwickau die Bekanntschaft des späteren Annaberger Ratsherrn Thomas Meiner. 1515 weilt er wohl erstmals in der Bergstadt, wo er Freundschaft mit dem Probierer Hans Conrad schließt. Von 1518 bis 1522 lebt er in Erfurt als Rechenmeister, hier erscheint auch 1518 sein erstes Buch »Rechnung auff der linihen«. Vermutlich siedelt er 1522/23 nach Annaberg über, im Mai 1525 wird er als »Rezessschreiber« genannt. In diesem Jahr heiratet er auch die Tochter des Freiberger Schlossermeisters Anna Lewber. Am 12. Juli 1525 erwirbt er in der Johannisgasse (heutige Nr. 23) ein Haus (Büste des Rechenmeisters über dem Portal), und er legt den Bürgereid ab. Später wird er auch Rezessschreiber von Marienberg und 1532 zum herzoglichen Gegenschreiber ernannt. 1539 erhält er den Titel »Churfürstlich Sächsischer Hofarithmeticus«, in diesem Jahr auch Erwerb des Landesgutes »vorwerck bey der wisen« (Riesenburg in Wiesa bei Annaberg, 1877 durch Brand vernichtet).

Die Bedeutung und das Verdienst von Ries liegt vor allem darin, dass er mit seinen verschiedenen Rechenbüchern zum bedeutendsten Rechenmethodiker des 16. Jahrhunderts wurde. Mit seiner Brotsatzung half er, damit »der arme gemeyne man ym Brot- und Weinkauff nicht übersetzt« werde. Bedeutsam ist auch sein Wirken als Bergbeamter. Dabei hat er in mehr als fünfunddreißigjähriger Amtszeit drei ernestinischen und vier albertinischen sächsischen Landesherrn gedient und sich ihre Wertschätzung erworben.

Im ehemaligen Wohnhaus in der Johannisgasse 23 befindet sich heute eine museale Gedenkstätte für den Rechenmeister, das Gebäude steht unter Denkmalschutz. Ein Denkmal mit der Büste von Adam Ries befindet sich am Köselitzplatz.

Rittersgrün, mit dem Ortsteil Tellerhäuser. Die ausgeprägte Streusiedlung mit ihren Ortsteilen befindet sich in 540–920 m Höhenlage, 15 Kilometer südlich von Schwarzenberg. Der Ort liegt am Oberlauf des Pöhlwassers inmitten bis 10 Kilometer tiefen Wäldern. Der Ort gilt als industriearm. Viele Bewohner arbeiten auswärts. Als Ferienort gewinnt die Gemeinde immer mehr an Bedeutung.

Rittersgrün zählt zu den jüngsten Siedlungen des Landkreises Aue-Schwarzenberg. Entstanden ist sie durch den Bergbau und die Erzaufbereitung. An eine um 1440 betriebene Eisenhütte erinnert der Ortsteil Rothenhammer. Die Siedlung mag freilich früher entstanden sein. Da das Pöhlawasser die ursprüngliche Grenze zwischen der Herrschaft Schwarzenberg (auf westlicher Seite) und der Grafschaft Hartenstein durch Verpfändung nach 1406 von Schönberg (auf ostwärtiger Seite) war, standen die frühen Bewohner unter verschiedenen Herrscherhäusern. Das erste Haus auf der Schwarzenberger Seite ist seit 1531 bekannt. Nach Rothenhammer taucht um 1540 Arnoldshammer auf und 1589 wird der Eschersche Hammer genannt, der bei der heutigen Kirche betrieben wurde. Seit Mitte des 18. Jahrhunderts gehörten die Hämmer der Familie von Elterlein. Verschiedene Ursachen, nicht zuletzt die starke ausländische Konkurrenz, führt um 1828 zum Erliegen des letzten Hammers. Über Jahrhunderte hinweg hatte der Bergbau mit seinen Nachfolgebetrieben im Ort und in der Umgebung Bedeutung. In günstigen Zeiten wurde im Ortsbereich in 35 Gruben gefördert. Das letzte Bergwerk, »Roter Adler«, stellte 1893 seinen Betrieb ein. Erneut gab es Bergbau von 1948 bis 1954, diesmal auf Uranpechblende.

Die Kirche des Ortes entstand zwischen 1688 und 1693 auf den Grundmauern eines Hammerherrengutes. Daher rührt ihre quadratische Form. Der Unterteil des Ostturmes wurde in den Berg hineingebaut. Von Bedeutung ist der Kanzelaltar. In ihm haben heimische Meister Stücke eines älteren Altarwerkes zusammengefügt. Man nimmt an, dass die Teile und ein Kruzifix aus dem Bestand des Klosters Grünhain stammen. Im Ortsteil Ehrenzipfel fanden Waldarbeiter 1830 oder 1833 den berühmten Rittersgrüner Meteoriten, 88 Kilogramm schwer. Von ihm verwahrt man einen Teil von 55 Kilogramm im Freiberger Institut für Mineralogie und Lagerstättenkunde – der übrige Teil in den verschiedensten Museen der Welt. Südlich des Ortes befindet sich die Grenzausstülpung »Entenschnabel«. Jahrzehntelang zog im vorigen Jahrhundert von Rittersgrün aus eine Bergkapelle in die Welt, die unter der Leitung des legendären »Dicken Fritzen« stand. Die Häuser auf dem Rittersgrüner Hammerberg sind weit verstreut. Von einem Haus zum anderen führen schmale Verbindungswege. Aus der Ferne gleicht der Berg einer Spielzeuglandschaft. Die Wiesenfluren werden vom Wald umrahmt. Von Rittersgrün aus gibt es romantische Wanderwege. Beliebte Wanderziele sind der Fichtelberg, der Kurort Oberwiesenthal mit seinem Grenzübergang. Dadurch ermöglichen sich Tagesausflüge nach Joachimsthal oder Karlsbad.

Rittersgrün verfügt über eine Jugendherberge und ein Freibad. Auf dem Gelände des ehemaligen Schmalspurbahnhofes Oberrittersgrün befindet sich das »Sächsische Schmalspurbahn-Museum«. Ein Technisches Museum unterrichtet über die Papierherstellung. Sehenswert in der Weihnachtszeit die Ortspyramide. Durch seine Höhenlage ist der Ort schneesicher. Ortsnahe gibt es ideales Skigelände. Durch eine bestehende Bergknappschaft werden bergmännische Traditionen gepflegt.

Fremdenverkehrsamt Rittersgrün,
Kirchstraße 4, 08355 Rittersgrün
Tel. 03 77 57/72 43 , Fax 8 81 96
E-Mail: FVA.Rittersgruen@t-online.de,
Internet: www.rittersgruen.de

Sächsisches Schmalspurmuseum
Das 1972 gegründete Museum befindet sich am Endbahnhof der von 1889 bis 1971 betriebenen Schmalspurbahnlinie Grünstädtel-Oberrittersgrün. Sie war über Jahrzehnte hinweg eine wichtige Verkehrsverbindung. Der Besucher erhält einen Überblick über das Schmalspurbahnwesen mit 750 mm Spurweite. Er lernt unterschiedliche Schmalspurbahnwagen aus der Zeit von 1889 bis zur Gegenwart kennen, ferner Werkzeuge, Signalanlagen, Eisenbahnausrüstungen verschiedener Zeitabschnitte, Dokumente zur Entwicklung von Dampfloks und der Schmalspurstrecke.
Tel. 03 77 57/74 40.

Röder, Christian Friedrich, Mundartdichter. Er galt als tüchtiger Schulmann, Kantor und Förderer der erzgebirgischen Sängerbewegung. Geboren wurde er am 7. April 1827 als Sohn eines Drechslermeisters in Schneeberg. Hier besuchte er die Bürgerschule und das Progymnasium, bevor er 1842 in Dresden das Lehrerseminar bezog. Seine erste Hilfslehrerstelle fand er in Schindlerswerk bei Bockau. Von da wechselte er als Hilfslehrer nach Johanngeorgenstadt über und wurde 1849 ordentlicher Lehrer und Kantor. Von 1880 bis 1894 war er Schuldirektor. Er starb am 28. November 1900 in Johanngeorgenstadt. Seine ersten Veröffentlichungen erfolgten 1861. Von ihm gibt es Lieder und Gedichte in erzgebirgischer Mundart. Vor allem durch seine größeren Erzählungen wurde er bekannt, wie »Anne Sechsasachzig«, »Aus verwörrter Zeit«, »Dr Kienig kimmt« und »Ne Ward sei Sänger-Raas nooch Hamborg«. Zu seinen originellsten Liedern zählt »Stitt auf, ihr Fosendbrüder . . .« Als sich 1864 der »Obererzgebirgische Sängerbund« formierte, wurde er dessen Vorsitzender und blieb es bis zu seinem Tode.

Rosenow, Emil, Zeitungsredakteur, Reichstagsabgeordneter und Verfasser dramatischer Werke. Emil Rosenow wurde am 9. März 1871 in Köln als Sohn eines Schuhmachers geboren. Er besuchte die Mittelschule, musste seinen Schulbesuch abbrechen, als der Vater erblindete und kurz danach starb. Als dann auch noch die Mutter starb, wurde der Junge Vollwaise. Er lernte Buchhändler und wurde später Schreiber in einem Bankhaus. Bereits in dieser Zeit schrieb er Gedichte und Erzählungen für die Tagespresse. Wegen seiner Zugehörigkeit zur Sozialdemokratischen Partei verlor er seine Anstellung. 1892 kam Rosenow als Mitarbeiter einer Tageszeitung nach Chemnitz und avancierte zum Chefredakteur der Zeitung »Beobachter«. Als Sozialdemokrat bewarb er sich 1898 für den 20. Wahlkreis Marienberg/Zschopau um einen Sitz im Reichstag. Er setzte sich gegen andere Bewerber durch und wurde auch in der nächsten Wahlperiode 1903/08 Abgeordneter. Dem Ruf seiner Partei folgend, ging er nach Berlin. An einer Rheumaerkrankung starb er am 7. Februar 1904 und wurde auf dem Friedhof in Berlin-Schöneberg beigesetzt. Während seiner Berliner Zeit entstand u. a. die Bergarbeitertragödie »Die im Schatten leben« (1899) und seine in erzgebirgischer Mundart geschriebene Satire auf den wilhelminischen Obrigkeitsstaat, die Komödie »Kater Lampe«. Sie spielt in einem erzgebirgischen Spielzeugmacherdorf. Nahezu alle deutschsprachigen Bühnen hatten das Stück auf dem Spielplan, es wurde verfilmt und auch als Fernsehbearbeitung gesendet. Getreu seinem Wirken ist auf seinem Grabstein zu lesen: »Ein Sohn des Volkes wollt' er sein und bleiben.«

Emil Rosenow

Rothe, Max, erzgebirgischer Mundartschriftsteller, der sich vor allem dem Mundarttheater widmete. Geboren wurde er am 1. Januar 1874 in Brambach (Vogtl.). Kurz nach seiner Geburt übersiedelten seine Eltern nach Chemnitz. Er besuchte die Volksschule, das Realgymnasium und danach das Schneeberger Lehrerseminar. Nach erfolgreichem Abschluss wurde er Hilfslehrer in Pausa und ab 1897 Volksschullehrer in Buchholz bei Annaberg. Im Jahre 1912 entstand sein erstes Mundartstück »De Rutkat«, ein Lustspiel in einem Akt. Der Erfolg veranlasste ihn zu neuen Stücken, darunter »De Sommerfrisch«, »Der Gahrmarktsrausch«, »De reiche Krautscheich«, um nur einige zu nennen. 1927 gründete er eine eigene Spielschar in Schlettau, die »Max-Rothe-Spieler«, mit der er die Erstfassungen der Stücke erprobte. Zugleich betreute er die Heimatgruppe »Rothe-Mäd«, auch »Buchholzer Mäd«, die sich 1927 bildete. Für die Gruppe schrieb er Texte und Lieder. Max Rothe starb am 9. Mai 1942 in Annaberg.

Rübenau, Ortsteil von Marienberg, 12 Kilometer südostwärts von Marienberg in 700 m Höhenlage, nahe dem Erzgebirgskamm. In eine Grenzausbuchtung eingebettet. Dadurch wird der Ort von drei Seiten durch die Staatsgrenze umschlossen.

Der Ort, die größte Streusiedlung Sachsens, entstand 1580. Auf der Freifläche geschlagenen Waldes bauten Holzfäller und Köhler ihre Häuser. Die so entstehende Siedlung erhielt den Namen des Wasserlaufes, Rübenau. Die Bevölkerung ernährte sich vom Waldgewerbe und von Landwirtschaft.

Der Ortsteil Einsiedel-Sensenhammer entstand im 15. Jahrhundert. Erstmals wurde der »Einsiedel« 1497 erwähnt. Mitte des 16. Jahrhunderts ließ sich hier ein Sensen- und Knittelhammer nieder.

Rübenaus Dorfkirche ist ein kleiner Zentralbau mit einem hohen Walmdach, gebaut zu Anfang des 18. Jahrhunderts. Der Kanzelaltar stammt aus dem Jahre 1745.
Touristinformation Marienberg,
Markt 1, 09496 Marienberg
Tel. 0 37 35/60 22 70, Fax 0 37 35/60 22 71
E-Mail: info@bergstadt-marienberg.de,
Internet: www.bergstadt-marienberg.de

Ruprecht, Knecht. Der Legende nach sind Sankt Nikolaus, Weihnachtsmann und Knecht Ruprecht Brüder. Der erzgebirgische von ihnen ist Knecht Ruprecht, hier »Hans Rupperich« geheißen. Nikolaus und Weihnachtsmann sind lediglich Gabenbringer. Hans Rupperich muss alle seine Weihnachtsgeschenke das Jahr über draußen im Wald selbst herstellen. Nikolaus ist prächtig gekleidet, kommt im Schlitten mit goldenen Hirschen davor, der Weihnachtsmann, am roten Kapuzenmantel zu erkennen, zu Fuß. – Armselig dagegen geht Hans Rupperich einher, in viel zu weiten Stiefeln, im alten, meist gewendeten Mantel, mit einem Strohseil als Gürtel. Er führt eine Lampe mit sich, Ketten oder Schellen, trägt einen Besen oder eine Rute und auf dem Rücken einen Sack voller Weihnachtsgeschenke. Er poltert am Heiligabend die Treppe herauf, um gute Kinder zu bescheren, böse Kinder in den Sack zu stecken. Über die Kinder weiß er Bescheid, denn er hat vor dem Fest unbemerkt schon vorbeigeschaut. Immer beginnt sein Auftritt mit der Frage: »Habt ihr auch gefolgt?« Und schon sagen die Kinder ihr einstudiertes Verslein auf: »Rupprich, Rupprich, guter Ma, saah mich net su finster a. Steck när ei dein Rutenbaasen, ich bi e artig Kind gewaasen!« Danach leert er seinen Sack aus und verschwindet mit Gepolter wieder.

Rülein von Calw, Ulrich, 1465–1523, universelle Persönlichkeit des deutschen Humanismus. Studierte freie Künste, Arithmetik, Geometrie, Astronomie und Medizin. 1490 wurde er Magister der freien Künste. Er war Ratsherr in Freiberg, Bürgermeister, Bergbausachverständiger, Astrologe, Vermessungsingenieur. 1497 wirkte er als Stadtarzt erfolgreich bei der Bekämpfung der Pest, und 1505 veröffentlichte er die erste deutsche bergbauwissenschaftliche Abhandlung: »Ein wohlgeordnet und nützlich büchlein, wie man Bergwerk suchen und finden soll«. 1521 verfasste er zwei Bücher über die Pest. Im Auftrag des Landesherrn entwarf er 1496 die Pläne zum Aufbau von Annaberg und 1521 von Marienberg und leitete den jeweiligen Bau. Er gestaltete das Freiberger Bildungswesen im Geiste des Humanismus um. 1515, als Freiberger Bürgermeister, gründete er die christliche Lateinschule und berief an die Einrichtung die beiden bedeutenden Humanisten der Leipziger Universität Johann Rhagius und Petrus Moselanus.

Saidenbach-Talsperre, Trinkwassertalsperre in einem Landschaftsschutzgebiet. Nordostwärts von Frauenstein gelegen. Die Talsperre staut den Saiden- und den Haselbach mit einigen Nebenbächen. Die Wasserfläche ist 146 Hektar groß. Das Fassungsvermögen, des Stausees beträgt 22,4 Millionen Kubikmeter Wasser. Die Staumauer ist 48 Meter hoch, 334 Meter lang, am Fuß 45,5 Meter und an der Krone vier Meter dick. Die Saidenbach-Talsperre dient der Trinkwasserversorgung der Bevölkerung von Chemnitz. Sie ist von Wald umgeben.

Saidenbach-Talsperre, Landschaftsschutzgebiet im mittleren Erzgebirge zwischen 340 und 685 m ü. NN. Das Gebiet, 4490 Hektar groß, wurde 1962 unter Schutz gestellt. Durch seine abwechslungsreiche Landschaft, ausgedehnten Wasserflächen, fehlende Industrie und sein Berglandklima gilt es als ausgezeichnetes Erholungsgebiet.

Der wellige Gebirgsrumpf in dieser Gegend hat tief eingesägte Täler mit stellenweise steilen Hängen. Durch Ablagerungen kommen auf den Talsohlen holozäne Verebnungen vor. Im Gebiet gibt es zahlreiche Wasserläufe wie Flöha, Lößnitzbach und Lauterbach mit den dazugehörigen Quellbächen. Mulden, aus denen das Wasser nicht abfließen kann, bilden Hochmoore. Das variszische Grundgebirge wird hier wesentlich durch Gneis gebildet.

Im Gebiet gibt es kleinere Teiche. Bei Dörnthal bauten Bergleute von 1787/90 einen Kunstteich, um bergbaulich nutzbares Wasser zu erhalten. Der südlich des Ortes liegende Teich fasst 1,2 Millionen Kubikmeter Wasser. Westlich davon, vor allem durch den Hammelberg (521 m ü. NN) getrennt, befindet sich die Saidenbach-Talsperre. In tieferen Lagen tritt an die Stelle von Fichten- auch Mischwald. Im Gebiet leben Hoch-, Reh-, Schwarz- und Niederwild. Es gibt eine reiche Vogelwelt. Am Stausee leben vor allem Wasservögel.

In das Landschaftsschutzgebiet sind die als bäuerliche Siedlungen im 14. Jahrhundert gegründeten Dörfer Forchheim, Haselbach, Gösdorf und Reifland einbezogen, nur teilweise die Orte Lippersdorf, Dörnthal, Lengefeld (Rauenstein) und Wünschendorf. Im Landschaftsschutzgebiet liegt die Burg Rauenstein.

Saxe (Sachse), Christoph, Theologe und Universitätsprofessor. Geboren am 13. Januar 1714 in Eppendorf als Sohn des Pfarrers Mag. Christoph Sachse. Er wuchs mit 13 Geschwistern auf und wurde vom Vater in Latein und Griechisch unterrichtet. Danach besuchte er eineinhalb Jahre lang das

Chemnitzer Gymnasium. Er erhielt 1728 eine Freistelle an der Fürstenschule Meißen. Ab 1735 studierte er an der Universität Leipzig Philosophie, Geschichte, Kritik, Rede- und Dichtkunst. 1739 erlangte er die Magisterwürde. Danach wurde er Mentor des jungen Herrn von Münchhausen. 1746 kehrte er über Hannover, Göttingen, Braunschweig, Wolfenbüttel nach Leipzig zurück. Obwohl er Hochschullehrer werden wollte, nahm er 1748 die Stelle eines Hofmeisters in Holland an. 1753 wurde er außerordentlicher, 1755 ordentlicher Professor der Altertümer und schönen Wissenschaften an der Universität Utrecht. Dieses Amt bekleidete er 50 Jahre lang. Er veröffentlichte innerhalb von 66 Jahren etwa 45 bedeutende wissenschaftliche Schriften, darunter auch seine Utrechter Antrittsrede. Am 3. Mai 1806 starb er in Utrecht.

Sayda, 20 Kilometer südlich von Brand-Erbisdorf und 10 km vom Erzgebirgskamm entfernt auf einem Sattel einer welligen Hochfläche in 680 m ü. NN gelegen. Zu Sayda gehören u. a. Ullersdorf, Pilsdorf, Friedebach und Mortelgrund.

Urkundlich wurde Sayda erstmals 1207 genannt als »Zavidow«, was soviel heißt wie »Ort des Zavid«. Gegründet wurde der Ort durch den böhmischen Kämmerer Slauko von Riesenburg, der kurz vorher das Zisterzienserkloster bei Osseg hat anlegen lassen. Der planmäßig oval angelegte Ort war zwischen 1197 und 1207 eine Raststätte der Fuhrleute der alten Salzstraße von Halle nach Prag, bald auch eine Zoll- und Gerichtsstätte. Seit 1209 ist die Kirche im Ort bekannt, seit 1250 die Burg. Nach häufigem Wechsel kam die Herrschaft 1352 in die Hände derer von Schönburg, die im 15. Jahrhundert nach Purschenstein überwechselten.

Sayda besaß eine Stadtmauer. Stadtrechte erhielt der Ort 1442, seit 1443 organisierten sich die Handwerker in Innungen, und seit 1468 werden regelmäßig Jahrmärkte in der Stadt abgehalten. Während des Dreißigjährigen Krieges verfiel das am Westrand der Stadt gelegene Schloss. 1882 brannte die Stadt nieder. Nur wenige Gebäude wurden verschont.

Sehenswert ist die Stadtkirche St. Marien. Die dreischiffige, spätgotische Hallenkirche stammt aus der Zeit um 1391. Das Langhaus entstand nach 1502. Die Epitaphe der Familie von Schönberg entstanden im 16. und 17. Jahrhundert. Die Hospitalkirche St. Johann wurde 1476 gegründet. Der schlichte Barockbau hat ein Fachwerk-Obergeschoss von 1784. Neben dem Hospital befindet sich die Begräbniskirche. Ihr Kern entstand um 1508. Im Zeitverlauf wurde sie mehrfach verändert. – Sayda ist ein beliebter Ferienort mit 400 Betten in Hotels, Pensionen, einer Jugendherberge, Ferienwohnungen und Privatzimmern. Der Ort bietet günstige Wandermöglichkeiten mit 80 km ausgeschilderten Wanderwegen, für die Wintersportler sind 45 km Loipen gespurt. Es gibt Ski- und Rodelhänge.
Fremdenverkehrsamt Sayda, Am Markt 1, 09619 Sayda
Tel. 03 73 65/9 72 22, Fax 9 72 20
E-Mail: fremdenverkehrsamt@sayda.de,
Internet: www.sayda.de
Erzgebirgisches Heimatmuseum im Hospital St. Johannis Sayda
Das Hospital aus dem Jahre 1508 ist Saydas ältestes Gebäude. Seit 1993 ist darin das Heimatmuseum untergebracht. Es vermittelt einen Überblick über die Lebens- und Arbeitsbedingungen der hiesigen Bevölkerung. Ausgestellt sind landwirtschaftliche Geräte, Haushaltsgegenstände, Spielsachen, komplett ausgestattete Zimmer wie eine »gute Stube«. Die ältesten Gegenstände stammen aus dem 13. Jahrhundert, Tel. 03 73 65/71 23.
Röhrendreherei Friedebach, Technisches Denkmal
Die Röhrenbohrerei mit Wasserradantrieb ist die einzige in der ostdeutschen Region. Sie ist seit 1864 in Familienbesitz. Seit dieser Zeit werden hier hölzerne Wasserleitungsröhren hergestellt.

Seiffen, ca. 2800 Einw. Der Kurort im Tal des gleichnamigen Baches, nahe der Grenze zur ČR, wird das »Spielzeugdorf des Erzgebirges« genannt. Mit Ortsteilen Heidelberg, Oberseiffenbach, Steinhübel, Friedenshöhe und Seiffengrund.

Erste urkundliche Erwähnung 1324. Ortsname und Entstehung sind mit dem Zinnbergbau (s. d.) verknüpft; Zinnkörner wurden aus dem Verwitterungsschutt ausgewaschen (»ausgeseift«). Bergbaubeginn um 1400, die Herrschaft Purschenstein hatte hier ein eigenes Bergamt mit Pochwerk und Schmelzhütte. Mitte des 19. Jahrhunderts Erlöschen des Bergbaus. Seit 1488 Glashütte am Hang des Schwartenberges (798 m), der zweithöchsten Erhebung der Seiffener Gegend. Nach dem Dreißigjährigen Krieg Zuzug von Exulanten aus Böhmen. Mit dem Rückgang des Bergbaus entwickelten sich hier Gewerbe der Holzbearbeitung, zunächst hölzerne Haushaltsgegenstände, dann Spielzeug (s. Erzgebirgische Spielzeugmacher). Schon 1699 brachte Johann Friedrich Hiemann »Seiffener Ware« zur Leipziger Messe. Zu Beginn des 19. Jahrhunderts Entwicklung der Reifendreherei (s. d.), charakteristisch für Seiffen sind die vielen über Generationen geführten Handwerksbetriebe mit typisch erzgebirgischen Spielzeugprodukten.

Seiffen ist eine Streusiedlung mit teilweise noch gut erhaltenen, holzverkleideten Spitzgiebelhäusern. Überragt wird der Ortskern durch die am Hang liegende Barockkirche

(1776/79 entstanden). Achteckiger Grundriss mit hohem Zeltdach, Glockentürmchen und Galerie. Im Inneren klassizistischer Kanzelaltar, achtarmiger Glashängeleuchter aus dem 17. Jahrhundert, hergestellt vermutlich in der Glashütte Heidelbach. Nach seinem Vorbild Holzleuchter ähnlicher Form. Rathaus mit Walmdach von 1926.

Sehenswert: Spielzeugmuseum, bed. Sammlung erzgeb. Holzkunst; Freilichtmuseum (Ortsteil Heidelberg), Schauwerkstätten mit Original-Werkstatt Seiffener Reifendreher, Sommerrodelbahn, Sportwelt, mech. Heimatberg.
Touristinformation Seiffen im Haus des Gastes,
Hauptstraße 95, 09548 Seiffen
Tourismusverein Spielzeugdorf Kurort Seiffen e. V.
Hauptstraße 59, 09548 Seiffen
Tel. 03 73 62/1 70 19, Fax 03 73 62/87 99 46
E-Mail: fvv.seiffen@web.de, Internet: www.seiffen.de

Sieber, Siegfried, Lehrer, Heimatforscher und Schriftsteller. Geboren wurde er am 27. März 1885 in Oschatz. Seine Vorbildung erhielt er am Kreuzgymnasium in Dresden. Hier war er zugleich Mitglied des Kreuzchores. Studiert hat er an der Universität Leipzig die Fächer Deutsch, Geschichte und Erdkunde. Er promovierte zum Doktor der Philosophie. 1913 erhielt er an der Oberschule Aue eine Anstellung als Lehrer und blieb hier 34 Jahre lang im Amt. 1919 gründete er die Auer Volkshochschule, später das Heimatmuseum. Ihm gelang es, den Ringwall bei Blauenthal und die Reste der Isenburg bei Hartenstein freizulegen. Bereits während seiner Studienzeit trat er mit Veröffentlichungen hervor. Von seinen Büchern seien genannt: »Das Erzgebirge« (1930), »Die Geschichte des Blaufarbenwerkes Niederpfannenstiel« und »Zur Geschichte des erzgebirgischen Bergbaus« (1954), ferner die beiden Bände über das Spitzenklöppeln im Erzgebirge. Verdienste erwarb sich Dr. Sieber bei der Mitarbeit der wissenschaftlichen Reihe »Werte unserer Heimat«, der er drei Bände beisteuerte. Von ihm stammen Erzählbände und der Roman »Kleine Stadt im Sturm« (1943). Für seine Verdienste um die Heimatforschung im Erzgebirge verlieh ihm die Akademie der Wissenschaften die Leibniz-Medaille und die Stadt Aue die Rechte eines Ehrenbürgers. Im Alter von 92 Jahren starb Dr. Sieber am 18. Juli 1977 in Aue. – An ihn erinnert eine in Aue aufgestellte Statuette.

Siegert, Hans, Lehrer, Schriftsteller. Er wurde am 17. Januar 1868 als Sohn eines Lehrers in Hammerunterwiesenthal geboren. Aufgewachsen ist er bei den Großeltern, einem Försterehepaar in Tellerhäuser. Später kam er nach Dresden und war von 1882 bis 1888 auf dem Lehrerseminar in Annaberg. Seine erste Anstellung als Hilfslehrer hatte er 1888 in Buchholz. Ab 1891 war er Lehrer und später Schuldirektor in Leipzig. 1931 trat er in den Ruhestand und starb am 6. Juni 1941 in Leipzig. Er schrieb in Hochsprache und Mundart Lieder, Gedichte, Erzählungen und Theaterstücke, viele volkskundliche Abhandlungen und einen Roman. Bekannt wurde seine Sammlung »Ernstes und Heiteres aus dem Erzgebirge« (1940), »Rund üme Fichtelbarg« (1937) und sein Schwank »E bieser Traam« (1896).

Silbermann, Gottfried, bedeutender deutscher Orgelbaumeister. Geboren am 14. Januar 1683 in Kleinbobritzsch (Erzgeb.), gestorben am 4. August 1753 in Dresden. Der Vater, Michael Silbermann, war Landwirt und Zimmermann, er heiratete in zweiter Ehe Anna Maria Preußler, die ihm drei Söhne gebar, die späteren Orgelbauer Andreas (geb. 1678) und Gottfried. Geburtshaus in Kleinbobritzsch mit Gedenktafel für die Brüder Silbermann. 1686 zog die Familie nach Frauenstein: In der Hayngasse Gedenktafel mit Hinweis auf Kindheitsjahre Silbermanns in Frauenstein. Bei seinem Bruder Andreas, der in Straßburg als Orgelbauer wirkte, erlernte er das Orgelbauerhandwerk. Gottfried Silbermann kehrte dann in seine erzgebirgische Heimat zurück. 1710 entstand sein erstes eigenes Werk, die Orgel für seine Heimatstadt Frauenstein. Es folgt sein Umzug nach Freiberg, wo er am 8. Oktober 1710 den Vertrag über den Bau einer großen, dreimanualigen Orgel für den Freiberger Dom unterzeichnete. In dem ehemaligen Regimentshaus oder auch »Reitwache« genannt (mit Gedenktafel), hatte Silbermann bis 1751 seine Werkstatt und seinen Wohnsitz. Nach dem Abschluss der Arbeit im Freiberger Dom, ein Werk, das sich einerseits durch technische Perfektion, andererseits eben durch die besonderen Klangformen auszeichnete, die Silbermann für seine Orgelbauwerke schuf, entstanden in den folgenden Jahrzehnten vor allem im sächsischen Raum viele Orgeln, von denen ein Großteil noch heute existiert. So die Orgeln in Rötha, Forchheim, Großhartsmannsdorf, Fraureuth, Burgk (Saale), Dresden (Kath. Hofkirche) u. a. Sein letztes und umfangreichstes Werk war die Orgel für die katholische Hofkirche in Dresden, die Übergabe erlebte Gottfried Silbermann nicht mehr, er verstarb 1753.

Silbermann hat in der Zeit der Hochbarockorgeln eine ganz eigenständige Klangmöglichkeit seiner Werke entwickelt, die schon in die Orgelwerke der Frühromantik hinüberweisen. Im Heimatmuseum Frauenstein im Schloss Gedenkausstellung für den Orgelbaumeister.

Silvester. Von den drei erzgebirgischen Heiligabenden ist der von Silvester der zweite. Als Jahresabschluss und inmitten der Innernächte liegend, hatte er als Lostag besondere Bedeutung. So werden die alten Bräuche heute kaum mehr gelebt, und sie sind Geschichte: Bei Tage werden von der Hausmutter die Speisen vorbereitet, denn pünktlich um 18 Uhr sitzt die Familie am Tisch, bei brennenden Kerzen, um das »Neunerlei« zu essen. Denn wer gesättigt das neue Jahr beginnt, bleibt es fortan. So will es der Volksglaube, und noch mehr. Man isst darüber hinaus Weißkraut, Hering oder Hirsebrei, dann hat man das ganze Jahr über Geld. Äpfel verursachen Schwären. Ein langes Leben ist dem gewiss, der bei der Suppe reichlich zulangt. Sind im Haus alle Töpfe gefüllt, bleiben sie es auch im neuen Jahr. Zieht man ein Kleidungsstück verkehrt herum an, geht es einem das ganze Jahr über verkehrt. Verlöscht das Feuer im Ofen, verlöscht auch künftiger Wohlstand. Wer etwas zerbricht, hat sein Glück zerbrochen. – Gießt man im Verlauf des Abends Blei, muss es durch einen Erbschlüssel erfolgen. Aus den dabei entstandenen Gebilden offenbart sich die Zukunft. Junge Mädchen sagen dazu her: »Ich gieß mei Zinn un Blei. Wos werd sei Handwark sei?« Aus den entstandenen Gebilden versucht man es zu erkennen. – Noch bevor es Mitternacht wird, steckt man sich ein verhärtetes Fischauge in die Geldbörse, dann wird es nie an Geld mangeln. Man muss auf alle Fälle Geld bei sich haben, darf davon aber nichts ausgeben. Wer es zählt, dem läuft es davon. – Mit Raketen und Böllerschüssen vertreibt man böse Geister vor dem neuen Jahr. Man reißt die Fenster auf, damit das alte Jahr hinaus, das neue herein kann. Von einem Stuhl springt man während des Glockenläutens in das neue Jahr.

Soph, Hans, Mundartdichter, Komponist und Sänger. Selbst nannte er sich »Schubert-Hans vun dr Platt«. Er kam am 19. Januar 1869 in Platten (Horni Blatná, Tschechien) als neuntes von zwölf Kindern zur Welt. Sein Vater war Posamentierer und Weißwarenhändler. Der Junge lernte nach seinem Schulbesuch Porzellanmaler in Altrohlau (Stará Role, Tschechien) und Aue. Nach seinem Lehrabschluss zog er durch das Land und arbeitete als Maler in Johanngeorgenstadt, Lobenstein, Hannover, Wien, Bad Lausick, um sich dann endlich 1902 in Zwickau als kunstgewerblicher Maler niederzulassen. Seine ersten Lieder entstanden während seines Wanderlebens. In Zwickau lebte er bis zu seinem Tode am 24. Januar 1954, zuletzt in ärmlichen Verhältnissen. Von ihm gibt es 60 Lieder in erzgebirgischer Mundart. Viele davon erschienen auf Liedpostkarten, die seit 1915 bei einem Zwickauer Verleger herauskamen und zu denen er selbst den Bildschmuck lieferte. Später erschienen in einem Leipziger Verlag Hefte mit Notenmaterial für Singstimme und unterschiedliche Begleitung. Zu Sophs vielgesungenen Liedern zählen »De Balkenharmenie«, »Mei Haamit läßt mich grüßen«, »Dr Rutschwanz« (»Bist de aah schu do . . .«), »De Zipp«. Auch als Maler machte sich Soph einen Namen.

Sosa. Der staatlich anerkannte Erholungsort liegt 20 km südlich von Aue. Die Häuser des Dorfes sind eingebettet in die Talmulde des Sosabaches. Waldbewachsene Höhen umgeben den Ort. Unter ihnen der Hirschknochen (743 m ü. NN), Sonnenberg (731 m ü. NN) und Hirschkopf (698 m ü. NN). Bis zum zweithöchsten Berg Sachsens, dem 1019 m hohen Auersberg, sind es nur wenige Kilometer.

Sosa gründeten acht oberfränkische Bauern um 1200 als Waldhufendorf. Urkundlich erstmals erwähnt wird die Siedlung 1453 als »Sossaw«, mundartlich »de Soose« genannt, was soviel heißt wie »Sasse«. Die Landwirtschaft war wenig ertragreich, deshalb trieben die kleinen Bauern nebenher Waldgewerbe, als man fündig wurde, Bergbau. Der Seifenbetrieb auf Zinn und der Bergbau auf Eisen, Wismut und Kobalt ist seit 1500 nachweisbar. Die Ausbringung war groß genug, dass im 18. Jahrhundert alle männlichen Bewohner im Bergwerk ihre Beschäftigung fanden. Verhüttet wurden die geförderten Erze im nahen Wilden- und Blauenthal.

Als der Bergbau zurückging, zogen die Sosaer Männer als Landreisende mit Arzneiwaren und Klöppelspitzen in die Welt. Andere fanden Arbeit in den nahen Wäldern. Seit der Jahrhundertwende fahren viele auswärts, um einer Beschäftigung nachzugehen. Der Ort selbst hat kaum Industrie.

Köhler an der Talsperre Sosa

Im Höllengrund, vom Ort durch den Hirschknochen getrennt, entstand 1949/50 eine Talsperre zur Versorgung des bevölkerungsreichen Westerzgebirges mit Trinkwasser. – Im Zentrum des Dorfes, entlang der Hauptstraße, gibt es ein Ensemble von Fachwerk- und Umgebindehäusern aus dem 17. und 18. Jahrhundert. Die Kirche wurde 1616/17 erbaut, der Turm 1700. Zum Ort gehört die Jugendherberge »Rote Grube«, etwa 820 m hoch gelegen, auf einer Blöße mitten im Wald.

Die den Ort umgebenden Wälder haben schöne Wanderwege und sind ideal für Skitouren. Am Röthenbach befindet sich eine rekonstruierte Wanderköhlerei und eine Naturkneippanlage. Auf der Höhe, dicht an der Straße nach Jägerhaus, kann man einem Köhler bei der Arbeit zusehen. Jedes Jahr im Sommer findet das »Köhlerfest« statt.
Gemeindeverwaltung Sosa, Hauptstraße 28, 08326 Sosa
Tel. 03 77 52/81 21, Fax 03 77 52/81 22
E-Mail: info@sosa.de, Internet: www.sosa.de

Sosa, Talsperre des Friedens, im Tal der Kleinen Bockau, südlich von Sosa. Die 1949/50 erbaute Trinkwassertalsperre versorgt Städte und Dörfer des westlichen Erzgebirges. Erbaut wurde sie innerhalb von 18 Monaten. Sie liegt 640 m ü. NN und staut 6 Millionen Kubikmeter Wasser auf einer Fläche von 36 Hektar. Breit ist sie 400 Meter, lang 1600 Meter, mit einer Tiefe bis zu 48 Metern. Die 200 Meter lange Sperrmauer gründet 10 Meter tief. Sie ist am Fuß 40 Meter mächtig und hat eine Höhe von 59 Metern. Das Wasser gelangt über ein 40 Kilometer langes Leitungsnetz, in das vier Hochbehälter eingeschlossen sind, zu den Orten des Verbrauchs. In einer Sekunde gibt die Talsperre 170 Liter Trinkwasser ab.

Sosa, Talsperre

Spielzeugmacher, erzgebirgische. Wie so viele andere Volkskünste und Gewerbe hat auch die Spielzeugmacherei im Erzgebirge ihren Zusammenhang zum Bergbau. So entstand mit dem Niedergang des Zinnbergbaus im Seiffener Gebiet zunächst das Drechslerhandwerk. Die umgebenden Wälder boten den Rohstoff Holz, und mit Wasserkraft wurden die ersten Drechselbänke angetrieben. Für 1763 ist das erste »Drehstübchen« in einer Pochwerkstatt in Seiffen belegt, zwei Jahre später gab es schon Drechsler in achtundzwanzig Drehladen. Neben Haushaltsgeräten und Spielzeuginstrumenten für Kinder entstanden auch die für Seiffen typischen Spielzeugminiaturen oder »Männeln«.

Schon um 1800 setzte eine Differenzierung und Spezialisierung in diesem Gewerbe ein. Neben der Reifendreherei (s. d.) entstand Bewegungsspielzeug, die Spanbaumherstellung, im Zentrum aber blieb die volkskünstlerische Ausprägung der Miniaturfiguren. 1843 werden mehr als 800 Familien genannt, die im Bereich der Herrschaft Purschenstein vom Spielzeuggewerbe lebten.

Die Spielzeugmacherei war ein Hausgewerbe: Die Wohnstuben der Spielzeugmacher waren zugleich ihre Werkstätten, und an der Herstellung war die ganze Familie beteiligt. Vertrieben wurde das Spielzeug durch Händler oder Verleger, die die großen Märkte damit belieferten. Neben Seiffen und den umliegenden Dörfern entwickelte sich das Spielzeugmachergewerbe auch in Olbernhau, Marienberg und Grünhainichen. In der Mitte des 19. Jahrhunderts entstanden neben der handwerklichen Produktion in diesem Raum auch Fabriken, die Spielzeug herstellten. Die soziale Situation der Spielzeugmacher war und blieb schwierig. So betrug der wöchentliche Verdienst einer sechsköpfigen Familie, die ca. 6000 Reifentiere herstellte, sieben Mark. Das Erzgebirge galt deshalb bis ins 20. Jahrhundert als eine »Armenstube« Deutschlands.

Neben der immer stärker wachsenden industriellen Spielzeugproduktion im 20. Jahrhundert gab es auch Bestrebungen von Volkskünstlern und Volkskundlern Niveau und Anspruch der Produkte zu vertiefen. Hier sind der Gründer und langjährige Direktor des Museums für Volkskunst in Dresden, Prof. Oskar Seyffert, zu nennen, der Direktor der Seiffener Fachgewerbeschule, Prof. Alwin Seifert, die sich der Wahrung der Tradition im erzgebirgischen Spielzeugmacherhandwerk annahmen. Nach 1945 waren es Prof. Adolf Spamer, Prof. Manfred Bachmann und Prof. Reinhold Langner, die sich der Pflege dieses volkskünstlerischen Bereiches widmeten. Zugleich gab es auch Bemühungen, in die industrielle Produktion von Spielzeug traditionelle

Elemente stärker einzubeziehen. Über Geschichte und Gegenwart des Spielzeugmachergewerbes informiert neben dem Museum für Volkskunst in Dresden vor allem das Spielzeugmuseum und das Freilichtmuseum in Seiffen.

Spitzenklöppelei im Erzgebirge. Die Spitzenklöppelei im Erzgebirge hängt eng mit dessen Bergbaugeschichte zusammen. Mit dem Abflauen des Silberbergbaus in Annaberg und anderen Städten des Gebirges war die Notwendigkeit der Ansiedlung neuer Gewerbe gegeben. So kam auch durch den Austausch von Musterbüchern aus Italien, das als Ursprungsland der Spitzenherstellung angesehen wird, und aus den Niederlanden, wo man seit dem 16. Jahrhundert Klöppelspitzen fertigte, dieses Hausgewerbe nach Annaberg, das zum ersten Zentrum der Klöppelei im Erzgebirge wurde.

Die Verlegerin Barbara Uthmann (s. d.), die fälschlicherweise oft als die Erfinderin des Klöppelns im Erzgebirge bezeichnet wurde, hatte maßgeblichen Anteil an der Verbreitung, zeitweilig soll sie »allein gegen 900 Bortenwirkerinnen geführdert« haben. Von Annaberg aus verbreitete sich das Gewerbe bald über das ganze Gebirge, man schätzt, dass im 16. Jahrhundert ca. 10.000 Frauen, 1743 14.000 und Mitte des 19. Jahrhunderts weit über 50.000 Menschen einen Teil ihres Lebensunterhalts durch die Klöppelei erwarben. Es entstanden Klöppelschulen, 1767 zuerst in Thum, später in mehr als fünfundzwanzig Orten. In Schneeberg wurde mit der Gründung der Königlich-Sächsischen Spitzenklöppel-Musterschule 1878 mit der Ausbildung von Klöppellehrerinnen begonnen.

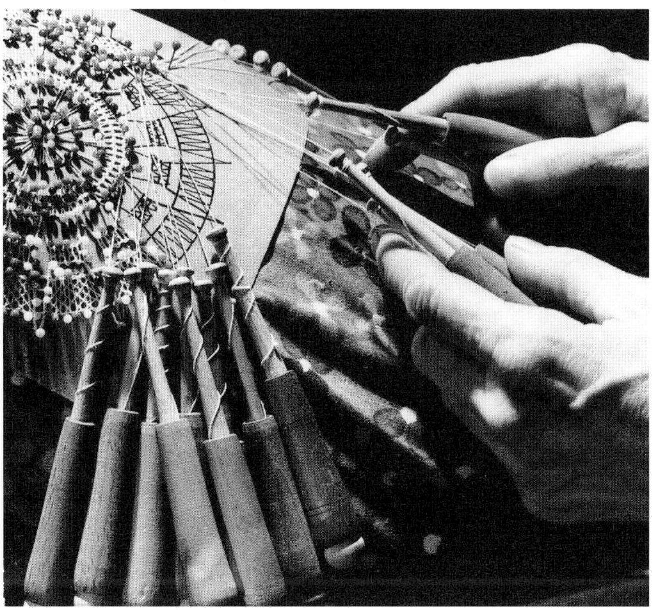

Spitzenklöppeln

Obwohl es zu Beginn des 20. Jahrhunderts nochmals zu einem Aufschwung der Klöppelei durch verstärkte Exporte nach Amerika kam, wurde die Handklöppelspitze durch maschinelle Produkte immer stärker vom Markt verdrängt. Das Klöppeln blieb im Schneeberg-Schwarzenberger Bereich ein Hausgewerbe, aber mehr und mehr wurde es zu einer volkskünstlerischen Freizeitbeschäftigung.

Die Fachschule für angewandte Kunst in Schneeberg fördert in einem besonderen Ausbildungsgang dieses traditionelle Gewerbe. In Schwarzenberg, Schneeberg und Raschau existieren Betriebe, die Handklöppelspitzen vertreiben. Neben der traditionellen Gebrauchsspitze haben sich mittlerweile Formen der Bildklöppelei und andere künstlerische Formen textiler Gestaltung entwickelt.

Scharfenstein, sechs Kilometer südlich von Zschopau in einer Flussschleife der Zschopau gelegen.

Die Gründung des Ortes erfolgte im Zusammenhang mit der Errichtung eines Herrensitzes in der Mitte des 13. Jahrhunderts. Burgbesitzer waren über die Jahrhunderte hinweg die Herren von Waldenburg, später die von Einsiedel. Die Burg steht auf einem 34 Meter hohen Bergsporn am rechten Zschopauufer. Sie wurde 1921 durch einen Brand in weiten Teilen zerstört und von 1921 bis 1923 wieder aufgebaut. Die Gebäude drängen sich ringförmig um einen Bergfried, gemeinsam mit einem kleinen Rundturm sind es die ältesten Teile der Anlage. Die Burg stammt aus der Zeit um 1250. Vermutlich wurde sie um 1500 zum Schloss erweitert. Spätgotische Tür- und Fensterformen blieben erhalten, außerdem der Backsteingiebel von 1533 (erneuert 1922) und das gotische Torhaus.

Im sogenannten »Gänsewinkel« unterhalb der Burg wurde 1762 der Volksheld des Erzgebirges, Karl Stülpner, geboren. Scharfenstein ist auch der Sterbeort Stülpners. Sein Grab findet sich auf dem Friedhof im benachbarten Großolbersdorf. Ein Gedenkstein steht an der Stelle des abgebrochenen Geburtshauses.

Auskünfte: Gemeindeverwaltung Drebach,
Straße der Jugend 2, 09430 Drebach
Tel. 03 73 41/25 03, Fax 03 73 41/71 40
E-Mail: info@gemeinde-drebach.de,
Internet: www.gemeinde-drebach.de

»Sehnsucht nach Licht«, Museum auf der Burg Scharfenstein
Weihnachts- und Spielzeugmuseum des Erzgebirges. Dauer-

ausstellung auf 500 Quadratmetern, einzigartige Sammlung erzgebirgischer Weihnachts- und Spielzeugwaren des in Hamburg wohnenden Johannes Martin. Durch Exponate aus dem Ost- und Westerzgebirge ergibt die Schau einen Überblick über das Kunsthandwerk und die Volkskunst dieses Gebietes. Neben historischen Erzeugnissen der Spielzeugherstellung und des weihnachtlichen Brauchtums werden Objekte des Zinngießens, Posamentierens und Klöppelns gezeigt, Tel. 0 37 25/7 07 20, Fax 0 37 25/70 72 50.

Scheibenberg, Aussichtspunkt, Naturdenkmal. Mit 807,9 m ü. NN ist er einer der drei auffälligen Basaltberge des mittleren Erzgebirges. Bekannt wurde er durch den wissenschaftlichen Streit über seinen Ursprung, ausgelöst durch den Freiberger Forscher Abraham Gottlob Werner. Der Berg ist der Rest einer Basaltdecke, die sich etwa einen Kilometer nordostwärts erstreckt und bis zu 400 Meter breit ist. Die auf einem Glimmerschiefersockel stehenden sechskantigen Säulen am Nordabhang des Berges sind bis zu 3 Meter dick und bis zu 40 Meter hoch, allgemein »Orgelpfeifen« genannt. Seit 1935 steht der Berg unter Naturschutz. Es gibt keinen Gesteinsabbau mehr. Der Berg hat eine Mischwaldflora.

Seit 1891 gibt es auf der Kuppe einen Aussichtsturm, in den letzten Jahren erneuert, von dem aus sich ein herrlicher Rundblick über das mittlere Erzgebirge bietet. Das Berggasthaus besteht seit 1892 und genügt heute modernen Ansprüchen.

Scheibenberg, Stadt am Nordfuß des gleichnamigen Berges in mittlerer Höhenlage bei 650 m ü. NN.

Die Siedlung entstand zwischen 1517 und 1522, zu einer Zeit, als man von Scheibe her Bergbau betrieb. Die Bergleute bauten sich dicht bei den Erzgruben auf einem Hochmoor ihre Hütten. Durch die Herren von Schönburg erhielt der Ort 1530 Stadtrecht. Der Marktplatz, 75 × 75 m quadratisch angelegt, hat je vier Häuser an den Seiten. Von ihm führen rechtwinklig Straßen und Gassen davon und gliedern die Siedlung schachbrettartig auf. Der Bergbau brachte einige Zeit lang gute Erträge, dass sich das Städtchen rasch entwickeln konnte. Zwischen 1522 und 1579 förderten Bergleute 78 Zentner Silbererz. Das ergab für die Schönburger 42.000 Gulden Gewinn. Die hohe Ausbringung machte ein Bergamt erforderlich, das bis 1850 bestand. 1857 schloss die letzte Grube. Die Bevölkerung fand im Nagelschmieden, Klöppeln und Posamentieren, 1617 durch Esajas Weidlich in Scheibenberg eingeführt, neue Erwerbsmöglichkeiten.

Sehenswert ist die alte Apotheke am Markt aus dem Jahre 1743. Der Vierflügelbau mit Binnenhof und Stuckdecken im Inneren wird seit 1825 als Apotheke genutzt. – Das »Mothshäusel«, ein altes Zechenhaus, wahrscheinlich um 1617 erbaut, diente den Bergleuten als Bet- und Wärmstube. – Die Stadtkirche St. Johann stammt aus der Zeit von 1559/71, errichtet an Stelle eines hölzernen Vorgängerbaus von 1522. Von 1754/56 wurde sie barock erneuert, der Turm kam 1774 zur Vollendung. Die Kirche wurde 1827/28 und 1960 restauriert. Sie ist im Inneren durch doppelte Emporen und Betstuben untergliedert. Der Schnitzaltar stammt aus dem Jahre 1500, die Kanzel, von Kaufmann geschaffen, aus dem Jahre 1706, die Taufe aus Sandstein aus dem 16. Jahrhundert, das Kruzifix von Christoph Walter I. aus Dresden nach 1520. – An der Nordostseite der Kirche liegt das Grabmal für den Chronisten Christian Lehmann. – Auf dem alten Friedhof befindet sich der barocke Kuppelbau der Kellermannschen Gruft aus dem Jahre 1626. Gusseiserne Grabplatten aus dem 17. Jahrhundert sind auf dem neuen Friedhof zu sehen. In Scheibenberg lebte der Chronist Christian Lehmann (s. d.).

Fremdenverkehrsverband »Am Scheibenberg« e.V.,
Markt 1, 09487 Schlettau
Tel. 0 37 33/6 51 51, Fax 0 37 33/60 86 04
E-Mail: info@scheibenberg.de,
Internet: www.scheibenberg.de

Scheibenberg, Landschaftsschutzgebiet seit 1962, 395,8 Hektar groß. Es grenzt unmittelbar an die Stadt Scheibenberg. Das Bergmassiv mit seinen einzigartigen Basaltsäulen ist ein Anziehungspunkt für Wanderer und Naturfreunde. Den Bewohnern der Stadt Scheibenberg dient der Berg mit seinem Umfeld als Naherholungsgebiet. In einer Höhenlage von 630–807 m ü. NN herrscht Mittelgebirgsklima.

Der Charakter der Landschaft wird durch den hochaufragenden tafelförmigen Basaltberg geprägt, der sich aus einem verhältnismäßig flachen Gelände erhebt. Der Berg ist der Rest eines Basaltergusses. Der kaum verwitternde Basalt widersetzte sich der Gebirgsabtragung. Durch Steinbrüche wurde der Berg an der Nordwestseite angeschnitten.

Im gesamten Gebiet gibt es als Wasserlauf nur den Heidelbach. Er kommt von dem an der Südspitze des Landschaftsschutzgebietes liegenden Thaut-Teich und entwässert die Moore der Scheibenberger Heide. Wichtiges Naturdenkmal im Schutzgebiet sind die Reste der »Kanzel«, es sind Basaltstümpfe über tertiären Kiesen mit zersetztem Basalt in der Kontaktzone.

Der Aussichtsturm des Berges bietet einen Weitblick, besonders in westliche Richtung. Im Landschaftsschutzgebiet gibt es nur wenige Sportanlagen. Das Gebiet gilt als schneesicher. Es eignet sich vorzüglich zum Wandern und Skilaufen.

Auskunft über das Landschaftsschutzgebiet und Quartiernachweis erteilt die Stadtverwaltung Scheibenberg.

Schein, Johann Hermann, Komponist, Liederdichter und Kantor der Thomaskirche zu Leipzig. Er wurde am 20. Januar 1586 in Grünhain als Sohn eines evangelischen Pfarrers geboren. Nach dem frühen Tod des Vaters siedelte die Mutter mit dem Knaben nach Dresden über. Hier wurde er in die Kurfürstliche Hofkapelle aufgenommen. Ab 1603 besuchte er die Fürstenschule in Pforta. Neben seinem Studium der Rechtswissenschaften an der Universität Leipzig beschäftigte er sich mit Musik. Später wurde er Kapellmeister am Weimarer Hof. 1616 erreichte ihn hier seine Berufung an die Thomaskirche in Leipzig. Er übernahm das Amt des Kantors von seinem Vorgänger Sethus Calvisius. Enge Freundschaft verband ihn mit Schütz, Scheidt und Fleming. Er war ein produktiver und erfolgreicher Komponist und Liederdichter. Im Alter von 44 Jahren starb er am 19. November 1630 in Leipzig. – Unangefochten gilt er bis heute als der Meister des weltlichen mehrstimmigen Chorliedes und als Wegbereiter des instrumental begleiteten Generalbassliedes, der Motette, des »geistlichen Konzertes«, und unterhaltsamer Instrumentalmusik. Von Schein gibt es 79 Choralmelodien und viele weltliche Tonschöpfungen. Zu seinen bekannten Werken zählen die »Waldliederlein« (1612) und das »Gesangbuch der Augsburger Konfession« (1627).

Schellerhau, Ortsteil von Altenberg. Der fünf Kilometer langgestreckte Ort liegt 750 bis 800 m hoch auf einem flachen Höhenrücken, den die Rote Weißeritz und der Pöbelbach begrenzen. Der höchste Punkt mit 804 m ü. NN befindet sich auf der Stephanshöhe. Die weiten Wiesenflächen sind mit Steinrücken durchzogen, bewachsen mit Ebereschen.

Schellerhau entstand in der Zeit der Nachbesiedlung des Erzgebirges als bergmännische Neusiedlung innerhalb der Herrschaft Bärenstein. Angelegt wurde der Ort 1543 als Waldhufendorf durch den Lokator Hans Schelle aus Geising. Er schickte vier Bergleute in das Waldland, die Grubenholz zu schlagen hatten und sich hier ansiedelten. Hohe Zinnerzfunde lockten weitere Bergleute herzu. 1546 wird Schellerhau erstmals im Landessteuerverzeichnis genannt, 1551 gab es 19 Feuerstellen, und 1560 wohnten bereits 37 Personen in der jungen Siedlung. Das neu entstandene Gehau nannte man nach dem Ortsgründer »Schelles-Gehau«. Nachdem der Zinnerzbergbau zurückging und eine Missernte nach der anderen folgte, suchten die Bewohner Arbeit vor allem im Wald. Jedoch trug man sich 1867 mit der Absicht, Schellerhau aufzuforsten und seine Bewohner in der Leipziger Gegend anzusiedeln. Durch die 1874 eröffnete Bahnlinie Hainsberg–Kipsdorf setzte allmählich Fremdenverkehr ein und verbesserte die soziale Lage der Bewohner. – Schellerhaus Dorfkirche, ein Renaissancebau aus dem Jahre 1591, hat wertvolle Decken- und Emporebemalungen und einen Altaraufsatz aus dem ausgehenden 17. Jahrhundert. Der Taufstein stammt aus der Zeit Ende des 16. Jahrhunderts. – 1912 wurde in Schellerhau die erste Skisprungschanze des Osterzgebirges eingeweiht. Der Botanische Garten gilt seit Jahrzehnten als Anziehungspunkt für Naturliebhaber, Schellerhaus thermisches Reizklima macht den Ort zu einem beliebten Ferienaufenthalt.

Fremdenverkehrsbüro Schellerhau,
Hauptstraße 62a, 01773 Altenberg, Ortsteil Schellerhau
Tel. und Fax 03 50 52/6 32 40
E-Mail: fvv@schellerhau.de,
Internet: www.schellerhau.de

Schellerhau, Dorfkirche

Botanischer Garten Schellerhau
Hervorgegangen ist die Anlage aus der 1906 von dem Königlich-Sächsischen Gartenbauinspektor G. A. Poscharsky in Schellerhau angelegten privaten Sammlung, die vorwiegend aus alpinen und schwierig zu kultivierenden Pflanzen bestand. Nachdem nach seinem Tode zunächst die Tharandter Lehranstalt den Garten übernommen hatte, kam er 1926 zum Landesverein Sächsischer Heimatschutz, nach dem Krieg wechselte er mehrfach seinen Träger und gehört heute wieder zum neu gegründeten Landesverein. Der Garten repräsentiert in weitgehend naturnaher Zusammenstellung wildwachsende Pflanzen der europäischen Hoch- und Mittelgebirge, besonders die typischen Vertreter der hier vorkommenden Pflanzengesellschaften.

Schlettau. Stadt im mittleren Erzgebirge, an der Einmündung der Roten Pfütze in die Zschopau gelegen.

Der Ortsname Schlettau kommt wahrscheinlich aus dem mittelhochdeutschen Wort »slade« – Lichtung im Wald. Erste urkundliche Erwähnungen: 1351 Sletyn, 1361 Slatyna, 1432 Slete. Entstanden ist die Ansiedlung als Waldhufendorf am Ende des 13. Jahrhunderts. Zunächst gehörte Schlettau zu Böhmen. Es entstanden eine Wasserburg und eine Befestigungsanlage der Siedlung. Daraus resultiert auch das etwa um 1350 verliehene Stadtrecht. 1351 erhielten zwei Bürger von Schönberg-Glauchau durch Kaiser Karl IV. mit der Burg Hassenstein auch »Slöetyn« als Lehen. 1413 wurde vom böhmischen König Wenzel IV. Schlettau an das Kloster Grünhain verkauft. 1429 wurde die Stadt für 35 Jahre an die Herren von Maltitz verpfändet.

Schlettau, Schloss

Schlettau blieb für lange Zeit ein kleiner Marktort und Handwerkersiedlung. Mit der Einführung der Reformation löste sich Schlettau vom Erzbistum Prag, aber erst 1536 übernahm ein Amtmann das anstelle der Wasserburg entstandene Schloss. Landwirtschaft und Handwerkertätigkeit bestimmten das wirtschaftliche Gesicht der kommenden Jahrhunderte. Das Schloss hat im 19. Jahrhundert durch Umbauten seine ursprüngliche Gestalt verloren. Nur an der Nordwand finden sich spätgotische Fensterrahmungen. Im Inneren blieb der Rittersaal mit Rundbogenportal erhalten. Heute im Schloss u. a. eine Galerie erzgebirgischer Malerei und eine Ausstellung zu Forst und Wild.

Sehenswert die Stadtkirche St. Ulrich mit Kreuzgewölbechor aus dem 15. Jahrhundert – dreischiffige Hallenkirche mit barockem Turmbau von 1723 (Schieferhaube von 1842). Im Inneren Altar von 1668, Kanzel mit Evangelistenfiguren von 1687, zwei zinnerne Bergmannsleuchter von 1721. – Auf dem Schlossplatz Carlowitzsches Haus mit Barockarchitektur und Wappen über dem Portal, davor Postmeilensäule (1954 wieder aufgestellt). – Stein am Weg nach Hermannsdorf (Malteserkreuz), ein anderer Stein an der Straße nach Scheibenberg lässt die Kreuzform deutlich erkennen, hier soll ein schwedischer Offizier aus der Zeit des Dreißigjährigen Krieges begraben sein.
Auskünfte:
Fremdenverkehrsverband »Am Scheibenberg« e. V.,
Markt 1, 09487 Schlettau
Tel. 0 37 33/6 51 51, Fax 0 37 33/60 86 04
E-Mail: info@scheibenberg.de,
Internet: www.scheibenberg.de

Schlema, Kurbad, besteht aus den früheren Gemeinden Ober- und Niederschlema. Der Ort liegt 360–450 m hoch zwischen Schneeberg und Aue und verbindet beide Städte übergangslos. Weite Teile des Ortes ziehen sich entlang dem Schlemabach von seiner Einmündung in die Zwickauer Mulde bis an den Stadtrand von Schneeberg. Südlich von Schlema erhebt sich mit 512 m ü. NN der Brünlasberg, südwestlich mit 593 m Höhe der Gleesberg. Zwischen Aue und Schlema liegt der 491 m hohe Klosterberg.

Älteste Urkunden über Oberschlema stammen aus dem Jahre 1394, da wird die Ansiedlung zu der »Sleme« genannt,

1465 »Obersleme«. Die Bezeichnung kommt vom altsorbischen »sleme«, was soviel heißt wie »abschüssige Berglehne«. Niederschlema taucht erstmals in den Urkunden 1487 als »Nydern Sleme« auf. Beide Orte wurden als Waldhufendörfer im Zusammenhang mit dem Klösterlein Zelle angelegt. Reste davon lassen sich lediglich in Niederschlema erkennen. Im 15. und 16. Jahrhundert wurden aus den Orten Hammerwerkssiedlungen, die Wasserkraft des Schlemabachs nutzend.

Zur Beseitigung des Grubenwassers der Schneeberger Bergwerke entstand ab 1481 der Max-Semmler-Stollen, der in die Zwickauer Mulde mündet – benannt nach einem Leipziger Handelsherrn und Schneeberger Bergwerksunternehmer. Im Verlauf der Zeit wurde er immer länger, Mitte des 19. Jahrhunderts war er 27 km lang. Er gilt als eine technische Meisterleistung des alten Erzbergbaus.

Die erste Kirche entstand 1511 als Filiale von Klösterlein Zelle, ab 1529 Pfarrkirche. Mit dem Rückgang des Bergbaus hielt die Papierherstellung Einzug in den Ort. Ein Blaufarbenwerk begann 1550 seine Tätigkeit. 1875 hatte es 45 Gebäude. Es wurde nach 1945 beseitigt.

1910 entdeckten Wissenschaftler der Freiberger Bergakademie im Schlematal radioaktive Wässer. Das war Anlass dazu, nach dem Vorbild von Joachimsthal in Böhmen, 1911 ein Kurbad zu planen. 1918 entstanden ein Kurhaus, Kurmitteleinrichtungen, Pensionen für die Kurgäste. Mit 2900 Mache-Einheiten im Liter Trinkwasser der Quellen in 100–200 m Tiefe war Oberschlema das stärkste Radiumbad der Welt. Durch den besonders in Schlema betriebenen Uranerzbau wurde das Kurbad 1946 zerstört. Anknüpfend an die Zeit des weltbekannten Radiumbades, entstand in den Neunzigerjahren ein neues Kurzentrum, u. a. mit Gesundheitsbad mit 650 qm Wasserfläche. Sehenswert auch das Besucherbergwerk »Markus Semmler« und ein Museum zur Geschichte des Uranerzbergbaus.
Gästeinfo Bad Schlema,
Richard-Friedrich-Straße 18, 08301 Bad Schlema
Tel. 0 37 72/38 04 50, Fax 0 37 72/38 04 53
E-Mail: info@kurort-schlema.de,
Internet: www.kurort-schlema.de
Kulturhaus »Aktivist« und Traditionsstätte des sächsisch-thüringischen Uranerzbergbaus,
Tel. 0 37 71/2 27 00, Fax 0 37 71/29 02 25

Schmiedeberg. Das langgestreckte Dorf liegt 420 bis 560 m hoch, etwa acht Kilometer südlich von Dippoldiswalde an der Einmündung des Pöbelbaches in die Rote Weißeritz. Der Ort ist völlig von Wald umgeben.

Erstmals wird im Zusammenhang mit der Entwicklung des osterzgebirgischen Bergbaus 1412 eine Ansiedlung erwähnt »in dem nuwin Smedewerk«, 1492 heißt sie dann »Hammer zu Neuschmiedeberg«. In ihm wurde das in Berggießhübel und Schellerhau geförderte Eisenerz verarbeitet. Er gehört zu den ältesten Hammerwerken des Erzgebirges.

Ursprünglich im Bereich der Herrschaft Weesenstein kam der Ort im 16. Jahrhundert als Lehnszubehör der Herrschaft Bärenstein zur bergbaubetreibenden Familie Kölbel. Aus dem mit Abbaurechten auf Zinn ausgestatteten Vorwerk wurde später das Rittergut Schmiedeberg. Der Ort selbst wird 1644 Bergflecken genannt, 1752 Bergstädtlein. Obwohl er seit 1675 Stadtrechte besaß, Bergfreiheit und das Privileg, Jahrmärkte abhalten zu dürfen, erlangte er nie städtische Verfassung. Im 18. Jahrhundert übernahm den Eisenhammer und den Eisenhüttenbetrieb die Altenberger Zwitterstockgewerkschaft. 1880 legte sie das Hammerwerk still. Das Eisenwerk überdauerte bis zur Gegenwart.

Schmiedebergs Kirche entstand von 1713/18, erbaut von Georg Bähr. Sie hat einen Kanzelaltar mit der Orgel darüber. Die Sandstein-Taufe ist eine Schöpfung des Dresdener Hofbildhauers Benjamin Thomae.
Gemeindeverwaltung,
Pöbeltalstraße 1, 01762 Schmiedeberg
Tel. 03 50 52/22 40, Fax 03 50 52/2 24 20
E-Mail: sekretariat@gemeinde-schmiedeberg.de,
Internet: www.schmiedeberg.net

Schmidt, Otto Eduard, geb. 1855 in Reichenbach, gest. 13. Februar 1945 in Dresden. Schmidt, Sohn eines Lehrers, kam als Kreuzschüler nach Dresden und wurde nach Studienjahren Oberlehrer in Dresden, Professor an St. Afra in Meißen und schließlich Rektor in Wurzen und Freiberg. Er war Mitglied des Landesamtes für Denkmalpflege und im Landesverein Sächsischer Heimatschutz. Viele bedeutende Veröffentlichungen zur sächsischen Geschichte, u. a. »Bilderatlas zur sächs. Geschichte« (mit Sponsel 1922), »Sachsenland« (1921), »Die Bergstadt Freiberg« (1926) u. a. Seine bedeutendste Publikation ist das siebenbändige Werk »Kursächsische Streifzüge«, dessen fünfter Band (1922 erstmals erschienen) das Erzgebirge behandelt. Eine Auswahl aus den Streifzügen erschien 1961 in Frankfurt am Main.

Schmidt-Rottluff, Karl, Maler, Graphiker, Mitbegründer der Künstlervereinigung »Die Brücke« (1905). Geboren am 1. Dezember 1884 in Rottluff (heute Stadtteil von Chemnitz), gestorben am 10. August 1976 in Berlin.

Karl Schmidt wurde als Sohn des Rottluffer Mühlenbesitzers geboren. Er besuchte die Schule in Chemnitz, studierte dann an der Technischen Hochschule in Dresden und fand in Erich Heckel und Ludwig Kirchner Kunst- und Gesinnungsfreunde, mit denen er 1905 die Künstlergemeinschaft »Brücke« gründete. Mit ihr verknüpfen sich bedeutende Leistungen des deutschen Expressionismus. 1931 wurde Schmidt-Rottluff, wie er sich nannte, als Lektor an die Kunstakademie nach Berlin berufen. Im Dritten Reich wurden seine Werke aus den Museen entfernt, seit April 1941 hatte er Berufsverbot. Nach der Zerstörung seines Ateliers 1943 kehrte er nach Chemnitz zurück, wo er 1946 zum Ehrenbürger ernannt wurde. 1947 wird er als Professor an die Hochschule für Bildende Kunst Berlin berufen. Seine Hauptwerke befinden sich im »Brücke«-Museum in Berlin-Dahlem, aber auch die Städtischen Kunstsammlungen seiner Vaterstadt Chemnitz verfügen über Graphik und Malerei des Künstlers.

Schneeberg. Der Kern der Stadtanlage liegt auf dem gleichnamigen Schneeberg (470 m), im 19. und 20. Jahrhundert Ausdehnung durch neue Siedlungsteile: Neustädtel, Griesbach, Siedlung des Friedens, Keilbergsiedlung, Griesbacher Hang. Zum Stadtgebiet gehören Gleesberg im Osten (593 m), Keilberg im Norden (557 m), Griesbacher Höhe (578 m).

Große Silbererzfunde führten zur Gründung der Stadt am 6. Februar 1471. Bereits 1474 waren 1200 Bergleute in 232 Zechen im Schneeberger Gebiet tätig. 1481 Berg- und Stadtrecht. 1485 kurfürstliche Unterstellung der Stadt. 1500 Gründung einer eigenen Münze; die aus Silber geprägten Groschen hießen »Schnieber«. Handwerkeransiedlungen führten zu Zunftgründungen im 16. Jahrhundert, Kobaltgewinnung seit dem 17. Jahrhundert. Beim Stadtbrand 1719 wurden fast 400 Häuser vernichtet, Wiederaufbau der Bürgerhäuser am Markt im Hochbarock- und Rokokostil bis 1725, denkmalgeschütztes Ensemble. Mit dem Rückgang des Bergbaus im 19. Jahrhundert wurde Schneeberg zur Schulstadt. 1839 Zusammenschluss von Neustädtel und Schneeberg. Durch Luftangriff im April 1945 Zerstörung der St.-Wolfgangs-Kirche und vieler Wohngebäude. 1946 setzte hier durch den sowjetischen Uran-Bergbau ein erneuter Zuzug von vielen Menschen ein. Schneeberg wurde für das nächste Jahrzehnt zum Zentrum des Uran-Abbaus, dessen Spätwirkungen durch Strahlungsverseuchung von Böden noch nicht zu übersehen sind. In Schneeberg existiert der Fachbereich für angewandte Kunst der Westsächsischen Hochschule Zwickau, in dem auch die traditionellen Volkskünste des Erzgebirges, Holzgestaltung und Klöppeln,

Museum für bergmännische Volkskunst

gelehrt werden. Zu Schneeberg gehört das Erholungsgebiet Filzteich (s. d.).

Sehenswürdigkeiten: St.-Wolfgangs-Kirche. 1516/40 als spätgotische Hallenkirche erbaut, in der Ausdehnung nur von der St.-Annen-Kirche in Annaberg übertroffen. 1945 bis auf die Grundmauern zerstört, Einweihung nach Wiederaufbau 1996. Flügelaltar von Lukas Cranach d. Ä. – Museum für bergmännische Volkskunst im so genannten Bortenreuther-Haus, 1725 von J. Ch. Naumann erbaut, zweigeschossiger Barockbau mit Pilastergliederung und schönem Portal. Interessante Sammlung mit vielen ausgesuchten Exponaten zum erzgebirgischen Volkskunstschaffen, darunter bergmännische Elfenbeinschnitzerei aus dem Anfang des 18. Jahrhunderts, Bergmannstrachten, historische Pyramiden, mehrere große mechanische Weihnachtsberge, Zeugnisse der Schnitzkunst, Klöppelei und Zinngießerei. – Liebfrauenkirche (Ortsteil Neustädtel), einschiffiger spätgotischer Bau, im Inneren Orgel von Ch. W. Trampeli aus

Filzteich bei Schneeberg

dem 18. Jahrhundert – Schneeberg hat eine Sternwarte mit Zeissplanetarium. Am 2. Adventswochenende traditionelles Lichterfest, in der Weihnachtswoche Turmsingen auf dem Turm von St. Wolfgang.
Touristinformation Schneeberg, Markt 1, 08289 Schneeberg
Tel. 0 37 72/1 94 33, Fax 2 23 47
E-Mail: schneeberg.touristinfo@t-online.de,
Internet: www.schneeberg.de

Schnitzen, eine vor allem von Männern geübte traditionelle Technik der Holzbearbeitung, die im Westerzgebirge weit verbreitet ist und hier zu einer landschaftstypischen Volkskunst wurde.

Schon 1809 berichtete Pfarrer Wild von den schnitzenden und bastelnden Bergleuten des Erzgebirges. Während die Holzbearbeitung mit Hilfe der Drechselbank im Osterzgebirge zum Lebenserwerb wurde, blieb sie im Westerzgebirge im Wesentlichen eine Feierabendbeschäftigung. Dabei herrscht bis heute das figürliche Schnitzen vor, beliebt sind Bergmannsdarstellungen und Tiere. Als Werkstoff eignen sich alle Hölzer, bevorzugt wird der leichten Bearbeitung wegen Lindenholz. Als Werkzeuge dienen Beitel oder Eisen und Messer. Die fertigen Figuren werden der Holzmaserung wegen oft nur lasiert oder transparent bemalt. Eine interessante Anwendung findet das figürliche Schnitzen in der Bestückung von Heimat- oder Weihnachtsbergen, Miniaturlandschaften, die oft mit Hilfe eines Mechanismus bewegliche Figuren haben. Bekannte Erzgebirgsschnitzer waren Emil Teubner, Ernst Kaltofen und Rudolf Tümpel. Schnitzwerke von ihnen finden sich in Museen und Galerien.

Schnorr, Veit Hans d. Ä., einer der frühen Wirtschaftspioniere des Erzgebirges. Geboren wurde er 1614 in Wiesenburg bei Zwickau. Am 10. Februar 1635 begann er einundzwanzigjährig in Niederpfannenstiel bei Aue auf dem Boden eines vom Krieg verwüsteten Waffenhammers ein Blaufarbenwerk einzurichten, um das in der Nähe gewonnene Kobalterz zu verwerten. Es wurde bald ein für das Erzgebirge bedeutsames Wirtschaftsunternehmen. Danach kaufte er den abgewirtschafteten Auerhammer und entwickelte daraus ein wichtiges Eisenwerk. Als er 1648 auf dem Weg zur Leipziger Messe ist, wird er unterwegs von einer räuberischen Soldatenhorde überfallen und über Polen nach Russland verschleppt und hier an den Zaren verkauft. Der erkennt die Fähigkeiten seines Gefangenen und schickt ihn zur Beaufsichtigung seiner Bergwerke in den Ural. Nach 16 Jahren, beim Einfall der Tataren, kann er sich befreien und der Gefangenschaft entfliehen. Von Wien aus gab er eine erste Nachricht seit seinem Verschwinden, starb aber, noch bevor er die Heimat erreichte.

Schnorr von Carolsfeld, Veit Hans, einer der frühen erzgebirgischen Montanunternehmer und Wirtschaftspioniere. Geboren wurde er am 18. März 1644 in Schneeberg als Sohn des Veit Hans Schnorr d. Ä. Er führte das

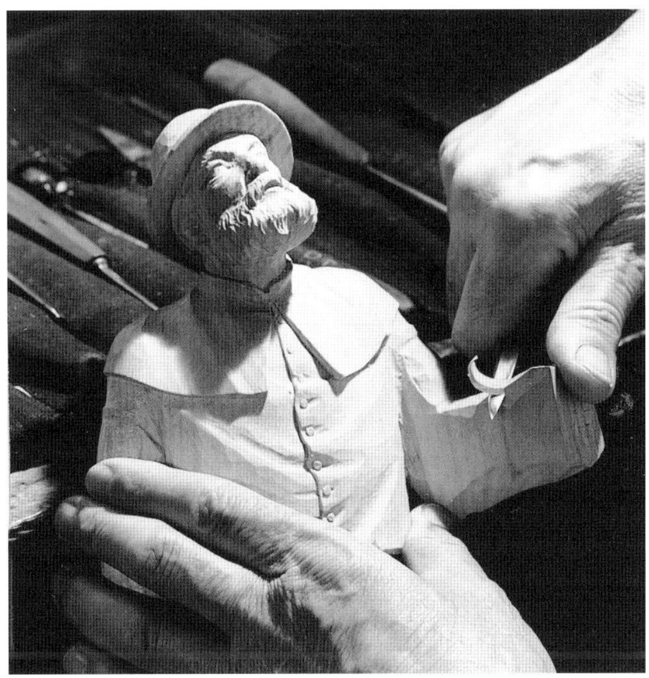

Schnitzen

Werk seines Vaters fort und trug wesentlich zur Entwicklung des erzgebirgischen Berg- und Hüttenwesens bei. In Neidhardtsthal und Auerhammer baute er die Hammerwerke weiter aus, in Ellefeld das Messingwerk. Das Zainen, eine Verfahrensweise, die er in Lüttich kennengelernt hatte, führte er in die erzgebirgischen Hammerwerke ein. In der Nähe des Auersberges gründete er die Gemeinde Carlsfeld. Dafür erhielt er vom Kaiser in Wien den Adelstitel. Von da an durfte er sich »Schnorr von Carolsfeld« nennen. In diesem Ort ließ er als Kirche einen Zentralbau errichten. Sie ist bis heute erhalten und steht unter Denkmalschutz. 1670 verheiratete er sich mit Susanne Röhling, der Tochter des Schwarzenberger Stadtrichters und Hammerherrn von Erla, Friedrich Röhling. Er war der Vorfahr einer bekannten erzgebirgischen Künstlerfamilie. In Aue ließ er die Weißerdenzeche »St. Andreas« erschließen. Von hier ging 150 Jahre lang die Kaolinerde zur Porzellanherstellung nach Meißen. Durch sein Wirken entwickelte sich das Blaufarbenwerk Niederpfannenstiel zu einem angesehenen Industrieunternehmen und Hauptlieferanten von Kobaltblau. Schnorr war Stadtrichter von Schneeberg. Dort starb er am 26. Januar 1715.

Schönfels, Gemeinde, ca. zehn Kilometer südwestlich von Zwickau gelegen. Auf einem Diabastuff-Kegel erhebt sich die Burg Schönfels, die Nordbastion des Vogtlandes. Die Häuser des Ortes sind bis an die Burgmauer vorgerückt.

Zwischen 924 und 933 wurde Heinrich I. dazu gezwungen, befestigte Orte, »urbs« geheißen, anzulegen. Einer davon könnte auf dem Schönfelser Burgberg gelegen haben. Die eigentliche Burg soll im Zuge der Kolonisation um 1180 als Schutz- und Wegewarte unter dem Staufenkaiser Friedrich Barbarossa angelegt worden sein. Das entstehende Haus schirmte die Umgebung ab und sicherte die aus Bayern und Böhmen durch das Vogtland nach Norden führende Heer- und Handelsstraße. Die Burgherren, aus der Familie Mosen stammend, nannten sich nachfolgend Schönfels. In einer Urkunde des Bischofs Engelhard von Naumburg wird sie 1225 als »schonivels« erstmals erwähnt. Bis 1398 waren die Oberherren der Burg die Vögte von Weida. Als Heinrich Reuß zu Greiz erbenlos starb, fiel die Landesherrschaft an die Markgrafschaft Meißen. Im Geschichtsverlauf wechselten häufig die Besitzer, unter ihnen war auch das Geschlecht derer von Weißenbach. 1548 zerfiel der Besitz in einen »Schlossteil« und einen Teil »sörbergs ufm Schaafhoff«, Neuschönfels. Später ging die Burg in die Hände derer von Milkau über, ihnen folgten die von Carlowitz, Bärenstein, Grosse und Dieskau, und ab 1770 bis 1945 gehörte Altschönfels zur Familienstiftung derer von Römer. Nach dem Zweiten Weltkrieg war die Burg von 22 Familien bewohnt, seit 1975 ist Altschönfels als Museum öffentlich zugängig.

Gemeinde Lichtentanne,
Hauptstraße 69, 08115 Lichtentanne
Tel. 03 75/5 69 70, Fax 5 67 91 00
E-Mail: pressestelle@gemeinde-lichtentanne.de,
Internet: www.gemeinde-lichtentanne.de

Schönfels, Burgmuseum
Fast kreisrund, macht die Anlage einen fremdartigen, jedoch durch seinen Wehrgang einen trutzigen Eindruck. Vor den Ringmauern sind die Reste von Gräben zu erkennen, an der West- und Ostseite teilweise in Fels gehauen. Die zwingerartige Vorburg und der Wirtschaftshof sind dem inneren Hof mit den Wohngebäuden und dem 25 Meter hohen Bergfried vorgelagert. Kunstgeschichtlich wertvoll ist die originalgetreu restaurierte Burgkemenate und die aus der Zeit zwischen 1470 und 1580 stammende Burgkapelle. – Vom Burgturm gibt es einen schönen Rundblick. Häufige Sonderausstellungen in den Burgräumen.
Tel. 03 76 00/23 27
Internet: www.burg-schoenfels.de

Schönheide, mit den Ortsteilen Neuheide, Wiltzschhaus und Schönheiderhammer. Das große Industriedorf liegt durchschnittlich 600 m hoch, 20 Kilometer südwestlich von Aue, eingebettet in einem tiefeingesägten Seitental der Zwickauer Mulde. Schönheide ist Sachsens größte Landgemeinde. Innerhalb der sieben Kilometer langen Siedlung gibt es 160 m Höhenunterschied. Umgeben wird der Ort von bewaldeten Erhebungen. Unter ihnen der Untere Keilberg (687 m), Obere Keilberg (691 m), Laubberg (767 m) und Otilienstein (688 m). Bis zum 795 m hohen Kuhberg bei Stützengrün, der nordwestlich des Ortes liegt, sind es wenige Kilometer. Schönheide gilt als Hauptort der erzgebirgischen Bürsten- und Pinselerzeugung.

Gegründet wurde die Siedlung in der ersten Hälfte des 16. Jahrhunderts als zweiseitiges Reihendorf. 1537 soll ein Urban Männel das erste Haus in der Heide gebaut haben, dem zwölf Jahre später weitere Anwesen folgten. Die älteste Schreibweise des Ortes ist »Schöheyde« oder »Schenheite«. 1563 sind 20 Hofstätten nachweisbar. Die Bewohner arbeiten im Wald, betreiben Landwirtschaft und, als man fündig wurde, Bergbau. Da jedoch die Grundherren kein Interesse dafür zeigten, liefen viele Bergleute davon, um anderwärts zu arbeiten. Gegen 1820 begann man in Schönheide die ersten Bürsten aus heimischen Rohstoffen herzustellen. Im Ortsteil

Ascherwinkel gründeten 1823 Arbeiter die erste Bürstenfabrik auf Gegenseitigkeit. Ihr folgten neue Fabriken, viele von ihnen blieben Kleinbetriebe, und auch die Hausindustrie entwickelte sich.

Die Kirche des Ortes stammt aus dem Jahre 1773. Sie wurde errichtet, nachdem der ursprüngliche Kirchenbau von 1596 eingestürzt war. Mehrfach verändert, erhielt sie ihr heutiges Aussehen durch den großen Umbau im Jahre 1902/03. Der stattliche Bau hat ein steiles Schieferdach und einen Westturm. Im Ort gibt es mehrere beachtenswerte Umgebindehäuser.

Der Ortsteil Neuheide entstand 1651. Johann Heinrich Günther, späterer Oberförster in Schönheide, baute mitten im Wald ein Anwesen, ein »Viehhäusel«. Als er weitere Gebäude hinzufügte, erteilte ihm der Kurfürst 1678 die niedere Gerichtsbarkeit über das »ansässige Freigut«. Seit 1752 ist der Name »Neuheyde« im Gebrauch.

Ostwärts von der Hauptsiedlung liegt der Ortsteil Schönheiderhammer im Tal der Zwickauer Mulde. Hervorgegangen ist er aus einem Hammerwerk, das Georg Blöde 1566 erbaute. Der Ortsteil Wiltzschhaus ist einige Kilometer südlich abgelegen von der Hauptsiedlung. Erbaut wurde er an der Stelle, an der die Wiltzsch in die Zwickauer Mulde einmündet. Schönheide gilt als letzter Ort des Erzgebirges, die Nachbargemeinden Schnarrtanne und Rautenkranz werden bereits zum Vogtland gerechnet. Der Ort verfügt über eine Kunsteisbahn, Schlittschuhausleihe, gute Ski- und Rodelmöglichkeiten und eine Ortspyramide. Fahrten mit der Museumseisenbahn sind möglich und gelten als touristische Attraktion.
Fremdenverkehrsamt Schönheide,
Hauptstr. 43, 08304 Schönheide
Tel. 03 77 55/51 62 30
E-Mail: rathaus@gemeinde-schoenheide.de,
Internet: www.gemeinde-schoenheide.de
Bürsten- und Heimatmuseum
Die Schau vermittelt dem Besucher einen Einblick in die Geschichte und Produktion der heimischen Bürsten- und Pinselmacherei, sie vermittelt einen Überblick über die Ortsgeschichte und die Geschichte der nächsten Umgebung,
Tel. 03 77 55/20 02 oder 20 04.
Museumsbahn Schönheide – Carlsfeld e. V.,
Tel. 03 77 55/43 03

Schramm, Arthur, Erzgeb. Original, geboren 30. Mai 1895 in Annaberg, gestorben am 19. Mai 1994 ebenda. Handlungsgehilfe, »Erfinder«, vor allem aber durch etliche Sprüche und andere »Dichtwerke« weit über das Erzgebirge hinaus bekannt geworden. Ob die Verse, die man ihm zuschreibt, auch tatsächlich von ihm stammen oder ob er nicht immer wieder »Nachdichter« fand, darüber wird gestritten. Aber »Griene Kließ und Schwammebrieh/ O Arzgebierg, wie bist du schie!«, »Der Kumpel aus dem Stollen kriecht:/Glick auf, der Sozialismus siecht« und ähnliche Produktionen zeugen von dem unfreiwilligen, aber unvergesslichen Humor dieses Erzgebirglers.

Arthur Schramm

Literatur: Mario Kaden. Arthur Schramm: s' kleene Getuh. Sein Leben und sein Dichten. Altis Verlag.

Schreyer, Max August, Forstmann, Schöpfer von Dichtungen in erzgebirgischer Mundart und Hochsprache. Geboren wurde er am 7. September 1845 in Johanngeorgenstadt. Hier war sein Vater Bergassessor. Er besuchte die Realschule in Annaberg und Chemnitz. Ab 1866 studierte er Forstwissenschaften an der Akademie in Tharandt. Erste Anstellung 1873 als Förster in Zittau und Golk. Später wirkte er als Oberförster in Grünhain. Ab 1893 nahm er eine Stellung in Großpöhla (heute Pöhla) ein. Hier wurde er Forstmeister und Oberforstrat. 1919 trat er in den Ruhestand. Am 27. Juli 1922 starb er in Pulsnitz. Er schrieb in Mundart Lieder, Gedichte, Erzählungen und den Schwank »Dr Hammerlieb«, in Hochsprache ein Schauspiel. Zu seinen bekanntesten Gedichten gehören das 1893 geschriebene »De Schwamme« (»Dos is emol e Schwammegahr . . .«) und die Zustrophen zum »Heiligobndlied«. Bekannt wurde er durch sein Lied »Dr Vugelbeerbaam«, das inzwischen zum Bestand der deutschen Volkslieder gehört.

Schulanfang. In keiner anderen Gegend Deutschlands wird der Schulbeginn aufwendiger betrieben als im Erzgebirge. Der Schulanfang ist ein Familienfest, das sich neben Kindtaufe oder Hochzeit stellen kann. Paten und Gäste kommen des Anlasses wegen selbst von weit her. Da die Wohnung der vielen Gäste und des umfangreichen Essens wegen nicht ausreicht, verlegt man die Feier in eine Gaststätte. Die bereits am Morgen eintreffenden Gäste bringen dem Schulneuling Geschenke mit, wichtigstes: die Schultasche und eine Uhr. Eltern und Paten begleiten den Abc-Schützen auf dem ersten Schulweg. Seit Ende des 19. Jahrhunderts ist es üblich, dass der Lehrer seinen neuen Schülern eine große Zuckertüte, auch »Schulanfangstüte« genannt, übergibt. Es ist üblich, diese Tüten an einen Baum zu hängen, an den »Zuckertütenbaum«, um sie dann für die Schüler wie reife Äpfel zu pflücken. Heimlich hatten sie die Eltern vorher ins Schulhaus gebracht. Sie sollen den ABC-Schützen den Schulalltag versüßen helfen. Buchstabensuppe, die man dem Kind verabreicht, soll seinen Verstand kräftigen, auch der Schlag mit der »Lebensrute«, einem immergrünen Zweig, soll ähnliche Wirkung haben.

Schumann, Robert, bedeutender Komponist und Musikschriftsteller des 19. Jahrhunderts. Geboren am 8. Juni 1810 in Zwickau, gestorben am 29. Juli 1856 in Endenich bei Bonn. Der Vater, Friedrich August Gottlob Schumann, betrieb gemeinsam mit seinem Bruder Friedrich seit 1807 in Zwickau eine Verlagsbuchhandlung. Neben Zeitungs- und Zeitschriftenpublikationen wurde hier das achtzehnbändige »Staats-, Post- und Zeitungslexikon von Sachsen« herausgegeben, die erste umfassende Darstellung sächsischer Topographie und Geschichte. Auch Klassiker der Weltliteratur gehörten zum Verlagsprofil.

Das Geburtshaus von Robert Schumann liegt am Markt, es wurde 1956 in ein Museum umgestaltet. In der Burgstraße 2, Ecke Marktgässchen, stand das sogenannte »Jugendhaus«, in das der Vater seine Verlagsbuchhandlung 1817 verlegt hatte. Es wurde durch Kriegseinwirkungen völlig zerstört.

In den Briefen Schumanns finden sich viele Erinnerungen an seine Heimatstadt und die erzgebirgische Landschaft. Schon während seiner Gymnasialzeit von 1820 bis 1828 zeigten sich seine musikalischen und literarischen Neigungen. Seine Wanderungen in die Bauerndörfer der Umgebung wie auch zu Verwandten nach Schneeberg entwickelten seinen Sinn für Volksmusik und Volksdichtung. Nach dem Abitur unternimmt er eine Reise nach Leipzig, Bayreuth und München. Beginn eines Jurastudiums, aber schon 1830 entstehen die ersten Kompositionen. Schon 1826 ist der Vater gestorben, 1836 stirbt die Mutter. 1841 Uraufführung der 1. Sinfonie im Gewandhaus in Leipzig. Verbindung mit Clara Wieck, der Tochter des Leipziger Musikpädagogen und Klavierhändlers Friedrich Wieck. Schumann schuf in den folgenden Jahren bis zu seiner Erkrankung 1854 sein umfangreiches, originelles musikalisches Werk, dessen herausragende Leistungen in der Klaviermusik und im Liedschaffen zu finden sind. Franz Liszt über ihn: »Als Mensch fühlte er den Drang, Schriftstellertum und Musik zu verbinden – als Musiker das Bedürfnis, die Geschichte der Musik mit denen der Poesie und Literatur in immer engere Verbindungen zu bringen.«

An Schumann erinnert in Zwickau das Robert-Schumann-Haus mit einer umfassenden Ausstellung zu Leben und Schaffen des Komponisten. Im Musiksaal des Schumann-Hauses finden Konzerte statt, hier ist auch der Sitz der Robert-Schumann-Gesellschaft. In Zwickau auch internationale Robert-Schumann-Wettbewerbe für Klavier und Gesang, die Stadt vergibt für Musiker und Musikwissenschaftler den Robert-Schumann-Preis.

Schwarzenberg, Stadt am Zusammenfluss von Schwarzwasser, Pöhlwasser, Schwarzbach und Oswaldbach, die ein breites Tal ausgearbeitet haben, in dem sich die Industrie der Stadt ansiedelte. Die Schwarzwasserschleife, die den Felssporn umfließt, auf dem die Altstadt und das Ensemble von Schloss und Kirche liegen, gilt als eines der tiefsten Einschnitte des Westerzgebirges. In der Altstadt gibt es nahezu keine Industrie. Ihr Zentrum steht des städtebaulichen Wertes wegen unter Denkmalschutz. Schwarzenberg liegt zwischen 428 und 650 m hoch. Gemäß ihrer Lage und ihres Stadtbildes wegen wird die Stadt »Perle des Erzgebirges« genannt.

Burg und Siedlung entstanden in gegenseitiger Abhängigkeit um 1150. Die Burg, notwendig geworden zum Schutz des Schwarzwasser-Überganges, eines alten Handelsweges nach Böhmen, postiert sich auf einem steil abfallenden Felssporn. Auf dem Felsplateau siedelten sich Ackerbürger und Handwerker an. »Swartzenberg« wird in den Urkunden erstmals 1282 erwähnt. Die Bezeichnung weist auf einen dunklen, bewaldeten Höhenzug hin.

Als die Elsterberg-Lobedaer 1334 in Schwarzenberg die Lehnsträgerschaft übernahmen, war aus der Burg ein Herrensitz geworden. Danach besaß sie Otto von Leisnig. Als dessen Geschlecht in Schulden geriet, gingen Burg, Herrschaft und Stadt in die Hände derer von Tettau über. Die wiederum verkauften den Besitz 1533 dem sächsischen Kurfürsten. Der ließ die Burg 1558 von Wolf von Schönberg zu einem Jagdschloss umbauen. Fachwerkhäuser wurden durch steinerne ersetzt. Die Jahreszahl über dem Torbogen des Schlosses weist darauf hin. Beim Stadtbrand von 1709 wurde auch das Schloss eingeäschert, aber danach wieder aufgebaut. Dabei bekam es im Wesentlichen das heutige Aussehen.

Schwarzenberg, Schloss

Die Zwiebelhaube, die der Bergfried bekam, wurde 1852 durch das Kegeldach ersetzt. Weitere Umbauten erfolgten am Nordflügel um 1870. Heute sind im Schloss untergebracht das Museum »Erzgebirgisches Eisen und Zinn«, das Kreisgericht und einige andere Einrichtungen.

Über die Jahrhunderte hinweg war die Stadt vor allem von Ackerbürgern bewohnt. Da aber immer mehr Verwaltungen und Ämter in die Stadt kamen, wurde sie zum Wohnort für Beamte und Bedienstete. Der um die Stadt herum betriebene Bergbau machte sie zum Mittelpunkt eines Bergwerksbezirkes. Durch den Bau von Eisenbahnen konnte sich vor allem um die Jahrhundertwende eine vielseitige Industrie ansiedeln.

Schwarzenberg ging in die Nachkriegsgeschichte ein, weil es vom 8. Mai bis 21. Juni 1945 Niemandsland war. Das Gebiet wurde bis zum Einmarsch der Roten Armee von einer provisorischen Volksregierung geleitet. Literarische Darstellungen u. a. in Stefan Heym »Schwarzenberg« und Volker Braun »Das unbesetzte Gebiet«. Von 1946 bis 1956 gab es in der Stadtnähe Bergbau auf Uranpechblende.

Schwarzenberg hat im 13. Jahrhundert seine Stadtrechte erworben. Die mittelalterliche Siedlung hatte eine 15 Ellen hohe und 3 Meter dicke Stadtmauer mit zwei Toren, dem oberen und niederen. Nach Erstürmung durch die Hussiten musste die Stadtmauer bis auf den Rasen geschleift werden. Die erhalten gebliebenen Tore wurden im 19. Jahrhundert abgetragen.

Ursprünglich standen Schwarzenbergs Kirche, Schule, das Pfarr- und Brauhaus an der Nordwestecke des Felsendreiecks. Nach dem Stadtbrand baute man die längst zu klein gewordene Kirche hier nicht wieder auf. Der kleine Platz am Niederen Tor, auf dem eine Eiche wächst, erinnert an den alten Friedhof, der die Kirche umgab. 1690 legte man den Grundstein einer neuen Kirche, direkt neben dem Schloss. Nach neunjähriger Bauzeit konnte die heutige Sankt-Georgen-Kirche 1699 eingeweiht werden.

Die einschiffige Hallenkirche ist ohne jeden Strebepfeiler. Eine flache Kehlbalkendecke, verbunden mit dem darüberliegenden Dachstuhl, ruht auf den Grundmauern. Die Fläche ist 18 Meter breit und 34 Meter lang. Sie ist dem Barock gemäß plastisch reich verziert. Auffallend sind zwei Engelsfiguren. Die Emporen sind wie Schwalbennester um das Kirchenschiff herum angebracht.

Unterhalb der Altstadt, am Schwarzwasser, liegt die Vorstadt, der frühere Topfmarkt. Durch die Wassernähe gab es hier Mühlen, Gerbereien, Färbereien, Schmelzen und Hämmer. Unter ihnen war auch der Kugelhammer, ein behäbiges Gebäude, 1989 restauriert. Hier wurden einstmals Stückkugeln für die sächsischen Truppen gefertigt. In diesem Haus kam die Sopranistin Elisabeth Rethberg (1894–1976) (s. d.) zur Welt. Am Haus ist eine Gedenktafel angebracht. Südostwärts der Oberstadt liegt die seit 1847 bestehende Parkanlage »Ottenstein«. Der Sage nach soll Kaiser Otto auf einem Kriegszug hier gerastet haben. Als er vor sich den heutigen Schlossfelsen sah, habe er ausgerufen: »Auf diesem schwarzen Berg lasst mich ein festes Haus errichten!« 1863 gründete der Stadtrat Bauer am Fuße des Parks das »Bad Ottenstein«. Hier nahm man Luft- und Badekuren.

Im Felsgelände rings um Schloss und Kirche, hier vor allem, wächst Schwarzenbergs botanische Rarität, das »Schwarzenberger Edelweiß«, auch Spanische Wucherblume genannt (Chrysanthemum partheniifolium). Dem Aussehen nach ist die Pflanze leicht zu verwechseln mit der Kamille. Oft hat ein Stock mehr als hundert weiße Blütensterne. Sie zeigen sich von Juli bis September. Wahrscheinlich wurde ihr Samen mit spanischer Korkrinde eingeschleppt.

Hinter dem Schwarzwasser steigt kulissenartig 30 Meter hoch der Totenstein empor, Schwarzenbergs weitere Parkanlage, mit einzelnen Felsgruppen und Kanzeln, die schöne

Blicke auf die Stadt zulassen. Der Sage nach soll vor Zeiten hier ein Lindwurm gehaust haben, den Ritter Georg erlegte, aber dabei selbst den Tod fand, indem er mit seinem Ross über den Felsabhang sprengte und im Gestein des Schwarzwassers zerschellte. Das Bildnis des Ritters ist Schwarzenbergs Wappensymbol. Die Kirche ist nach ihm benannt.

Eine weitere Parkanlage befindet sich am Rockelmann mit einer Freilichtbühne und der Feierstätte. Sie ist 102 Meter breit, in der Waagrechte 130 Meter tief, über 174 Stufen erreicht man eine Höhe von 30 Metern. Die Anlage fasst 20.000 Zuschauer.

Im Wohngebiet Sachsenfeld gibt es ein Schlösschen. Sein ältester Teil ist der aus dem 16. Jahrhundert stammende Treppenturm. Ein stark verwittertes Portal am Wohnbau trägt die Jahreszahl 1593. Das Wohngebiet Neuwelt liegt an der B 101 in Richtung Aue, Wildenau, ebenfalls an der B 101, befindet sich südostwärts der Stadt. Neubaugebiete hat Schwarzenberg auf den Höhen im Westen und am Krähenhübel im Nordosten, nach Beierfeld zu.

Schwarzenberg verfügt über die älteste und schönste Ortspyramide des Erzgebirges. Sie ist 1935 entstanden, sieben Meter hoch, hat ein Glockenspiel und ist mit Figuren des Schnitzers Lang bestückt, die Weihnachtsgeschichte, Bergleute und Engel darstellend. Sie ist in der Nähe des unteren Tores aufgestellt. Eine weitere Ortspyramide steht im Wohngebiet Neuwelt. Im Weichbild der Stadt stehen sechs Großschwibbogen. Die Pyramiden werden in der Weihnachtszeit betrieben, die Schwibbogen beleuchtet.

In Schwarzenberg lebte eine Zeitlang Amalie von Elterlein (1784–1865), der man das erzgebirgische Heiligabendlied (s. d.) zuschreibt. Eine Gedenktafel befindet sich an ihrem Sterbehaus in der Oberen Schlossstraße. Der erzgebirgische Mundartdichter Curt Rambach (1871–1930) wirkte hier. Schwarzenberg war die Wirkungsstätte des Geschichtswissenschaftlers Walter Fröbe (1889–1946) (s. d.), der sich um das Westerzgebirge Verdienste erwarb.

Täglich viermal erklingt von einem kleinen Turm in der Altstadt ein Meißner Porzellanglockenspiel. Die Aussichtspunkte auf dem Galgen- und dem Becherberg gestatten einen schönen Weitblick. In Ferienkursen können Interessenten das Klöppeln erlernen. In den Spätsommertagen finden in der Stadt und auf der Waldbühne die »Bergmännischen Musiktage« mit internationaler Beteiligung statt. Während der Weihnachtszeit ist am Fuße des Totensteins ein großer Weihnachtsberg aufgebaut. Weithin bekannt sind die in der St.-Georgen-Kirche stattfindenden Konzerte. Jedes Jahr zwischen dem 2. und 3. Advent findet der Schwarzenberger Weihnachtsmarkt statt mit einem Bergaufzug am Sonnabend vor dem 3. Advent.

Touristinformation Schwarzenberg,
Oberes Tor 5, 08340 Schwarzenberg
Tel. und Fax 0 37 74/2 25 40
E-Mail: stadtverwaltung@schwarzenberg.de,
Internet: www.schwarzenberg.de

Erzgebirgisches Zinn und Eisen, Museum im Schloss
Die Ausstellung gibt wesentliche Einblicke in den erzgebirgischen Bergbau im Allgemeinen, die Eisenlagerstätten, Eisen- und Metallverhüttung und -weiterverarbeitung, ferner in die Schloss- und Stadtgeschichte von Schwarzenberg. Eine Sammlung von Eisen- und Zinngeräten wird gezeigt und speziell erzgebirgische Handklöppelspitzen. In Modellen sind Zinngießer-, Klempnerwerkstatt und Löffelschmiede zu sehen. Das Museum verfügt über interessante Beispiele erzgebirgischer Schnitz- und Bastelkunst wie Krippen, Heimat- und Weihnachtsberge, Pyramiden, Lichtträger, Baumschmuck, Holz- und Blechspielwaren.
Tel. 0 37 74/2 33 89.

Eisenbahnmuseum Schwarzenberg, Tel. 0 37 74/2 32 12

Schwibbogen, Lichterbogen der erzgebirgischen Weihnacht. Erste Schwibbogen als eiserne Leuchter aus dem Jahre 1726 bekannt. Entstanden wohl in der alten Bergstadt Johanngeorgenstadt. Der Ursprung liegt in der bergmännischen Tradition. Der Lichterbogen wird als Form des Stollenmundloches gedeutet, aber auch von den Grubenlampen herkommend, die die Bergleute früher halbkreisförmig bei der Mettenschicht (s. d.) an die Wand hingen. Erst im 20. Jahrhundert massenhafte Herstellung der Schwibbogen, vorher nur wertvolle Einzelstücke. Hauptmotiv aus dem Werbesignet einer Erzgebirgsschau in den Dreißigerjahren des 20. Jahrhunderts: Schnitzer und Klöpplerinnen samt Bergleuten, die ein Wappen tragen, zuerst aus Schwarzblech geschnitten, später auch aus Holz. In Seiffen transparente Bildseite mit Beleuchtung, seither viele Varianten der Gestaltung. Heute auch Schwibbogen im Freien, wie die Ortspyramiden (s. Pyramiden). Curt Teller und Karl Adler haben für Johanngeorgenstadt einen Bogen geschaffen, der eine Spannweite von sechs Metern hat. Ähnliche Stücke auch in Aue, Schneeberg und Schwarzenberg.

Steigerlied, Aus dem Weckruf der Schneeberger Bergleute »Stieh auf! Stieh auf!« oder »Wach auf! Wach auf!« wurde das über ganz Europa verbreitete Bergmannslied »Glückauf, der Steiger kommt«.

Das älteste Zeugnis stammt aus dem Jahre 1678. Da wurde das Lied anlässlich eines Fürstenbesuches auf dem Schneeberger Marktplatz von Bergleuten mit brennenden Grubenblenden gesungen. 1680 erwähnte es der Scheibenberger Chronist Christian Lehmann. Im »Neu-vermehrten vollständigen Berg-Lieder-Büchlein . . .«, das zwischen 1700 und 1710 erschien, findet sich das Lied erstmals gedruckt. Dort heißt der Text: »Wach auf, der Steyger kömmt . . .« Von diesem Lied gibt es in der Zwischenzeit mehr als ein Dutzend Fassungen. Es ist nahezu in allen deutschen Volksliedsammlungen zu finden.

Steinerner Wald, Chemnitz. Heute im Kulturkaufhaus DAStietz (s. d.). Auch Versteinerter Wald genannt. Hier findet sich eine Gruppe von versteinerten Baumstämmen, die im 19. Jahrhundert an verschiedenen Fundplätzen im Stadtgebiet u. a. in Hilbersdorf und am Sonnenberg gefunden wurden. Es handelt sich dabei um heute ausgestorbene Gymnospermen, deren Alter auf ca. 250 Millionen Jahre geschätzt wird. Die Bäume erreichten beträchtliche Ausmaße; so finden sich am Orth-Denkmal in Hilbersdorf (einer Fundstelle, benannt nach dem Architekten Orth) Teile eines Stammes von mehr als 26 Meter Höhe. Die versteinerten Stämme werden Dadoxylon genannt.

Die Bergung und Aufstellung der versteinerten Stämme ist dem Chemnitzer Lehrer und Paläobotaniker Prof. Dr. Johann Traugott Sterzel und dem Baumeister Max Güldner zu verdanken. Nach Sterzel wurde auch die paläobotanische Abteilung des Naturkundemuseums im Tietz »Sterzeleanum« benannt, in welchem der Besucher ausführlich über die Lebenswelt und Fundgeschichte der versteinerten Stämme informiert wird.

Steinheidel, Ortsteil von Erlabrunn am Hang des Schwarzwassers zwischen Schwarzenberg und Johanngeorgenstadt.

Steinheidel, eine Streusiedlung auf einer Hochfläche, als Waldstück 1534 Steinheidl (steinige Heide) bezeichnet, entwickelte sich erst im 20. Jahrhundert aus einer kleinen Ansiedlung, in der bis 1840 Bergbau betrieben wurde, zu einer größeren Wohnsiedlung. – Da unmittelbar an großen Waldungen gelegen, Ausgangspunkt zu schönen Wanderungen und Skitouren.
Fremdenverkehrsamt Breitenbrunn,
Dorfberg 14, 08359 Breitenbrunn
Tel. 03 77 56/15 04, Fax 03 77 56/7 99 20
E-Mail: gemeinde@breitenbrunn-erzgebirge.de,
Internet: www.breitenbrunn-erzgebirge.de

Steinkreuz, vollplastisch ausgehauene Denkmale verschiedener Formen eines Kreuzes (griechisches Kreuz: gleichlange Längs- und Querbalken; lateinisches Kreuz: mit längerem Kreuzstamm; Tatzenkreuz: Kreuzende verdickt oder verbreitert; Kleeblattform) oder Kreuzsteine (Steinplatten mit eingehauenem, eingeritztem oder erhaben herausgemeißeltem Kreuz, oft als Malteser- und Radkreuz).

Steinkreuze tragen oft zusätzliche Zeichen wie Räder, Hufeisen, Pflugscharen, Dolche, Schwerter, Beile, Armbrüste, Saufedern, menschliche Gestalten, Buchstaben, Jahreszahlen. Es sind Zeugen des mittelalterlichen Rechtswesens. So konnte ein Totschlag durch einen Vertrag gesühnt werden: Der Täter musste der Sippe des Getöteten Bußgeld zahlen, Abbitte leisten, Kirchenkerzen stiften, Pilgerfahrten unternehmen oder am Tatort ein Steinkreuz setzen. Ignatius von Loyola (1558): »Dass Räuber hier versteckt sind, haben wir leicht bemerkt, denn überall haben wir auf solchen waldigen Wegen, die einst Hergynischer Wald genannt wurden, niedrige steinerne Kreuze erblickt mit eingemeißelten Schwertern, Äxten, Beilen, Dolchen.« – Schlichte, oft grobe Formen sind anzutreffen und lassen vermuten, dass die Täter das Kreuz selbst fertigten. Durch Kriegszeiten wurden die Erinnerungen an den Mord verwischt, nun kommen auch Missions-, Prozessions-, Grenz- oder Wetterkreuze auf. Der Standort eines Steinkreuzes ist sagenumwoben. Wer ein Steinkreuz verändert, dem wird ein baldiger Tod vorausgesagt. Abgeschlagene Stücke sollen vor Gebrechen helfen. Dadurch, und durch Witterungseinflüsse, sind viele Steinkreuze beschädigt und oft nur noch als Relikt erhalten. Steinkreuze und Kreuzsteine stehen ihrer kulturgeschichtlichen Bedeutung wegen unter Denkmalschutz.

Sternmühlental, Teil des Landschaftsschutzgebietes Augustusburg, landschaftliches Kleinod zwischen Kleinolbersdorf und Erdmannsdorf. Das Tal hat bewaldete Steilhänge. In den Wiesenauen fließt der aus dem Schwarzen Holz kommende und einst forellenreiche Schwarzbach. Am Bach steht die denkmalgeschützte Sternmühle. Erste Erwähnung fand sie 1599 als »bretmühle«, später wurde sie Mahlmühle und ist 1928 zur Gaststätte erweitert worden. Die Wanderwege sind gut ausgeschildert. Ein Naturlehrpfad führt durch den Schwarzwald zum Adelsbergturm. Unterhalb der Sternmühle ist das Mundloch eines Stollens, ein Zeuge alter Bergbauzeit.

Stollberg. Die Stadt liegt am Nordrand des Erzgebirges mit dem Stadtzentrum im Tal des Gablenzbaches. Zu Stollberg gehören heute die früher selbstständigen Gemeinden Mitteldorf, Gablenz, Oberdorf, Raum, Beutha und Hoheneck. Mittlere Höhenlage: 400 bis 500 m.

Stollberg entwickelte sich aus einem Waldhufendorf im Gablenztal zu einer kleinen städtischen Siedlung. Erstmalige Nennung 1296, Anlage am Fuße der Burg (»Stalburg«, Stollberg, später Schloss Hoheneck). 1244 wurde ein Adelsgeschlecht von »Staleburg« urkundlich erwähnt, und 1343 wird Stollberg als Städtchen erstmals genannt. Im 17. Jahrhundert verfiel die Burg, im 19. Jahrhundert wurden neue Gebäude auf dem Hohenecker Felsen für eine Strafanstalt errichtet. Viele Schicksale von sogenannten »Republikflüchtigen« verbinden sich mit diesem Gefängnis, das 2001 geschlossen wurde.

Ursprung von Burg und Dorf durch Lage an einem alten böhmischen Steig (Altenburg-Prag). Marktgeschehen und Handwerkertätigkeit bestimmten die Entwicklung des Ortes. Tuchmacher und Leinweber dominierten, seit 1750 auch Strumpfwirkerei. Nur unbedeutende Bergbautätigkeit. Im 19. Jahrhundert Entwicklung der Textilindustrie. Seit 2002 entstehen am »Stollberger Tor« bedeutende Anlagen der Fahrzeugindustrie.

Zu den bedeutendsten historischen Bauten der Stadt gehört die Marienkirche nahe der Mitteldorfer Flur. Sie wurde Ende des 15. Jahrhunderts auf den Überresten einer spätromanischen Anlage errichtet. Von der ursprünglichen Anlage ist noch der spitzbogige Triumphbogen aus dem 13. Jahrhundert erhalten. Die spätgotische, zweischiffige Hallenkirche hat einen ausgebauten Chor mit Dachreiter. Im Inneren spätgotischer Schnitzaltar, Kanzel von 1600, Taufstein von 1647.

1440 Bau der Jacobikirche als Marktkirche, wurde 1633 zerstört, später in heutiger Gestalt wieder aufgebaut. Bemerkenswert auch einige Fachwerkhäuser, so in der Herrenstraße 5 mit Gedenktafel für Techniker und Erfinder Carl von Bach (s. d.), der hier geboren wurde. Heutiges Gerichtsgebäude 1812 als Rathaus im klassizistischen Stil gebaut, Renaissanceportal am Haus Pfarrstraße 3, Königsches Haus am Schlossberg.

Stollberg ist eine alte Schulstadt, anfangs Latein- und Küsterschule, 1859 Bürgerschule, 1880 Realschule, 1903 Lehrerseminar, heute Gymnasium, mit schönen Jugendstilelementen und Orgel.

Informationen: Bürgerservice Stollberg,
Rathausstraße 1, 09366 Stollberg
Tel. 03 72 96/9 40, Fax 03 72 96/9 41 63
E-Mail: buergerservice@stollberg-erzgebirge.de,
Internet: www.stollberg-erzgebirge.de

Stollen, Weihnachts- und Neujahrsgebäck, das zu den Gebildgebäcken zählt. Auch die Bezeichnung Weihnachts- oder Christstollen ist üblich. Volkskundlich wird die Form verschieden gedeutet, vorwiegend, es stelle ein in Windeln eingeschlagenes Kind dar. Erstmals wird der Weihnachtsstollen 1506 in Plauen genannt. Seit dem 18. Jahrhundert in ganz Sachsen und den Nachbargebieten als Christstollen üblich. Im Erzgebirge heute ein ausgesprochenes Weihnachtsgebäck. Der alte Brauch, ihn erst am Morgen des Weihnachtstages anzuschneiden, ist fast vergessen. In den meisten Familien gilt auch heute noch das ungeschriebene Gesetz, keinen vor dem Totensonntag zu essen, obwohl ihn der Handel gewöhnlich schon im Oktober anbietet.

Stölzel, Gottfried Heinrich, schaffensreicher und zu seiner Zeit hochgeschätzter Komponist. Geboren wurde er am 13. Januar 1690 in Grünstädtel. Hier war sein Vater Schulmeister, Organist, Teilhaber an Bergwerken und Besitzer einer Schmelzhütte. Dreizehnjährig besuchte er das Lyzeum in Schneeberg und danach das Gymnasium in Gera. In Leipzig studierte er Theologie. Er fühlte sich besonders zur Musik hingezogen und ließ sich darin ausbilden. Bereits als Student konnte er zahlreiche Kompositionen vorlegen. 1717 wurde er Kapellmeister in Bayreuth und 1719 in Gera. Seine endgültige Heimat und Wirkungsstätte fand er in Gotha. Als Hofkapellmeister dahin berufen, wirkte er dort dreißig Jahre lang. Er starb am 27. November 1749.

Von ihm gibt es zahlreiche Kompositionen, darunter 14 Passions- und Weihnachtsmusiken, 22 deutsche Opern zu Texten, die er meist selbst verfasste, 16 Serenaden, 80 Tafelmusiken sowie Kantaten, Oratorien, Messen, Sinfonien und Konzerte. Viele Kompositionen werden noch heute gespielt. In seiner Geburtsheimat Grünstädtel ist ihm zu Ehren ein Platz benannt.

Streittag, bergmännisch-traditionelles Fest, das am Tag Maria Magdalena (22. Juli) seit Jahrhunderten in den Bergstädten Schneeberg und Freiberg mit einem Berggottesdienst, Bergaufzug und Bergbier begangen wurde. Man leitet es davon her, dass an diesem Tag im Jahre 1496 die Schneeberger Bergleute einen Sieg im Lohnkampf gegen den Abzug eines Groschens in der Woche errangen. Zur Erinnerung daran haben sich die Bergleute den Tag Maria Magdalena als Frei- und Feiertag erstritten und stellten ihn anderen Festen des Jahres gleich. Als in Freiberg der Streittag im Jahre 1737 auf den nächsten Sonntag verlegt werden sollte, gab es durch die Bergleute einen Aufstand, so wurde ihnen durch Erlass vom 16. April 1738 auch weiterhin der Tag als Freischicht zugestanden. Der letzte Streittag in Schneeberg wurde am 22. Juli 1914 begangen. Nach 1935 erfolgte eine kurze Wiederaufnahme des Brauches. Heute findet am Abend des 22. Juli in Schneeberg ein Berggottesdienst statt und alle zwei Jahre ein Bergaufzug. In Freiberg beging man den letzten Streittag 1913. Einige Jahre nach 1935 wurde er in ein Berg- und Hüttenfest umgewandelt. Dabei kam im Hof des Schlosses Freudenstein Anackers »Bergmannsgruß« zur Aufführung, und die Studenten hielten ein Bergbier ab.

Strumpfwirkerei, erzgebirgische. Vor allem im Zwönitztal und im Würschnitztal entwickelte sich am Anfang des 18. Jahrhunderts das Strumpfwirkergewerbe. Wahrscheinlich kam der Wirkstuhl, den 1589 der Engländer William Lee konstruiert hatte, mit französischen Protestanten nach Deutschland. In Limbach baute Johann Esche einen solchen Handkulierstuhl erfolgreich nach. Im Erzgebirge wurden die Wirkstühle zumeist aus Holz gefertigt.

Am Ende des 18. Jahrhunderts gab es in Hoheneck-Thalheim und in Gornsdorf die beiden stärksten Strumpfwirkerinnungen. Allein in Thalheim arbeiteten 1839 262 Meister. Die Strumpfwirkerei war ein Haus- und Familiengewerbe. Mit dem Handkulierstuhl konnten aber wöchentlich nur etwa acht Paar Strümpfe gefertigt werden. Eine Vergrößerung der Produktion wurde durch den mehrtourigen Walzenstuhl und die Pagetmaschine möglich. Eine einschneidende Veränderung brachte die 1868 erfundene Cottonmaschine – den Übergang vom Handwerk zur industriellen Produktion.

Durch die Gründung von Fabrikbetrieben, die Inbetriebnahme der Bahnlinie Chemnitz – Aue – Adorf 1875 stieg die Produktion rasch an. Schon 1914 waren in der Thalheimer Strumpfindustrie mehr als 2600 Menschen beschäftigt, 1924 arbeiteten in rund 60 Betrieben 5000 Arbeitskräfte. Mit der Weltwirtschaftskrise zwischen 1928 und 1932 gab es eine Reihe von Betriebsstilllegungen. Nach 1945 wurden die ehemaligen Großbetriebe von Görner, Hofmann, Drechsel und Schletter enteignet. Es entstand später das Strumpfkombinat Esda mit einer Reihe von Zweigbetrieben im Erzgebirge. Nach der Wende Zusammenbruch der Großbetriebe, heute einzelne kleinere Fabriken.

Charakteristische Figuren der alten Strumpfwirkerei waren die »Quersackindianer«, die im Quersack ihre Ware auf dem sogenannten Strumpfwirkersteig nach Chemnitz brachten. Auch der »Schiebbock«, eine Handkarre, wurde zum Transport der Ware benutzt.

Stülpner, Karl, erzgebirgischer Volksheld. Geboren am 30. September 1762 in Scharfenstein, gestorben am 24. September 1841 ebenfalls in Scharfenstein.

In seinem Geburtsort Scharfenstein gibt es einen Gedenkstein an der Stelle, wo sich sein Geburtshaus befand, der Aufstieg zur Burg heißt »Karl-Stülpner-Weg«, sein Grab befindet sich auf dem Friedhof in Großolbersdorf.

Stülpner, dessen Vater als Mahlbursche arbeitete, wuchs in einer Familie auf, in der der Kampf um das tägliche Brot dazu führte, dass der Vater wegen gestohlenen Leinöls und die Mutter wegen Getreidediebstahls bestraft wurden. Karl kam als Kind zu entfernten Verwandten, hier bei dem Förster Müller in Ehrenfriedersdorf erwachte wohl seine Liebe zum Wald und zur Jagd. Doch schon als Sechzehnjähriger wurde er als Trossbube ausgehoben, als Soldat kam er über Böhmen, Ungarn, Österreich und die Schweiz bis nach Hannover, 1790 saß er im Gefängnis in Spandau. 1794 kehrte er ins Erzgebirge zurück, die folgenden Jahre sind die Zeit seiner kühnen Wilddiebstreiche, die ihn berühmt machten. So belagerte er 1795 die Burg Scharfenstein, ein Steckbrief erscheint, 1800 ging er zu seinem Regiment zurück, wieder zog er fünf Jahre als Soldat durch Deutschland. 1807 desertierte er nach Böhmen. Hier heiratete er und pachtete eine Schenke. Für kurze Zeit kehrte er nach der großen Amnestie des Jahres 1813 nach Scharfenstein zurück, dann findet man ihn wieder in Böhmen. Dort stirbt seine Frau, Christiane geb. Wolffin, drei Jahre später heiratet er nochmals. Verarmt und fast erblindet, wurde er 1839 in seiner Heimatgemeinde wieder aufgenommen und Woche für Woche reihum geschickt. Die Armenkasse übernahm die Kosten. Stülpners Leben, seine kühnen Abenteuer als Wildschütz wurden, oft legendenhaft verklärt, zum Gegenstand vieler literarischer Zeugnisse. Bekannteste Romane von Kurt Arnold Findeisen und Hermann Heinz Wille, daneben eine Vielzahl von Puppenspielen, Theaterstücken, Kolportage-Heften. Erste wichtige Biografie von Carl Heinrich Wilhelm Schönberg 1835 (Reprint Leipzig 1973), wichtige Forschungsarbeit von Johannes Pietzonka (3. Aufl. 1991). Ausstellung von Gegenständen aus Stülpners Besitz im Heimatmuseum Marienberg (Zschopauer Tor). In den Sommermonaten auf der Naturbühne Greifenstein Theateraufführungen von Stücken um Stülpner. Auch im Greifensteinmuseum Hinweise auf Leben und Abenteuer Karl Stülpners.

Stuppelhah, heute fast vergessenes kleines Fest, das der Bauer den beim Kartoffelroden helfenden Frauen gewährte. Sobald die letzte Zeile geerntet war, gebot er »Stuppelhah«.

Damit lud er die Frauen zu sich ins Haus. Nachdem sie Stiefel und Hände am Wassertrog gewaschen hatten, überreichten sie der Bäuerin die größte beim Roden gefundene Kartoffel, eine besonders ulkig geformte oder eine, die wie ein Hahn aussah. Auf den Tisch kamen »grüne Kließ in Millichsud«, Kartoffelklöße in einer Milchsoße, am Nachmittag dann noch Kaffee und Kuchen. Große Bauern bestellten einen oder mehrere Musikanten. Spielten sie auf, wurden Tische und Bänke zur Seite gerückt und ein Tänzchen gewagt. Am nächsten Tag holten sich die Kartoffelroderinnen ihren Lohn ab, den zahlte der Bauer in natura, in Kartoffeln. Auf diese Weise sicherten sich die Erzgebirgsfamilien ihren Wintervorrat.

Stützengrün, mit den Ortsteilen Hundshübel und Lichtenau. Die ländliche Gemeinde liegt am Übergang vom Erzgebirge ins Vogtland an der Bundesstraße 169, nahe am 795 m hohen Kuhberg. Weitere Berge, die das Dorf umgeben: der 679 m hohe Fuchsstein und mit 617 m der Duldenberg.

Der Ortsname wird abgeleitet von »Stutz« oder »Stütz«, was im Mittelhochdeutschen soviel heißt wie »abschüssige Stelle, steiler Hang«, die angehängte Silbe »grün« deutet auf die Waldrodung hin. Der Ortsname kennzeichnet die eigentliche Ortslage. Stützengrün entstand an der Handelsstraße Schneeberg – Nürnberg Franken – Schwaben um 1546 als Hammerweiler in Auswirkung des erblühenden Schneeberger Silbererzbergbaus. Seit 1575 arbeitet in Unterstützengrün ein Hammerwerk, der Waffenhammer.

Nach Niedergang der Bergwerke ziehen die Stützengrüner als Wanderhändler mit Klöppelspitzen, Blechwaren und Rußbutten über Land. Durch Preußens Zollpolitik wird das ab 1819 unterbunden. Aus der dadurch entstehenden Notlage geboren, beginnen die Bewohner um 1820 mit der Herstellung von Bürsten und Pinseln und entwickeln daraus eine Hausindustrie. Im Ascherwinkel (Ortsteil von Schönheide) gründeten Arbeiter 1823 die erste Bürstenfabrik. Nach dem 22 Wochen dauernden Schönheider Bürstenmacherstreik 1906/07, in dem 1000 Bürstenarbeiter um die Herabsetzung der Arbeitszeit auf 62 Wochenstunden und um eine Lohnerhöhung um 15 % kämpfen, gründen ausgesperrte Arbeiter 1912 die Konsumgenossenschaft für die Bürstenindustrie.

Die barocke Dorfkirche stammt aus dem Jahre 1701. Sie hat einen Schnitzaltar und verfügt über eine Jehmlich-Orgel.
Gemeindeverwaltung Stützengrün,
Hübelstr. 12, 08328 Stützengrün/Erzgebirge
Tel 03 74 62/6 54 22, Fax: 03 74 62/6 54-50
E-Mail: info@stuetzengruen.de
Internet: www.stuetzengruen.de

Talsperre Einsiedel – Kemtauer Wald, Landschaftsschutzgebiet seit 1968, wenige Kilometer südostwärts von Chemnitz, 825 Hektar groß. Das Gebiet wird dem Raum unteres Westerzgebirge zugeordnet. Im Wesentlichen dient es als Erholungslandschaft.

Bestimmt wird der Charakter des Landschaftsschutzgebietes durch die Gehänge des tiefeingeschnittenen Flusstälchens mit eindrucksvollen Felsen. Im Gebiet, 355–554 m ü. NN, herrscht Mittelgebirgsklima. Tonschieferartige und glimmrige Phyllite bilden das Grundgestein. Das Hauptgewässer des Gebietes ist die Zwönitz mit ihren Zuflüssen. Teile von Einsiedel und Dittersdorf, Gründungen des 13. Jahrhunderts, sind in das Landschaftsschutzgebiet eingeschlossen.

Die im Gebiet liegende Talsperre Einsiedel, von 1890–1893 errichtet, ist die älteste Anlage zur Versorgung mit Trinkwasser für die Bevölkerung von Chemnitz. Die Sperrmauer ist 180 Meter lang und 22 Meter hoch. Sie staut 300.000 Kubikmeter Wasser auf einer Fläche von vier Hektar. Die Umgebung des Stausees ist mit Fichtenwald bewachsen. In ihm lebt vorwiegend Niederwild. Die Vogelwelt ist artenreich.

Die abwechslungsreiche Landschaft im Schutzgebiet eignet sich vorzüglich zum Wandern. In der Talsperre ist das Baden und jede Art von Wassersport verboten.

Tellerhäuser, Ortsteil von Rittersgrün, Erholungsort auf halbem Wege zwischen Rittersgrün und Kurort Oberwiesenthal, jeweils sieben Kilometer entfernt. Auf dem Fichtelbergmassiv liegend, in 920 m ü. NN. Damit höchstgelegenes Dorf Sachsens. Die wenigen Häuser bilden eine Streusiedlung, breiten sich völlig von Wald umschlossen auf einer Wiesenflur aus. Sie liegt am Klingenbach, der sich in Zweibach (Ortsteil von Rittersgrün) mit dem Höllenbach zum Pöhlwasser vereinigt.

Hervorgegangen ist der Ort aus dem »Tellerhaus«, das erstmals auf der Karte von 1609 verzeichnet wird. 1647 ist von einem Berghäusel des Andreas Teller die Rede, »am Kaff über dem Stollen gelegen«, das bayrische Soldaten plünderten. 1650 wurde das Haus wieder aufgebaut, und 1699 errichtete ein Andreas Burckhard ein zweites »Tellerhaus«. 1780 kam ein Forsthaus hinzu. 1833 ein Gasthof, 1834 eine Brett- und 1839 eine Mahlmühle. Der Sage nach soll der fündig gewordene Bergmann Teller jedem seiner drei Söhne ein kleines Haus erbaut haben. Danach habe man sie die »Tellerhäuser« genannt.

Auf der Flur Tellerhäuser wurde von Anfang an Bergbau betrieben. Südostwärts des Ortes bestand die »Bleizeche«,

Falkner-Brunnen in Lauenstein

 Schloss Kuckucksstein in Liebstadt

Winter am Kahleberg

Zinnwald-Georgenfeld

 Blick in die Weihnachtsfenster: Engel und Bergmann

Hotel Roß

 Weihnachtsberg im Museum von Seiffen

 Mettenspiel in der Kirche zu Neudorf

 Weihnachtsmarkt in Annaberg

auf der man nach Bleiglanz schürfte. Andere Bergwerke lagen auf dem Kaff. Neben der Bergarbeit verdienten die Bewohner ihren Lebensunterhalt im Wald, vor allem als Holzfäller. Nach dem Niedergang des Bergbaus lag in der Waldarbeit die Haupternährungsquelle. Nebenher klöppelten die Frauen. Seit 1920 wird der Ort zunehmend von Sommerfrischlern und Wintersportlern wegen seiner abgeschiedenen Lage bevorzugt.

Im »Schmidtgehau«, ostwärts des Ortes, gibt es zwei kleine Moorflächen mit einer interessanten Flora und Fauna. Das Naturschutzgebiet »Pfahlmoor«, 19 Hektar groß, liegt in 1000 m Höhenlage. Im vermoorten Fichtenwald finden sich seltene Pflanzen wie Rauschbeere, Moorbirke, Silberstern. In Tellerhäuser wuchs der erzgebirgische Mundartdichter Hans Siegert (1868–1941) auf. Tellerhäuser verfügt über einen Skilift, eine beleuchtete Piste und über gespurte Loipen.
Fremdenverkehrsamt Rittersgrün,
Kirchstraße 4, 08355 Rittersgrün
Tel. 03 77 57/72 43, Fax 8 81 96
E-Mail: FVA.Rittersgruen@t-online.de,
Internet: www.rittersgruen.de

Teubner, Emil, bedeutender Bildschnitzer des Erzgebirges. Er wurde am 28. Februar 1877 in Steinbach (heute Stadtteil von Johanngeorgenstadt) geboren. Sein Vater war Kleinbauer, über Winter Waldarbeiter. Der Junge wuchs in einer elfköpfigen Familie heran, war viel im Wald und hatte immer Papier und Zeichenstift bei sich. Nach der Schulentlassung im Jahre 1891 wurde er Bergmann und fuhr auf der Grube »Wilder Mann« bei Johanngeorgenstadt ein. Danach arbeitete er in einer Holzschleiferei, bevor er kurz vor der Jahrhundertwende als Industriearbeiter nach Aue kam. 1901 heiratete er. Für seine Kinder schnitzte er 1910 einen Weihnachtsberg. Seine Liebe zur Holzgestaltung war geweckt. 1924 wurde er freiberuflicher Holzschnitzer. Hunderte von Plastiken entstanden. 1947, zu seinem 70. Geburtstag, wurde er Ehrensenator der Kunstakademie Dresden. Emil Teubner starb am 6. Juli 1958 in Aue. – Seine Schnitzwerke entstanden ohne Modell. Zu seinen bedeutenden Skulpturen gehören u. a. »Entlassung« (1922), »Hungerriemen« (1923), »Ackergaul« (1926), »Bergmann« (1944), ferner »Heumahd«, »Die letzte Garbe«, »Stöckeroder« und »Bücherwurm«. – Im Museum für bergmännische Volkskunst in Schneeberg sind seine Arbeiten ausgestellt. – Am Geburtshaus in Johanngeorgenstadt-Steinbach ist eine Gedenktafel angebracht.

Thalheim. Stadt im Zwönitztal, mittlere Höhenlage ca. 500 m ü. NN. Die Gründung der Stadt wird auf den Zeitraum zwischen 1175 und 1185 datiert. Damals entstand ein zweiseitiges Reihendorf mit einer Waldhufenflur, das zur Herrschaft Stollberg gehörte. 1447 wird Talheim erstmals urkundlich genannt (1460 Tolheym, 1466 Talheym, 1540 Thalheim). Der Ortsname bedeutet eine im Tal gelegene Siedlung. Erst 1925 wird Thalheim Stadtrecht verliehen. Schon 1539 besaß die Gemeinde eine eigene Schule, 1597 wird es Sitz einer Oberförsterei. Entscheidende Impulse erhielt die Gemeinde durch die Ansiedlung des Strumpfwirkergewerbes. 1730 wird der erste Thalheimer Strumpfwirker namentlich erwähnt, 1839 gab es in Thalheim schon 262 Meister der Strumpfwirkerei. Später entwickelte sich daraus die industrielle Strumpfproduktion, die auch noch heute das industrielle Geschehen der Stadt bestimmt. Ende der Achtzigerjahre waren im Strumpfkombinat Esda mehr als 12.000 Menschen in Zweigbetrieben im ganzen Erzgebirge beschäftigt. Neben der Strumpfindustrie heute Betriebe der Elektronik, Pappenherstellung, Kofferfabrikation. An das 1684 gegründete Thalheimer Hammerwerk erinnert heute noch die Gaststätte »Eisenhammer«. In dem alten Gasthaus »Tabakstanne« an der Straße nach Stollberg trafen sich die Sozialdemokraten August Bebel und Wilhelm Liebknecht während des Sozialistengesetzes mit Thalheimer SPD-Mitgliedern (Gedenktafel). Sehenswert die 1850 errichtete Kirche mit klassizistischen Stilelementen (Nachfolgebau der Kirche von 1567) durch die Baumeister Uhlig aus Altenheim. 1906/07 entstand das Rathaus der Gemeinde.
Stadtverwaltung Thalheim Stadtinformation,
Hauptstraße 5, 09380 Thalheim
Tel. 0 37 21/2 62 26, Fax 0 37 21/8 41 80
E-Mail: info@thalheim-erzgeb.de,
Internet: www.thalheim-erzgeb.de

Thum, beliebter Erholungsort in 550–630 m Höhenlage, eingebettet in das Tal des Jahnsbacher und Thumer Wassers, am Nordrand des Greifensteinmassivs gelegen, 12 km südwestlich von Zschopau.

Der Ort wurde als eine bäuerliche Siedlung vermutlich im ersten Viertel des 12. Jahrhunderts gegründet. Bereits im 13. Jahrhundert stieß man auf Erze, dadurch wurden aus vielen Bauern Bergleute. 1407 wird der Ort »von der Thume« genannt, abgeleitet vom mittelhochdeutschen »toum«, was soviel heißt wie »Herrschaft«. Die Erträge an Zinn-, Blei- und Silbererzen gaben Anlass dazu, 1500 dem Ort die Rechte einer Bergstadt zu verleihen.

In Thum fand man erstmals den Halbedelstein Axinit, ein glasglänzendes Mineral, durchsichtig oder durchscheinend, braun, grau, blau, gelb oder grünlich. Schöne Stücke fanden sich in den Klüften des kristallinen Schiefers. Nach seinem Fundort wird das Mineral auch Thumit genannt.

Die Weiterentwicklung der Siedlung erfolgte nach dem Vorbild anderer erzgebirgischer Bergstädte mit rechtwinklig aufeinandertreffenden Straßen. Nahe der Stadt fand am 15. Januar 1648 das letzte Gefecht des Dreißigjährigen Krieges auf sächsischem Boden statt.

Mit dem Rückgang des Bergbaus im 18. Jahrhundert gingen die Bewohner anderen Beschäftigungen nach, darunter das Posamentieren, Klöppeln und Strumpfwirken.

Das Thumer Rathaus stammt aus dem 15. Jahrhundert. Seine heutige Gestalt ging aus dem 1677 erbauten Herrenhaus des Rittergutes hervor. Es hat eine kurze Freitreppe mit skurrilen Löwenfiguren. Die Stadtkirche St. Annen wurde 1945 zerstört. Unter Verwendung der Umfassungsmauern der alten Kirche baute man sie 1946 wieder auf. Gegenüber dem Stadtpark liegt der Georgenfelsen und die Bastei.
Stadtinformation, Haus des Gastes »Volkshaus«,
Neumarkt 4, 09419 Thum
Tel. 03 72 97/76 92 80, Fax 03 72 97/7 69 28 10
E-Mail: volkshaus-thum@t-online.de,
Internet: www.stadt-thum.de

Tietz, das Kulturkaufhaus »DAStietz«, Museums-und Bibliotheksquartier in einem ehemaligen Kaufhaus in Chemnitz.

Gebaut als Warenhaus 1912/13 für den Handelskonzern Tietz, 1926/27 erweitert. Es gehörte ursprünglich der jüdischen Familie Tietz (das andere große Kaufhaus, 1929/30 von Erich Mendelsohn für den Konzern Schocken gebaut, wartet noch auf seine »Verwandlung« in das Antikenmuseum Sachsens). Nach 1945 wurde das Tietz wieder als Kaufhaus bis 2001 genutzt. Nun ist es das Kulturkaufhaus der Stadt mit Cafés, Geschäften und mehreren Museen, der Neuen Sächsischen Galerie, dem Naturkundemuseum, der Stadtbibliothek und der Volkshochschule. Im Innenhof findet sich jetzt der »Steinerne Wald«, der dank der Bemühungen des Chemnitzer Paläobotanikers Johann Traugott Sterzels geborgen wurde. Nun können die zweihundertfünfzig Millionen Jahre alten Bäume hier bewundert werden (an Sterzel erinnert auch das Sterzeleanum im Naturkundemuseum).
Tietz, Moritzstraße 20, Tel. 03 71/4 88 43 66
E-Mail: service@dastietz.de,
Internet: www.kulturkaufhaus-tietz.de

Trebra, Friedrich Wilhelm Heinrich von, sächsischer Bergbeamter, Montanist und Freund Goethes. Geboren wurde er am 5. April 1750 in Allstädt als ältester Sohn eines weimarischen Hofjunkers und Leutnants. Nach Besuch der Klosterschule in Roßleben studierte er an der Universität Jena Jura, Philosophie und Naturwissenschaften. Als 1766 in Freiberg die Bergakademie eröffnet wurde, war er unter den ersten 19 Schülern. In Freiberg wurde er ab 1767 Mitarbeiter des Bergamtes und später Bergmeister in Marienberg. Er reformierte hier das marode Bergwesen, führte viele technische Neuerungen ein und sorgte für ein diszipliniertes Arbeiten der Bergleute. Sein Augenmerk galt vor allem der Herausbildung eines Standesbewusstseins. Unter Beibehaltung seiner Bergmeisterstelle in Marienberg wurde er 1770 Bergkommissionsrat am Oberbergamt in Freiberg und rückte 1773 zum Vizeberghauptmann auf. In dieser Zeit untersuchte er das Ilmenauer Bergwesen auf seine Rentabilität und lernte 1775 Goethe kennen. 1779 wurde Trebra Bergmeister in Zellerfeld. Aus unbekannten Gründen legte er 1795 sein Amt nieder und zog sich auf sein Stammgut Bretleben zurück, um sich der Schafzucht und landwirtschaftlichen Produktion zu widmen. Durch den Tod des Freiberger Oberberghauptmanns Benno von Heynitz wurde 1801 die Stelle vakant. Man trug sie Trebra an. 1801 wurde er zum Oberberghauptmann berufen. In Freiberg wirkte er bis zu seinem Tode am 16. Juli 1819. Neben seinen Verdiensten auf unterschiedlichen Gebieten des Bergwesens war er ein angesehener Fachschriftsteller. Von seinen populäreren Schriften ist besonders zu nennen »Bergmeister-Leben und Wirken in Marienberg« (1818).

Tschumperlied, auch »Tschamperlied«. Es ist ein kleines Tanzliedchen, wie in Süddeutschland das »Schnaderhüpfel« oder im Vogtland das »Runda«. Der Begriff ist abgeleitet von »Tschumpern«, »Tschampern«, einem rhythmischen Hin-und-her-Bewegen des Oberkörpers beim Tanz. Es wurde als Ersatz der Tanzmusik, zu ihr oder während der Tanzpause gesungen. Entstanden ist es meist aus dem Augenblick, der Text wurde kaum aufgeschrieben und war bald wieder vergessen. In der Regel ist es vierzeilig, gereimt und durch den Gleichklang verbunden. Selten erfolgt die Vereinigung von Vierzeilern zu einem liedfähigen Ganzen. – Tschumperlieder sind durchweg in Mundart gedichtet und haben eine leicht auffassbare und singbare Melodie. Viele Tschumperlieder beinhalten Spott auf andere Orte, das andere Geschlecht, die Liebe, bestimmte Berufe, auf anderer Leute Eigenarten oder Gebrechen.

Turmsingen. In Schneeberg findet seit über 300 Jahren jedes Jahr in der Nacht vom Heiligabend zum Weihnachtstag ein Singen auf dem Turm von Sankt Wolfgang statt. Mehr als 100 Sänger, Chorjungen und Musikanten verkünden mit ihren Weisen früh 4 Uhr, nachdem die Häuerglocke geschlagen hat, die Weihnachtsbotschaft. Das erfolgt nach einer überlieferten Reihenfolge von Weihnachts- und Bergliedern, beginnend mit »Schneeberg, dein Bergfürst ist erschienen . . . «. Wer 25 Jahre lang mit auf dem Turm sang, erhält statt einer Urkunde eine Pelzmütze.

U**hle, Wolfgang**, allgemein »der Pestpfarrer von Annaberg« genannt. Als Kind armer Leute kam er Mitte des 16. Jahrhunderts in Elterlein zur Welt. Er studierte in Wittenberg Theologie und wurde Pfarrer in Clausnitz. Dort verliebte er sich in die Tochter des Dorfrichters. Mit ihm in Streit geraten, kam es zu Tätlichkeiten, bei denen der Dorfrichter leblos zu Boden sank. Uhle flüchtete und versteckte sich in den Wäldern. Als 1568 in Annaberg die Pest ausbrach, begnadigte ihn der Kurfürst. Uhle konnte dadurch Pestpfarrer von Annaberg werden. Furchtlos ging er zu allen Kranken, die nach ihm riefen. Unbeschadet überstand er das Annaberger Peststerben, so, als habe Gott seine Hand über ihn gehalten. Nach der Seuche endgültig begnadigt, bekam er die Pfarrstelle in Breitenbrunn, die er 26 Jahre lang innehatte. 1594 erlitt er während eines Gottesdienstes einen Schlaganfall und schied aus dem Leben. Sein Grab gilt als verschollen. Der einfache Stein an der Breitenbrunner Kirche erinnert an ihn.

Uthmann, Barbara, »Mutter der erzgebirgischen Spitzenklöppelei«, geboren 1514 als Tochter des Heinrich von Elterlein in Elterlein, gestorben am 15. Januar 1575 in Annaberg.

Aus ihrer Biografie sind nur wenige Fakten bekannt. Vermutlich wurde sie von Adam Ries (s. d.) in Rechnen und Bergbaukunde unterrichtet. Mit zwölf Jahren heiratete sie den sieben Jahre älteren Bergherrn Christoph Uthmann. Nach seinem Tode führte sie seine Geschäfte weiter und wurde gleichzeitig eine bedeutende Verlegerpersönlichkeit des Erzgebirges, die den Handel mit Klöppelspitzen organisierte. Sie war also nicht, wie vielfach behauptet, die Erfinderin des erzgebirgischen Klöppelns, sondern trug durch ihre Handelstätigkeit zur Verbreitung der erzgebirgischen Spitzenklöppelei wesentlich bei. 1571 beschäftigte sie mehr als 900 Klöpplerinnen. Sie starb 1575 und wurde auf dem Annaberger Trinitatisfriedhof beigesetzt (Grabdenkmal von 1834 des Dresdner Bildhauers Pettrich).

W**aschleithe**, Ortsteil von Beierfeld, sechs Kilometer nordwestlich von Schwarzenberg, am und im Landschaftsschutzgebiet »Oswaldtal«, am Oswaldbach in 530 m Höhe gelegen. Der Ort bezeichnet sich gern als »Harzerland«, in Erinnerung an die hier früher ausgeübte Beschäftigung des Harzgewinnens in den Wäldern. Waschleithe ist ohne Industrie und völlig von Wald umschlossen. Die Bewohner arbeiten meist auswärts. Ein Teil ist in der Landwirtschaft beschäftigt.

Wahrscheinlich entstand der Ort im 13. Jahrhundert, hervorgegangen aus den ehemaligen Siedlungen Holzinhain, Glasberg und aus einer Ansiedlung von Bergleuten am Mühlberg. Auf den von Anfang an betriebenen Bergbau weist der Ortsname hin. Er ist abgeleitet von einer »Erzwäsche an der Leithe«, an einem Abhang. Im 13. Jahrhundert soll es bereits die Erzwäsche »Osterlamm« gegeben haben. Im nahen Niklashammer des Klosters Grünhain wurde das Eisenerz verarbeitet. Nebenher betrieben die Bewohner Landwirtschaft. Den Ort legten sie als ein lockeres Reihendorf an. Er besteht aus zum Teil noch erhaltenen kleinen Gehöften mit hohen Satteldächern. Die meisten dieser Häuser entstanden im 18. Jahrhundert. Viele haben noch Fachwerk. Ein jüngerer Siedlungsteil entstand an der 1903 angelegten Talstraße.

Am Fürstenberg befindet sich das Lehr- und Schaubergwerk »Herkules-Frisch-Glück« und der Fürstenbrunnen mit der Köhlerhütte. – Die Miniaturlandschaft »Heimateck« liegt am Seifenbach, nahe dem oberen Ortsausgang. – Hinter dem Hotel »Osterlamm« gibt es einen Naturwildpark. Von Schwarzenberg her, am Ortsausgang, ragt die Ruine Dudelskirche auf. Um den Ort herum ist altes Bergbaugebiet mit vielen verwachsenen Halden und Schürfen. Westlich vom Ort erstreckt sich das Landschaftsschutzgebiet »Oswaldtal«. Waschleithe ist der Geburtsort des Erzählers in erzgebirgischer Mundart Fritz Körner. Hier lebte die dichtende Bäuerin Hilde Bretschneider. Waschleithe verfügt über attraktive Hotels, gemütliche Gaststätten, Pensionen, Ferienwohnungen und Fremdenzimmer.
Stadtverwaltung Grünhain-Beierfeld,
August-Bebel-Straße 79, 08344 Grünhain-Beierfeld
Tel. 0 37 74/1 53 20, Tel 0 37 74/15 32 50
E-Mail: kontakt@beierfeld-erzgebirge.de,
Internet: www.beierfeld-erzgebirge.de
Dudelskirche, eigentlich Oswaldskirche,
Denkmalgeschützte Kirchenruine.
Zu finden ist sie an der Ortsverbindungsstraße Schwarzenberg–Wildenau und Waschleithe, rechter Hand vor dem Ortseingang. »Dudelskirche« ist abgeleitet von »Duld«, was

soviel wie Jahrmarkt oder Lustbarkeit bedeutet. Denn hier bei der Kirche hielten ehemals die Bürger von Grünhain ihre Märkte ab, sobald sich Pilger zu einer Rast niederließen. Wann als Vorgänger eine hölzerne Kirche in den Wiesen erbaut wurde, bleibt ungewiss. Sie diente den Annaberger Bürgern als Wallfahrtskirche, wenn sie zum Bilde der »Kleinen Anna selbdritt« nach Grünstädtel und zum Grünhainer Kloster zogen. Der Holzbau wurde 1515 durch einen steinernen ersetzt und vermutlich nie fertiggestellt. Durch die Reformation und Aufhebung des Klosters Grünhain wurde die Wallfahrtskirche überflüssig und verfiel. Bereits 1535 war sie zu einer Ruine geworden.

Die Sage erzählt, dass die Kirche einstmals von den beiden Hammerherrn Klinger erbaut worden sei, als Sühne für den von ihnen erschlagenen Elterleiner Stadtrichter. Als bei der Einweihung ein böses Gewitter aufzog, dass keiner die Glocken läuten wollte, versuchte es einer der beiden Hammerherrn. Beim ersten Glockenschlag fuhr der Blitz aus den Wolken, erschlug ihn und legte die Kirche in Schutt und Asche. Da man den Leichnam nahe der Kirche verscharrt hatte, geistere er noch heute des Nachts in den Gemäuern.

Fürstenbrunn mit Köhlerhütte, historische Stätte
Am Fürstenberg, im Landschaftsschutzgebiet »Oswaldtal«, befindet sich eine steinerne Gedenksäule. Sie wurde 1822 an historischer Stelle errichtet. Hier soll am 7. Juli 1555 der mit seinem Bruder Ernst aus dem Altenburger Schloss geraubte Prinz Albrecht durch den Köhler Schmidt befreit worden sein. Der Entführer, Kunz von Kauffungen, wurde beim Trinken am Quell überrascht und von dem Köhler gefangengesetzt. Zur Erinnerung an den Köhler Schmidt entstand 1839 aus gesammelten Geldern eine im Blockhausstil errichtete Köhlerhütte. Heute befindet sich daneben das neu errichtete Hotel »Köhlerhütte« Fürstenbrunn.

»Heimatecke am Seifenbach«, Miniaturlandschaft
Die von den Schnitzern und Bastlern des Ortes in vielen Feierabendstunden geschaffene Freilichtanlage, die inzwischen 42 Jahre besteht, liegt in einem felsigen, romantischen Tälchen, das am oberen Ortsausgang der Seifenbach bildet. Dargestellt werden, in die Landschaft eingebettet, einzeln oder in Gruppen, bekannte oder typische Bauwerke des Erzgebirges im Maßstab 1 : 40, wie Fachwerkhäuser, Sägewerke, Bauernwirtschaften, Burgen, Schlösser und Kirchen, darunter die Burgen Kriebstein, Rabenstein, das Schloss und die Kirche Schwarzenberg, die Augustusburg, Schwebeseilbahn am Fichtelberg, aber auch die alte Schule von Waschleithe, die Lauterer Lohmühle oder der Albertturm mit Gaststätte auf dem Spiegelwald. Das Wasser des Seifenbachs, in der Nachbildung der Talsperre Pöhl gestaut, betreibt die Mechanismen der Anlage.
Tel. 0 37 74/2 29 07.

»Herkules-Frisch-Glück«, Schaubergwerk
Die Anlage befindet sich am Fürstenberg im Landschaftsschutzgebiet »Oswaldbachtal«. Die Grube bestand ursprünglich aus zwei verschiedenen Schächten. Die ältere »Frisch Glück« ist seit 1705 bekannt. Auch nach dem Zusammenschluss mit »Herkules« im Jahre 1855 schürften die Bergleute nach Arsen, Silber, Braunstein, Zinkblende und bauten Marmor ab. 1921 wurde der Betrieb endgültig eingestellt. Von den 216 Jahren des Bestehens stand die Grube 141 Jahre still und nur 42 Jahre wurde wirklich gefördert. Das 1926 eröffnete Schaubergwerk fuhr zwischenzeitlich die SDAG Wismut auf. Als es keinen Ertrag versprach, wurde es 1966 rekonstruiert und als technisches Museum unter Tage freigegeben. Der Rundgang, etwa 80 m unter der Erde (bei der Einfahrt 250 Stufen!), gewährt einen Einblick in die harte Arbeit der Bergleute unter Tage, in Abbautechniken, Markscheidekunde und Sprengtechnik.
Tel. 0 37 44/2 42 52.

Natur- und Wildpark Waschleithe
Der sich hinter dem Hotel »Osterlamm« ausdehnende Natur- und Wildpark beherbergt neben »Exoten« vorwiegend Tiere unserer Heimat. Die Anlage wurde kinderfreundlich gestaltet, verfügt über einen Erlebnisspielplatz für Kinder und wird gerne von Familien besucht.

Weigel (Weichel), Valentin, Theologe, Schriftsteller, Philosoph. Geboren 1533 in Naundorf bei Großenhain als Sohn armer Eltern. Gefördert durch einen Rittergutsbesitzer konnte er von 1549 bis 1554 die Fürstenschule St. Afra in Meißen besuchen. An der Universität Leipzig studierte er Philosophie, Mathematik, Naturwissenschaften, danach Theologie und schloss 1588 als Baccalaureus und Magister ab. Sechs Jahre später setzte er sein Studium in Wittenberg fort. 1567 wurde er evangelischer Pfarrer in Zschopau. Er galt als ausgezeichneter Kanzelredner, streitbarer Philosoph und Verfechter der Reformation. Von ihm stammen zahlreiche Schriften, darunter Predigt- und Gebetssammlungen, die er zu Lebzeiten verbarg. Erst nach seinem Tode wurden sie durch seinen Kantor und Gesinnungsfreund verbreitet. Er starb am 10. Juni 1588 in Zschopau.

Weihnachtskrippen. Zu den erzgebirgischen Weihnachtsbergen und Paradiesgärten gehört auch die Weihnachtskrippe, die ursprünglich im Kirchenraum Christi Geburt darstellte. Seit dem 19. Jahrhundert ist sie auch in die erzgebirgischen Weihnachtsstuben eingezogen. Zu den bedeutenden Krippengestaltern gehört Carl Hertel (1837–71), der die große Krippe der Lutherkirche in Oberwiesenthal schuf. Hermann Krüger schuf eine der größten Krippen mit mehr als 500 Figuren, das sogenannte »Krüger-Bethlehem«. Im Museum in Annaberg werden Krippenfiguren von Paul Schneider gezeigt. In Schneeberg und Aue wirkten Emil Teubner und Walter Hambeck, auch Auguste Müller und Max Schanz aus Seiffen müssen hier genannt werden. Im Seiffener Spielzeugmuseum, aber auch in den Museen von Schneeberg und Annaberg sind viele Krippen zu sehen. Oftmals sind sie verknüpft mit dem erzgebirgischen Weihnachtsberg oder Paradiesgarten, der erzgebirgische Landschaften mit Bergwerksgeschichte und Krippe verbindet, wie auch orientalische Szenerien. Berühmte Weihnachtsberge sind der Berg des Kreuzkantors Rudolf Mauersberger, der in seinem Geburtsort zu sehen ist. Eine ganz eigenartige Anlage schuf der Strumpfwirker Friedrich Nötzel aus Brünlos bei Stollberg. Auf der einen Seite des Berges werden die »guten Kräfte« gezeigt, die sich allesamt zur Krippe bewegen, auf der anderen Seite die »Mächte des Bösen« in der Geschichte um König Herodes. Der Berg ist ganzjährig im Wohnhaus der Familie zu besichtigen, während andere Anlagen nur zur Weihnachtszeit zugänglich sind. Seit 1999 Beginn eines »Annaberger Krippenweges«, von Bildhauer Dietmar Lang initiiert. Entlang einer Route durch die Altstadt geleiten lebensgroße Figuren zur einzigen Bergkirche Sachsens »St. Marien«. Die Figuren der Krippe hier haben ihren Ursprung im Bergmännischen: Die drei Weisen sind drei Obersteiger und Joseph ist ein Bergzimmerling. Noch ist der »Krippenweg« nicht vollendet. Weihnachtskrippen sind aber auch aus anderen deutschen Landschaften bekannt, auch in Böhmen existieren schöne Beispiele für diesen Weihnachtsbrauch.

Weiße, Christian Felix, bekannter dramatischer Dichter und Jugendschriftsteller. Geboren wurde er am 28. Februar 1726 in Annaberg. Sein Geburtshaus war die alte Lateinschule, in der sein Vater als Rektor wirkte. Als er nach Altenburg versetzt wurde, war Felix sechs Monate alt. Durch den frühen Tod des Vaters musste ihn die Mutter unterrichten, bis er das Gymnasium beziehen konnte. Bereits als Schüler entwickelte er außergewöhnliche Zuneigung für die Dichtung. Sie erweiterte sich auf das Theater, als ihn in Chemnitz der Großvater zu einer Schüleraufführung mitnahm. Unter diesem Eindruck schrieb er 1744 sein Lustspiel »Die Matron von Ephesus«. 1745 bezog er die Leipziger Universität, um Theologie zu studieren. Hier wurde er mit Lessing bekannt und dessen Freund und Mitstreiter. Fortan verband beide eine enge Freundschaft. »Scherzhafte Lieder« nannten sie ihre kleine Sammlung mit Lyrik. 1750, nach Abgang von der Universität, übernahm er eine Erzieherstelle beim Grafen Gayersberg in Leipzig. Weitere Lustspiele entstanden, wie »Die Poeten nach der Mode«, nach englischem Vorbild »Der Teufel ist los« oder »Der lustige Schuster«. Ruhm brachte ihm sein Trauerspiel »Eduard III.«. 1742 wurde er in Leipzig Steuereinnehmer. Er blieb ein produktiver Bühnenautor, der mehr als 40 dramatische Werke schrieb. Für sein Kind schuf er ein Bändchen erdachter Kinderlieder und ein Abc-Buch mit vielen Bildchen. Zu hohem Ansehen kam er durch den »Kinderfreund«, eine Kinderzeitschrift mit 24 Bänden und deren Nachfolge »Briefwechsel der Familie des Kinderfreundes«. Nach kurzer Krankheit starb Weiße am 16. Dezember 1804 in Leipzig.

Wenzel, Max, Lehrer, Mundartschriftsteller. Er wurde am 8. April 1879 in Ehrenfriedersdorf als Sohn eines Justizbeamten geboren. Seine Kinder- und Jugendzeit verbrachte er in Annaberg. Hier besuchte er die Schule und später das Lehrerseminar. Anstellungen als Lehrer hatte er in Wiesa, Geyersdorf und Grumbach, bevor er 1904 nach Chemnitz übersiedelte. Hier verbrachte er seine weiteren Berufsjahre und seinen Ruhestand. Er starb am 4. September 1946 in Chemnitz. – Von ihm stammen mehr als 20 Mundartbücher und -hefte, viele mundartliche Theaterstücke und Gedichte. In Hochdeutsch schrieb er ein Liederspiel, volks- und heimatkundliche Abhandlungen. Bekannt wurde er besonders durch seine Geschichten vom Weißköppel-David, einer von ihm erfundenen Figur. Sie erschienen zwischen 1933 und 1939 in vier Bänden. Hervorzuheben aus seinen Büchern ist »Schwarzbrut« (1928), »Regn un Sonneschei« (1937). 1959 erschien eine Auswahl seiner Mundartdichtungen unter dem Titel »Wos der Wenzel-Max derzehlt«.

Werner, Abraham Gottlob, Montanwissenschaftler und Hochschullehrer. Geboren am 22. September 1749 in Wehrau am Queiß als Sohn des Hütteninspektors Abraham David Werner. Er wurde nach der Schulentlassung 1764 Hüttenschreiber und Assistent seines Vaters. 1769 kam er, drei Jahre nach der Gründung, als Student an die Bergakademie Freiberg. Von 1771 bis 1774 studierte er an der Universität Leipzig. Hier veröffentlichte er erste wissenschaftliche Abhandlungen. 1775 wurde er Inspektor und Lehrer für Mineralogie an der Freiberger Bergakademie. Er lehrte Mineralogie und Bergbaukunde, ab 1777 auch Gebirgslehre, ab 1789 Eisenhüttenkunde und ab 1799 Versteinerungslehre. 1792 wurde er Mitglied des Oberbergamtes. Mit seinen Vorlesungen begründete er den Wissenszweig Geologie.

Er war im 18. und 19. Jahrhundert der Wortführer im Streit um die Entstehung der Gesteine. Zu Werners berühmtesten Verehrern gehörte Goethe. Novalis setzte ihm in seinen Werken ein literarisches Denkmal (»Die Lehrlinge von Sais«, »Heinrich von Ofterdingen«). Werner legte seine Anschauungen fest in der »Allgemeinen Betrachtung über die festen Erdkörper«. Am 30. Juni 1817 starb Werner in Dresden.

Wiesenbad, Thermalbad Wiesenbad liegt im Übergangsgebiet vom mittleren zum oberen Erzgebirge (mittlere Höhenlage 435 m), im Talkessel der Zschopau mit bewaldeten Hängen, dadurch günstige klimatische Situation.

Die Ortsgründung hängt zusammen mit der Entdeckung einer warmen Heilquelle Ende des 15. Jahrhunderts. Bereits 1501 wurde durch den Bergherrn Hans Friedrich von Geyer das Thermalwasser als Hiobsquelle gefasst und eine Badehütte errichtet. Erst im 20. Jahrhundert wurden zwei weitere Quellen erschlossen: die Georgs- und Sophienquelle.

Der Ort hieß zunächst Rosenau, später St.-Hiobs-Bad, seit 1602 Sophienbad, seit 1791 Wiesenbad, 1956 erst wurde Wiesenbad selbstständige Gemeinde durch Abtrennung von Wiesa. Oberhalb des Bahnhofs liegt das Sanatorium des Thermalbades, dessen Hauptgebäude noch aus dem 19. Jahrhundert stammen (Kurhaus von 1827, Badehaus mit Türmchen und Wetterfahne von 1857, die neuklassizistische Wandelhalle von 1854). Mitte der Fünfzigerjahre im 20. Jahrhundert Ausbau und Erneuerung der Anlage. Behandlung von Folgen der Poliomyelitis, von Haltungsschäden usw. Heute neues Kurhaus mit Badeanlagen.

Zu Wiesenbad gehört der Ortsteil Himmelmühle. Er liegt in einem Zschopauknie nordöstlich der Gemeinde, nahe der Einmündung des Pöhlbaches in die Zschopau. Himmelmühle war schon im 16. Jahrhundert der Name einer Brettmühle, wohl nach der reizvollen landschaftlichen Einbettung so genannt. 1834 entstand hier eine Baumwollspinnerei, die zu Beginn des 20. Jahrhunderts verfiel. Später entstand hier die erste Schokoladenfabrik des Erzgebirges, heute dienen die Gebäude zu Lagerzwecken. Kunsthistorisch wertvoll ist der Parkpavillon im Neorenaissance-Stil, sehenswert auch die ehemalige Fabrikschule, ein Steingebäude mit Walmdach, sowie mehrere Fachwerkhäuser.

Wild, Christian Gottlob, erster bedeutender erzgebirgischer Mundartdichter und damit Begründer der Mundartliteratur, vorzüglicher Kenner und Schilderer erzgebirgischen Volkstums. Geboren am 25. Dezember 1785 in Johanngeorgenstadt als Sohn eines Schulmeisters und späteren Kantors. Er besuchte die Schule seiner Vaterstadt, anschließend das Lyceum in Schneeberg. Danach studierte er in Wittenberg Theologie. Während seiner Schulzeit unternahm er ausgedehnte Fußreisen durch das deutsche Land. Zweiundzwanzigjährig trat er 1809 mit seinem Landschaftsbuch »Interessante Wanderungen durch das Sächsische Obererzgebirge« hervor. Es gilt heute als zuverlässige Fundgrube für die Volkskunde des Erzgebirges. Von 1806 bis 1824 wirkte Wild als Pfarrer in Carlsfeld. In seinem Anstellungsjahr brachte er in Schneeberg ein Büchlein heraus »Vermischte Gedichte«. Es enthält 58 hochdeutsche und die ersten fünf Gedichte in erzgebirgischer Mundart. Dies war deshalb ungewöhnlich, weil damals Mundart zwar gesprochen, aber nicht gedruckt wurde. Von 1824 bis zu seinem Tode, am 24. März 1839, lebte er in Breitenbrunn. Sein bekanntestes Gedicht ist das inzwischen zu einem Volkslied gewordene »Wenn's Gelöckel dreie lätt . . .« Weitere Gedichte von Wild sind: »Dr Voter« (»Loßt mich emol in Kolanner neisaah . . .«), »Ich bi e lustige Klippelmad« und »Dr Gung mit dr Zither«.

Wildenfels, Kleinstadt, auf halber Strecke gelegen an der Landstraße Oelsnitz–Kirchberg.

Die Häuser der Ortschaft werden von der westlich liegenden Burg aus der Zeit um 1200 überragt. Als Städtchen wird Wildenfels erstmals 1426 genannt. Erster bekannter Burgherr ist 1222 der reichsfreie Heinrich von Wildenfels. Auch die nachfolgenden Burgherrn konnten sich ihre Reichsfreiheit bewahren. Zwischen 1410 und 1536 befand sich die Herrschaft wahrscheinlich nur pfandweise in den Händen mehrerer Adelsgeschlechter, kam wieder in den Besitz des Geschlechts derer von Wildenfels, das 1602 ausstarb. Nachfolger wurden die Grafen von Solms-Wildenfels. Der Umfang der Herrschaft mit 150 Hufen blieb bescheiden. Zu ihr gehörten zwei Orte und sechs Dorfanteile. Im 18. Jahrhundert entwickelte sich das Handwerk und Gewerbe, die Leinweberei und Strumpfwirkerei. Obwohl dem Amt Zwickau unterstellt, besaß die Herrschaft in Handels- und Zollangelegenheiten große Freiheiten. – Das Schloss verfügt über einen Trauungssaal. Im Südflügel ist die Kreismusikschule untergebracht. Der älteste Teil ist das Kornhaus aus dem 12. Jahrhundert, seit 1949 Wohnhaus. Das Schloss wurde im 16. und 18. Jahrhundert stark verändert. Wildenfels

ist der Geburtsort des Dresdner Akademieprofessors und Hofmalers Christian von Vogelstein. – Jährlich findet in Wildenfels das Rosenfest statt.
Stadtverwaltung Wildenfels, Poststraße 26, 08134 Wildenfels
Tel. 03 76 03/55 93 30, Fax 03 76 03/5 59 33 22
E-Mail: wildenfels@t-online.de
Internet: www.wildenfels.de

Wildenthal, Ortsteil von Eibenstock. Der Ferienort liegt am Fuße des 1019 m hohen Auersberges, 20 Kilometer südwestlich von Aue in einem tief eingeschnittenen Tal der Großen Bockau, 730 m hoch gelegen.

Der Ortsname stammt wahrscheinlich von Anarch von Wildenfels ab, der das Gelände 1598 erwarb. Er könnte auch von der Lage herrühren, »Ort im wilden Tal«. Lange wird er auch als der »Neue Hammer« bezeichnet, was auf Hammerwerke an der Großen Bockau hinweist. Am nahen Auersberg gab es indessen regen Bergbau. Im 16. und 17. Jahrhundert arbeiteten hier etwa 300 Bergwerke. Zwischen dem Ende des 16. bis Mitte des 19. Jahrhunderts waren in Wildenthal die Hammerwerke tätig und gaben Broterwerb für die Bewohner.

Wildenthal

1835 kamen ein Blechwalzwerk und eine Nagelschmiede hinzu. Durch billige Importe aus England gingen die Betriebe ein. Seit 1860 entwickelte sich der Fremdenverkehr im Ort. Der Ort ist ohne Industrie.

Wildenthal liegt im Landschaftsschutzgebiet »Auersberg«. Beliebte Wanderziele sind u. a. der Auersberg, Kuhberg, die Talsperren Carlsfeld, Sosa und Eibenstock oder der Große und Kleine Kranichsee. Im Ortsteil Oberwildenthal gibt es einen Grenzübergang für Fußgänger nach Tschechien.
Eibenstock-Information, Postplatz 4, 08309 Eibenstock
Tel. 03 77 52/22 44, Fax 03 77 52/5 71 14
E-Mail: touristinformation@eibenstock.de,
Internet: www.eibenstock.de

Winkler, Clemens Alexander, Chemiker, Forscher, Hochschullehrer. Geboren wurde er am 26. Dezember 1838 in Freiberg als Sohn eines Hüttenmeisters. Er verbrachte seine Kindheit und Jugendzeit in Aue. Bereits hier zeigte sich sein besonderes Interesse für Naturwissenschaften und Chemie. 1857 begann er ein Studium an der Bergakademie in Freiberg. Dabei widmete er sich besonders der Mineralanalyse. Neunzehnjährig schrieb er erste Beiträge für die Fachpresse. 1859 wurde er Akzessist beim Blaufarbenwerk Oberschlema. Zwei Jahre später kam er als Hüttenmeister zum Blaufarbenwerk Niederpfannenstiel bei Aue. Nach einem weiteren Studium an der Universität Leipzig promovierte er 1864 zum Doktor der Philosophie. Anschließend war er leitender Hüttendirektor in Niederpfannenstiel. 1873 nahm er eine Professur für Chemie an der Bergakademie in Freiberg an. Er untersuchte die Schneeberger Kobalt- und Uranmineralien, das Meteoreisen von Rittersgrün. Die Darstellung der rauchenden Schwefelsäure für industrielle Zwecke setzte er in die Praxis durch die Gründung einer Fabrik 1876 in Muldenhütten um. 1886 entdeckte er in dem auf der Grube »Himmelfürst« gefundenen Silbererz Argyrodit das chemische Element Germanium. Mit dieser wissenschaftlichen Großtat fand das von Mendelejew aufgestellte Periodensystem seine Bestätigung. 1894 trafen sich die beiden Forscher in Freiberg. Winkler bestimmte das Atomgewicht von Nickel und Kobalt neu und verbesserte die Maßanalyse. Erfolgreich waren seine Forschungen auf dem Gebiet der Grubengase. Er schrieb ein Lehrbuch der technischen Gasanalyse. 1902 trat er in den Ruhestand und starb am 4. Oktober 1904 an einem Lungenleiden in Dresden. – Denkmal Winklers von Seffner in Freiberg. Clemens-Winkler-Straße und Clemens-Winkler-Bau in Freiberg. Winklerdenkmal vor der Auer Nickelhütte.

Wolkenstein. Stadt an der Zschopau. Zur Stadt gehören die Ortsteile Kurort Warmbad, Gehringswalde, Hilmersdorf, Schönbrunn, Falkenbach und Floßplatz.

Wolkenstein ist eine der ältesten erzgebirgischen Siedlungen. Erste Erwähnung: 1241 Wolkenstein, 1493 Wulkinstein. Name resultiert aus Lage des Burgberges hoch über dem Zschopautal (in die Wolken ragende Burg).

Die Burganlage entstand zur Sicherung der Handelsstraße, die von Waldenburg, dem Stammsitz der Burgherren, ins Böhmische führte. Stadtgründung 1323. Stadt und Burg bilden noch heute eine Einheit auf einem Felsmassiv mit bewaldeten Hängen.

Stadtblüte im Mittelalter während des erzgebirgischen Silberbergbaus, zeitweilig gab es in Wolkenstein ein eigenes Bergamt, eine Schmelzhütte und eine eigene Münze. Wolkenstein war auch Residenz des jüngsten Sohnes von Herzog Heinrich dem Frommen von Sachsen und Herzog August, der 1553 Kurfürst von Sachsen wurde.

Der Kern der mittelalterlichen Stadtanlage ist noch gut erkennbar. Es existieren Reste der Stadtmauer mit dem Mühltor (mit Figur des heiligen Bartholomäus, des Schutzpatrons der Stadt). Die Burg mit spätmittelalterlichen Schlossbauten ist eine überbaute Wehranlage. Neben der Burg der Schlossplatz (ehemals Topfmarkt) und steinummauerter Schlossteich. Zugang zur Burg über einen Wallgraben mit Zugbrücke, heute ein fester Steinübergang. Im Burgbereich Bergfried mit steilem Walmdach ältester Teil der Anlage. Im Südflügel Heimatmuseum: Im Raum mit schöner Holzbalkendecke Ausstellung von erzgebirgischer Schnitzkunst und frühen Erzeugnissen Wolkensteiner Handwerkerarbeit. – In der Nähe des Schlosses befinden sich der ehemalige Schlosskeller und Stallhof mit Dreiecksfachwerk (restauriert). – Unterhalb des Schlosses Spazierwege im »Hag«, dem Westabhang. Der Umbau der Burg in eine Schlossanlage im Renaissancestil erfolgte etwa um 1500. Hier befand sich seit 1478 ein kursächsisches Amt mit Gerichtsbarkeit, Gefängnis und Gefängnishof. – Unweit der Burg steht die Stadtkirche St. Bartholomäus. Einige Bauteile stammen noch aus vorreformatorischer Zeit, dreiteiliger Chor aus dem 15. Jahrhundert, Kreuzgewölbe 1648 erneuert. Ehemals an der Außenwand des Turmes, jetzt im Innenraum der Kirche, Relief des heiligen Georg (etwa um 1400). Die Kirche wurde nach einem Brand 1689 erneuert. Wappen der Waldenburger Herren an der Außenwand. Im Inneren barocker Altaraufbau aus mehrfarbigem Gestein von Johann Böhme. Hinter der Kirche befindet sich das restaurierte alte Pfarrhaus mit Fachwerk aus dem 17. Jahrhundert.

Am Marktplatz Postdistanzsäule, die 1960 ergänzt und wieder aufgestellt wurde. An der Apotheke am Markt Wappentier Löwe von 1792, im Hausflur Kreuzgewölbe. Wolkenstein ist ein bekannter Ferienort, vor allem für Wanderer ins Landschaftsschutzgebiet »Oberes Zschopautal«, nach Warmbad und Thermalbad Wiesenbad und »Wolkensteiner Schweiz« (s. d.) bieten sich reizvolle Touren.

Der Ortsteil Floßplatz, nördlich von Wolkenstein, direkt an der Zschopau gelegen, entwickelte sich bis in die Mitte des 19. Jahrhunderts als Holzstapelplatz für die in den umliegenden Wäldern geschlagenen Stämme, die zschopauabwärts geflößt wurden. Ehemaliges Floßhaus wurde im Zusammenhang mit Eisenbahnbau 1866 abgerissen. Heute befindet sich hier der Bahnhof Warmbad-Wolkenstein. Die Baumwollspinnerei Falkenhorst entstand 1835, mit Neubau 1849, typischer Baustil sächsischer Baumwollbetriebe. In der Nähe von Floßplatz an der Zschopau Aussichtsfelsen: Falkenhorstwand, Kellerlochfelsen und die »Heiligen Hallen« mit Blick über das Flusstal.
Auskünfte: Gästebüro im Schloss.
Tel. 03 73 69/8 71 23, Fax 03 73 69/8 71 24
E-Mail: info@stadt-wolkenstein.de,
Internet: www.stadt-wolkenstein.de

Wolkensteiner Schweiz, Ausflugsgebiet, ca. einen Kilometer von Wolkenstein entfernt. Hier erheben sich hohe Gneisfelsen etwa 60–70 Meter oberhalb der Zschopau. Bekanntester Felsen ist die sogenannte Brückenklippe (490 m ü. NN). Oberhalb der Wolkensteiner Schweiz liegt die Anton-Günther-Höhe, ein Aussichtspunkt mit guter Weitsicht über das mittlere Erzgebirge und den Kamm des Gebirges.

Zechendörfer, Johannes, Philologe, Sprachkundiger, Sprachpädagoge. Geboren am 8. August 1580 in Lößnitz als Sohn eines Schulmeisters. Seine Kindheit verbrachte er in Schneeberg. In der Bergstadt war sein Vater Baccalaureus der Lateinschule geworden. Der Vater unterrichtete ihn, bis er mit 19 Jahren zu seinem Oheim nach Ballenstedt im Harz kam: Hier nutzte er dessen umfangreiche Bibliothek. Er besuchte in Aschersleben und Braunschweig die Schule und hielt sich in Eisleben und Zerbst auf. Vom Vater nach Schneeberg zurückbeordert, erhielt er eine Ausbildung in morgenländischen Sprachen. 1605 begann er ein Studium an der Universität in Leipzig, das er 1608 mit der Magisterwürde abschloss. Nach dem Tod des Vaters im Jahre 1610 wurde er Konrektor der Schneeberger Lateinschule. Sein Ruf als Kenner orientalischer Sprachen brachte ihn an das Zwickauer Gymnasium. Hier wirkte er 44 Jahre lang. Von ihm erschienen mehrere Bücher, darunter ein vierbändiges Lexikon. Zechendörfer starb am 17. Februar 1662 in Zwickau.

Zinnbergbau im Erzgebirge. Neben dem Bergbau auf Silber und Eisen nahm der Abbau und die Verarbeitung von Zinnerzen im Erzgebirge eine besondere Stellung ein. Eine der letzten Gruben in Ehrenfriedersdorf wurde erst 1990 geschlossen. Die Blütezeit des Zinnerzbergbaus lag im 15. und 16. Jahrhundert.

Die wichtigsten Fundorte waren die Gebiete von Altenberg – Geising – Zinnwald, das Greifensteingebiet mit Ehrenfriedersdorf und Geyer und Eibenstock. Durch die regellose Form des Abbaus kam es oft zu großen Einbrüchen in die unterwühlten Gesteinsmassen, es entstanden in Altenberg, Seiffen, Geyer u. a. Orten die sogenannten Pingen.

Zinnerz heißt bei den Bergleuten Zwitter, deshalb auch Zwitterstöcke. Es muss zerstoßen und geschlämmt werden, wobei der Zinnstein zurückbleibt, der im Schmelzofen von Arsen und Schwefel durch Rösten befreit wird. Danach kann das Zinn weiter verarbeitet werden.

Zinngießer stellten nicht nur alle notwendigen Haushaltsgefäße her, Schüsseln, Teller, Löffel und Leuchter, sondern auch kunsthandwerklich bedeutsame Ziergeräte. In vielen Kirchen finden sich Taufschüsseln, Hostienteller und Kruzifixe erzgebirgischer Zinnmeister, ein Annaberger Krug ist im Louvre zu sehen. Besonders die Werke der Familie Lichtenhain aus Annaberg wurden berühmt. Neben dem Haushaltszinn wurde das Zinnerz auch zum Löten und Legieren verwendet, das meiste Zinn verarbeiteten die Hammerwerke, die das Eisenblech in Weißblech verwandelten.

Zinnwald-Georgenfeld, Ortsteil von Altenberg. Die kleine Gemeinde liegt auf dem Kamm des Osterzgebirges in 750 bis 880 m Höhe, unmittelbar an der Grenze nach Tschechien. Die beiden ursprünglichen Orte, Zinnwald und Georgenfeld, sind durch den Bergbau auf Zinnerz entstanden.

Dieser drang im 16. Jahrhundert vom böhmischen Graupen aus gegen den Erzgebirgskamm vor. Dicht bei dem böhmischen Hinterzinnwald wurde man auf sächsischem Boden fündig. Nahe den Bergwerken bauten sich einige aus Böhmen zugewanderte Bergleute ihre Häuser und gründeten 1590 die Streusiedlung Zinnwald. 1651 hatte sie acht Häuser. Sicher wäre sie nur langsam weiter gewachsen, da kamen zwischen 1729 und 1733 Glaubensvertriebene aus Böhmen herzu, dass der Ort 1750 bereits 50 Häuser zählte. Das Bergwerk war fündig, denn längst sprach man vom Bergflecken. In 125 Schächten, zwölf Stollen und mehreren Pochwerken fanden die meisten Bewohner ihre Arbeit. Im frühen 19. Jahrhundert nahm die Zinnausbeute ab, dass viele ihren Broterwerb anderweitig sichern mussten, so mit Strohflechten, einer schlechtbezahlten Heimarbeit und der Beschäftigung im Wald. Nochmals flackerte der Bergbau auf, als man nach 1880 Wolfram erschürfte. Die Ausbeute hielt aber nur kurze Zeit, denn nach dem Ersten Weltkrieg war sie erloschen. Einige Bewohner konnten sich mit der Landwirtschaft über Wasser halten. Bedingt durch die Höhenlage, blieb der Ertrag gering.

Alt-Georgenfeld entstand als Bergmannssiedlung nach 1670. Zuwachs erhielt der Ort nach 1731 durch aus Böhmen vertriebene Protestanten. Die planmäßige Ortsanlage ist heute noch erkennbar. Schindelbeschlagen sind die Häuser, gleichmäßig aufgereiht. Neu-Georgenfeld nannten sie ihre Neugründung. An der Fernverkehrsstraße Dresden–Prag liegend, konnte sich die Gemeinde nach 1900 zunehmend zum Wintersportzentrum entwickeln. In Zinnwald besteht ein wichtiger Grenzübergang nach Tschechien. Goethe weilte 1813 bei seinen Studien des sächsischen Zinnerzbergbaus im »Sächsischen Reiter« in Zinnwald.

Zinnwald-Georgenfelder Tourismusverein e.V,
Am Huthaus 6, 01773 Altenberg, Ortsteil Zinnwald
Tel. und Fax 03 50 56/3 58 91
E-Mail: hoenig@ost-erzgebirge.de,
Internet: www.zinnwald.de

Zither, wesentliches Volksmusikinstrument im Erzgebirge, das besonders von den Singe- und Heimatgruppen verwendet wird. Dieses Saiteninstrument ist seit dem 18. Jahrhundert bekannt und in den Gebirgsländern verbreitet. Um 1830 hatte es nur zwei bis drei durch Fingerdruck verkürzbare und bis 17 unverkürzbare Saiten. Heute ist es mit mehr als 40 ausgerüstet. Das flach auf dem Tisch liegende Instrument hat Griffsaiten und in Quinten oder Quarten gestimmte Begleitsaiten. Über das Herkommen der Zither gibt es unterschiedliche Auffassungen. Wahrscheinlich kommt sie vom Scheitholz her. Um die Jahrhundertwende verbreitete sich die Zither über das ganze Erzgebirge und löste das bis dahin gebrauchte Scheitholz ab, auch Hummel oder Fummel genannt.

Zöblitz, mit den Ortsteilen Ansprung, Sorgau und Grundau. Kleinstadt zwischen Marienberg und Olbernhau, an der Ostseite des Tales der Schwarzen Pockau in 600 m Höhe, von Laub- und Mischwald umgeben. Bekannt wurde Zöblitz durch den in vielen Farben vorkommenden Serpentinstein.

Der Ort fand erstmals 1323 Erwähnung als »stetechen Zcobelin« mit dem »zcoll« in der Herrschaft Lauterstein gelegen. Seine Besitzer waren die Reichsministerialen von Schellenberg. Die Marktsiedlung ging aus einem Waldhufendorf hervor an der 1150 genannten Passstraße nach Böhmen (Chemnitz – Zschopau – Zöblitz – Rübenau – Prag). Um das Städtchen zu schützen, entstand 1292 Nidperg auf dem Lauterstein. Matthias Brinnel entdeckte 1450 den schabbaren Serpentinstein. Steinäxte aus Zöblitzer Serpentinstein sind bereits aus der Steinzeit bekannt. Erst im 15. Jahrhundert erfand Bergmeister Illgen die Serpentinschnitzerei. 1474 bestand der Ort aus 18 Häusern und drei wüsten Hausstellen. 1497 teilten die von Berbisdorf die Herrschaft. Bis 1547 erhöhte sich die Zahl der Ansässigen auf 27 des Ober- und 29 des Niederlautersteiner Anteils. Als 1559 Lauterstein vom Kurfürsten erworben wurde, kam Zöblitz in kursächsische Hände. Durch die Serpentinsteinbrüche erweiterte sich das Städtchen 1718 auf 117 Häuser und zwei wüste Hausstellen. 1760 arbeiteten in Zöblitz 69 Serpentinstein-Drechslermeister. Die Stadt wurde häufig von Bränden heimgesucht. Der Wiederaufbau in heutiger Form erfolgte 1854. – Sehenswert ist die Stadtkirche. Der große barocke Saalbau aus dem Jahre 1904 hat einen Ostturm, vermutlich von 1488 und eine Silbermann-Orgel von 1742. An der Außenwand der Kirche befinden sich viele Grabdenkmäler aus dem 18. Jahrhundert.
Fremdenverkehrsamt Zöblitz,
Bahnhofstraße 1, 09517 Zöblitz
Tel. 03 73 63/77 04 oder 1 88 74, Fax 03 73 63/18 87 40
E-Mail: stadt.zoeblitz@t-online.de,
Internet: www.zoeblitz.de
Heimatmuseum
Dargestellt wird die Besiedlungsgeschichte des Erzgebirges, die Zöblitzer Stadtgeschichte, die ehemalige Baldaufsche Serpentinstein-Drechslerwerkstatt ist als techn. Denkmal eingerichtet, Tel. 03 73 63/77 04

Zschopau. Stadt am gleichnamigen Fluss im Westerzgebirge. Entstehung der Stadt an Flussübergang am alten Böhmischen Steig von Leipzig nach Prag. Erste Erwähnung dieses Weges 1174, aus dieser Zeit Rundturm von Schloss Wildeck. Er ist eines der ältesten Bauwerke der Stadt und trägt den Namen »Dicker Heinrich«. Zschopau blieb über Jahrhunderte hinweg Handelszentrum und Handwerkerstadt mit Innungen der Weber, Tuchmacher und Weißgerber. Stadtmauer um 1495 mit drei Toren neu errichtet, zu Beginn des 19. Jahrhunderts abgerissen, Reste der Stadtmauer an der Johannisstraße. Brücke über die Zschopau erstmals 1516 erwähnt, 1741 überdachte Brücke. 1812 begann der Bau einer steinernen Brücke, »der schönsten Brücke des Erzgebirges« (August Schumann), 1815 beendet. Denkmal für einen Fuhrmann, der das Gebirge hinter sich gebracht hat, 1932 am südlichen Brückenkopf errichtet.

Industrieller Aufschwung im 19. Jahrhundert mit Weberei und Spinnerei durch die Familie Bodemer, 1935 rund 1100 Arbeiter und Angestellte. 1907 verlegte der Däne J. S. Rasmussen eine Werkstatt ins Tischautal, wo 1918 der erste DKW-Motor entstand, 1921 das erste DKW-Zweitakt-Motorrad, und 1928 wurden die ersten DKW-Automotoren produziert. 1932 fusionierte er mit seinen Betrieben in die Autounion. Nach dem Krieg wurde das Werk von den sowjetischen Besatzungstruppen demontiert, später entstand ein neues Motorradwerk für Zweitaktmotorräder (»MZ«).

Sehenswürdigkeiten: Schloss Wildeck, 1545 als kurfürstliches Jagdschloss umgebaut, im 17. und 18. Jahrhundert Sitz einer Oberforst- und Wildmeisterei, bekanntester Beamter Cornelius von Rüxleben, der nach Denunziation in Ungnade fiel und nach dreizehnjähriger Haft in der Pleißenburg in Leipzig starb. – Stadtkirche St. Martin, spätgotischer Bau von 1494, mit Bauteilen aus dem 17. Jahrhundert. Im Inneren Gesimskanzelaltar von 1858. – Edelhaus am Markt, 1561 als Renaissancebau für C. v. Rüxleben errichtet, mit von·Pilastern frankiertem Portal, barocke Umgestaltung des Baus. – Fachwerkbau Johannisstraße 2 aus dem 17. Jahrhundert. In Zschopau am Rathaus stand Karl Stülpner (s. d.) als Soldat im Wachdienst.
Auskünfte: Tourist-Information Zschopau,
Schloss Wildeck, 09405 Zschopau
Tel. 0 37 25/28 72 87, Fax 0 37 25/28 72 88
E-Mail: info@zschopau-info.de,
Internet: www.zschopau-info.de

Zschopautal, oberes, Landschaftsschutzgebiet seit 1968, 8207 Hektar groß. Es wird dem unteren Westerzgebirge zugeordnet. Langgestreckt liegt es in 318–705 m ü. NN zwischen Zschopau und Wiesa, seitlich wird es von Ehrenfriedersdorf und Wolkenstein begrenzt. Das zur Hälfte mit Wald bestockte Gebiet dient als Erholungs- und Wanderlandschaft. Es ist abwechslungsreich und voller landschaftlicher Reize.

Die verebnete, sich nach Norden zu schwach neigende Hochfläche ist hügelig gestaltet, Bergformen fehlen. Gebirgscharakter gewinnt die Landschaft durch die wechselvollen Talprofile mit Prallhängen, von senkrechten Felswänden und flachen Gleithängen durchsetzt. Die Wasserläufe bewegen sich in tief eingeschnittenen, schluchtenartigen und windungsreichen Tälern. Das wichtigste Gewässer ist die Zschopau mit ihren Zuflüssen. Die klimatischen Bedingungen sind uneinheitlich. Sie haben Gebirgscharakter, in den Tallagen sind sie mild. An Grundgesteinen überwiegen Gneise und Schiefer mit unterschiedlichen Einlagerungen.

Fichtenwald bildet den Hauptanteil der Waldgehölze. An den Steilhängen gibt es Mischwald. Im Gebiet leben Reh- und Niederwild. Die Vogelwelt ist artenreich.

In das Landschaftsschutzgebiet sind zahlreiche Orte völlig eingeschlossen. Die meisten von ihnen wurden während der großen Besiedlung im 12. Jahrhundert gegründet. Dazu gehören die Kurorte Warmbad Wolkenstein und Wiesenbad. Im Gebiet liegt die Burg Wildeck, das Schloss Scharfenstein und das Schloss Wolkenstein.

Zschorlau, mit den Ortsteilen Burkhardtsgrün und Albernau, in Verwaltungsgemeinschaft mit Bockau. Die vier Kilometer langgestreckte Dorfgemeinde am Zschorlaubach im unmittelbaren Anschluss an Aue. Von den ortsnahen Bergen ist der Steinberg mit 733 m der höchste. Die Gründung des Ortes geht auf den frühen Erzbergbau zurück. Aus dem Jahre 1413 stammt der älteste und sicherste Nachweis über ein bestehendes Gemeinwesen. Damit beginnt die Geschichte des frühen Waldhufendorfes. Der Ortsname geht wahrscheinlich auf »Schorlo« zurück, was soviel heißt wie »felsiger Talgrund« und der von »Loh« abgeleiteten Endsilbe, woraus Zschorlau wurde. Die ersten Bergleute waren Seifner. Im Riesengrund, Gößnitzgrund und am Steinberg befinden sich alte Stätten der Zinnwäscherei. Die Zinngabel im Ortssiegel weist darauf hin. 1448 wird nahe der Heßmühle der erste Schachtbergbau betrieben. 1500 nennt eine Urkunde St. Anna am Freudenstein ein »berufenes« Bergwerk. Bedeutende Ausbeute im »Türksuchstollen« am rechten Ufer des Zschorlaubaches. 1632 gab es in Zschorlau sieben Gruben mit einigem Ertrag an Silber und Wismut. Die Hoffnung-Grube förderte Eisenerz. Nach einer Flaute belebte sich der Bergbau im letzten Jahrzehnt des 18. Jahrhunderts. Abgesehen vom Uranerzbergbau nach 1945, blieb die Wolframitgrube, früher »Bergsegen« geheißen, bis in jüngerer Zeit fündig. Auf halbem Wege zwischen Schneeberg-Neustädtel und Zschorlau liegt die unter Denkmalschutz stehende Bergwerksanlage »Türkschacht«. Das 1887 von der Königlichen Marienhütte in Cainsdorf errichtete und von 1985 bis 1987 restaurierte Stahlgerüst ist das einzige erhaltene Stahlfördergerüst alter Bergbauzeit. Einer der Haupterwerbszweige bis zur Gegenwart blieb in Zschorlau die Landwirtschaft. Mit der schwunghaft einsetzenden industriellen Entwicklung in Aue gingen viele Zschorlauer in die dortigen Fabriken als Arbeiter.

Die aus dem Jahre 1413 stammende Kirche wurde 1632 vergrößert und 1880 erneuert. In ihr predigte ab 1833 Karl Friedrich Stein, welcher bei seinen astronomischen Studien 1843 einen Komet entdeckte, der erst danach von den Sternwarten in Rom und Paris bestätigt wurde. Im Ort sind noch Umgebindehäuser erhalten, das schönste von ihnen ist die »Weckmühle« im oberen Ortsteil. – Von Zschorlau aus gibt es schöne Wanderwege, so entlang dem Floßgraben bis nach Schlema. Bis zum Filzteich und zur Bergstadt Schneeberg sind es nur wenige Kilometer. Schöne Aussicht bietet der Steinberg oder der Gemauerte Stein in Richtung Aue, in Zschorlau gibt es das Besucherbergwerk »St. Anna am Freudenstein« mit dem »Troster Stolln«. Der Ort hat keinen Bahnanschluss, jedoch eine bequeme Busverbindung nach Aue.

Gemeindeverwaltung Zschorlau,
August-Bebel-Str. 78, 08321 Zschorlau,
Tel. 03771/410419, Fax 0 37 71/45 82 19
E-Mail: l.georgi@zschorlau.de,
Internet: www.zschorlau.de

»St. Anna am Freudenstein«, Historisches Silberbergwerk,
Tel. 0 37 71/2 39 08
Internet: www.freudenstein-fundgrube.de

Zwickau, bedeutendes Industrie-, Handels- und Schulzentrum, Tor zu Erzgebirge und Vogtland. Lage an der Zwickauer Mulde und im Erzgebirgsvorland des Zwickau-Oelsnitzer Beckens. Mit Stadtteilen Auerbach, Bockwa, Eckersbach, Marienthal, Niederhohndorf, Oberhohndorf, Planitz, Pöhlau, Pölbitz, Crossen, Hartmannsdorf, Ratmannsdorf, Schedewitz, Weißenborn.

Als Siedlung und Territorium erstmals 1118 urkundlich erwähnt. Der Name ist sorbisch-wendischen Ursprungs und bezeichnet einen Marktflecken. Sorben gründeten ihr »Zwikkowe« in der fruchtbaren Talaue der Mulde. Hier kreuzten sich alte Handelswege, die »Salzstraße« von Halle ins Böhmische und das »Polnische Gleis« von Krakau nach Süddeutschland. Deutsche Kaufleute siedelten sich in der Nähe der Zwikkowe an, Stadtgründung vermutlich zwischen 1192 und 1212. Bevölkerungszunahme durch systematische Besiedlung des heutigen Südwestsachsen. Bildung von starken Handwerkerzünften, vor allem Tuchmacher und Schmiede. »Zwickisch Tuch« ging im 16. Jahrhundert in viele Städte, bis nach Krakau, Posen, Danzig, Linz, Wien usw. Schon früh Abbau von Eisenerz und Steinkohle. Handels- und Verlegerzentrum des erzgebirgischen Silberbergbaus (Nähe zu Schneeberg).

Bedeutende städtische Kultur. Philipp Melanchthon 1548: »In Kunst und Technik übertrifft Zwickau alle Städte dieser Lande«. An der Zwickauer Lateinschule lehrte Georgius Agricola (s. d.). Der Nürnberger Meister Michael Wohlgemuth, Lehrer von Albrecht Dürer, schuf den Hauptaltar der Marienkirche. In Zwickau wirkte der Bildschnitzer Peter Breuer (s. d.) und der revolutionäre Reformator Thomas Müntzer (s. d.). Die 1498 gegründete Ratsschulbibliothek verfügt über wertvolle Bestände (85.000 Bände), ca. 1200 Inkunabeln. Durch Belagerung und Zerstörung der Stadt im Dreißigjährigen Krieg Rückgang der Bevölkerung von 7600 (1530) auf ca. 3000 im Jahre 1640. Zwischen 1702 und 1717 wirkte in Zwickau die am 9. März 1697 in Reichenbach geborene Caroline Neuber, die als »Neuberin« das deutsche Theater aus den Fesseln der Hanswurstiade befreite. Sie wohnte im Haus Innere Schneeberger Straße 27, das im Krieg zerstört wurde. Geboren wurde in Zwickau am 8. Juni 1810 der Komponist Robert Schumann (s. d.), dessen Vater und Onkel gemeinsam eine Verlagsbuchhandlung betrieben.

Im 19. Jahrhundert fand der entscheidende wirtschaftliche Aufschwung Zwickaus statt: Von 1837 bis 1870 entstanden mehr als 30 Steinkohlenbergwerke, dazu kam eine umfangreiche Folgeindustrie, vor allem im Bereich der Verhüttung, der Gießerei und des Maschinenbaus. 1904 begann der Ingenieur August Horch in einer alten Spinnerei mit dem Automobilbau, später begründete er auch das Unternehmen »Audi« (lat. horch). Nach dem Zweiten Weltkrieg Verstaatlichung der Unternehmen, zunächst unter den alten Firmennamen, 1958 Zusammenschluss zum VEB Sachsenring, dessen bekanntestes Erzeugnis der Kleinwagen »Trabant« mit Duroplastkarosserie wurde. Einstellung der Fertigung 1991, seit 1990 Aufbau einer Autoproduktion durch die Volkswagen AG im benachbarten Mosel. 1978 wurde der traditionelle Steinkohlenbergbau wegen zu hoher Förderungskosten aufgegeben.

Zwickau, Gewandhaus

Zwickau besitzt wichtige Schulen und Hochschulen, Westsächsische Hochschule (FH), das Robert-Schumann-Konservatorium.

Sehenswürdigkeiten: Rathaus am Marktplatz. Nach Brand 1403 Neubau, vollständige Umgestaltung im neugotischen Stil mit Zinnenkranz und -türmchen 1862. Vom spätgotischen Bau blieb nur die 1473/77 eingefügte Jakobskapelle im 1. Obergeschoss erhalten (seit 1938 Rats- und Emp-

fangssaal), ein gestreckter Raum mit Kreuzrippengewölbe auf Konsolen. Über dem Eingang des dreigesch. Rathauses Stadtwappen aus dem 16. Jahrhundert. Gewandhaus, 1522/25 von Friedrich Schultheiß (vermutlich nach einem Entwurf von Jakob Heilmann) für die Tuchmacherinnung erbaut. Zweigeschossiger Sandsteinbau mit hohem Satteldach. Fünf Stockwerke hoher Backsteingiebel im Stil der Frührenaissance. Seit 1823 wird es als Stadttheater genutzt, in den Siebzigerjahren des 20. Jahrhunderts moderner Anbau und Erneuerung der Innenräume. – Dom St. Marien. Nach 1206 als Pfarrkirche der Marienvorstadt gegründet, jetziger Bau hauptsächlich zwischen 1453 und 1565 entstanden. Große spätgotische Hallenkirche mit 87 m hohem West-Turm. Im Inneren: Hochaltar 1479 von Michael Wohlgemuth, Frührenaissance-Kanzel 1538 von Paul Speck, von ihm auch kelchförmiger Taufstein, beides 1960 umgestaltet. Heiliges Grab, bez. 1507 MH (Michael Heuffner), geschnitzter, freistehender Schrein mit turmartigem Aufbau. Pieta 1502, in der Kapelle an der Nord-Seite: Hauptwerk des Bildschnitzers Peter Breuer (s. d.). Zahlreiche Epitaphe und Grabtafeln, Pfarrerbildnisse aus dem 16. Jahrhundert. – Katharinenkirche, kleiner, schlichter Bau, gegründet 1206/1219. Heutige Gestalt aus dem 15. Jahrhundert. Im Inneren Altar aus der Werkstatt Lukas Cranach d. Ä. um 1517. Plastik »Christus mit der Siegesfahne« 1497/98 von Peter Breuer. – Schloss Osterstein, begründet nach 1212 als Stadtburg, Befestigungen wurden im Laufe der Jahrhunderte mehrfach verstärkt. 1517/18 herzogliche Residenz, nach 1770 Umbau zum Zuchthaus, 1843 wurde auch das »Niedere Magazin«, einer der größten noch erhaltenen Kornspeicher einer mittelalterlichen Stadt, in den Zuchthausbereich einbezogen. August Bebel war 1874/75 und 1887 Gefangener auf Schloss Osterstein. – Von der alten Stadtmauer sind Reste und der Pulverturm erhalten. – Am Hauptmarkt eine Reihe schöner alter Bürgerhäuser: Nr. 8, dreigeschossiges Eckhaus mit Staffelgiebel von 1479, das Obergeschoss der Seitenfront auf teilweise figürlichen Konsolen, Wohnhaus des bekannten Zwickauer Patriziers Martin Römer. – Nr. 17/18, Haus mit Spitzgiebel und Spitzbogenpforte, im Inneren des ehemaligen Kräutergewölbes viergeripptes Kreuzgewölbe. – Neuberinplatz, so genanntes »Dünnebierhaus« von 1480, neu gestaltet 1954, dreigeschossiger Bau mit fünfgeschossigem Staffelgiebel. – Münzstr. 12: »Schiffchen«, dreigeschossiger Bau über spitzwinkeligem Grundriss mit schmalem Eckgiebel und Steindach, Drillingsfenster der beiden Obergeschosse, 1485 erbaut, 1968 erneuert. – Museen: Städtisches Museum, Lessingstr. 1, mit Ausstellungen zur Geschichte und Naturkunde. Bed. Sammlung spätgotischer und barocker Plastik des sächsischen Raumes. Bildende Kunst des 19. und 20. Jahrhunderts, hier auch Werke von Max Pechstein, der am 31. Dezember 1881 in Zwickau geboren wurde. – Robert-Schumann-Haus, Hauptmarkt 5: Geburtshaus des Komponisten, Gedenkstätte mit Ausstellungsräumen und Konzertsaal, Sitz der Robert-Schumann-Gesellschaft.
Tourist Information Zwickau,
Hauptstr. 6, 08056 Zwickau
Tel. 03 75/2 71 32 40, Fax 03 75/2 71 32 49
E-Mail: tourist@kultour-z.de, Internet: www.kultour-z.de

Zwönitz, Stadt mit Ortsteilen Niederzwönitz, Lenkersdorf, Kühnhaide und Dorfchemnitz. Liegt im Tal des gleichnamigen Flusses, mittlere Höhenlage 490 m (Ziegenberg im SO 653 m, Buchenberg im NO 709 m).

Über Gründung und Herkunft des Stadtnamens keine gesicherten Erkenntnisse. Vermutlich gab es schon im 12. Jahrhundert ein Gewanndorf namens Zwönitz, eine weitere Besiedlung des Tales erfolgte durch Bauern aus Mainfranken. Flussarmen slawisch, 1389 Zvonica – klingender Bach. 1460 wird Zwönitz als forum bezeichnet, 1475 Beleihung mit einem Stadtsiegel. 1566 freie Bergstadt. Zwischen Zwönitz

Zwönitz, Hotel Roß und Postmeilensäule

und dem 1934 eingemeindeten Dorf Niederzwönitz verlief zwischen 1485 und 1547 die Landesgrenze zwischen dem Kurfürstentum und dem Herzogtum Sachsen. Bis ins 19. Jahrhundert besaß Zwönitz eine Anzahl von Fundgruben. Seit dem 16. Jahrhundert Ausprägung des Schuhmachergewerbes, 1804 gab es unter den 177 Handwerkern 50 Schuhmachermeister. 1890 Gründung der Trommlerschen Schuhfabrik, später größter Kinderschuhproduzent Deutschlands (1939 mehr als 1600 Beschäftigte). 1952 Enteignung des Betriebes, danach Weiterführung als VEB Schuhfabrik Zwönitz. Nach 1945 durch sowjetische Besatzungsmacht Demontage mehrerer Betriebe. Aus Produktionseinrichtungen von während des Krieges nach Zwönitz verlagerten Werken von Siemens und Halske entstand das Messgerätewerk Zwönitz. Heute wächst in der Stadt eine mittelständische Industrie. Gymnasium seit 1992, Namensgebung nach Matthes Enderlein (s. d.) 1997.

Sehenswürdigkeiten: Pfarrkirche St. Trinitatis, entstand zwischen 1688 und 1692 unter Einbeziehung eines Vorgängerbaus. Nordturm 1724/25. Ursprünglicher Charakter des Innenraums mit barocken Schnitzereien erhalten, Kanzelaltar vom Ende des 17. Jahrhunderts von Gottfried Ullrich geschaffen. Barocke Bornkinnel-Figur von 1688. – Am Markt Fachwerkgebäude aus dem 16./17. Jahrhundert. Hotel »Roß« mit Andreaskreuzen. Hier auch kursächsische Postdistanzsäule von 1728 (mehrfach restauriert, zuletzt 1970). Wenige Meter vom Markt entfernt auch die Stollenwasseranlage aus dem 16. Jahrhundert, Platz der deutschen Einheit mit Kriegerdenkmal von 1870/71, Mahnmalen für die Opfer der Diktaturen und dem aus Teilen der Berliner Mauer errichteten Monument. Austelpark und Austelvilla.

Während der um 1890 errichtete Park mit Kinderspielplatz, Mühlenrad, Basteien und Grotten zum Spazieren einlädt, empfängt in der Villa das Museum der Gebhardtschen Sammlung, die über 60 interessante Fachgebiete umfasst.

Ortsteil Niederzwönitz, ehemals Dorf in Stollberger Herrschaft im Besitz der Schönburger. 1554 Beurkundung des Besitzes für Georg von Schönberg, Rittergut mit Herrschaftssitz. Sehenswürdigkeit altes Bergmeisterhaus, zweigeschossiger Barockbau 2. Hälfte des 18. Jahrhunderts mit Walmdach und Mansardengeschoss, Hauptkirche St. Johann, entstanden 1789/93. 1928 Erneuerung, auch im Inneren. Alte Papiermühle von 1625/30, heute Technisches Museum Papiermühle Niederzwönitz.

Lenkersdorf, eingemeindet 1952, vermutlich Besiedlung im 13. Jahrhundert, nach 1312 ein Teil von »Nenkersdorf« zum Kloster Grünhain, ein anderer zu Hartenstein. In der Nähe Schnepfenberg (580 m ü. NN), Zeugnisse historischen Schieferabbaus.

Kühnhaide, eingemeindet 1960, urkundlich erstmals erwähnt 1497, Waldhufendorf, zum Kloster Grünhain gehörig. Name »Kynheide« – Ort an einer mit Kiefern bestandenen Heide. Kühnhaider Bach durchzieht das Dorf. Sehenswert Walther-Mühle, Fachwerkhaus von 1693.

Dorfchemnitz, Ortsteil s. 1998 (s. d.) Für sportliche Betätigung findet sich in Zwönitz eine große Auswahl. Die Stadt, 1993 als erste pferdefreundliche Gemeinde Sachsens ausgezeichnet, bietet neben Reiten, Ponyausflügen, Kutsch- und Schlittenfahrten eine jährliche Großveranstaltung zu Pfingsten und den berühmten Obererzgebirgischen Pferdetag im September.

Ein moderner Sportkomplex mit Stadion, Sporthalle und Kegelbahn lädt ebenso zur sportlichen Betätigung ein wie ein modernes Hallenbad mit Sauna und Fitnesszentrum. Seit 1997 steht den Tennisfreunden eine der wohl schönsten Anlagen in Sachsen bei der Brettmühle in Niederzwönitz zur Verfügung. Zu den Attraktionen gehört das 1996 fertiggestellte, beheizte Erlebnisbad.

Weitere Sehenswürdigkeiten: der Dreilagenstein von 1525 im Streitwald, das Rittergut Niederzwönitz, auf dem Ziegenberg der Reppelstein, das Siegesdenkmal, der Armesünderbrunnen und die Anlage vom Reiter ohne Kopf, der geschützte Große Teich, die Königstanne u. a. m.
Stadtinformation Zwönitz,
Markt 3 a, 08297 Zwönitz
Tel. 03 77 54/3 51 59, Fax 3 51 58

Die Autoren

Manfred Blechschmidt, geboren 1923 in Bermsgrün (Erzgebirge). Nach der Schulzeit Waldarbeiter. Von 1941 bis 1946 Soldat und Kriegsgefangenschaft. Studium an der Fachschule für Forstwirtschaft in Tharandt. Danach Revierförster und Forsteinrichter in Bockau (Erzgeb). Wechsel zur Pädagogik. Direktor der Volkshochschule Aue. Gründete 1963 das Erzgebirgsensemble und leitete es bis 1989. Seit 1984 freischaffender Schriftsteller in Aue, seit 1991 in Erla, einem Ortsteil von Schwarzenberg. Werke u. a. »Stimmen der Heimat« (1960). »E armes Luder derf net traame« (1968), »Dr Äppelbaam, daar blüht zer Lust« (1968, 2003), »Polizeier Bummermann (1981, 1996), »Engel und Bergmann« (1995), »Das Erzgebirgsjahr« (1996, 2007), »E neier Tog steigt aus der Nacht« (2005), daneben Herausgaben und Veröffentlichungen in Anthologien. Mehrere Bücher gemeinsam mit Klaus Walther.

Klaus Walther, Dr. phil., geb. 1937, Buchhändler und Verleger, Literaturkritiker und Herausgeber. Mehrere Landschaftsbücher mit Manfred Blechschmidt. Veröffentlichungen zu Charles Sealsfield, Hermann Hesse, Bodo Uhse und Ernst Jünger. Im Chemnitzer Verlag u. a. »Mit Büchern leben« (1997), Siegfried Sieber »Geliebte Erzgebirgsheimat« (1997) Herausgeber. Jüngste Publikationen: »Büchersammeln« (2005), »Der schöne Monat Mai« (2007).

Christoph Georgi, geb. 1932, lebt als Fotograf in Schneeberg. Veröffentlichte eine Reihe von Fotobänden. Bildteile zu mehreren Büchern von Blechschmidt/Walther. Seit sieben Jahren »Heimat- und Hauskalender aus dem Erzgebirge und Vogtland«.

Anmerkungen/Fotonachweis

Der Text von Christian Lehmann wurde dem Band »Erzgebirgisches Kuriositätenkabinett« (Chemnitz 1997) entnommen. Die Erinnerungen von Johann Traugott Lindner finden sich in dem Buch »Wanderungen durch das Sächsische Obererzgebirge« (Annaberg 1848, Reprint Leipzig 1984). E. O. Schmidts Text in »Kursächsische Streifzüge«. Fünfter Band. (Dresden 1928). Die Beiträge von Edgar Hahnewald »Bergwiesen im Juni« und von Karl Hans Pollmer »Was der Wald erzählt« wurden den Bänden »Sächsische Heimatbilder« (Leipzig 1989) und »Was der Wald erzählt« (Berlin 1973) entnommen. Siegfried Siebers »Fastnachtsquas« aus: Siegfried Sieber »Geliebte Erzgebirgsheimat« (Chemnitz 1997). Mit freundlicher Erlaubnis des Altis Verlages drucken wir die Texte von Stephan Dietrich aus dem Band »Die Melodie der Heimat« (Berlin 1995) und Friedrich Hermann Löscher aus »Heimat Erzgebirge« (Berlin 1997). Für die Beiträge von Hahnewald und Pollmer konnten Rechtsträger nicht ermittelt werden, berechtigte Ansprüche sind beim Verlag geltend zu machen.

Die Texte des dritten Teils »Ein Erzgebirgs-Lexikon von A bis Z« sind aus dem Band »Erzgebirgs-Lexikon« (Chemnitz 1991) hervorgegangen. Sie wurden überarbeitet, erweitert und ergänzt.

Alle Fotos des Bandes stammen von Christoph Georgi, der auch die Reproduktionen im lexikalischen Teil anfertigte.

Erzgebirgsliteratur (Eine Auswahl)

Landschaftsbücher

Arnold, J., Erzgebirge – Krusné hory. Rudolstadt, 1979
Beer, I., Ein Streifzug durch das Erzgebirge. Ein Bildband. Schwarzenberg, o. J.
Berlet, B., Wegweiser durch das sächsisch-böhmische Erzgebirge. 1872
Blechschmidt, M., Erzgebirge, Sachsens silbernes Bergland. Ein Landschaftsbuch. Husum, 1992
Blechschmidt, M./Walther, K., Bergland-Mosaik. Rudolstadt, 1984
Blechschmidt, M./Walther, K., Erzgebirgs-Lexikon. Chemnitz, 1991
Bräunlich/Walther/Zwarg. Unsere schönsten Burgen und Schlösser. Chemnitz. 2004.
Brockhaus-Reisehandbuch Dresden, Sächsische Schweiz, Osterzgebirge. Leipzig, 1965
Clauß, H. (Hrsg.), Das Erzgebirge, Land und Leute. Frankfurt a. M. 1967
Dehio, G., Handbuch der deutschen Kunstdenkmäler, Die Bezirke Dresden, Karl-Marx-Stadt, Leipzig. Berlin, 1966
Dohmann, A. (Hrsg.), Sachsen. Deutsche Kunstdenkmäler. Leipzig, 1993
Eckert, W. Erzgebirge. 1994
Erzgebirge, Das sächsische. Dresden, o. J.
Erzgebirge, Unser. Zwischen Ahornberg und Sternmühlental. Bilder aus dem Mittleren Erzgebirge. Marienberg, 1996
Erzgebirge – Vogtland. Tourist-Reisehandbuch. Leipzig 1979
Führer durch das sächsische und böhmische Erzgebirge. Leipzig, 1922
Häckel, H./Kunze, J., Unser schönes Erzgebirge. Ein Bildband. 1994
Kasper, H.-H., Die Silberstraße. Ein Touristenführer. Leipzig, 1993
Kempe, L./Fritzsch, E., Osterzgebirge. Leipzig 1981
Kittel, M., Erzgebirge. Eine Entdeckungsreise im traditionsreichen Grenzland. München, 1993
Kretschmar, O./Lange, F.-M., Rund ums Erzgebirge. Unterwegs im traditionellen Bergland. 1994
Lindner, J. T., Wanderungen durch das Sächsische Obererzgebirge. Annaberg, 1848
Mahler, R./Kästner, M., Das Mittelgebirge. Meißen, 1906
Müller, R. v., Das sächsische Erzgebirge. Dresden, 1902
Piltz, G., Sachsen. Reise-Kunst-Lexikon. Leipzig/Jena/Berlin, 1994
Rösinger, R./Rösinger, R., Erzgebirge, Ein Bildband. Rostock, 1994
Rössing-Winkler/ Beyer, P., Das Erzgebirge. Leipzig, 1970
Schäfer, E., Das Erzgebirge und sein Handwerk, Berlin, 1964
Schlesinger, W. (Hrsg.), Sachsen, Handbuch historischer Stätten Deutschlands. Stuttgart, 1990
Schmidt, O. E., Kursächsische Streifzüge, Fünfter Band: Aus dem Erzgebirge. Dresden 1922
Schmidt, Thomas, Freie-Presse-Stadtführer Annaberg. Chemnitz, 2003.
Sieber, S., Geliebte Erzgebirgsheimat. Chemnitz, 1997
Sieber, S., Das Erzgebirge. Landschaft und Menschen. Dresden, 1930
Süßmilch, gen. Hörnig, Das Erzgebirge in Vorzeit, Vergangenheit und Gegenwart, 1890
Thiel. Walther, Freiberg. Begegnungen mit einer Stadt. Chemnitz, 2001
Thieme, G./Hammerschmidt, U./Walther, K., Stadtführer Chemnitz, Chemnitz, 1998
Walther, K./Pellmann, U., Die Silberstraße im Westerzgebirge. Ferienland mit Tradition. Halle 1996
Walther/Zwarg, Freie-Presse-Reiseführer. Erzgebirge. Chemnitz. 2004.
Wild, Chr. G., Interessante Wanderungen durch das sächsische Obererzgebirge, zur Belehrung und Unterhaltung. Freiberg, 1809
Wille, H. H., Silbernes Erzgebirge. Dresden, 1958
Wille, H. H., Vom Kahleberg zum Fichtelberg. Leipzig, 1971
Zemmrich J./Blaschke, K., Landeskunde von Sachsen. Berlin, 1991
Zemmrich/Gäbert, Das Erzgebirge. Dresden, 1949

Chroniken/Geschichte

Albinus, P., Meißnische Bergchronik, Anno 1590. Reprint. Stuttgart, 1997
Arnold, G., CHRONICON ANNAEBERGENSE CONTINUATUM, Anno 1658. Reprint. Stuttgart, 1992
Blaschke, K., Geschichte Sachsens im Mittelalter. Berlin, 1990 Bräunlich/Schulze/Walther/Zwarg. Hundert sächsische Köpfe. Chemnitz, 2002
Colditz, H., Aus der Geschichte Schönburgs. Lichtenstein, 1904
Enderlein, L., Kloster Grünhain im Westerzgebirge. Schwarzenberg, 1934
Engelschall, J. Chr., Beschreibung der Exulanten- und Bergstadt Johanngeorgenstadt, Anno 1723. Reprint. Stuttgart, 1997
Fröbe, W., Ein Jahrtausend erzgebirgischer Geschichte. Frankfurt, 1965
Fröbe, W., Herrschaft und Stadt Schwarzenberg bis zum 16. Jahrhundert. Schwarzenberg, 1930
Geschichtliche Reise in die Schauplätze der Vergangenheit Sachsens. Dortmund, 1992
Herzog, E., Chronik der Kreisstadt Zwickau. 1839/1841. Reprint. Stuttgart, 1998
Körner, G., Bockauische Chronik. Anno 1763. Reprint, Stuttgart, 1998
Kötzschke, R./Kretzschmar, H., Sächsische Geschichte. Augsburg, 1995
Lehmann, Chr., Erzgebirgische Kriegschronik. Bearbeitet und heausgegeben von Dr. Bönhoff. Annaberg, 1910
Lehmann, Chr., Erzgebirgsannalen des 17. Jahrhunderts. Berlin, 1986
Lehmann, Chr., Erzgebirgisches Kuriositätenkabinett. Bilder aus einer berühmten Chronik. Chemnitz, 1997
Lehmann, Chr., Historischer Schauplatz derer natürlichen Merckwürdigkeiten in dem meißnischen Ober-Erzgebirge, Anno 1699. Reprint. Stuttgart, 1988
Meltzer, Chr., Stadt- und Bergchronik von Schneeberg. Anno 1716. Reprint. Stuttgart, 1995
Möller, A., Theatrum Freibergense. Anno 1653. Reprint. Stuttgart, 1998
Oesfeld, G. F., Historische Beschreibung einiger merkwürdiger Städte

im Erzgebirge ... Anno 1776/1777. Reprint. Stuttgart
Oettel, J. P., Alte und neue Historie der freyen Berg-Stadt Eybenstock. Anno 1748. Reprint. Stuttgart, 1997
Röhner, Regina, Hexen müssen brennen. Geschichten vom Hexenwahn in Sachsen. Chemnitz, 2000
Röhner, Regina. Der sächsische Prinzenraub. Neuausgabe. Chemnitz, 2006

Volkskunde
Beitl, R., Deutsche Volkskunde. Berlin, 1933
Blechschmidt, M., Bei uns zu Hause. Eine kleine Heimatkunde (1). Chemnitz, 1998
Blechschmidt, M., Der Hundertjährige Kalender für das Erzgebirge und Vogtland. Chemnitz, 1995
Blechschmidt, M., Die 118 Strophen des altberühmten Heiligohmdliedes. Friedrichthal, 2001
Carstens, J., Schindeldach und Schindelgiebel. Schwarzenberg, 1937
Dilich, W., Federzeichnungen erzgebirgischer und vogtländischer Orte. 1626–1629. Reprint. Schwarzenberg, 1938
Frenzel, W./Karg, F./Sparner, A., Grundriss der Sächsischen Volkskunde. Leipzig, 1932
Langer, J., Heimatkundliche Streifzüge durch Fluren und Orte des Erzgebirges und seines Vorlandes. Schwarzenberg, 1931
Lexikon Kursächsischer Postmeilensäulen, Berlin, 1989
Truckenbrodt, R., Zur erzgebirgischen Volkskunde. Diss. Halle, 1926
Wendt, H.-J., Steinkreuze und Kreuzsteine in Sachsen. Inventar Bezirk Karl-Marx-Stadt. Berlin, 1979
Wuttke, R., Sächsische Volkskunde. Dresden, 1900

Sitten und Bräuche
Blechschmidt, M., Das Erzgebirgsjahr, Sitten und Bräuche im Jahresverlauf. Berlin, 1996
Blechschmidt, M., Gescheitheiten, die mer esu vun de Leit härt. Sprichwörter und Redensarten in erzgebirgischer Mundart. Leipzig, 1996
Blechschmidt, M., Im Jahreskreis. Schwarzenberg, 1990
Blechschmidt, M., (Hsg) Dr Vugelbeerbaam. Alte und neue Lieder in erzgebirgischer Mundart. Leipzig, 1970
Blechschmidt, M., Schwammezeit. Chemnitz, 2001
Dänhardt, O., Volkstümliches aus dem Königreich Sachsen. Leipzig, 1998
Delling, I., Holundersupp und saure Schwamme. Das kleine Kochbuch der Erzgebirger und Vogtländer. Chemnitz, 1997 (5. Aufl.)
Drummer, K./Muskewitz, K., Von Apfelkartoffeln bis Zwiebelkuchen. Leipzig, 1983
Gute, H., Von Neujahr bis Silvester. Rudolstadt, 1959
John, E. H. H., Sitte und Brauch im sächsischen Erzgebirge. Annaberg, 1909
John, E. H. H., Volkslieder und volkstümliche Lieder aus dem sächsischen Erzgebirge. Annaberg, 1909
Sartori, P., Sitte und Brauch. Leipzig, 1910/11/14
Schicker, G., Gutgusch'n. Das Kochbuch aus dem Erzgebirge. Annaberg, 1991

Sagen
Blechschmidt, M., Das Himmelswaagele, Mundartsagen aus dem westlichen und mittleren Erzgebirge. Leipzig, 1996
Blechschmidt, M., Die silberne Rose, Bergmannssagen. Rudolstadt, 1988
Blechschmidt, M., (Hrsg.), Sagen aus Sachsen. Husum, 1996
Blechschmidt, M., Vun Barggeschrei un Wunnerblume. Mundartsagen aus dem Westerzgebirge. Schneeberg, 1983
Dietrich, E. V./Textor, A., Die romantischen Sagen des Erzgebirges. Wahrheit und Dichtung. Annaberg, 1822
Gräße, J. G. T., Der Sagenschatz des Königreiches Sachsen. Dresden, 1874
Köhler, J. A. E., Sagenbuch des Erzgebirges. Schneeberg/Schwarzenberg, 1886
Lauterbach, W. (Hrsg.), Sagenbuch des Erzgebirges. Berlin, 1995
Sewart, Karl. Karl Stülpner. Wirklichkeit und Legende. Neuausgabe. Chemnitz. 2002.
Trommer, H. (Hrsg.) Wo das Erz in Fülle blinkt. Bergmannssagen. Leipzig, 1956
Werner, D./Neubert, E. (Hrsg.), Bergmannssagen aus dem sächsischen Erzgebirge. Leipzig, 1985
Ziehnert, W., Sachsens Volkssagen, Balladen, Romanzen und Legenden. Annaberg, 1851

Klöppeln, Schnitzen, Drechseln
Bachmann, M., Holzspielzeug aus dem Erzgebirge. Dresden, 1984
Bachmann, M., Seiffener Spielzeugschnitzer. Leipzig, 1956
Bachmann, M./Prescher, H., Georgius Agricola und Reflexionen in erzgebirgischer Schnitzerei. Dresden, 1993
Flade, H., Holz, Form und Gestalt. Dresden, 1979
Just, J./Karpinski, J., Sächsische Volkskunst. Leipzig, 1982
Kunze, R., Schnitzfibel für Kinder. Annaberg, 1970
König, W., Holzschnitzen. Eine praktische Anleitung. Leipzig, 1968
Lange, D., Schnitzen. Praktische Anleitung. Leipzig, 1984
Langner, R., Neue Schnitzarbeiten aus dem Erzgebirge. Leipzig, 1957
Leichsenring, K., Aus Holz geschnitzt. Leipzig, 1987
Lohse, E., Erlebte Volkskunst. Dresden, 1963
Sieber, S. u. a., Wir lernen klöppeln. Leipzig, 1955
Sieber, S., Die Spitzenklöppelei im Erzgebirge. Leipzig, 1955
Spamer, A., Deutsche Volkskunst. Sachsen. Weimar, 1943
Tautenhahn, F., Das Schnitzen im Erzgebirge. Eine bergmännische Volkskunst. Schwarzenberg, 1937

Bergbau
Agricola, G., De re metallica libri XII. Berlin, 1974
Bleyl, F., Baulich und volkskundlich Beachtenswertes aus dem Kulturgebiet des Silberbergbaus zu Freiberg, Schneeberg und Johanngeorgenstadt im sächsischen Erzgebirge. Dresden, 1917
Czaya, E., Der Silberbergbau. Aus Geschichte und Brauchtum der Bergleute. Leipzig, 1990
Heilfurth, G., Das erzgebirgische Bergmannslied. Schwarzenberg, 1936
Kugler, J./Schreiber, W., Das beste Ertz ... Eine bergbauliche Reise durch das sächsische Erzgebirge. 1992
Lahl/Kugler., Alles kommt vom Bergwerk her. Das große Buch vom Bergbau im Erzgebirge. Chemnitz. 2005.

Mathesius, J., SAREPTA oder Bergpostill. 2 Bände. Reprint. Prag, 1975
Rößler, B., Hell-polierter Berg-Bau-Spiegel. Dresden, 1700
Schiffner, C., Alte Hütten und Hämmer in Sachsen. Berlin, 1960
Sieber, S., Zur Geschichte des erzgebirgischen Bergbaus. Halle, 1954
Wagenbreth, O./Wächtler, E., u. a., Bergbau im Erzgebirge. Technische Denkmale und Geschichte. Leipzig, 1990
Weinhold, R. (Hrsg.), Volksleben zwischen Zunft und Fabrik. Berlin, 1982
Winckler, A. F., Das sächsische Blaufarbenwesen von 1790 in Bildern. Berlin, 1959
Zinn. Die Sammlung der Stadt Schwarzenberg. Schwarzenberg, 1997

Über Mundart

Becker, H., Mundart und Geschichte im Osterzgebirge. Halle, 1933
Becker, H./Bergmann, G., Sächsische Mundartenkunde. Halle, 1969
Bergmann, G., Mundarten und Mundartforschung. Leipzig, 1964
Frings, Th., Sprache und Siedlung im mitteldeutschen Osten. Leipzig 1932

Mundartliteratur

Blechschmidt, M., Äppelbaahm, daar blüht zer Lust. Zwönitz, 2003
Blechschmidt, M., (Hrsg.), Ben Wasserhaus de Habutt blüht. Gedichte, Lieder und Geschichten in erzgebirgischer Mundart. Leipzig, 1977
Blechschmidt, M., (Hrsg.), Grüne Kließ un alter Korn. Ein Haus- und Lesebuch in erzgebirgischer Mundart. Chemnitz, 1992
Blechschmidt, M. (Hrsg.), Sachsen braucht kenn König meh. Leipzig, 1994
Blechschmidt, M./Barthel, F., (Hrsg.), Stimmen der Heimat. Dichtungen in erzgebirgischer und vogtländischer Mundart von den Anfängen bis zur Gegenwart. Leipzig, 1965
Günther, A., Gesamtausgabe der Liedertexte, Gedichte, Sprüche und Erzählungen. Schwarzenberg, 1938
Heilfurth, G., Der erzgebirgische Volkssänger Anton Günther. Leben und Werk. Frankfurt, 1962
Henschel, H. (Hrsg.), Singendes Land – 400 Mundartlieder. Leipzig, 1939
Schneider, U., Ich war emohl ben Laube Ott›. Zwönitz, 2007
Zirkler, A., (Hrsg.), Feste angepackt – Schaffende Menschen im Spiegel der sächsischen Mundartdichtung. Leipzig, 1956

Weihnachten

Blechschmidt, M., Behüt eich fei dos Licht. Ein Weihnachtsbuch des Erzgebirges. Leipzig, 1986
Blechschmidt, M., Engel und Bergmann. Weihnachten im Erzgebirge. Husum 1995
Blechschmidt, M./Rentzsch, S. (Hrsg.), Weihnachten im Erzgebirge. Erzählungen und Erinnerungen. Berlin, 1995
Buhl, W., Das ewige Licht geht da herein. Unsere schönste Weihnachtslandschaft: Das Erzgebirge. Hof, 1992
Findeisen, K. A., Das goldene Weihnachtsbuch. Herford, 1985
Hanisch, G., Vom Licht der Weihnacht im Erzgebirge. Berlin, 1973
Heilfurth, G. u. a. (Hrsg.), Weihnachtsland Erzgebirge. Husum, 1988
Lindner/Walther/Zwarg. Das große erzgebirgische Weihnachtsbuch. Chemnitz 2002
Mosen, G., Die Weihnachtsspiele im sächsischen Erzgebirge. 1861
Paulsen, G. (Hrsg.), Weihnachtsgeschichten aus Sachsen. Husum, 1993
Pollmer, K. H., Gloria, Gloria Gott in der Höh'. Advent und Weihnachten im Erzgebirge. Berlin, 1976
Pollmer, M./Rösel, K., Der Himmel is e Lichterbugn. Berlin, 1990
Sewart, K., Christbaum und Pyramide. Ein erzgebirgisches Weihnachtsbuch. Chemnitz, 1992
Stapff, H., (Hrsg.), Weihnachten im Erzgebirge. Leipzig, 1954
Walther, K./Pellmann, U., Das große Sächsische Weihnachtsbuch. Würzburg, 1993
Zirkler, A. (Hrsg.), Wenn's Weihnachten ist. Berlin, 1953